The Unfinished Nation

있는 그대로의
미국사
1

■ 역자소개

황혜성 (1권 1~5장 번역)
서강대학교 사학과를 졸업하고 University of Hawaii at Manoa 사학과에서 박사학위를 받았으며 현재 한성대학교 역사문화학부 교수로 재직 중이다. 주요 저서로 《미국역사학의 역사》(공저), 번역서로 《〈미국민중사〉를 만든 목소리들》 등이 있다. 주요 논문으로는 〈마틴 루터 킹과 말콤 엑스〉 〈미완성의 모자이크: 미국의 '60년대'와 '젊은이들의 반란' 연구〉 등이 있다.

조지형 (1권 6~11장 번역)
서강대학교 사학과를 졸업하고 University of Illinois at Urbana-Champaign 사학과에서 박사학위를 받았으며 현재 이화여자대학교 사학과 교수로 재직 중이다. 주요 저서로 《자유를 위한 탄생: 미국 여성의 역사》, 《헌법에 비친 역사》 등이 있다. 주요 논문으로는 〈Marbury v. Madison 사건과 John Marshall의 사법심사〉와 〈'평등'의 언어와 인종차별의 정치: 브라운 사건을 중심으로〉 등이 있다.

이영효 (2권 12~16장 번역)
서울대학교 역사교육과를 졸업하고 University of Texas at Austin 역사교육과에서 박사학위를 받았으며 현재 전남대학교 역사교육과 교수로 재직 중이다. 주요 저서로 《미국학》(공저), 《서양문명과 인종주의》(공저) 등이 있다. 주요 논문으로는 〈18세기말 대서양 흑인의 삶과 의식〉, 〈미국 흑인건국세대의 이념과 활동〉 등이 있다.

손세호 (2권 17~22장 번역)
연세대학교 신학과를 졸업하고 서강대학교 사학과에서 박사학위를 받았으며 현재 평택대학교 미국학과 교수로 재직 중이다. 주요 저서로 《하룻밤에 읽는 미국사》, 번역서로 《서양 문명의 역사》 등이 있다. 주요 논문으로는 〈19세기 말 미국 사회주의 사상의 성격: 에드워드 벨라미의 "공화적 사회주의"를 중심으로〉, 〈미국 대학의 자국사 교육의 역사와 현실〉 등이 있다.

김연진 (3권 23~28장 번역)
고려대학교 사학과를 졸업하고 University of Illinois at Urbana-Champaign 사학과에서 박사학위를 받았으며 현재 단국대학교 사학과 교수로 재직 중이다. 주요 저서로 《서양의 가족과 성》(공저), 《현대 미국의 사회운동》(공편) 등이 있다. 주요 논문으로는 〈미국 이민의 이미지와 '이민의 나라' 미국: 시사잡지 표지(1965-1986)를 통해 본 이민의 이미지를 중심으로〉, 〈세자르 차베즈와 UFW, 그리고 치카노 운동〉 등이 있다.

김덕호 (3권 29~34장 번역)
성균관대학교 사학과를 졸업하고 State University of New York at Stony Brook 사학과에서 박사학위를 받았으며 현재 한국기술교육대학교 교양학부 교수로 재직 중이다. 주요 저서로 《아메리카나이제이션》(공편), 《현대 미국의 사회운동》(공편) 등이 있다. 주요 논문으로는 〈광고를 통해서 본 코카콜라의 변신: 특허매약에서 청량음료로, 1885-1916〉 〈유토피아를 위한 망각의 공간: 1930년대 대공황과 미국의 세계 박람회〉 등이 있다.

The Unfinished Nation, 6th Edition
by A. Brinkley

Copyright ⓒ 2011 by A. Brinkley
Published by arrangement with The McGraw-Hill Companies, Inc.
All rights reserved.

Korean Translation Copyright ⓒ 2011, by Humanist Publishing Group
Korean edition is published by arrangement with The McGraw-Hill Companies, Inc.
through Imprima Korea Agency.

이 책의 한국어판 저작권은 Imprima Korea Agency를 통해
The McGraw-Hill Companies, Inc.와의 독점 계약으로 휴머니스트에 있습니다.
저작권법에 의해 한국 내에서 보호를 받는 저작물이므로 무단 전재와 복제를 금합니다.

The Unfinished Nation

앨런 브링클리 지음 | 황혜성 조지형 이영효 손세호 김연진 김덕호 옮김

있는 그대로의 미국사

1

미국의 탄생 — 식민지 시기부터 남북전쟁 전까지

Humanist

★ ★ ★
한국어판 머리말

　나는 한국의 독자가 이 책, 즉 미국의 역사서인 《있는 그대로의 미국사(원제: *The Unfinished Nation*)》를 접할 수 있게 되어 매우 기쁘게 생각한다.
　물론 미국사는 미국인에게 아주 오랫동안 관심거리였다. 그러나 이제는 전 세계인의 주목을 받고 있다. 현대사에서 미국과의 관계가 매우 중요한 한국인에게는 특히 그렇다고 하겠다.
　오늘날 미국은 세계사를 통틀어 가장 강력한 나라라는 평가를 받고 있다. 이 말이 진실이든 아니든, 우리가 살고 있는 이 시대에서는 미국이 가장 강하고 부유하며, 그래서 커다란 기회와 엄청난 위험을 모두 지닌 나라라는 점은 분명하다. 미국의 경제는 한국을 포함한 세계 여러 지역의 국가가 수십 년에 걸친 극적인 경제성장을 추진하는 데 일조해왔다. 그러나 그와 함께 미국이 세계 전 지역에 파급시킨 자유 시장 모델은 국가 간 또는 국가 내에서 새로운 차원의 불평등을 만들어내고 있다.

　미국의 대중문화는 여러 대륙을 거쳐 광범위한 지지를 얻고 있지만, 한편으로는 그 지역의 관습과 전통을 위협하는 측면이 있어 강한 분노를 자아내고 있다. 미국의 군대는 세계에서 가장 끔찍한 갈등을 완화시키는 데 공헌하고 있지만, 반면에 공격적으로—수많은 사람들의 생각으로는 무모하게—국지적인 갈등에도 개입함으로써 세계를 보호하는 것이 아니라 더욱 위험하게 만들 소지가 있다.

　미국은 세계에서 가장 존경받고 모방의 대상이 되는 동시에, 세계가 가장 두려워하고 증오하는 나라이기도 하다. 나는 한국어판이 미국의 두 가지 면모, 즉 세계 전역에 걸쳐 공포와 반감을 자아내게끔 하는 측면 그리고 안정과 사회적 진보에 공헌하는 측면 그 모두를 보다 잘 이해하는 데 도움이 되기를 희망한다. 미국을 존경하든지, 미국에 대해 분노를 느끼든지 간에, 세계의 현재와 미래에 결정적인 역할을 하고 있고 할 것으로 보이는 나라와 그 나라 사람의 행위를 이해하는 데에 그 나라의 지난 역사는 가장 중요한 열쇠가 될 것이다.

앨런 브링클리(Alan Brinkley)
뉴욕 시 컬럼비아 대학교

★ ★ ★
머리말

끝없는 변형의 이야기

　이 책의 주제인 미국의 과거에 관한 이야기는 지난 수십 년 사이에 변모를 거듭했다. 물론 과거 자체는 변하지 않는다. 그러나 미국인들이 과거를 이해하는 방법은 급격한 변화를 보여주었다. 그리고 이러한 변화의 물결 속에는 새로운 형태의 서술과 치열한 논쟁이 등장하고 있다.
　오늘날 미국사는 미국 대중문화의 한 부분으로서 그 어느 때보다 풍성해진 것처럼 보이기도 한다. 역사 박물관과 전람회 등이 점점 늘어나서 많은 관중을 끌어들이고 있으며, 역사에 관한 대중적 글들—논픽션이든 픽션이든—의 인기가 점점 높아가고 있다. 텔레비전과 영화에 역사가 계속 등장하고 인터넷에도 점점 더 많이 나타난다. 미국사에 대한 대중의 욕구는 거의 끝이 없는 듯하다. 그러나 한편으로 역사 연구는 역사가들 사이에서, 역사가들의 노력으로 의식화된 다양한 유형의 대중 속에서 그리고 역사학이 과거에 대해 지나치게 비판적이라고 공격을 가하는 정치가들 사이에서 논쟁거리가 되고 있다.

역사에 대한 대중의 관심이 점차 고조됨과 동시에 이를 둘러싸고 벌어지는 논쟁들은 곧 우리 시대의 성격을 반영하고 있다. 지금은 급격하고도 혼란스럽게 변화하는 시대다. 특히 2001년 9월 11일의 테러 이후, 사람들은 삶의 지향점과 마음의 안정을 구하기 위해 그리고 과거 시대가 더욱 단순하면서도 안정적이었다는 믿음을 상기하기 위해 과거를 바라보고 있다. 그러나 오늘날 대두되고 있는 혼란스런 문제들은 역사가들로 하여금 과거에 대해 새로운 질문을 던지고 다시금 해석하도록 주문한다. 그것은 현재 우리를 둘러싸고 있는 긴장과 경쟁을 이해하려는 노력이기도 하다. 미국에 살고 있는 사람들이 더욱 다양해진 데다, 한때는 학자들의 주목을 받지 못했던 여러 집단이 학문의 중심 대상으로 떠오르게 되자 역사가들은 무척이나 복잡한 미국의 과거를 재현하기 위해 분투하고 있다. 미국의 경제와 문화, 위세가 세계 곳곳에 점점 더 깊이 개입하자 역사가들은 이 세계적인 강대국이 어떤 방식으로 국가 발전을 이룩했는지 알아내기 위해 머리를 싸매고 있다. 일찍이 역사 서술은 여러 위인의 경험과 거국적 사건들을 제시하는 정도에 그쳤다. 그러나 오늘날에는 공적인 삶과 사적인 삶, 유명 인사와 보통 사람, 통합과 차이, 국가적 현상과 국제적 현상 등을 모두 포괄하는 매우 복잡한 내용을 담고 있다. 이처럼 새로워진 역사는 과거의 서술보다 훨씬 더 많은 인간 경험의 영역을 포함하려 하기 때문에 때로는 파편화되어 보이기도 한다. 성공적인 업적뿐만 아니라 실패와 불의까지 드러내기 때문에 가끔 혼란스럽기도 하다. 그러나 우리가 살고 있는 번잡하고 문제투성이의 세계를 이해하기에는 이러한 방식이 더 적합하다.

    이 책에서 나는 미국사의 특징인 다양성과 통합성을 모두 살펴보고자 했다. 미국은 수많은 문화가 혼재된 나라이며, 그것은 과거에도 늘 마찬가지였다. 미국사를 이해하기 위해서는 미국 사회를 형성해온 수많은 집단—지역, 종교, 계급, 이상, 인종, 성, 민족 등—을 토대로 발전해온 수많은 분야의 내력을 이해해야만 한다.

    그러나 미국은 단순히 서로 다른 문화의 집합체가 아니라, 명실상부한 국가다. 각각으로 나누어져 있음에도 서로 화합해왔고 또한 존속, 번영하도록 포용해왔던 역량을 이해하는 것은 미국이라는 나라의 다양성을 이해하는 것만큼이나 중요하다. 미국은 모든 국민의 삶에 밀착된, 너무나 안정되고 영속적인 정치제도를 건설했다. 또한 모든 국민의 일과 소비 생활에 실질적으로 영향을 미칠 뿐만 아니라 지구촌 구석구석까지 연계되어 있는 거대하면서도 생산성 높은 국가 경제를 발달시켰다. 그리고 대다수의 미국인뿐만 아니라 전 세계 수많은 사람들의 체험과 상상력을 하나로 묶는 대중문화를 만들어냈다. 미국의 이러한 통합력은 국가적 차원에서 중요한 성공 요인으로 간주하여 찬사를 보낼 수도 있고, 불공평한 일들을 조장해냈거나 그것을 부각시키는 데 실패했다고 비난할 수도 있다. 그러나 미국사를 이해하고자 한다면 누구도 이러한 통합력을 무시할 수는 없을 것이다.

    이 책의 개정판을 내면서 나는 역사 전공자나 일반 독자를 위해 복잡하면서도 매혹적인 이야기로 미국사를 담아내려고 노력했다. 각 장별로 최근의 연구 동향을 반영하여 내용을 완전히 새로 편집, 보완했다. 또한 다음의 세 가지 분야를 특별히 강조했다.

1. '세계 속의 미국'이라는 지면을 새로 추가하여 세계적 차원의 맥락에서 미국사를 바라보았고,
2. 과학과 기술 분야의 내용을 늘렸으며,
3. 주변 환경을 고려한 새롭고 광범위한 사료를 제시하였다.

이외에도 각 장마다 도입부와 여백 페이지를 두어 독자들에게 편의를 제공하고자 했다. 그리고 가장 눈에 띄는 변화는 다양한 색상을 넣어 만든 많은 지도, 사진, 기타 그래픽 등을 넣었다는 점이다.
나는 이 책이, 독자들로 하여금 미국사의 엄청난 내용적 풍부함과 복잡함을 인지하게 하는 데 충분할 정도로 다양한 국면들을 보여 줄 것이라고 생각한다. 그와 동시에 이 책이 독자들에게 어느 정도 미국인들의 공통된 체험 및 국가로서의 미국을 존속시켜온 원동력도 제시하게 되기를 희망한다.

나는 이 개정판에 대하여 케빈 머피(Kevin Murphy)에게 감사한다. 그리고 한결같이 이 책의 편집과 출판을 도와준 맥그로우힐 출판사의 많은 분에게 감사드린다. 또한 원고를 검토하고 개정을 위해 다양한 제안을 해준 여러 선생님과 학자에게 감사드린다. 마지막으로 나에게 의견을 제시하거나 비판하고 수정해준 독자들에게도 감사드리며, 앞으로도 많은 지도 편달을 기대하고 있다. 만약 새로운

제안이 있다면 컬럼비아 대학교 사학과(The Department of History, Columbia University, New York, NY 10027) 또는 전자우편(ab65@columbia.edu)으로 보내주기 바란다.

앨런 브링클리(Alan Brinkley)

★ ★ ★
옮긴이의 글

　오늘날 가속화하는 전 지구화의 물결 속에서 세계는 극심한 변화를 겪고 있다. 변화의 중심에는 미국이라는 나라가 있으며, 미국이 세계 변화를 주도하고 있음을 부인할 수 없다. 따라서 복잡하게 얽힌 세계 문제를 이해하기 위해서는 일단 미국을 알아야만 한다. 더욱이 미국은 우리나라와 정치·경제·외교·문화적 측면에서 밀접한 관계를 맺고 있다. 그러나 미국에 대한 우리의 지식은 우리나라와 관련된 분야에 한정되어 피상적이거나 젊은이의 문화를 통해 어느 정도 짐작하는 수준일 뿐이다. 많은 사람이 미국을 언급하면서도 정작 미국의 실상에 대해서는 무관심하며, 미국에 대한 체계적이고 종합적인 지식도 부족한 상황이다. 따라서 미국은 여전히 우리에게 가깝고도 먼 나라다.
　그 결과 우리는 미국이 우리에게 어떤 나라인가에 대해 확고한 규명 없이, 한편으로는 미국을 선망하면서도 미국과의 관계에서 우리 정서나 국익에 어긋나는 일이 일어나면 철저한 원인 규명이나 미국을 '있는 그대로' 이해하지 않고 반미 감정을 앞세웠다. 하지만 이제는 그 틀에서 벗어나 세계 속의 미국을 이해해야만 한다. 즉, 미국에 대해 분노하는 사람부터 동경하는 사람에 이르기까지 피상을 넘어서야 한다. 미국은 우리가 좋아하든 싫어하든 간에 세계의 현재와 미래에 결정적인 역할을 할 것이므로, 반미나 친미의 프리즘을 걷어내고 미국을 있는 그대로 이해해 우리의 시각을 균형 있게 잡아가야 한다. 그리고 이것이 미국의 역사를 새롭게 접하는 태도여야 한다.

《있는 그대로의 미국사》 개정판은 미국의 역사학자 앨런 브링클리(Allan Brinkley)의 《The Unfinished Nation : A Concise History of the American People》을 완역한 내용에 6판(2009년 출간)의 추가 정보를 덧붙이고 보완한 책이다. 이 책은 미국 대학에서 사용하는 교과서로서, 내용면에서 미국 역사의 정수를 이해하기 쉽게 설명하고 있다. 하지만 미국의 역사를 단순하게 요약한 건조한 지식을 모아놓은 미국사가 아니라, 미국을 이해하는 데 있어서 중요한 여러 시각 중 하나를 제시해주는 저서임을 먼저 독자에게 밝히고자 한다. 특히 이 개정판은 콜럼버스 이전의 아메리카에서부터 오바마 행정부와 같은 최근의 주요 사건까지 다루어 그 내용을 보강했다. 또한 〈과거를 논하며(Debating the Past)〉 시리즈를 독자들에게 제공하여 미국사에 대한 한층 깊은 이해를 돕고, 〈세계 속의 미국(America in the World)〉을 통해 미국을 보다 넓은 눈으로 생각해보도록 했다. 이외에도 미국 독립선언서나 헌법처럼 함께 읽으면 좋은 자료는 물론, 역대 대통령 선거에 관한 정보와 미국사 연표 등 참신한 부록을 곁들임으로써 미국의 주요 역사를 한눈에 개관할 수 있게 했다.

미국의 역사가들이 미국의 과거를 보는 시각은 시기에 따라 변화해왔다. 대략 정리해보면, 19세기 초부터 20세기 초까지의 역사가는 미국사를 자유와 진보의 역사이며 신으로부터 세계에 자유를 전파하는 사명을 부여받은 국가의 역사라고 보았다. 19세기 후반기에는 다원주의의 영향을 받아 조야한 프런티어 환경으로부터 문명사회로 진보하는 각 단계별 과정을 중요시하는 경향이 두드러지게 나타났지만, 미국사가 더 큰 발전을 향한 과정임을 부인하지 않았다.

그러나 20세기 초에 이르러 등장한 혁신주의 역사가는 미국사가 단순히 유럽 문명의 이식이 아니라 매우 역동이며 다양한 요인 간의 갈등 속에서 발전했다는 시각을 제시했다. 즉, 미국사는 귀족주의와 민주주의의 갈등, 부자와 가난한 자의 갈등, 정치적 특권층과 비특권층 간의 갈등, 지역 간의 갈등 등이 복합적으로 작용하는 가운데 '개혁의 시기'와 '반동의 시기'가 주기적으로 교체되어왔다고 본 것이다.

제2차 세계대전은 미국을 '민주주의의 수호국'이라는 위치에 올려놓았고, 이 시기의 신보수주의 역사가는 미국사에서 또다시 통합적인 면모와 연속성을 강조했다. 그들은 봉건적 역사를 지니지 않은 미국은 식민지 시기부터 사유재산제도를 바탕으로 자유주의적 제도를 발전시키고, 통합된 사회를 형성해왔다고 보았다. 비록 1960년대와 1970년대부터 시작된 '아래로부터의 역사 쓰기' 경향과 1980년대 이후의 문화사적 접근 방법이 미국사를 보는 시각을 다양하게 하고 있으나 아직도 신보수주의 역사가의 관점은 상당한 호응을 얻고 있다.

이러한 맥락 속에서 저자 앨런 브링클리는 다양성과 통합성이라는 두 개의 힘이 계속 미국의 역사를 변형시키고 있다는 시각을 제시한다. 그는 이 책에서 다양성을 미국의 두드러진 성격으로 파악하고 자칫 백인 위주의 단순한 역사 서술로 흐르기 쉬운 미국사를 흥미롭고 다채로운 이야기를 통해 들려주는 동시에 미국이 지닌 통합의 힘을 강조한다. 즉, 안정되고 영속적인 제도와 통합적인 문화에 의해 미국이 발전했음을 동시에 강조하는 것이다. 따라서 이 책은 독자에게 균형 잡힌 시각을 제시함으로써 미국을 이해하는 데 지침이 될 수 있다고 하겠다.

책을 번역하는 데 미국사를 연구해온 여섯 사람이 힘을 합했다. 그중 1장부터 5장까지 황혜성, 6장부터 11장까지 조지형, 12장부터 16장까지 이영효, 17장부터 22장까지 손세호, 23장부터 28장까지 김연진, 29장부터 34장까지 김덕호가 각각 맡아 번역했다. 그렇지만 옮긴이들이 여러 차례 함께 논의하여 용어와 번역상의 어려움을 풀어나갔고, 마지막으로 전체를 다시 한 번 살펴보았기에 일관성을 잃지는 않았다고 생각한다.

근자에 들어 그 어느 때보다도 미국에 관한 저서와 역서가 많이 나오고 있다. 그럼에도 이 책만큼 미국의 역사를 체계적으로 상술한 저술이 없는 실정이다. 그러므로 옮긴이들은 《있는 그대로의 미국사》가 미국의 실체를 이해하는 데 있어서 독자에게 중요한 디딤돌이 되리라 기대해본다. 끝으로 이 책이 나오기까지 정성과 열의로 도움을 주신 휴머니스트 여러분에게 감사드린다.

옮긴이들을 대표하여
황혜성 씀

The Unfinished Nation

있는 그대로의
미국사
1

차례

한국어판 머리말　5
머리말　7
옮긴이의 글　12

1장 문화의 만남

1 콜럼버스 이전의 아메리카 대륙　27
　남아메리카 문명 | 북아메리카 문명

2 서쪽을 넘본 유럽　33
　상업과 국가주의 | 크리스토퍼 콜럼버스 | 스페인 제국 | 북아메리카의 전초 기지 |
　생물학적·문화적 교류 | 아프리카와 아메리카

　〈과거를 논하며〉 콜럼버스 이전 아메리카 대륙의 인구　44
　〈세계 속의 미국〉 대서양 배경 속에서 바라본 미국의 초기 역사　52

3 영국인의 도래　55
　식민정책의 동기 | 아메리카 대륙의 프랑스인과 네덜란드인 | 최초의 영국인 정착지

2장 이식과 경계 지역

1 초기 체사피크 식민지　69
　제임스타운 건설 | 재조직과 팽창 | 농업 기술 교류 | 메릴랜드와 캘버트 가문 | 베이컨 반란

2 뉴잉글랜드의 성장　84
　　플리머스 농장 | 매사추세츠 만(灣)의 실험 | 뉴잉글랜드의 확장 | 정착민과 원주민 |
　　필립 왕 전쟁과 전투 기술

3 왕정복고 이후의 식민지　97
　　영국 내전(English Civil War) | 캐롤라이나 식민지 | 뉴네덜란드, 뉴욕, 뉴저지 식민지 |
　　퀘이커 교도의 식민지

4 경계 지역과 중간 지역　106
　　카리브 해 섬들 | 카리브 해의 노예주와 노예들 | 남서부 경계 지역 | 남동부 경계 지역 |
　　조지아 건설 | 중간 지역

5 제국의 발전　120
　　뉴잉글랜드령 | '명예 혁명'

3장 아메리카 식민지의 사회와 문화

1 식민지 인구　129
　　계약 하인 제도 | 출생 및 사망 | 식민지의 의학 지식 | 식민지의 여성과 가정 |
　　영국 식민지의 노예제도 출현 | 후기 유럽 이민

　　〈과거를 논하며〉 노예제도의 기원　142

2 식민지 경제　145
　　남부 경제 | 북부의 경제와 기술 | 기술의 범위와 한계 | 식민지 상업의 성장 |
　　소비주의의 발흥

3 사회 유형　155
　　대농장의 주인과 노예 | 청교도 사회 | 도시

4 대각성 운동과 계몽사상　164
　　종교의 유형 | 대각성 운동 | 계몽사상 | 읽고 쓰는 능력과 기술 | 교육 | 과학의 유포 |
　　법 개념과 정치 개념

4장 전환기의 제국

1 유대감의 약화   181
　　느슨해진 제국 | 식민지의 통일성 결여

2 대륙을 둘러싼 투쟁   184
　　뉴프랑스와 이로쿼이 연맹 | 영국과 프랑스의 충돌 | 제국을 위한 위대한 전쟁

3 새로운 제국주의   193
　　제국의 부담 | 영국인과 인디언 부족 | 무역과 과세를 둘러싼 싸움

4 반란의 단서   200
　　인지세법이 초래한 위기 | 타운센드 프로그램 | 보스턴 학살 | 반란의 철학 | 반항의 장 | 차 사건

5 협력과 전쟁   214
　　새로운 권력의 원천 | 렉싱턴과 콩코드

5장 미국 혁명

1 연합국가   225
　　전쟁 목적의 규명 | 독립선언 | 전쟁 동원

　　〈과거를 논하며〉 미국 혁명   230

2 독립을 위한 전쟁   232
　　첫 번째 국면: 뉴잉글랜드 | 두 번째 국면: 대서양 중부 지역 | 해외 원조의 확보 |
　　마지막 국면: 남부 | 평화의 달성

　　〈세계 속의 미국〉 혁명의 시대   246

3 전쟁과 사회   249
　　충성파와 소수자 | 전쟁과 노예제도 | 원주민과 혁명 | 여성의 권한과 역할 | 전시경제

4 주 정부의 창설   257
　　공화주의에 대한 가설 | 첫 번째 주 헌법 | 주 정부의 변화 | 종교적 관용과 노예제도

5 중앙정부에 대한 모색   262
　　연합정부 | 외교적 실패 | 연합정부와 북서부 | 인디언과 서부 영토 |
　　부채, 세금 그리고 대니얼 셰이스

6장 미국 헌법과 새로운 공화국

1 새로운 정부 구성   277
　　개혁의 주창자들 | 제헌 회의의 분열 | 타협 | 1787년의 헌법

2 헌법의 채택과 개정   285
　　연방주의자와 반연방주의자 | 헌법 구조의 완성

3 연방파와 공화파   290
　　해밀턴과 연방파 | 연방주의적 프로그램의 제정 | 공화파의 반대

4 국가주권의 옹호   297
　　서부의 확보 | 중립 유지

5 연방파의 몰락   302
　　1796년 대통령 선거 | 프랑스와의 준(準)전쟁 | 억압과 저항 | 1800년의 '혁명'

7장 제퍼슨 시대

1 문화 국민주의의 등장   313
　　교육 및 문학의 국민주의 | 의학과 과학 | 신생국의 문화적 열망 | 종교와 신앙부흥 운동

2 산업주의의 발흥   323
　　미국의 기술 발달 | 운송 체계의 혁신 | 농촌과 도시

　　〈세계 속의 미국〉 산업혁명의 전 지구적 확산   330

3 제퍼슨 대통령   333
연방 도시와 '국민의 대통령' | 달러와 선박 | 사법부와의 갈등

4 영토의 확대   341
제퍼슨과 나폴레옹 | 루이지애나 매입 | 서부 탐사 | 버어의 음모

5 팽창과 전쟁   349
해상에서의 갈등 | 강제 징병 | '평화로운 강제' | '인디언 문제'와 영국인 | 테컴서와 예언자
플로리다와 전쟁의 열기

6 1812년 미영 전쟁   360
인디언 부족과의 전투 | 영국과의 전투 | 뉴잉글랜드의 반란 | 평화의 정착

8장 미국 국민주의의 다양성

1 지속적인 경제성장   373
연방정부와 경제성장 | 운송

2 서부 팽창   378
대이동 | 구(舊)북서부의 백인 정착민 | 구(舊)남서부의 플랜테이션 제도
극서부의 교역과 모피 사냥 | 서부에 대한 동부의 이미지

3 감정 융화의 시대   385
제1차 정당 체제의 종식 | 존 퀸시 애덤스와 플로리다 | 1819년의 공황

4 지역주의와 국민주의   391
미주리 타협 | 마셜과 연방 대법원 | 연방 대법원과 인디언 부족 |
라틴 아메리카의 혁명과 먼로 독트린

5 정치 파벌의 부활   402
'부정 거래' | 애덤스 가문의 두 번째 대통령 | 잭슨의 승리

9장 잭슨 시대의 미국

1 대중 정치의 도래　411
　선거인의 확대 | 정당의 합법화 | 보통 사람의 대통령

　〈과거를 논하며〉 잭슨주의적 민주주의　418

2 '우리의 연방'　421
　칼훈과 연방법 무효화 이론 | 밴 뷰런의 등장 | 웹스터-헤인 논쟁 | 연방법 무효화 위기

3 인디언의 이주　427
　인디언 부족에 대한 백인의 태도 | '문명화된 다섯 인디언 부족' | 눈물의 길 |
　인디언 이주의 의미

4 잭슨 대(對) 미국 은행 전쟁　434
　니콜라스 비들 | '괴물'의 붕괴 | 토니 연방 대법원

5 제2차 정당 체제의 등장　439
　두 정당

6 잭슨 이후의 정치　444
　1837년의 경제공황 | 밴 뷰런의 경제 대책 | 통나무집 선거전 | 휘그당의 좌절 |
　휘그당의 외교

10장 미국의 경제 혁명

1 미국의 인구 변화　457
　급속한 인구 성장 | 이민과 도시의 성장(1840~1860) | 토착주의의 등장

2 운송 혁명과 통신 혁명　463
　운하의 시대 | 초기의 철도 | 철도의 승리 | 전신(telegraph) | 새로운 형태의 언론

3 상업과 산업   475

　기업의 팽창(1820~1840) | 공장의 출현 | 기술의 향상 | 기업 조직의 혁신

4 남성 노동자와 여성 노동자   481

　토착 노동자 모집 | 이민노동자 | 공장제와 장인 전통 | 통제권 장악을 위한 투쟁

5 사회의 패턴   489

　부자와 빈민 | 사회 유동성 | 중산층의 생활 | 가정의 변화 | '가정생활에 대한 예찬' | 여가 활동

6 북부의 농업   501

　북동부의 농업 | 구(舊)북서부 | 농촌 생활

11장 면화, 노예제도 그리고 구(舊)남부

1 면화 경제   511

　면화 왕(King Cotton)의 등장 | 남부의 무역과 산업 | 남부가 다른 원인

2 남부의 백인 사회   519

　대농장주 계층 | '남부 숙녀' | 평범한 사람들

3 노예제도: '특별한 제도'   527

　노예제도의 다양성 | 노예제도 생활 | 도시의 노예제도 | 자유 흑인 | 노예의 저항

　〈과거를 논하며〉 노예제도의 본질   538

4 노예 문화   541

　노예의 종교 | 언어와 음악 | 노예 가족

부록

미국의 주   551 | 미국의 도시   552 | 미국사 주요 연표   554 | 미국 독립선언서   556 |
미국 헌법   571 | 미국 역대 대통령 선거자료   600 | 찾아보기   607

2권 하나의 미국 — 남북전쟁에서 제1차 세계대전 전까지

12장 남북전쟁 이전 시대의 문화와 개혁
13장 임박한 위기
14장 남북전쟁
15장 재건과 신(新)남부
16장 극서부 정복
17장 최고의 산업국가
18장 도시의 시대
19장 교착 상태에서 위기로
20장 제국주의
21장 혁신주의의 대두
22장 국가적 개혁을 위한 투쟁

3권 미국의 세기 — 제1차 세계대전에서 오바마 행정부까지

23장 미국과 제1차 세계대전
24장 새로운 시대
25장 대공황
26장 뉴딜
27장 세계적 위기(1921~1941)
28장 세계대전 중의 미국
29장 냉전
30장 풍요로운 사회
31장 자유주의의 시련
32장 권위의 위기
33장 한계의 시대에서 레이건 시대로
34장 지구화 시대

B.C. 16,000 ~B.C. 14,000	1492	1497	1502	1518~1530	1519~1522
아시아인들이 북아메리카 대륙으로 이주	콜럼버스, 아메리카 대륙 발견	캐벗, 북아메리카 대륙 탐험	아프리카 노예들, 스페인령 아메리카 대륙에 도착	천연두로 인디언 인구 감소	마젤란, 세계 일주

1장
문화의 만남

인디언과의 첫 만남

1505년에 제작된 판화로, 유럽인이 아메리카 인디언을 그린 최초의 그림으로 꼽힌다. 이 판화를 통해 유럽 백인이 이른바 '인디언'을 수 세기 동안 어떤 시각으로 바라보았는지 알 수 있다. 이 판화에서 인디언은 안정된 가정을 꾸리거나 성욕을 절제하지 못하고, 적의 시체를 먹는 낯선 야만인으로 묘사되었다. 배경에 이 판화를 그린 유럽인이 타고 온 배가 보인다.

1558	1565	1587	1603	1607	1608/1609
엘리자베스 1세, 영국 왕으로 즉위	세인트 오거스틴 및 플로리다 건설	로아노크 섬에 '잃어 버린 식민지' 건설	제임스 1세, 영국 왕으로 즉위	제임스타운 건설	프랑스, 퀘벡 건설/스페인, 산타페 건설

크리스토퍼 콜럼버스(Christopher Columbus)가 아메리카 대륙을 처음으로 발견한 것은 아니다. 수천 년 전에 이미 시베리아 동쪽에서 사람들이 베링 해협(Bering Strait)을 건너 현재 알래스카(Alaska)라고 불리는 곳으로 이주해 살기 시작했다. 대부분 몽고인으로 생각되는 초기 이주자들이야말로 진정으로 최초의 아메리카인이었다. 아메리카 대륙에서 사람들이 진화한 것이 아니라, 사람들이 아메리카 대륙을 발견했다. 시베리아에서 온 초기 이주자들은 궁극적으로 서반구를 세계에서 가장 크고 중요한 문명의 장으로 만든 두 번의 중요한 이주 가운데 첫 번째 이주를 시작했다.

수세기 동안 러시아와 아시아의 다른 여러 지역과 태평양 군도에서 온 사람들이 북아메리카와 남아메리카 전역에 퍼져 살면서 위대한 문명을 창조했다. 그러나 15세기 초부터 유럽인들도 아메리카 대륙과 접촉했고, 자신들이 신세계라 부르던 이곳으로 대거 이주하기 시작했다. 아메리카 문명과 유럽 문명의 접촉은 초기에는 때로 우호적이고, 때로 상호 이익이 되기도 했지만, 대개는 아메리카 원주민들(혹은 유럽인들이 부르는 바에 의하면 '인디언')에게 재앙이었다. 원주민들은 유럽의 전투 기술을 따라갈 수 없었고, 유럽인이 가져온 질병으로 매우 치명적인 피해를 입었기 때문이다. 유럽인들이 옮긴 전염병으로 아메리카 대륙 여러 지역의 원주민 수가 격감했고, 이로써 유럽인들은 훨씬 수월하게 이 대륙을 정복할 수 있었다. 16세기 말경이면 유럽인들은 아메리카 대륙 전체의 소유권을 주장했고, 실제로 대부분의 지역을 지배했다.

1

콜럼버스 이전의 아메리카 대륙

최근 추정에 따르면, 약 1만 4,000년 전 또는 1만 6,000년 전부터 사람들이 아메리카 대륙으로 이주하기 시작했다고 한다. 그러나 확실한 시기는 아무도 모른다. 그들은 돌창을 비롯한 성능 좋은 연장들을 개발해 아시아와 북아메리카 대륙을 주기적으로 옮겨다니는 큰 동물들을 사냥할 수 있게 되자, 그 동물들을 쫓아 이주했던 것 같다. 이들 유목민은 해마다 조금씩 신대륙으로 건너가 점차 더 깊이 내륙으로 이동했다. 아마도, 이르면 기원전 8000년경에 남아메리카 남단에 도달했을 것이다. 처음으로 유럽인들과 접촉이 있었던 15세기 말경, 아메리카 대륙에는 이미 수천만 명이 살고 있었다. 학자들의 추정에 따르면, 1500년경에는 아메리카 대륙에 이미 5,000만 명이 훨씬 넘는, 아마도 약 7,500만 명이 살았고, 지금 미국이라 불리는 지역에는 1,000만 명 정도가 살았을 것이라고 한다.

남아메리카 문명

중남부 아메리카 대륙과 멕시코 지역에서는 정교한 사회가 등장했다. 페루에서는 잉카인이 인구가 거의 600만 명에 달하는 강력한 제국을 건설했다. 그들은 복잡한 정치 제도를 발달시켰고, 단일 정부 하에 여러 부족을 통합시킬 수 있는 잘 정비된 도로망을 발전시켰다. 중앙아메리카와 멕시코의 유카탄 반도에서는 마야인이 문자, 아라비아 숫자와 비슷한 숫자 체계, 정확한 달력 그리고 발달된 농

잉카 문명과
아즈텍 문명

뉴 프랑스(New France)의 인디언들

지도 제작자인 샤를르 베까르 드 그랑빌(Charles Becard de Granville)이 북아메리카 대륙의 프랑스 영토에 관한 지도를 제작해 달라는 프랑스 정부의 요청을 받고서 그린 그림이다(1701년경). 그랑빌은 이 지역의 식물군과 동물군, 또 자신이 만난 원주민들을 그렸다. 이 그림은 인디언 사냥꾼들이 강을 따라 여행하고 있는 장면이다.

업 체계를 갖춘 복잡한 문명을 발달시켰다. 그 문명은 한때 북부의 유목 전사 부족이었던 아스텍인에게 계승되었다. 13세기 말경이면 아스텍인은 멕시코의 중남부 지역 대부분을 지배했고, 우수한 행정·교육·의학 체계도 발전시켰다. 그들은 또한 사람의 희생을 요구하는 매우 모진 종교를 발달시켰다. 1519년에 이곳에 도착한 스페인 정복자들은 어느 한 지역에서만 제물로 바쳐진 희생자들의 해골 10만 개를 발견하기도 했다.

아스텍 사회는 기본적으로 농업 사회였지만, 도시 몇몇도 존재했다. 현재 멕시코시티가 있는 자리에 건설되었던 아스텍의 수도 테노크티틀란(Tenochtitlán)은 이미 서기 1500년에 인구가 10만 명이 넘었고, 이는 당시 유럽의 도시 중에서 가장 규모가 큰 도시와 견줄 만했다. 마야판(Mayapan)을 비롯한 다른 지역의 마야인과 쿠스코(Cuzco) 및 마추픽추(Machu Picchu)의 잉카인은 놀랄 만한 종교와 예식 구조를 발전시켰다. 이들은 아시아 문명과 유럽 문명이 소유한 중요한 기술도 없이 이러한 문명을 건설했던 것이다. 16세기에 이르기까지 아메리카 사회에는 아직 바퀴 달린 수송 수단이 없는 상태였다.

북아메리카 문명

멕시코 이북에 살았던 사람들도 정교하지는 않지만 상당한 수준의 문명을 발달시켰다. 신대륙 북부 지역의 사람들은 사냥이나 채집, 고기잡이를 하며 살았다. 그들 가운데는 바다표범을 사냥했던 북극권의 에스키모, 북부 산림 지역에서 큰사슴이나 순록과 같은 큰 짐승을 쫓던 수렵꾼들, 해안을 따라 안정된 주거 지역을 형성하고 주로 연어를 잡아 생활했던 북서부 태평양 부족들 그리고 극서부의 비교적 건조한 지역에 흩어져 살면서 고기잡이와 식용 가능한 식물을 채집하고 작은 짐승을 사냥해 생활하며 성공적인 공동체를 발달시켰던 부족들이 있다.

이밖에도 북아메리카 대륙에 형성된 사회는 기본적으로 농업 사회였다. 이 중에서 가장 발달된 지역은 남서부 지역이었다. 이곳은

• 사냥과 채집

초기 북아메리카 원주민들은 어떻게 살았는가

이 지도는 유럽 문명이 도래하기 전 북아메리카 원주민들의 여러 가지 생계 수단을 보여준다. 상업 시대가 도래하기 전이었으므로 그들은 주변 환경에서 얻을 수 있는 자원에 크게 의존해야만 했다. 예를 들어, 대륙의 북쪽 해안선을 따라 거주한 원주민들은 바다에 생계를 의지했고, 비교적 기후 조건이 좋지 않아 농사짓기 어려운 북쪽 지역 부족들은 큰 짐승을 사냥해서 먹고 살았다. 그리고 원주민은 농부였다.

건조한 지역으로 주민들은 거대한 관개시설을 설치하고, 돌과 흙벽돌로 집을 지어 마을을 형성했다. 대평원 지역에서도 대부분의 부족이 옥수수와 기타 다른 농작물을 재배하며 큰 주거지역을 형성하고 살았다.

현재 미국의 3분의 1을 차지하는 동부 지역은―대부분 숲으로 덮혀 있었고 우드랜드(Woodland) 인디언들이 거주하고 있었다―아메리카 대륙 전체에서 가장 식량 자원이 풍부한 지역이었다. 이 지역에 거주한 대부분의 부족이 농사와 사냥, 채집, 고기잡이를 병행했다. 남부 지역에는 상당히 안정된 사회가 형성되었는데, 미시시피 강 유역의 옥토에서 자라는 옥수수와 기타 농작물을 기반으로 커다란 교역망이 형성되어 있었다. 오늘날의 세인트 루이스(St. Louis) 부근에 위치했던 카호키아(Cahokia)가 그 교역의 중심지로 서기 1200년 전성기 때에는 인구가 4만 명에 달했다.

• 카호키아

북동부 농업 사회는 한결 불안정했다. 이곳의 농업 기술은 영구적인 거주지를 발달시키기보다는 오히려 토지를 빠르게 고갈시켰다. 미시시피 강 동쪽에 사는 부족들 상당수는 공통의 언어적 기원으로 느슨하게 서로 연결되어 있었다. 캐나다에서 버지니아(Virginia)에 이르는 대서양 연안을 따라 삶을 영위하던 알곤퀸(Algonquin) 부족, 현재 뉴욕 북부 지역이 중심이던 이로쿼이 연맹(Iroquois Confederacy), 동부 연안 최남단 지역에 거주하던 부족들로 이루어진 무스코기안(Muskogean) 부족이 이 언어군으로는 가장 큰 집단을 구성하고 있었다. 하지만 다양한 인디언 사회 간의 연합은 (같은 언어를 사용하던 연합조차) 매우 쉽게 분열하는 경향이 있었다.

종교는 일반적으로 그들이 의존하고 있는 자연 세계와 밀접하게 관련되어 있었다. 아메리카 대륙의 원주민들은 농작물과 사냥감, 숲, 강 등 자연물과 관련된 많은 신을 숭배했다.

아이를 기르고 식사를 준비하며 식량을 채집하는 일은 여성들이 하는 일이었다. 그러나 그 밖의 일들에 대해선 부족마다 달랐다. 어떤 부족에서는 전적으로 남성이 농사일을 맡았고, 어떤 부족에서는 여성이 밭일을 하는 대신 남성은 사냥과 전쟁에 나서거나 토지를 일구었다. 종종 남자들이 사냥이나 전투를 위해 멀리 나서기라도 하면 여자와 아이들만 오래도록 남아 있어야 했는데, 이럴 때면 일부 부족에서는 여성이 정착지의 사회·경제조직을 운영하는 경향이 나타나기도 했다.

2

서쪽을 넘본 유럽

15세기 이전 유럽에서는 아메리카 대륙이라는 존재 자체를 거의 알지 못했다. 11세기경의 노르만 항해자 레이프 에릭슨(Leif Eriksson)과 같은 몇몇 탐험가들이 항해 도중 신세계의 일부라도 보기는 보았을 것이다. 그러나 설령 그들의 발견이 일반 상식이 되었다고 하더라도(그렇게 되지도 않았지만), 그들을 따라나서도록 만들 만한 동기가 거의 없었을 것이다. 중세 유럽(서기 약 500년에서 1500년까지)은 많은 위대한 모험을 불러일으키기에 너무나 분열되어 있었고 지방 분권화되어 있었다. 그러나 15세기 말경이면 유럽의 상황은 달라져 있었고, 대양을 건너는 탐험에 대한 동기가 싹트기 시작했다.

상업과 국가주의

유럽인이 신세계를 동경하게 된 데에는 특히 두 가지의 변화가 주효했다. 하나는 15세기 유럽의 엄청난 인구 증가였다. 어떤 추정에 따르면, 1347년 콘스탄티노플(Constantinople)에서 시작된 치명적인 전염병인 흑사병이 유럽 인구의 3분의 1 이상을 앗아갔다. 그러나 1세기 반 후에는 원래의 인구로 회복됐고, 이와 더불어 전반적으로 상업이 부활했다. 그러자 해외 상품에 대한 수요가 늘어났고 이에 부응해 새로운 상인 계층이 생겨났다. 교역이 증대하고 항해술이 발달해 장거리 항해가 가능해지자, 교역에 대한 관심이 한층 더 높아졌다.

• 유럽의 인구 증가

두 번째 변화는 과거 봉건 시대의 나약한 정치체제보다 통합적이고 강력한 새로운 통치 체제가 등장한 점이었다. 특히 서유럽 지역에서 강력한 군주들이 나타나 자국의 상업 발달을 더욱 촉진시키려고 했다.

14세기 초, 마르코 폴로(Marco Polo)를 비롯한 모험가들이 동양에서 향신료, 옷감, 염료 등 이국적인 상품과 그보다 더 이국적인 이야기들을 안고 돌아온 이래, 교역으로 부자가 되기를 갈망하던 유럽인들은 무엇보다 동방과의 교역을 꿈꾸기 시작했다. 지난 2세기 동안 동방과의 교역은 아시아 왕국까지 긴 육로로 가야 하는 어려움 때문에 제약을 받아왔다. 그러나 14세기에 이르러 일부 서유럽 사회에서 항해술이 발달하자 보다 빠르고 안전하게 동아시아로 가는 항로를 찾을 수 있다는 말들이 나오기 시작했다.

• 포르투갈인들의 탐험

15세기 포르투갈의 항해술은 그야말로 탁월했는데, 이는 모두 탐험의 증진에 생의 대부분을 바친 항해 왕 헨리(Prince Henry the Navigator)의 덕택이었다. 헨리가 사망한 후, 1486년에는 포르투갈의 탐험가 바르톨로뮤 디아스(Bartholomeu Dias)가 아프리카 남단의 희망봉(Cape of Good Hope)을 돌았다. 그리고 1497년에서 1498년에는 바스코 다 가마(Vasco da Gama)가 희망봉을 돌아 인도까지 항해했다. 그러나 '신세계'와 최초로 만난 사람들은 포르투갈인이 아니었다.

크리스토퍼 콜럼버스

크리스토퍼 콜럼버스는 이탈리아의 제노바에서 태어나 그곳에서 자랐고, 포르투갈에서 선원 생활을 시작했다. 그는 젊은 시절에 원대한 꿈을 키웠다. 아프리카를 도는 동쪽 항로 말고 대서양을 건너는 서쪽 항로를 통해 동아시아로 갈 수 있다고 믿었던 것이다. 그는 지구를 실제 크기보다 훨씬 작은 것으로 생각했다. 그리고 아시아가 실제보다 훨씬 더 동쪽으로 뻗어 있다고 믿었다. 무엇보다 중요한 것은, 그가 유럽과 아시아 사이에 서쪽으로 무언가가 있으리라고는 생각지 못했다는 점이다.

● 콜럼버스의 첫번째 항해

콜럼버스는 포르투갈 지도자들로 하여금 자신의 계획이 얼마나 중요한가를 깨닫게 하는 데 실패했고, 그래서 스페인으로 눈을 돌렸다. 스페인에서는 가장 강력한 두 지역의 통치자, 즉 아라곤의 페르난도(Fernando)와 카스티야의 이사벨(Isabel)이 혼약으로 맺어져 유럽에서 가장 강력하고 가장 야심 있는 왕국을 세웠다. 콜럼버스는 이사벨 여왕에게 서쪽 항해를 지원해줄 것을 요청했고, 1492년에 승락을 받았다. 1492년 8월, 콜럼버스는 90명의 선원과 3척의 배 니냐호(Niña), 핀타호(Pinta), 산타마리아호(Santa Maria)를 이끌고 스페인을 떠나 대서양을 향해 서진했다. 10주간의 항해 끝에 육지를 발견하고는 아시아의 어느 섬에 도착한 것이라고 믿었다. 그러나 사실은 바하마 군도의 한 섬에 도착한 것이었다. 더 나아가 쿠바에 발을 디뎠을 때에도 중국에 다다른 것이라고 확신했다. 콜럼버스는 자신의 업적을 증명하기 위해 몇 명의 원주민들을 잡아서 스페인으로 데리고 왔다(콜럼버스는 원주민들이 태평양의 동인도에서 온 것이라 생각하여 그들을 '인디언'이라고 불렀다).

그러나 콜럼버스는 중국의 위대한 왕의 궁정에 관한 소식이나 인도에 있다는 부의 증거물은 가지고 오지 못했다. 따라서 1년 후에

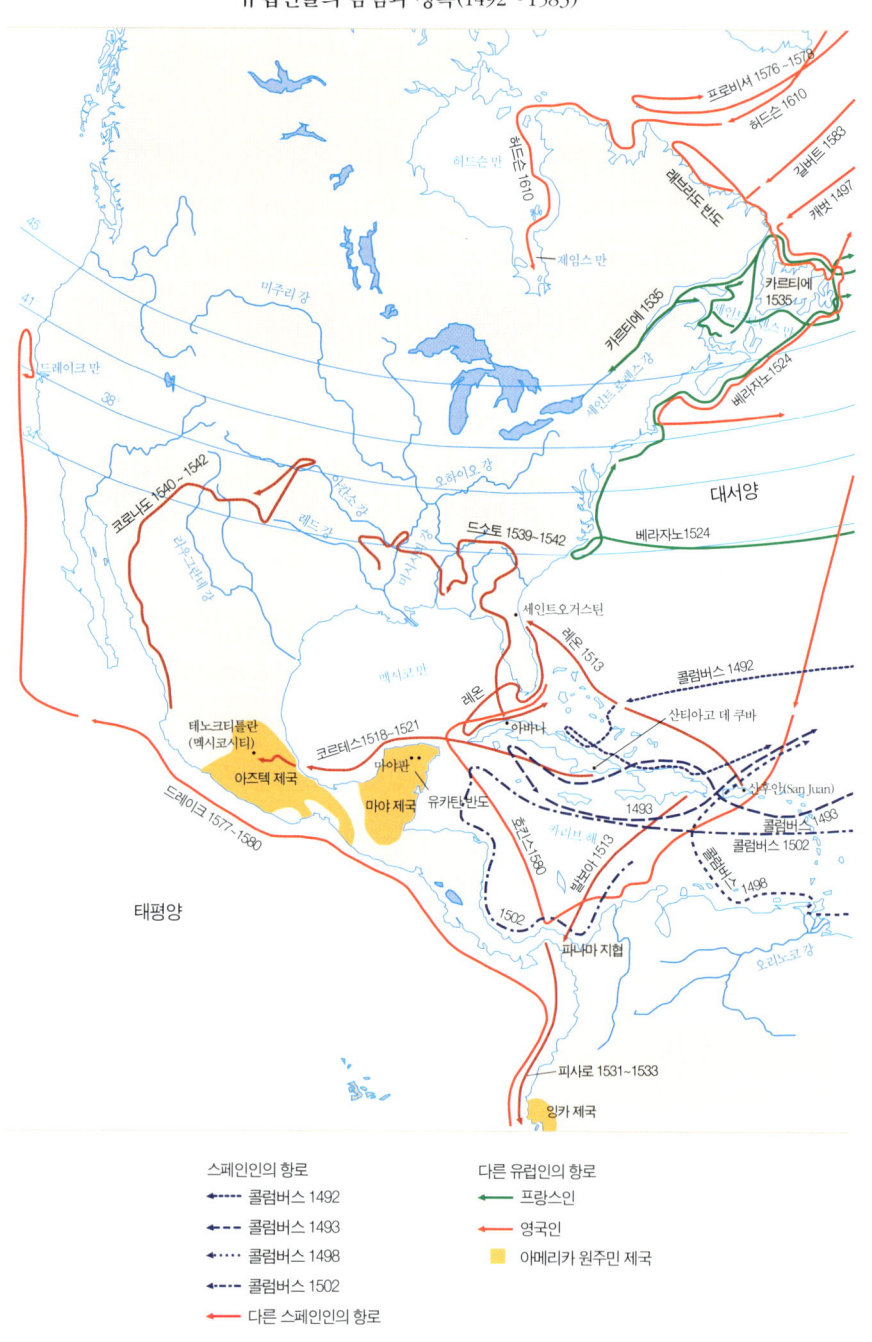

또다시 항해에 나섰고, 이번에는 더 많이 탐사했다. 첫 항해 때처럼 카리브 해로 향했으며 다른 섬들을 발견했고, 히스파니올라(Hispaniola)에 작고 단명한 식민지를 남겼다. 1498년 세 번째 항해 때에는 드디어 아메리카 대륙 본토에 도착했고, 남아메리카의 북쪽 해안을 따라 순항했다. 그런 다음 처음으로 아시아의 일부가 아니라 전혀 다른 대륙에 도달한 것임을 깨달았다.

콜럼버스는 이렇듯 괄목할 만한 업적을 쌓아 한동안 인기 있는 영웅으로 행세했다. 그러나 그의 생은 사람들의 무관심 속에서 끝났다. 그리고 자신이 발견한 대륙에 자기 이름도 붙이지 못했다. 그 영광은 포르투갈 탐사선의 승객으로 신세계를 탐험하면서 방문한 지역을 생생하게 기술해 아메리카가 새로운 대륙임을 널리 알리는 데 기여한 피렌체의 상인 아메리고 베스푸치(Amerigo Vespucci)에게 돌아갔다.

부분적으로는 콜럼버스의 탐험을 계기로 스페인은 항해에 더욱 많은 자원과 에너지를 투여했다. 1513년에 스페인 사람 바스코 데 발보아(Vasco de Balboa)가 파나마 지협(Panama Isthmus)을 건너 아메리카 대륙과 중국을 가르는 거대한 대양〔태평양—옮긴이〕을 서쪽에서 바라본 최초의 유럽인이 되었다. 스페인이 이 대양에 접근하기 위해 고용한 포르투갈 사람 페르디난드 마젤란(Ferdinand

• 세계 일주

이 지도는 15세기 말과 16세기 유럽인들의 북아메리카 대륙 탐험과 정복 항로를 보여준다. 영국과 프랑스인들이 북아메리카 대륙의 북쪽 지역을 탐험하는 동안 콜럼버스와 그 뒤를 이은 스페인 탐험가들이 얼마나 빠르게 멕시코, 카리브 해, 중앙아메리카와 남아메리카로 움직였는가를 주시하라.

Magellan)은 현재 자신의 이름으로 되어 있는 남아메리카 남단의 해협을 발견하고, 이 사나운 폭풍우 속의 해협을 건너 대양으로 나아가(그는 이 대양이 너무도 평온해 이를 태평양이라고 이름붙였다) 필리핀으로 향했다. 마젤란은 그곳에서 원주민들과 싸우다 죽었다. 그러나 항해는 계속되어 최초로 배로 세계를 일주한 사람이 되었다(1519~1522). 1550년경 스페인은 서쪽으로는 오리건(Oregon), 동쪽으로는 래브라도(Labrador) 반도까지 북아메리카 해안을, 할 수 있는 한 북쪽 멀리까지 탐사했다.

스페인 제국

반면에 신세계를 탐사한 스페인 탐험가들은 아메리카 대륙을 더 이상 동방으로 향하는 길에 가로놓인 장애물로 여기지 않았으며, 그 자체로 부의 원천이 될 수 있다고 생각하기 시작했다. 스페인 사람들은 신세계 전체에 대해 권리를 주장했는데, 단 대륙의 일부분(오늘날의 브라질)만은 교황령으로 포르투갈을 위해 떼어 두었다.

• 정복자들

초기 스페인 식민지인들은 카리브 해에 있는 여러 섬에 정착했다. 그러나 당시 스페인 정부 관리로 쿠바에서 14년 동안 복무했으나 이렇다 할 성공을 거두지 못했던 에르난 코르테스(Hernán Cortés)가 1518년에 멕시코에 엄청난 양의 보물이 있다는 이야기를 듣고, 아스텍 제국의 강력한 황제 몬테수마(Montezuma)와 싸울 소규모의 원정대(600명가량)를 이끌기로 결정했다. 아스텍의 수도 테노크티틀란에 대한 첫 번째 공격은 실패했다. 그러나 코르테스 군대는 자신들도 모르는 사이에 원주민에게 천연두를 감염시켰다. 유

멕시코인들의 반격

멕시코 화가들은 듀란 코덱스(Duran Codex)에서 나온 이 생생한 그림을 통해 멕시코 용사들이 스페인 침입자들을 물리치는 보기 드문 순간을 묘사하고 있다. 이 그림을 보면 스페인 병사들이 원주민 전사들에게 쫓겨 테노크티틀란(Tenochtitlán)에 있는 왕궁의 어떤 방에 피해 있고, 밝게 차려입은 멕시코 용사들이 그들을 포위하고 있다. 이 전투에서 멕시코인들이 일시적으로 주도권을 잡기는 했지만, 이 그림은 멕시코 원주민들이 결국 스페인의 침입을 막아낼 수 없었던 한 가지 이유를 보여주는 것이기도 하다. 스페인 병사들은 소총과 석궁으로 무장한 반면, 인디언들은 창과 방패를 들고 있을 뿐이다.

럽인과 달리 원주민들에게는 어떠한 면역체도 없었다. 이 치명적인 전염병으로 인해 아스텍 인구의 10분의 1이 사망했고, 스페인 사람들은 두 번째 공격에서 승리할 수 있었다. 코르테스는 살아남은 원주민들을 잔인하게 억압해 스페인 정복자들 가운데 가장 잔악한 인물이 되었다. 20년 후에는 프란시스코 피사로(Francisco Pizarro)가 페루의 잉카제국을 정복해 남아메리카 대륙을 향한 또 다른 행보를 내디뎠다.

정복자들은 스페인 사람들이 아메리카 대륙에 처음으로 정착할 수 있는 길을 열어주었다. 최초의 스페인 이주민들은 대륙에 있는 금과 은을 채굴하는 데에만 관심이 있었다. 그리고 어느 정도 성공을 거두었다. 16세기부터 300년 동안 아메리카 대륙의 스페인 광산은 전 세계 광산에서 캐낸 양의 10배에 달하는 금과 은을 산출해냈다. 그러나 첫 번째 정복의 물결이 대륙을 휩쓸고 지나간 후, 대부분의 스페인 정착자들은 다른 이유로 신세계를 여행했다. 많은 사람들이 아메리카 대륙에서 수익성 있는 농업경제의 기반을 조성하기를 희망했고, 그래서 이곳에 유럽 문명의 요소를 영구적으로 구축하고자 힘썼다. 다른 사람들―신부나 수사, 선교사들―은 크리스트교를 전파하기 위해 아메리카로 향했다. 가톨릭 교회는 남중부 아메리카와 멕시코 전역에 영향력을 행사하게 되었다.

16세기 말경이면 스페인 제국은 카리브 해의 섬들, 멕시코 그리고 북아메리카 대륙의 남단까지 아우르고 있었다. 제국은 남아메리카로도 확장되어 지금의 칠레와 아르헨티나, 페루까지 포함했다. 1580년에 스페인과 포르투갈 왕정이 일시적으로 단합했을 때에는 브라질 역시 스페인의 통치 하에 들어갔다.

북아메리카의 전초 기지

스페인은 1565년 플로리다에 세인트오거스틴(St. Augustine) 요새를 구축했다. 이는 스페인인들이 멕시코 북부에 건설한 최초의 항구적인 정착지였다. 그러나 이 요새는 소규모의 군사적 전초 기지에 지나지 않았다. 1598년, 후안 데 오냐테(Juan de Oñate)가 멕시코에서 북쪽으로 500명의 무리를 이끌고 지금의 뉴멕시코(New Mexico) 지역에 들어와 그곳 푸에블로 인디언(Pueblo Indians) 땅의 일부를 스페인 소유라고 주장하며 식민지를 건설하면서부터 남서 지역에서 보다 안정적인 정착이 시작되었다. 오냐테는 자기 마음에 드는 일단의 스페인 사람들에게 광대한 토지에서 원주민들로부터 노동력과 공물을 징발할 권리(encomiendas)를 선사했다. 스페인 이주민들은 1609년에 산타페(Santa Fe)를 건설했으며, 1680년경이면 2,000명이 넘는 스페인 이주민들이 3만 명의 푸에블로 인디언들 사이에서 살았다. 스페인 정착민들이 세운 소규모의 여러 마을 주변에 펼쳐진 목장에서 기르는 소와 양이 식민지 경제의 근간이었다.

1680년 푸에블로 인디언들이 반란을 일으켰을 때 식민지는 거의 파괴될 뻔했다. 가톨릭으로 개종한 원주민들이 많았지만 그들을 포함한 대부분의 원주민들이 자기들의 전통적인 종교 의식을 거행했다. 1680년, 스페인 성직자들과 식민 정부는 이러한 예식들을 억압하려고 했다. 그러자 인디언 종교 지도자 포페(Pope)가 반란을 주도해 수백 명의 유럽 이주민을 죽이고 산타페를 점령하여 스페인 사람들을 몰아냈다. 12년 후에는 스페인 사람들이 다시 돌아와 푸

• 세인트 오거스틴과 산타페

에블로 땅을 빼앗아 되찾고, 1696년에 있었던 마지막 반란도 진압했다.

동화와 적응

이렇듯 반란을 경험한 후, 스페인 이주민들은 수적으로 훨씬 많은 원주민들과 싸워서는 뉴멕시코에서 번성할 수 없다는 점을 깨달은 듯했다. 그들은 인디언들을 동화시키기 위해 한층 더 노력하고, 한편으로는 인디언들이 자기 땅을 소유하는 것도 인정했다. 인디언 노동력 착취를 중지했고, 부족의 종교 예식도 정책적으로 허용했다. 상당수의 유럽인들이 인디언과 결혼했다. 1750년경이면 스페인 이주민 인구가 적어도 4,000명에 달했다. 반면, 푸에블로 인디언 인구는 질병과 전쟁, 이주 등으로 인해 1만 3,000명 정도로 감소했다. 이는 1680년에 비해 절반도 안 되는 수였다. 뉴멕시코 식민지는 그때까지 상당히 안정되었지만 여전히 스페인 제국의 약하고 고립된 전초 기지일 뿐이었다.

생물학적·문화적 교류

유익하고도 치명적인 상호 작용

유럽 문화와 토착 문화는 스페인 제국 내에서 완전히 융합되지는 않았다. 그러나 백인이 도래한 후부터 서로 다른 사람들 사이의 상호 작용이 시작되었고, 모두가 영향받게 되었다.

유럽인들이 아메리카 대륙 전역을 탐험한 것은, 일찍이 원주민들과 접촉한 결과 그곳에 상당한 정도의 금과 은이 매장되어 있다는 사실을 알았기 때문이다. 그때부터 아메리카 대륙의 역사는 서로 다른 사람 및 문화 사이에서 때로는 유용하고 때로는 파괴적인 교류의 역사가 되었다. 그리고 유럽의 질병이 신세계로 유입된 것

스페인령 아메리카

1492년 콜럼버스의 첫 번째 항해 이래 19세기 중반까지 스페인은 신세계에서 지배적인 식민지 권력이었다. 스페인은 남아메리카 남부에서 태평양 북서부 지역에 이르는 세계에서 가장 거대한 제국 가운데 한 곳을 지배했다. 스페인 제국 대부분이 기존 원주민의 제국들, 즉 오늘날의 칠레와 페루에 자리하던 잉카제국과 나머지 남아메리카 대륙의 상당 부분 그리고 멕시코, 현재 미국 남서부에 걸쳐 있던 아스텍 제국을 단순히 부당하게 독식했음을 주목하라. 이미 안정된 지역을 선호했던 스페인 식민 사업의 성격은 무엇일까?

〈과거를 논하며〉

콜럼버스 이전 아메리카 대륙의 인구

★ ★ ★

　콜럼버스가 도착하기 이전 아메리카 대륙에 얼마나 많은 사람들이 살고 있었는지는 아무도 모른다. 하지만 학자들을 비롯한 많은 사람들이 한 세기가 넘도록 이 문제를 논의해왔다. 콜럼버스 이전의 인구 문제에 대한 논의는 서반구에 유럽인이 정착함으로써 초래된 결과에 대한 논의와 같은, 보다 큰 논쟁과 밀접하게 관련되어 있기 때문에 지속적인 관심사가 되어왔다.

　19세기 내내 아메리카 원주민들은, 종종 콜럼버스가 도착하기 이전 원주민 인구가 더욱 많았을 때의 살기 좋았던 시절에 대해 이야기하곤 했다. 1830년대에 원주민들과 많은 시간을 함께했던 화가이자 민족서지학자(ethnographer)인 조지 캐틀린(George Catlin)은, 원주민 사회에 구전되어오던 이야기를 듣고서 유럽인들이 오기 전 북아메리카 대륙에는 1,600만 명 정도가 살았다고 추정했다. 미국의 다른 백인들은 이러한 주장을 터무니없는 것이라 결론지었다. 그들은, 인디언 문명은 너무 미개해서 100만 정도의 인구도 유지할 수 없었을 것이라고 주장했다.

　스미소니언 학회(Smithsonian Institution)의 인종학자(ethnologist)인 제임스 무니(James Mooney)는, 1928년에 일찍이 16세기의 군인과 선교사들의 진술을 바탕으로, 16세기 초 멕시코 북쪽에 살았던 원주민 수는 정확히 115만 명이었다고 결론내렸다. 그 수치는 19세기 연구가들이 제시한 것보다 크지만 인디언 자신들이 주장한 것보다는 훨씬 적었다. 몇 년 후 인류학자(anthropologist) 알프레드 크로버(Alfred Kroeber)는 무니가 사용했던 방법의 일부를 차용해 무니가 말한 수보다는 많은 인구가 있었다고 결론내렸다. 하지만 캐틀린보다는 훨씬 적은 수였다. 그는 1492년에 아메리카 대륙에는 840만의 원주민이 있었는데 반은 북아메리카에, 나머지 반은 카리브 해와 남아메리카에 살았다고 결론지었다(1934).

이와 같은 초기의 낮은 추정은 유럽인의 도래로 원주민의 수가 크게 감소하지는 않았다는 가정을 반영한 것이었다. 그러나 학자들은 1960년대와 1970년대에, 콜럼버스가 도착한 이후 얼마 되지 않아 유럽인이 가져온 전염병으로 원주민 인구의 10분의 1이 사망했고, 1500년대 말이면 이미 1492년의 수보다 급속히 줄어든 상태였음을 알아냈다. 1976년에 윌리엄 맥닐(William McNeill)과 그보다 10년 후에 알프레드 크로스비(Alfred Crosby) 같은 역사학자들은, 일부 부족은 거의 멸종했고, 다른 부족들은 역사상 비슷한 예를 찾아보기 어려운 전염병 때문에 인구가 크게 감소했다는 강력한 논리를 제시했다.

1492년의 원주민 인구가 수십 년 후보다 훨씬 많았다는 생각은, 콜럼버스 이전 아메리카 대륙에 훨씬 더 많은 원주민들이 살았으리라는 추측을 가능하게 했다. 1966년에 인류학자인 헨리 도빈스(Henry Dobyns)는, 1492년 멕시코 이북에는 1,000만에서 1,200만 정도의 원주민 인구가 거주했고, 아메리카 대륙 전체에는 9,000만에서 1억 1,200만의 원주민이 살았다고 주장했다. 그 후에는 그처럼 많은 수를 주장한 학자가 없었지만, 대부분이 크로버의 추정치보다는 도빈스의 추정치에 더 가까운 수를 제시했다. 예를 들어, 1976년에 지리학자(geographer)인 윌리엄 데네반(William M. Denevan)은 1492년의 인구는 5,500만 정도였고, 멕시코 이북에 사는 원주민 수는 400만 미만이었다고 했다. 이 수치는 근자에 이루어진 추정치 중에서 가장 낮은 수지만 19세기의 주장들보다는 매우 높은 것이다.

학자들을 비롯한 많은 사람들이 원주민 인구에 대해 이토록 맹렬하게 논쟁한 것은 원주민 인구 규모를 알아내려는 노력 자체가 어려웠기 때문이고, 인구에 관한 논쟁 자체가 콜럼버스와 그 뒤를 이은 수백만 유럽인의 도래가 문명사에서 진보인가, 아니면 번성하고 있던 수많은 원주민을 실질적으로 멸종시킨 역사상 유례없는 재난인가를 둘러싼 논쟁의 일부이기 때문이기도 하다. 1492년 이후 유럽 문명이 신세계에서 이루어낸 많은 업적과 이에 수반된 끔찍한 원주민 절멸 사태를 어떻게 저울질하는가의 문제는 결국 역사적 문제가 아니라 도덕적인 문제일 것이다.

이야말로 그 교류가 가져온 최초의 가장 심각한 결과였다. 아메리카 원주민들이 인플루엔자, 홍역, 발진티푸스 그리고 특히 천연두와 같은 질병에 노출된 결과는 상상하기조차 어려울 정도였다. 수백만의 원주민이 사망했다. 어떤 지역에서는 백인과 접촉한 이후 수십 년 내에 원주민 전원이 사망하기도 했다. 1490년대에 콜럼버스가 도달했던 히스파니올라에서는 원주민의 수가 약 100만 명에서 500명으로 급격히 감소했다. 멕시코 마야 지역에서는 스페인 사람과 처음으로 접촉한 후 수 년 내에 원주민이 95퍼센트나 사망했다. 멕시코 북부에 거주하던 상당수의 원주민은 유럽인들과의 접촉도 늦고 관계도 그리 친밀하지 않아 최악의 결과만은 피할 수 있었다. 그러나 신세계의 다른 지역에서는 2세기 전의 유럽 인구의 3분의 1 이상을 앗아간 흑사병만한, 혹은 그보다 더한 재앙이 있었다. 유럽인들은 이러한 생물학적 재앙을 지켜보면서 이것이야말로 그들이 신세계와 원주민들을 지배해야 한다는 신의 의지를 증명하는 것이라고 여겼다.

• 고의적인 정복과 말살

그러나 남아메리카 원주민의 수가 이토록 감소한 것이 꼭 질병에 노출되었기 때문만은 아니었다. 이는 스페인 정복자들이 고의적으로 원주민 말살 정책을 실행했기 때문이기도 했다. 그들이 보여준 잔악함은 부분적으로 유럽인이 세계 곳곳에서 행한 전쟁의 무자비함을 반영하는 것이었다. 그리고 원주민들은 '야만인(savage)', 즉 온전한 인간으로 취급할 필요가 없는 미개인이라는 그들의 확신이 낳은 결과이기도 했다. 유럽의 질병과 유럽의 군사적 잔악함이 어우러진 결과, 1540년대에 이르면 멕시코와 남아메리카의 제국들은 거의 파괴된 상태였다.

그렇다고 해서 유럽인과의 교류가 모든 면에서 인디언들에게 해가 된 것은 아니었다. 유럽인은 아메리카 대륙에 중요하고도 새로운 농작물(그중에는 설탕과 바나나가 있었다)을 소개했고 소와 돼지, 양 등의 가축 그리고 아마도 가장 중요할 법한 말을 들여왔다. 말은 점차 원주민의 생활에서 중심을 차지하게 되었고 그들의 사회를 변화시켰다.

유럽인에게도 인디언과의 교류는 그에 못지않게 중요한(한층 더 유용한) 것이었다. 유럽인은 북아메리카와 남아메리카 양쪽에서 원주민으로부터 새로운 땅에 맞는 농업 기술을 배웠다. 그들은 새로운 농작물, 특히 옥수수를 발견했는데, 콜럼버스가 아메리카 대륙으로 향한 첫 번째 항해를 마친 후 유럽으로 옥수수를 가지고 갔다. 그리고 호박, 서양호박, 콩, 고구마, 토마토, 고추, 감자 등의 작물이 원주민을 통해서 유럽인의 식탁에 소개되었다.

신세계의 농작물

남아메리카와 중앙아메리카 그리고 멕시코에서는 유럽인과 원주민이 동등하지는 않지만 서로 긴밀하게 접촉하며 사는 사회가 자연스럽게 출현했다. 많은 원주민이 점차 스페인어와 포르투갈어를 하게 되었지만, 자기들 고유의 언어와 유럽어를 혼합해 방언을 만들어냈다. 유럽 정착민은 적어도 10대 1의 비율로 남성이 여성보다 많았다. 그 결과 스페인 남성 이주자들과 원주민 여성들 사이에 성적 접촉이 많아졌고 백인과 원주민 간에—때로는 강요에 의한—결혼도 빈번해졌다. 오래지 않아 혼혈 인종 혹은 메스티소(mestizo)라 불리는 사람들이 식민지 인구의 지배적인 숫자를 차지했다.

스페인과 포르투갈 이주자들이 벌인 모든 사업은 실질적으로 인디언 노동력에 의존했다. 어떤 곳에서는 인디언들이 노예로 팔렸으

강제 임금 체제

1장 문화의 만남 | 47

나 그보다는 강제적이거나 '계약 하인(indentured)에 의한' 임금제가 많이 실시되었다. 이 제도로 인디언들은 광산과 농장에서 정해진 기간 동안 강제 노동을 해야 했다. 그러나 이 방법만으로는 끝내 식민지인들의 노동력 수요가 충족되지 못했다. 따라서 유럽 정착민들은 1502년에 아프리카에서 노예를 수입하기 시작했다.

아프리카와 아메리카

1500년에서 1800년 사이에 신세계로 이주해 온 사람들 가운데 절반 이상이 아프리카인이었고, 실질적으로 그들은 자신의 의지에 반해 아메리카 대륙으로 끌려온 사람들이었다. 그리고 그들 대부분은 기니(Guinea)로 알려진 사하라 사막 바로 아래에 자리한 지역 출신이었다.

• 서아프리카의 교역 국가

유럽인과 아메리카 대륙의 백인 정착민은 아프리카 사회를 원시적이고 미개한 사회로 간주하고 있었다. 그러나 대부분의 아프리카인은 사실상 잘 발달된 경제 및 정치 체제를 지닌 문명화된 사람들이었다. 기니 북부에 사는 사람들은 상아와 금, 노예와 완성된 상품 교환을 매개로 지중해 세계와 상당한 상업 교류를 가졌고, 그 결과 일찍이 이슬람교로 개종하기도 했다. 1100년경에 고대 가나(Ghana) 왕국이 멸망한 후에는 보다 강한 말리(Mali) 제국을 건설했다. 팀북투(Timbuktu)에 자리한 이 제국의 교역 중심지는 여러 지역에서 온 사람들이 만나는 장소이자, 교육의 중심지였다고 전해지고 있다.

아프리카 남부는 유럽 및 지중해와 더욱 거리가 멀었고 정치적으로 한층 더 분열되어 있었다. 사회 단위는 주로 대가족으로 구성된 마을이었다. 여러 마을이 모여 자그마한 왕국을 형성하기도 했으나 남쪽에서 큰 제국은 등장하지 않았다. 그렇기는 하지만 남부 사회도 자기들끼리 또는 소규모이긴 했으나 외부 세계와 교역을 확장시켜 나갔다.

아프리카 문명은 그곳의 기후와 천연 자원이 반영된 경제를 발전시켰다. 기니 북부는 어업과 쌀 재배가 경제의 근간이었고, 지중해 연안의 나라들과 광범위하게 교역을 행하기도 했다. 아프리카 남부에서는 밀을 비롯한 여러 농작물을 생산했고, 가축을 기르고 고기잡이를 했다. 아프리카 남부 내륙에는 유목민들이 있어서 사냥과 채집에 의존했다. 그러나 대부분의 아프리카 사람들은 앉아서 일하는 데 익숙한 농민이었다.

아프리카의 가족제도는 아메리카 대륙의 인디언 사회와 마찬가지로 모계제였다. 이는 어머니로부터 유전 형질을 물려받고 유산을 물려받는다는 것을 의미한다. 교역에서도 여성이 중요한 역할을 했는데, 때로는 교역을 주도하기도 했다. 많은 지역에서 주로 여성이 농사일을 한 반면, 남성은 사냥을 하거나 고기를 잡고, 가축을 길렀다. 그리고 아프리카 전역에서 여성이 아이를 돌보고 식사를 준비했다. 대부분의 부족이 성에 따라서 정치적 권한을 나누었는데, 남자들은 남성의 일을 관장할 지도자를 선택했고, 여자들은 여성의 일을 주로 다룰 지도자를 뽑았다.

모계 사회

이슬람교가 확산되는 와중에도 토착 종교가 살아 남은 서아프리카 지역에서는 사람들이 자연 세계의 다양한 면과 관련된 여러 신을 숭배했다. 그들은 나무, 바위, 숲, 냇물에 신의 영혼이 깃들어 있다고 믿었다. 또한 대부분의 아프리카인은 조상 숭배 형식을 발전시켰고 가계(家系)를 중시했다. 그리하여 일반적으로 가장 나이 많은 사람이 가장 존경받는 사제였다.

• 아프리카의 노예제도

아프리카 사회의 상층부는 소수의 사제 및 귀족 엘리트로 구성되었다. 대다수의 사람들은 농부, 무역상, 장인 등으로 이루어진 중간 집단에 속했고, 맨 아래에는 노예들이 있었다. 대개 전쟁에서 포로가 되거나, 범죄를 저질렀거나 부채를 갚지 못했을 경우에 노예가 되었다. 그러나 그들은 일정 기간 동안만 자유를 상실했고, 노예일 때에도 법적인 보호(결혼할 권리 포함)를 받을 수 있었으며, 부모의 노예 신분이 자식에게 대물림되는 일도 없었다.

• 사탕수수 및 노예무역

아프리카 노예무역은 유럽인이 신세계에 정착하기 훨씬 전부터 있어 왔던 일이다. 8세기에 이미 서아프리카인들은 지중해 상인들에게 적은 수지만 노예를 팔기 시작했고, 나중에는 포르투갈인들에게도 팔았다. 그러나 16세기에 사탕수수에 대한 유럽의 수요가 늘어나면서 노예시장이 급격히 성장했다. 지중해 연안의 사탕수수 생산량이 수요를 따라가지 못하게 되자, 곧장 재배 지역이 확산되어 포르투갈 식민지가 된 아프리카 해안의 마데이라(Madeira) 섬에서도 사탕수수를 재배했다. 그리고 얼마 안 지나(여전히 16세기에) 카리브 해의 여러 섬과 브라질에서도 사탕수수가 재배되었다. 사탕수수는 집약적인 노동을 필요로 하는 작물이기 때문에, 이 새로운 경작 지역에서도 아프리카 노동력에 대한 수요가 매우 높았다. 처음에는 포르투갈인들이 압도적으로 노예무역에 관여했다. 17세기에는 네덜란드가 노예시장을 대부분 석권했고, 18세기에는 영국이 이를 장악했다(최근에 제기된 일부 주장에도 불구하고, 유대인들은 결코 노예무역에 상당한 정도로 참여한 적은 없다). 그리고 1700년경에는 노예제도가 본 고장인 카리브 해와 남아메리카를 넘어 북아메리카의 영국 식민지로 확산되었다.

〈세계 속의 미국〉

대서양 배경 속에서 바라본 미국의 초기 역사

★ ★ ★

　대부분의 미국인들은 미국이 최근까지 세계 여러 지역과 밀접하게 관련을 맺어왔고 소위 '지구화의 시대'에 살고 있다고 이해한다. 그러나 최근까지도 대부분의 역사가들은 미국의 과거를 비교적 고립된 역사로 파악해왔다. 미국 역사 가운데 가장 시급하게 국제적인 시각을 가지고 재검토해야 하는 부분은 아메리카 대륙에 유럽인들이 정착한 초기 역사 부분이다. 미국의 초기 역사를 연구하는 많은 학자들이 '대서양 세계'로 알려진 것과 같은 맥락에서 이제는 '신세계'에서 무슨 일이 일어났는가를 연구한다.

　'대서양 세계'라는 개념은 부분적으로 북아메리카와 남아메리카에 건설된 스페인, 영국, 프랑스, 네덜란드 등의 식민지와 서유럽 사이의 일방적인 관계 설정에 따른 것이다. 아메리카 대륙의 모든 초기 유럽 문명은 유럽의 유력한 군주들이 시작한 거대한 제국주의적 계획의 일부였다. 16세기에 유럽인들이 대거 아메리카 대륙으로 몰려들면서 시작된 침탈과 원주민의 좌절, 유럽인 농경지와 도시 정착지의 건설, 교역 및 상업, 토지 소유 그리고 정치 분야에 있어서 제국적 규제의 부과 등 이 모든 것들은, 신세계 역사에 구세계의 제국주의가 영향을 가했음을 드러낸다.

　그러나 제국 건설은 대서양 세계를 형성해가는 과정의 일부분일 뿐이다. 유럽에서 아메리카 대륙으로 상업이 확장되었다는 사실이야말로 이에 못지않게 중요할 뿐만 아니라, 제국의 건설과도 밀접하게 관련되어 있다. 비록 일부 유럽인들은 종교의 자유를 찾아서, 억압을 피해 혹은 모험을 찾아 신세계로 왔지만, 유럽 이민자 대부분은 경제적 기회를 찾아서 신세계로 건너왔다. 따라서 아메리카 대륙에 정착한 유럽인들이 거의 처음부터 아메리카 대륙과 유럽 간 상업의 증대를 통해 유럽과 매우 밀접하게 관련을 맺은 것은 놀랄 만한 일이 아니다. 해가 갈수록 양자 간의 교역은 보다 확장되고 복잡해졌다. 아메리카와 유럽의 상업적 관계는 교역의 증대뿐만 아니라, 이민의 증가 또한 가져왔다. 신세계의 노동 수요가 증대함에 따라 점점 더 많은 사람들이 구세계에서 신세계로 몰려들었던 것이다. 아메리카 대륙에 노예제도가 등장하고, 아프리카와 아메리카 대륙의 유럽 식민지들 사이에 노예무역이 증대한 이유 또한 상업에 있었다. 다시 말해서 대서양 세계는 유럽과 아메리카뿐만 아니라 아프리카까지도 포함하는 것이라는 얘기다.

    종교는 대서양 세계를 하나로 묶은 또 다른 힘이었다. 유럽인의 후손은 거대 다수가 크리스트교인이었고, 그들 대부분이 유럽과 중요한 종교적 유대 관계를 유지했다. 물론 가톨릭교는 로마에 기반을 둔 위계 교회로서 교황청과 가까운 관계를 유지했다. 그러나 북아메리카에서 지배적이었던 다양한 개신교 종파는 각기 유럽의 다양한 종파와 밀접하게 연결되어 있었다. 새로운 종교 사상과 종교운동이 대서양을 오가며 놀라운 속도로 전파되었다. 유럽에서 시작된 종교 부흥 운동이 아메리카로 빠르게 건너왔다. 예를 들어, 18세기 중엽의 '대각성 운동(Great Awakening)'은 영국에서 시작되어 주로 영국인 복음주의자 조지 화이트필드(George Whitefield)의 노력으로 아메리카로 전해졌다. 식민지 복음주의자들은 후에 여러 종교 사상을 신세계에서 구세계로 재전파하기도 했다.

    유럽 식민지 아메리카의 초기 역사는 유럽의 지적 생활과도 밀접하게 얽혀 있었다. 17세기와 18세기에 인간의 이성을 강조하며 유럽에 등장한 사상들의 집합체인 계몽사상이 아메리카 대륙으로 신속하게 전파되어 신세계 전역에서 상당한 지적 소요를 불러 일으켰다. 특히 북아메리카 대륙과 카리브 해의 영국 식민지에서 그 영향을 크게 받았다. 예를 들어, 영국 철학자 존 로크(John Locke)의 사상은 조지아 건설을 구체화하는 데 기여했다. 북아메리카 식민지인들은 영국 헌법과 '영국인의 권리'라는 개념에서 자신들만의 정치 개념을 형성해냈다. 미국 독립 혁명(American

Revolution) 기저에 있는 많은 사상이 당시 대서양을 풍미하던 영국 및 유럽 대륙 철학의 산물이었다. 미국인들은—누구보다도 토머스 페인(Thomas Paine)은—독립을 향한 열망을 정당화하기 위해 이러한 개념들을 재해석했고, 이는 다시 유럽으로 전파되어 무엇보다도 프랑스 혁명에 영감을 불어넣었다. 계몽사상의 또 다른 산물인 과학·기술 지식은 대서양을 지속적으로 넘나들었다. 미국인들은 영국에서 산업 기술을 빌려왔고, 유럽은 아메리카 대륙에서 행해진 실험을 통해 전기에 관한 초기 지식 대부분을 배웠다. 그러나 계몽사상은 대서양 세계 내부에서 일어난 지속적인 지적 교류의 일부일 뿐이었다. 예술적·학문적·정치적 사상의 교류가 해양 연안 지역들을 오가며 광범위하게 확산되었던 것이다.

'대서양 세계'라는 개념으로 보면, 미국의 초기 역사는 북아메리카 대륙의 대서양 연안을 따라 건설된 13개 작은 식민지의 성장의 역사이기보다는, 거대한 교역과 내적 교류의 양상으로 인지된다. 다시 말해, 대서양 연안의 모든 사회, 즉 서유럽, 서아프리카, 카리브 해 그리고 북아메리카와 남아메리카 등 여러 사회 간 교역과 이주, 종교적·지적 교류 그리고 다양한 관계라는 양상에서 미국 역사를 볼 수 있게끔 된다는 것이다.

3

영국인의 도래

기록상으로 보면, 영국과 신세계의 첫 접촉은 스페인보다 5년 정도밖에 늦지 않았다. 1497년에 존 캐벗(John Cabot) – 콜럼버스와 마찬가지로 제노바 태생이었다 – 이 헨리 7세의 지원을 받아 북아메리카 북동부 연안을 탐험했다. 그러나 캐벗은 신세계를 통해 동방으로 가는 길을 찾는 데 실패했다. 거의 한 세기가 흐른 후에야 영국인들은 이곳에 식민지를 건설하기 위해 지대한 노력을 기울이기 시작했다.

식민정책의 동기

식민정책에 대한 관심이 고조된 것은 부분적으로 16세기에 영국이 당면한 사회적·경제적 문제 때문이었다. 영국인들은 비용이 많이 드는 유럽 전쟁에 자주 휘말렸고, 국내에서는 종교 분쟁이 끊이지 않았다. 농촌 경제의 혹독한 변화 역시 영국인들에게는 고통이었다. 양모에 대한 수요가 세계적으로 급증하자, 지주들이 토지를 농산물 경작지에서 양을 방목하는 목초지로 전환하고 있었기 때문이다. 그 결과 식량 생산이 가능한 농지의 양이 감소했다. 영국의 인구가 – 1485년에는 300만이던 것이 1603년에는 400만으로 – 증가함과 동시에 식량이 부족해졌다. 이에 일부 영국인들에게는 토지가 널려 있는 신세계가 매우 매력적인 곳으로 비치기 시작했다.

• 부족한 토지

동시에 새로운 상인 자본가들이 성장하고 있던 영국의 모직 의류 산업 제품을 해외에 팔아 번영을 누렸다. 수출업자 대부분이 처음에는 거의 개인적으로만 거래했다. 그러나 얼마 지나지 않아 상인들은 많은 회사를 설립했다. 이는 특정 지역의 교역 독점권을 부여한 왕의 특허장을 기반으로 설립된 회사들이었다. 이들 회사에 투자한 투자가들은 종종 엄청난 이윤을 남겼고, 이렇게 수익성 있는 교역을 계속 확장하기를 열망했다.

- 중상주의

이러한 열망 속에서 중상주의(重商主義, mercantilism)로 알려진 새로운 경제 개념이 등장했다. 중상주의는, 한 개인이나 나라가 부유해지려면 다른 사람이나 나라를 희생시켜야 하고, 따라서 한 국가가 부유해지려면 다른 나라에 가능한 한 많은 물건을 팔고 적게 사들여야 한다는 생각에 기반하는 것이었다. 중상주의 원리는 16세기와 17세기에 유럽에 만연해졌고, 그 결과 식민지 획득에 대한 관심이 더욱 고조되었다. 식민지는 원료를 공급하는 역할은 물론, 자국의 상품을 파는 시장의 역할도 해줄 수 있었기 때문이다.

영국의 중상주의 정책은 초기에 유럽 대륙, 특히 앤트워프(Antwerp)의 대규모 의류 시장과 양모 거래가 성행하면서 이를 기반으로 활기를 띠었다. 그러나 1550년대에는 공급 과다로 시장이 쇠퇴하기 시작했고, 영국 상인들은 해외 교역을 위해 다른 곳을 물색해야 했다. 일부 영국인들은 식민지 건설이 그 해결책이 될 것이라고 보았다. 그들은 식민지가 시장의 역할을 할 것이며, 과잉 인구를 흡수해 빈곤을 완화시킬 것이라고 믿었다. 아마도 가장 중요하게는, 영국이 식민지 교역을 통해 전에는 다른 나라에 의존했던 제품, 즉 목재와 해군 군수품, 금과 은 같은 물품들을 식민지에서 얻을 수 있을 것이라고 보았기 때문일 것이다.

여기에는 종교적인 동기도 작용했다. 즉, 종교개혁의 결과이기도 했다. 종교개혁은 1517년 독일에서 마틴 루터(Martin Luther)가 로마 가톨릭 교회의 기본 교리와 예식에 도전함으로써 시작되었다. 루터는 곧 북유럽 평민들의 지지를 빠르게 확보했다. 교황이 1520년에 그를 파문하자, 루터는 자신의 추종자들을 완전히 가톨릭 교회 밖으로 인도했다.

• 식민지 건설의 종교적 동기

스위스의 신학자 존 칼뱅(John Calvin)은 인간의 행위가 개인의 영혼을 구원하는 데 영향을 미칠 수 있다는 가톨릭 교리를 거부하는 데 있어서 루터보다 한 걸음 더 나아갔다. 칼뱅은 운명 예정설(doctrine of predestination)을 소개했다. 어떤 사람은 신에게 구원받도록 '선택'되어 있고, 어떤 사람은 저주받게끔 예정되어 있다는 것이다. 즉, 사람들 각각의 운명은 태어나기 전에 정해지며, 이미 정해진 운명은 누구도 바꿀 수 없다는 뜻이다. 그러나 칼뱅의 가르침을 받아들인 사람들은, 현재 어떻게 살고 있는가가 구원 여부를 보여주는 것일지도 모른다고 믿게 되었다. 즉, 사악하거나 쓸모 없는 사람들은 저주를 받았다는 징표이고, 덕망과 근면, 성공은 은혜의 징표가 될 수 있었다. 칼뱅주의는 추종자들 사이에 불안감을 심어주기도 했으나, 동시에 고결하고 생산적인 삶을 살아야 한다는 강한 동기를 불러일으키기도 했다. 이 새로운 종파가 북유럽 전역에 빠르게 확산되어 프랑스의 위그노(Huguenots)와 영국의 청교도(Puritans)을 비롯한 여러 칼뱅주의자들이 배출되었다.

그러나 영국의 종교개혁은, 처음에는 종파적 반란의 결과라기보다는 왕과 교황 사이에 일어난 정치적 분쟁의 결과였다. 헨리 8세

• 영국의 종교개혁

(King Henny Ⅷ)는 스페인 출신 부인과의 이혼을 허락하지 않는 교황에게 분노해, 1529년 가톨릭교와 유대를 끊고 스스로 영국 크리스트교의 수장이 되었다. 헨리가 죽은 뒤, 그의 딸인 가톨릭 교도 메리 여왕(Queen Mary)은 영국과 로마의 유대를 복원하면서 반항하는 사람을 모두 처형했다. 그러나 그녀가 1558년에 죽자, 그녀의 이복 자매인 엘리자베스 1세(Elizabeth I)가 영국의 수장이 되었고, 영국은 다시 한 번 가톨릭 교회와 단절했다. 이번에는 영원한 단절이었다.

그러나 많은 영국인에게 새로운 영국 국교회(Church of England)는 충분한 개혁이 아니었다. 유럽의 종교개혁에 영향받은 사람들은 교회를 '정화(purify)'할 개혁을 요구했고 그 결과 '정화하는 사람들(Puritans)'로 알려지기 시작했다.

- 청교도 분리 주의자들

분리주의자들(Separatists)로 알려진 가장 급진적인 청교도들은, 모든 신민이 정기적으로 열리는 성공회 예배에 출석해야 한다는 영국의 법에도 불구하고, 독립적인 종교 집회를 통해 자기들이 원하는 종교를 결정했다. 그러나 대다수의 청교도들은 영국 국교회와 결별하기를 원치 않았다. 그들은 오히려 성공회 교리를 단순화하고 교회의 사제들을 개혁하기를 원했다. 자신들의 요구가 정치권력과 교회의 권위에 의해 받아들여지지 않자, 분리주의자들의 경우처럼 청교도들의 실망도 점차 커져갔다.

튜더 가문(Tudors)의 마지막 왕인 엘리자베스 여왕이 죽고 스튜어트 가문(Stuarts)의 첫 번째 왕 제임스 1세(James I)가 1603년에 즉위하자, 청교도들의 불만이 증폭되었다. 왕은 신의 권한으로 통치한다고 믿었던 제임스 1세는 독단적으로 불법적인 세금을 물리고,

영국의 가톨릭 교도들을 두둔해 특허장을 비롯한 많은 혜택을 주었으며, 예식에 있어서도 가톨릭 예식을 지원해 곧 청교도들의 반감을 샀다. 17세기 초에는 영국 밖으로 도피처를 모색하는 비국교도들이 생겨나기 시작했다.

영국이 처음으로 식민지화하려 한 대상은 신세계가 아니라 인접한 아일랜드(Ireland)였다. 영국은 오랫동안 아일랜드에 대해 권리를 주장해왔다. 그러나 집중적인 식민정책은 16세기 말에 이르러 시작되었다. 아일랜드인을 복속시키려는 영국의 길고도 잔악한 과정은 식민지 건설과 관련해 중요한 가설을 낳았다. 이 가설은 아메리카 대륙에도 적용시킬 것으로, 다른 나라에 정착하려면 원주민과 철저하게 분리되어야 한다는 생각이었다. 아메리카 대륙의 스페인 사람들과는 달리, 아일랜드의 영국인들은 영국에서 이주해 온 사람들로 구성된 자신들만의 분리된 사회를 건설하고자 했다. 그들은 아메리카로 향할 때에도 이러한 생각을 지니고 있었다.

• 아일랜드 식민지 정책에서 얻은 교훈

아메리카 대륙의 프랑스인과 네덜란드인

북아메리카의 영국인 정착민들은 원주민뿐만 아니라 자신들처럼 중상주의에 이끌려 신대륙으로 이주한 다른 유럽인들과도 마주쳤다. 그들은 스페인 제국이 북아메리카 대륙에 구축한 전초 기지에 흩어져 살았고, 더욱 중요한 점은 그들 중에 신세계의 전리품을 두고 경쟁하는 프랑스인 정착민과 네덜란드인 정착민들도 있었다는 사실이다.

영국이 제임스타운(Jamestown)에 첫 번째 식민지를 건설하기 시작한 지 1년도 채 되지 않아 프랑스가 1608년에 아메리카 대륙에 그들로서는 최초의 영구 정착지 퀘벡을 건설했다. 정착민의 수는 매우 더디게 증가했지만, 프랑스는 그 수에 비해 훨씬 많은 영향력을 신세계에서 행사했다. 이는 그들이 아메리카 원주민과 맺은 관계 때문이었다. 초기 영국인 정착민들과는 달리, 프랑스인들은 대륙 내부의 인디언들과도 가까운 관계를 맺었다. 프랑스 예수회 선교사들이 초기에 두 인종 간의 관계를 확립했다. 더욱 중요한 점은, 모험심이 강한 모피 교역상들과 사냥꾼들이 황무지 내부 깊숙이 들어가 광범위하게 교역을 발달시켰고, 이것이 프랑스 식민지 경제의 밑거름이 되었다는 사실이다. 프랑스 교역상들은 인디언들과 협력했을 뿐만 아니라, 종종 원주민 사이에 섞여 살면서 인디언 여성과 결혼하기도 했다. 프랑스인들이 세인트로렌스 강 연안을 따라 농장 혹은 영지(seigneuries)를 지닐 수 있게 되고, 퀘벡과 몬트리올에 교역 및 군사 중심지를 건설한 데에는 이 모피 교역이 기여한 바 있다.

- 뉴암스테르담

네덜란드인 역시 북아메리카에 등장했다. 17세기 초에 네덜란드는 주도적인 교역 국가의 하나였다. 1609년, 네덜란드인에게 고용된 한 영국인 탐험가 헨리 허드슨(Henry Hudson)이 현재 자신의 이름을 따서 부르고 있는 뉴욕 주의 강을 거슬러 올라갔다. 이 탐험으로 네덜란드인이 이 지역에 대한 권리를 주장하게 되었다. 제임스타운과 플리머스(Plymouth)에 영국 최초의 두 식민지가 뿌리내리고 얼마 지나지 않아, 네덜란드인이 그들 중간에 끼어들었다. 1624년에 네덜란드 서인도회사가 허드슨 강, 델라웨어 강, 코네티컷 강에 잇달아 영구적인 교역소들을 설치하면서 이곳이 이내 뉴네덜란드(New Netherland)의 식민지가 되었던 것이다. 맨해튼(Manhattan)

섬에 들어선 뉴암스테르담(New Amsterdam)이 이 식민지의 중심지였다.

최초의 영국인 정착지

신세계에 건설된 최초의 영국인 정착지는 1607년 버지니아에 건설된 제임스타운이었다. 그 전에도 거의 30년 가까이 영국의 상인과 모험가들이 아메리카 대륙에 식민지를 건설하려고 시도했지만 실패만 거듭했다.

16세기 내내 영국인들은 신세계에 대해 뒤섞인 감정을 가졌다. 그들은 신세계가 보여준 가능성에 흥미를 느꼈지만, 한편으로는 스페인을 경계할 수밖에 없었다. 스페인이 아메리카 대륙에서 여전히 막강한 힘을 유지하고 있었던 것이다. 그러나 1588년 스페인의 펠리페 2세(Felipe II)가 역사상 최대 규모의 함대인 아르마다(Armada)를 파송해 영국 해협을 건너 영국을 공격했을 때, 규모가 작은 영국 함대가 기동성을 살려 일격에 아르마다를 격파했고, 이로써 스페인의 대서양 지배가 막을 내렸다. 이러한 해상권의 커다란 변화로 말미암아 신세계 식민지화에 대한 관심이 빠르게 고조되었다.

• 스페인 무적 함대

험프리 길버트 경(Sir Humphrey Gilbert)과 그의 배다른 형제 월터 롤리 경(Sir Walter Raleigh)이 영국의 식민지 정책을 선도했다. 두 사람 모두 일찍이 아일랜드의 식민지화에 노력을 기울인 경험이 있었다. 길버트 경은 1578년에 엘리자베스 여왕으로부터 6년 동안 "이미 어떠한 크리스트교 군주의 소유도 아닌 이교도의 땅에 살며 그곳을 소유할 수 있는" 독점권을 부여받았다. 길버트 경은 5년 동

• 길버트 경과 롤리 경

안 몇 번의 좌절을 맛본 뒤, 수익성 있는 식민지를 건설하기에 적합한 장소를 물색하려고 탐험대를 이끌고 뉴펀들랜드(Newfoundland)로 향했다. 그러나 폭풍우로 배가 가라앉았고 길버트 경은 바다에서 실종되었다. 다음 해에 월터 롤리 경이 여왕으로부터 6년간의 권한을 얻어 남성만으로 구성된 소규모 탐험대를 보내 북아메리카 해안을 탐사하게 했다. 그들이 돌아왔을 때 롤리 경은 탐험대가 탐사한 지역을 버지니아(Virginia)라고 이름붙였다. 이는 '처녀 여왕(Virgin Queen)'으로 알려진 엘리자베스 여왕을 기리기 위함이었다.

롤리 경은 1585년에 조카인 리처드 그렌빌 경(Sir Richard Grenville)을 불러들여 지금의 노스캐롤라이나(North Carolina) 연안에 위치한 로어노크(Roanoke) 섬으로 탐험대를 이끌고 가 식민지를 건설하게 했다. 그렌빌 경은 그 섬에 사람들을 불러들여 정착시켰다. 하지만 그는 인디언들이 사소한 물건을 훔친 데 대한 보복으로 인디언 마을을 전멸시키고는 영국으로 돌아갔다. 다음 해 봄, 보급품과 보충 인원을 싣고 영국을 출발한 프랜시스 드레이크 경(Sir Francis Drake)의 배가 오랜 연착 끝에 우연히 로어노크에 이르렀다. 기운이 빠져버린 식민지인들은 그의 배를 타고 떠나버렸다.

• 로어노크 식민지의 실패

롤리 경은 1587년에 다시 한 번 로어노크로 91명의 남자와 17명의 여자, 그리고 9명의 아이들을 보냈다. 그들은 앞서 첫 번째 이주민 집단이 버리고 간 장소를 찾으려고 노력했다—도착한 지 얼마 되지 않아 한 여성이 여자아이를 낳았다. 버지니아 데어(Virginia Dare)라 불린 이 아이가 아메리카 대륙에서 영국인 부모 사이에 태어난 첫 번째 아이였다. 존 화이트(John White) 탐험대장은 보급품

로어노크

1585년의 실패한 로어노크 탐험대의 일원이었던 한 영국인 이주민이 그린 대생을 바탕으로 테오도르 드브리(Theodore DeBry)가 1590년에 영국에서 발표한 판화다. 왼편에는 이주민들을 태운 작은 유럽 배가 로어노크 섬으로 다가가고 있다. 바다 멀리 밀려난 난파된 큰 배들, 그리고 본토와 로어노크 섬에 있는 인디언 거주지가 정착민들의 난관을 일부나마 시사해준다.

과 이주민 충원을 위해 몇 주 후 다시 영국으로 돌아왔다. 그러나 스페인과의 전쟁으로 3년 동안 로어노크 섬으로 되돌아가지 못했다. 그가 1590년에 로어노크에 도착했을 때 그 섬은 완전히 버려져 있었고, 정착민들이 어찌되었는지는 실마리조차 찾을 길이 없었다. 기둥에 새겨진 '크로아토안(Croatoan)'이라는 알 수 없는 명문(銘文)만 남아 있을 뿐이었다.

신세계에 영국 식민지를 건설하려던 월터 롤리 경의 시도는 로어노크 섬의 재앙으로 막을 내렸다. 그리고 훗날의 식민 사업자 가운데 어느 누구도 롤리 경과 길버트 경이 얻었던 만큼의 광대한 땅은 하사 받지 못했다. 그러나 식민지 건설에 대한 충동은 여전히 남아 있었다. 17세기 초에 롤리 경으로부터 특허권을 받은 한 런던의 상인 집단이 버지니아에서 식민 사업을 재개하기로 결정했다. 영국의 플리머스 인근 지역에서 온 경쟁 집단이 아메리카 대륙 탐험에 관심을 보였고 훨씬 북쪽 지역에 대한 탐험을 지원했다. 1606년에 제임스 1세는 이 두 집단에게 아메리카 대륙을 나누어주는 새 특허장을 발행했다. 이로써 런던의 상인들은 남부 식민 사업에 대해 전권을 지니게 되었고, 플리머스 상인들은 북부에 대해 전권을 지니게 되었다. 이들을 비롯해 여러 합자회사의 노력으로 아메리카 대륙에 최초의 영구적인 영국인 식민지가 건설되기에 이르렀다.

결론

유럽인이 결국 아메리카라고 부르게 된 곳에는 콜럼버스가 도착하기 이전에 이미 수백만의 사람들이 살고 있었다. 수천 년 전에 아시아에서 이주한 콜럼버스 이전의 아메리카인은 서반구 전역에 걸쳐 살았고 결국 위대한 문명을 창조했다. 이 중 페루의 잉카문명, 멕시코의 마야문명과 아스텍 문명이 가장 중요시되고 있다. 나중에 리오그란데(Rio Grande)로 이름 붙여진 지역의 북쪽은 남쪽보다 인구도 훨씬 적었고 문명화도 덜 진행된 상태였다. 그렇다 하더라도 북아메리카의 원주민들이 건설한 문명 역시 번성했고 팽창해갔다.

유럽인이 도착한 후 1세기 동안, 원주민은 스페인 및 포르투갈 정복자들의 잔인한 침략과, 유럽인이 가져온 전염병으로 자신들이 발전시켰던 문명이 거의 파괴되는 여러 가지 재앙을 겪어야 했다. 16세기 중반에 이르러 스페인과 포르투갈은 더 이상 원주민의 커다란 저항에 부딪치는 일 없이 남아메리카 전역과 북아메리카 대부분의 지역에 식민 지배를 구축했다.

결국 미국이 될 북아메리카 지역에서는 한동안 유럽인의 존재가 그다지 영향을 미치지 않았다. 지금의 뉴멕시코에 스페인이 중요한 전초 기지를 건설했고, 평등하지는 않았지만 원주민과 사이좋게 지냈다. 대체로 북아메리카 인디언들은 17세기 초에 영국인, 프랑스인, 네덜란드인이 이주를 시작하기 전까지는 유럽인에게 방해받지 않고 살았다.

1607	1619	1620	1622	1624	1630	1634
제임스타운 건설	버지니아에 처음으로 아프리카인 도착/버지니아 하원 구성	순례자들이 플리머스 식민지 건설	포우하탄이 버지니아 식민지 공격	네덜란드인들이 맨해튼에 정착	청교도들이 매사추세츠만 식민지 건설	메릴랜드 식민지 건설

2장
이식과 경계 지역

제임스타운 요새

제임스타운 정착민들은 처음부터 난관에 부딪혔다. 제임스타운이 안정을 찾고 성공적인 정착지가 된 것은 수십 년 후의 일이다. 초기에는 기후가 나쁘고 음식이 부족한 데다가 질병까지 퍼져서 정착민들이 어려움을 겪었다. 인근 인디언 부족(오른쪽 상단에 보이는 사람이 인근 인디언 부족의 포와탄 추장)이 보이는 적대감의 수위가 차츰 높아지는 바람에 정착민의 어려움은 더욱 가중되었다.

1636/ 1637	1663/ 1664	1675/ 1676	1681	1686	1689	1732
로저 윌리엄스, 로드 아일랜드 건설/앤 허친슨, 매사추세츠 만 식민지에서 추방	특허장으로 캐롤라이나 하사/영국인들이 뉴네덜란드 정복	필립 왕 전쟁/베이컨 반란	펜실베이니아에 대한 특허장	뉴잉글랜드가 왕령 식민지가 됨	아메리카 식민지에서 명예혁명이 일어남	조지아에 대한 특허장

로어노크 섬에 식민지를 건설하려 한 일이 실패하자, 영국 내에서 일었던 식민지 열풍은 한동안 가라앉았다. 그러나 오랫동안 억누르고 있기에는 신세계에서 뻗쳐오는 유혹이 너무나 강했다. 17세기 초 영국은 신세계에 영구 정착지를 건설하려는 노력을 재개했다.

새로운 시도 역시 실패한 이전의 시도들과 별반 다르지 않았다. 즉, 영국 정부의 명령이나 계획 없이 사적인 모험으로 시작되었고, 앞으로 대면할 어려움에 어떠한 대비도 하지 않은 사람들이 이끄는 소규모의 빈약한 기업들이 시도했던 것이다. 오래지 않아 일련의 재앙과도 같은 좌절을 경험하기는 했지만, 그들은 로어노크 섬의 경우와는 달리 살아남았다.

특히 몇 가지 조건이 이번 정착의 성격을 결정지었다. 첫째, 식민지가 곧 사업 그 자체였으며, 사업가들은 주로 투자가들에게 이윤을 남겨주는 것에 관심을 두었다. 둘째, 식민지와 왕권이 단지 간접적으로만 연결되어 있었기 때문에 영국인 정착민들은 처음부터 나름의 정치적·사회적 제도를 발전시켜나갔다. 셋째, 영국인들은 인디언들과는 확연히 다른, 자신들만의 온전한 공동체를 건설했다. 즉, 구세계에서 신세계로 영국 사회를 '이식(transplantation)'한 것이다. 넷째, 계획이 제대로 진행된 것은 별로 없었다. 실제로 영국인들은 주변 세계-아메리카 원주민, 스페인, 프랑스, 네덜란드 그리고 기타 유럽에서 온 식민지인, 탐험가, 교역상, 아프리카에서 강제로 끌려온 사람들-와 유리되어 살 수 없었기 때문이다.

1
초기 체사피크 식민지

1606년, 제임스 1세의 특허장을 하사받은 런던 회사는 신속하고도 과단성 있게 움직여 버지니아로 항할 탐험대를 출범시켰다. 그리하여 1607년 초에 144명이 갓스피드호(Godspeed)와 디스커버리호(Discovery), 수잔 콘스턴트호(Susan Constant) 등 3척의 배에 나뉘어 타고 아메리카 대륙으로 향했다.

제임스타운 건설

이 항해에서는 오직 104명만이 살아남았다. 그들은 1607년 봄에 아메리카 대륙 해안에 다다랐고, 체사피크 만(Chesapeake Bay)으로 항해한 다음 제임스 강(자기들이 이름지은 강)을 따라 올라갔다. 그리고 반도에 식민지를 건설하여 제임스타운(Jamestown)이라고 불렀다.

그들은 원주민으로부터 안전할 것으로 예상하고 내륙을 선택했다. 그러나 이는 잘못된 선택이었다. 그 지역은 낮고 습한 데다 주변에는 숲이 우거져 있었으며, 막강한 인디언 부족의 영역과 맞닿아 있었다. 결과적으로 최악의 재앙을 불러올 수도 있는 곳이었다. 17년 동안 계속해서 정착민들이 들어와 제임스타운을 살 만하고 수익성 있는 식민지로 만들려고 노력했으나, 이 모든 노력은 실패로 돌

• 초기 제임스타운의 시련

이주민 유치 광고(1609)

이 사진은 신세계로 이주민을 유치하기 위해 발행한 팜플렛의 표지다. 버지니아 생활이 '풍요로운 결실'을 보장해준다는 이 같은 설명은 한번도 아메리카 대륙을 본 적이 없으나 역시 17세기 초에 영국을 휩쓸었던 흥분을 공유한, 즉 식민지를 동경하는 사람들이 작성한 것이다.

아가고 말았다. 초기 제임스타운에 대해 말할 수 있는 것이라고는 단지 이 식민지가 살아남았다는 것뿐이다.

초기 식민지인들은 아메리카 대륙에 발을 딛는 그 순간부터 심각한 어려움에 빠졌다. 그들은 새로운 지역의 전염병에 노출되어 본 적이 없었고, 따라서 그 지방 특유의 질병, 특히 말라리아에 걸릴 확율이 높았다. 런던의 주주들은 하릴없이 금을 찾거나, 그보다는 나았지만 수출을 위한 목재나 타르, 송진과 철을 쌓아올리는 데 식민지인들의 에너지를 써버렸다. 이런 에너지로 농작물을 생산했더라면 오히려 나았을 것이다. 또한 런던의 주주들은 실제로 단 한 명의 여성도 제임스타운으로 보내지 않았다. 그리하여 이주민들은 진정한 의미의 가족을 이루지 못해 식민지에서 영구적으로 살 생각을 하기도 어려웠다.

1608년 1월, 런던에서 보급품과 사람을 태운 배가 도착했을 때에는 처음 제임스타운에 왔던 104명 중에서 38명만 살아 남은 상태였다. 제임스타운이 그런 상황에서도 존속할 수 있었던 것은 27살의 나이에 이미 세계 여행가로 유명해진 존 스미스(John Smith) 선장이 노력한 결과였다. 식민지 지도층은 1608년 가을, 스미스가 주도권을 쥘 때까지 심각하게 분열되어 있었다. 스미스는 식민지의 질서를 잡고 강제로 일을 시켰다. 또한 이웃한 인디언 마을에서 식량을 훔치고 원주민을 납치하기 위한 습격단을 조직했다. 그 결과, 제임스타운에서 두 번째 겨울을 나는 동안에는 죽은 사람이 열둘을 넘지 않았다. 1609년 여름에는 제임스타운이 존속하게 될 가능성이 엿보였다. 그러나 제임스타운의 시련은 아직 끝난 것이 아니었다.

• 존 스미스

재조직과 팽창

제임스타운이 살아남기 위해 싸우고 있는 동안, 런던 회사(그 무렵에는 이름을 버지니아 회사로 바꾸었다)는 이미 더 큰일을 꿈꾸고 있었다. 1609년 버지니아 회사는 왕으로부터 새로운 특허장을 하사받아 더 큰 권한과 더 넓은 영토를 지니게 되었다. 그리고 들라와 경(Lord De La Warr)을 식민지의 첫 번째 총독으로 파견했다. 회사는 자기 돈을 들여서라도 기꺼이 이주하기를 원하는 농장주들에게 주식을 제공했다. 가난한 사람들에게는 회사를 위해 7년 동안 일할 것을 약속 받고 버지니아까지의 운임을 내주었다. 1609년 봄에는 일부 여성들과 아이들을 포함해서 약 600명을 태운 9척의 배를 버지니아로 급파했다.

• 굶주림의 시기

재앙이 뒤따랐다. 버지니아로 향하던 배 가운데 1척이 허리케인을 만나 실종되었다. 또 다른 배는 버뮤다 해상에서 좌초된 채 몇 달 동안 꼼짝할 수 없었다. 게다가 제임스타운에 도착한 사람들마저 상당수가 겨울이 오기 전에 열병으로 사망했다. 1609년에서 1610년 사이의 겨울은 '굶주림의 시기'로 통하게 되었다. 그 지역 인디언들은 숲 속의 살아 있는 짐승이란 짐승은 모두 잡아먹어버리고, 식민지인들을 울타리 안에 가두어 둔 채 밖으로 나오지 못하게 했다. 유럽인들은 개, 고양이, 쥐, 뱀, 두꺼비, 말가죽 등 눈에 띄는 것은 무엇이든 잡아먹었다. 한 생존자의 회고에 따르면, 심지어 '시체'까지 먹었다. 다음 해 5월, 버뮤다에서 좌초되었던 사람들이 마침내 제임스타운에 도착했을 때는 약 60명 정도의 비쩍 마른 사람만 남아 있을 뿐이었다. 새로 도착한 사람들은 생존자를 모두 배에 태워 고향으로 떠났다. 그러나 제임스 강을 따라 내려가다가 강을 따라 올라오고 있는 영국 배와 마주쳤다. 이 배에는 보급품뿐만 아니라 식민지의 첫 번째 총독인 들라와 경이 타고 있었다. 고향으로 향하던 정착민들은 제임스타운으로 배를 다시 돌리는 데 동의했다. 수백 명의 이주민들을 태운 새로운 구호 선단이 곧 도착하기 시작했고, 사람들은 제임스타운에서 이윤을 얻으려는 노력을 재개했다.

버지니아는 첫 번째 총독의 지휘를 받아 존속하게 되었을 뿐만 아니라 확장되기까지 했다. 제임스타운 위아래로 강을 따라 줄지어 새로운 정착지가 형성되었다. 이와 같은 확장은 총독이 때때로 질서와 규율을 강요한 때문이기도 하고, 영국인들이 새로운 정착지를 보호하기 위해 그 지역 인디언 부족들을 습격하는 횟수가 늘어난 때문이기도 했다. 뿐만 아니라 궁극적으로는 식민지인들이 상업 작물, 즉 담배를 발견한 때문이기도 했다.

유럽인이 담배를 알게 된 것은, 콜럼버스가 서인도 제도에서 쿠바 원주민들이 타바코(tabacos)라고 하는 작은 담배를 콧구멍에 집어넣어 피우는 것을 보고 이를 가지고 돌아온 때부터였다. 17세기 초에는 이미 유럽 전역에서 사람들이 스페인 식민지에서 들여온 담배를 피웠다. 그러자 1612년, 제임스타운의 농장주인 존 롤프(John Rolfe)가 버지니아에서 담배 재배를 시작했다. 담배 재배는 곧 제임스 강 상류와 하류 지역으로 확산되었다.

담배는 토양을 매우 빠르게 고갈시키기 때문에 담배 재배자들은 더 넓은 경작지를 필요로 하기 때문에, 이에 따라 땅을 요구하는 목소리가 날로 높아져만 갔다. 그 결과 영국인 농부들은 내륙 쪽으로 자꾸 들어가 농장을 조성하기 시작했는데, 점차 제임스타운에서 멀

• 담배 경제

리 떨어진 원주민 지역까지 더 깊숙이 침투해 들어갔다.

담배 경제는 많은 노동력을 필요로 했다. 버지니아 회사는 새로운 노동력을 식민지로 유치하기 위해 소위 '인두권(headright)' 제도를 고안해냈다. 인두권은 한 사람당 50에이커의 땅을 할당받는 것이다. 이미 식민지에 살고 있는 사람들은 두 사람 몫의 인두권(100에이커의 땅)을 받았고, 새로 온 이주민들은 남자든 여자든 한 사람당 50에이커를 할당받았다. 이 제도를 실시하자 가족 단위의 이주가 늘었다. 아메리카 대륙으로 건너오는 가족 구성원의 수가 많으면 많을수록 더 많은 땅을 할당받을 수 있었기 때문이다. 여기에 버지니아까지 오는 사람의 경비를 대신 지불해주는 사람은, 이주자 한 사람당 이에 상응해 50에이커의 땅을 더 받을 수 있었다. 그 결과 일부 정착민들은 커다란 농장을 몇 군데씩 가질 수 있었다.

버지니아 회사는 식민지 경제를 다양화하기 위해 제철 직공을 비롯한 숙련 장인들을 버지니아로 보냈다. 1619년에는 식민지에 100명의 영국 여성을 보내 결혼을 장려했다. 그리고 1606년에 발행한 최초의 특허장에 명시되어 있는 바와 같이 남성 이주자에게는 영국인으로서의 모든 권리를 약속했다. 엄격하면서도 제멋대로인 통치를 종식시키고 심지어 자치 정부를 만들어 여기에 참여시킬 것도 약속했다. 1619년 7월 30일, 여러 정착지 대표들이 모여서 버지니아 하원(House of Burgesses)을 구성했다. 이는 향후 미국이라는 나라가 될 지역 내에서 선거를 거쳐 구성된 최초의 의회였다.

한 달 뒤에 버지니아는 또 하나의 중요한 선례를 남겼다. 존 롤프의 기록에 의하면, "8월 말경에" 한 네덜란드 배가 "20명 남짓한 검둥이들(20 and odd Negroes)"을 싣고 온 것이다. 식민지인들은, 최초로 버지니아에 온 이 아프리카인들에 대해, 일정한 기간 동안 일한 후에는 풀려나게 될 하인으로 여겼는데, 여기에는 이유가 있었다. 비록 아프리카인들이 드문드문 식민지로 들어오기는 했지만, 농장주들은 최소한 1670년대 말까지는 여전히 유럽인 계약 하인들(indentured servants)을 선호했던 것이다. 더욱이 한동안 흑인 노동력을 사용하는 데에는 한계가 있었다. 그럼에도 1619년에 도착한 20여 명의 아프리카인은 장차 미공화국이 될 지역에서 흑인 노예의 첫 걸음을 내디뎠다.

버지니아의 유럽인 정착민들은 수입해온 아프리카 흑인들에게 강제 노동을 시켰을 뿐만 아니라, 인디언들을 효과적으로 복종시켜 이를 바탕으로 사회를 건설했다. 들라와 경의 후임인 토머스 데일 경(Sir Thomas Dale)은 1610년부터 2년 동안 용감한 추장 포우하탄(Powhatan)이 이끄는 인디언들을 무자비하게 공격했고, 그 과정에서 포우하탄 추장의 딸 포카혼타스(Pocahontas)를 납치했다. 그 이전 몇 년 동안 포카혼타스는 자기 종족과 유럽인 사이에서 중재 역할을 해왔다. 그러나 포우하탄은 몸값을 지불해 그녀를 되찾으려 하지 않았다. 포카혼타스는 유럽인들과 함께 생활하며 그들의 생활 방식에 적응해나갔다. 그녀는 크리스트교로 개종했고, 1614년에는 존 롤프와 결혼해 함께 영국을 방문했다. 그녀의 방문은 많은 유럽인 사이에서 인디언 '문명화' 사업에 대한 관심을 불러일으켰다. 그러나 그녀는 버지니아로 돌아오기 직전에 사망하고 말았다.

• 포카혼타스

포우하탄은 포카혼타스의 결혼에 즈음해 압도적으로 승리할 수 있는 기회를 눈앞에 두고서도 영국인에 대한 공격을 멈추었다. 그러나 그가 죽고 난 몇 년 후 그의 동생 오페칸카누(Opechancanough)

는 비밀리에 영국인 침입자들을 제거할 계획을 실행했다. 1622년 3월 어느 날 아침, 인디언들이 물건을 파는 것처럼 가장하고 백인 정착지에 와서는 갑자기 공격을 시작했다. 인디언들은 남녀노소를 불문하고 347명의 백인(존 롤프를 포함해)을 죽인 후에야 물러났다. 포우하탄족은 그 후 20년도 채 지나기 전에 결국 패배했다.

* 버지니아 회사의 파산

그때 런던의 버지니아 회사가 파산했다. 1624년 제임스 1세는 회사에 하사한 특허장을 철회했고, 이후 1776년까지 식민지는 왕령 식민지로 유지되었다. 회사는 망했지만 식민지는 살아남았다. 그러나 끔찍한 희생을 치러야 했다. 버지니아 식민지 초기 17년 동안 8,500명이 넘는 백인이 버지니아에 도착했지만, 거의 80퍼센트에 달하는 사람들이 죽고 말았다.

농업 기술 교류

초기 영국 이주민이 이웃 인디언에게 쏟아낸 혐오감은 자신들의 문명이 원주민 문명보다 훨씬 우월하다는 믿음의 표현이기도 했다. 영국인들은 바다를 항해할 수 있는 배, 소총 등 앞선 무기류 그리고 인디언에게는 없는 도구들을 가지고 있었다. 실제로 존 스미스를 비롯한 제임스타운의 초기 이주민은 금을 찾는 데 실패하면 종종 원주민의 미개함을 탓하곤 했다. 스미스는 남아메리카의 스페인 식민지인이 부자가 된 것은 그곳 원주민이 선진 문명을 건설하고 많은 금과 은을 채굴했기 때문이라고 기록한 바 있다. 게다가 만약 멕시코와 페루가 "버지니아처럼 심을 것도, 노동력도, 갈 땅도 없이 병든 사람들로 가득했다면", 영국 식민지가 그러했듯이 스페인 식민지도 번성할 수 없었을 것이라고 덧붙였다.

그러나 제임스타운이 존속할 수 있었던 것은 결국 인디언이 개발한 농업 기술을 빌린 덕이었다. 원주민의 농업 기술은 영국인 이주민들이 가져온 전통적인 농사 기술보다 훨씬 더 버지니아의 기후와 토양에 적합했다. 버지니아의 인디언은 안정된 농부이기 때문에 그들이 사는 마을 주변은 다양한 농작물—콩, 호박, 여러 가지 채소 그리고 무엇보다 옥수수—을 재배하는 잘 정돈된 밭으로 가꾸어져 있었다. 어떤 인디언 농지는 수백 에이커에 달했는데, 여기서 상당수 인디언들이 먹고 살 식량이 생산되었다.

• 인디언의 농업 기술

영국 이주민이 인디언의 농업 기술을 모두 다 적용하지는 않았지만, 신세계에서 어떻게 식량을 재배하는지에 관해서는 인디언에게서 상당히 많은 것을 배웠다. 특히 옥수수의 가치를 재빠르게 인지했다. 옥수수는 재배하기도 쉬운 데다 유럽의 어떤 농작물보다도 많은 양을 생산할 수 있는 작물이었다. 영국인들은 옥수수 옆에 콩을 심으면 토양이 비옥해진다는 사실도 알게 되었다. 초기 뉴잉글랜드 식민지의 한 정착민은 인디언이 "최고의 씨앗을 고르고, 최적기를 기다리고, 심는 구멍의 간격을 맞추고, 흙을 얼마만큼 돋울 것인지를 정하고, 벌레를 잡고, 잡초를 뽑고, 가지를 치고, 필요하면 때때로 다듬는 일"을 가르쳐주었다고 기록했다.

영국인들은 원주민들이 하는 대로 식량 재배와 사냥 및 고기잡이를 겸해야 한다는 것도 배웠다. 그리고 이때에도 인디언의 기술이 상당히 유용했다. 특히 카누는 매우 중요했는데, 영국 배보다도 버지니아(나중에는 뉴잉글랜드)의 강과 샛강을 순항하는 데 유용했다.

체사피크 식민지의 성장(1607~1750)

- 버지니아 식민지
- 페어팩스 소유지
- 볼티모어 경에게 하사한 땅(1632)
- 그렌빌 경의 소유지
- ( )는 정착지 설립 연도

이 지도는 17세기와 18세기 초 체사피크 만 지역의 유럽인 정착지의 관할 형태를 보여준다. 몇 가지 다른 식민지 형태임에 주목하라. 버지니아는 초기의 상업적 기업이 파산한 후 영국 왕의 직접 통치 하에 있었고, 메릴랜드와 버지니아 북부 그리고 노스캐롤라이나는 영지로 하사되어 유력한 영국 귀족들의 지배 아래 놓였다.

카누는 통나무 하나를 통째로 파서 만들거나, 자작나무 껍질을 간단한 틀에 꿰매어 이를 송진으로 붙여 만들었다(자작나무로 만든 카누에는 최대 80명이 탈 수 있는 것도 있었다). 존 스미스는 특히 인디언 카누를 매우 칭찬했다. 원주민의 '원시적' 문명이 초기 정착민들에게 사실상 가장 중요한 농사 방법과 기술을 가르쳐주었다.

메릴랜드와 캘버트 가문

메릴랜드 식민지는, 나중에는 버지니아 식민지와 매우 비슷해진 듯 보이나, 초기에는 다른 남부 식민지와 매우 달랐다. 볼티모어 경(Lord Baltimore) 1세 조지 캘버트(George Calvert)는 아메리카 대륙에 식민지를 건설하면 대규모 부동산 투기로 수익을 올릴 수 있고, 자기와 같은 영국 가톨릭 교도에게 피난처를 제공할 수 있다는 점에 착안했다. 그는 체사피크 만 지역에 식민지 건설 특허를 얻어내고자 왕과 협상하던 중에 사망했다. 그러나 볼티모어 경 2세인 그의 아들 세실리우스(Cecilius)가 1623년에 마침내 특허장을 받아냈다.

볼티모어 경은 동생 레오나르드 캘버트(Leonard Calvert)를 식민지 총독으로 임명했다. 1634년 3월, 아크(Ark)호와 도브(Dove)호 2척의 배가 캘버트와 200 또는 300명에 이르는 이주자들을 태우고 포토맥(Potomac) 강으로 들어가서, 동쪽 지류 가운데 하나를 돌아 높고 건조한 절벽 위에 세인트메리즈(St. Mary's) 마을을 건설했다. 주변의 인디언은 정착민에게 우호적이었고, 옥수수와 임시 숙소도 제공해주었다.

• 조지 캘버트

• '종교에 관한 법령'

캘버트 가문은 식민 사업에 드는 돈을 충당하기 위해 수천 명의 정착민들을 메릴랜드로 끌어들여야 했다. 그 결과 영국의 동료 가톨릭 교도뿐만 아니라 프로테스탄트 교도에게도 이주를 장려해야 했다. 캘버트 가문은 이내 식민지에서 가톨릭 교도는 언제나 소수일 것임을 깨닫고 종교적 관용 정책을 채택했다. 이는 1649년 '종교에 관한 법령(Act Concerning Religion)'으로 법제화되었다. 그럼에도 불구하고 메릴랜드의 정치는 수년 동안 소수인 가톨릭 교도와 다수인 프로테스탄트 교도 간의 긴장과 잦은 폭력으로 재앙과도 같은 상태였다.

캘버트 가문은 초기 정착민들의 요구에 따라 1635년에 대의제 의회(House of Delegates)를 소집하는 데 동의했다. 그러나 토지 분배에 있어서는 원하던 대로 절대적인 권한을 가져갔다. 이후 볼티모어 경은 친척들과 여러 영국인 귀족에게 넓은 땅을 하사했다. 그리고 그들이 이내 확실한 상류 계급을 형성했다. 그러나 1640년경에는 노동력이 심각할 정도로 부족해졌기 때문에 토지 하사 절차를 대폭 수정해야만 했다. 버지니아처럼 메릴랜드도 인두권 제도를 도입했다. 남성 정착민 한 사람당 100에이커의 땅을 받고, 아내가 있으면 그 몫으로 100에이커를 더 받고, 하인이 있으면 한 사람당 100에이커씩 추가로 더 받았다. 그리고 아이가 있을 경우에는 한 아이당 50에이커씩 더 받았다. 그러나 여전히 초기의 대토지 소유자들이 막강한 권한을 유지했다. 버지니아처럼 메릴랜드도 담배 생산 중심지가 되었다. 그리고 버지니아와 마찬가지로 처음에는 영국에서 들어온 계약 하인들의 도움을 받아 경작하다가, 17세기 말부터는 아프리카에서 수입된 노예 노동력으로 담배를 경작하기 시작했다.

베이컨 반란

버지니아 식민지는 30여 년 동안 단 한 사람, 즉 왕이 임명한 총독 윌리엄 버클리 경(Sir William Berkeley)이 통치했다. 그는 1642년에 서른여섯의 나이로 총독에 임명된 이래, 잠시 한 번 쉬었을 때를 제외하고는 1670년대까지 줄곧 버지니아 식민지를 지배했다. 총독으로 재직하던 초기에 이미 탐험대를 조직해 블루리지 산맥(Blue Ridge Mountains)을 넘어 탐사하게 했고, 1644년에는 인디언의 반란을 진압해서 버지니아 내륙으로 들어가는 길을 열었다. 패배한 인디언은 산맥 동쪽 지역 대부분을 영국인에게 양도하고, 백인 정착을 금지하기 위해 서쪽 경계선을 설정하는 조약에 동의했다. 그러나 버지니아 인구가 급속히 증가함에 따라 이 조약을 지키기가 어려워졌다. 1640년부터 1660년 사이에 버지니아 인구는 8,000명에서 4만 명 이상으로 증가했다. 1652년경이면, 조약에 따라 인디언의 영토로 남아 있던 지역에 영국 정착민이 3개의 마을을 건설한 상태였다.

한편, 버클리는 자신의 권한을 강화해나가고 있었다. 1670년경에는, 한때 모든 백인 남성이 행사했던 버지니아 하원 투표권을 대토지 소유자들로 제한했다. 선거는 드물었고, 버지니아 동부(또는 그 연안) 지역에서 이미 기반을 다진 농장주를 대표하는 하원 의원들이 수년 동안 의석을 차지했다. 보다 늦게 이주해 와서 변경에 정착한 사람을 대표하는 의원들에게 배정된 의석은 충분치 않았다.

흔히 '오지(backcountry)'로 알려진 서부 지역에 새로이 정착한 사람들은 총독과 동부 귀족의 권한에 대해 서서히 불만을 드러냈다. 이러한 불만으로 말미암아 1676년에는 너대니얼 베이컨(Nathaniel

• 윌리엄 버클리 경

• '오지'의 불만

Bacon)의 주도로 반란이 일어났다. 베이컨은 서부에 상당히 큰 농장을 소유하고 있었고, 총독이 임명하는 상원(governor's council)에 의석을 갖고 있었다. 그러나 그는 오지 출신의 다른 젠트리처럼, 총독이 인디언의 반감을 사지 않으려고 백인 정착지 경계선을 그대로 유지하려는 데에 분노했다. 버클리와 베이컨의 충돌은, 한편으로 버클리가 인디언과의 모피 교역을 장악하고 베이컨에게 교역권을 허가하지 않았기 때문이기도 했다.

1675년, 서부 변경에서 백인과 원주민 사이에 충돌이 발생했다. 싸움이 가열되자 베이컨과 이를 염려하는 지주들이 총독에게 군대를 보내줄 것을 요청했다. 버클리가 거절하자, 베이컨은 전투에 참가하기를 원하는 오지의 남성들로 자원 부대를 조직할 것을 제안했다. 버클리는 그 제안도 거절했다. 베이컨은 버클리를 무시하고 수차례나 인디언을 무자비하게 공격했으나 실패하고 말았다. 베이컨이 허락없이 인디언을 공격했다는 이야기를 들은 버클리는 베이컨과 그 부하들을 반란자로 규정했다. 베이컨은 이제 군대를 돌려 동쪽 제임스타운으로 두 번이나 진격했다. 이것이 바로 베이컨 반란(Bacon's Rebellion)으로 알려진 사건이다. 베이컨은 첫 번째 진격에서 총독의 사과를 받아냈다. 그러나 이는 일시적인 것이었을 뿐, 총독이 약속을 어기자 다시 진격해 들어가 도시를 불태우고 총독을 쫓아냈다. 그러나 그 뒤 베이컨이 이질에 걸려 갑작스럽게 숨을 거두자, 버클리는 곧 통치권을 재장악했다. 1677년, 인디언은 정착하려는 백인에게 새로운 땅을 내어줄 조약에 마지못해 서명했다.

베이컨 반란은 버지니아에서 인디언과 백인 사이에 영역을 규정하기 위한 다툼이 끊임없이 일어났음을 증거하는 한편, 엘리트들 사이에 심각한 경쟁이 있었음을 보여주기도한다. 이 사건으로 식민지 인구의 다수를 구성하고 있는 자유인이면서 토지를 소유하고 있지 않은 사람들 사이에 잠재된 불안감이 드러났다. 이제 버지니아 동부든 서부든 땅을 소유한 엘리트들은, 아래로부터 터지는 사회 불안을 잠재우는 데 이해를 같이하고 있음을 인지하기 시작했다. 그들이 필요한 노동력을 충당하기 위해 아프리카 노예무역으로 점차 눈을 돌리게 된 이유도 바로 여기에 있었다. 계약제 백인 하인과는 달리, 아프리카 노예는 정해진 기간 후에 자유인으로 놓아줄 필요가 없고, 또한 토지를 소유하지 않은 불안정한 계급이므로 자신들을 위협하지도 않았다.

● 베이컨 반란이 일어난 원인

2
뉴잉글랜드의 성장

영국령 북아메리카 북부 지역에 정착민들이 들어오는 데에는 꽤 오랜 시간이 걸렸다. 이는 부분적으로 플리머스 회사(Plymouth Company)가 1606년에 첫 번째 특허장을 받은 이후 성공적인 식민 사업을 개시하지 못했기 때문이다. 그러나 플리머스 회사는 이 지역 탐사를 지원했다. 존 스미스 선장이 제임스타운에서 돌아온 후 플리머스 상인들을 위해 탐사 여행을 했고, 그후 자신이 본 지역을 열광적으로 소개하는 소책자를 펴냈다. 스미스 선장은 자신이 탐사한 지역을 뉴잉글랜드(New England)라고 불렀다.

플리머스 농장

• 스크루비 분리주의자들

뉴잉글랜드에 처음으로 유럽인 정착지를 건설한 것은 플리머스 회사가 아니라 영국에서 무시당했던 일단의 청교도 분리주의자들이었다. 1608년, 스크루비(Scrooby) 수도원의 분리주의자는 조용히 (그리고 불법적으로) 한 번에 몇 명씩 종교의 자유를 누릴 수 있는 네덜란드의 라이덴(Leyden)으로 이주하기 시작했다. 그러나 그들은 네덜란드에서 외국인 비숙련공으로 낮은 임금을 받고 일해야 했다. 또한 그들의 자녀가 네덜란드 사회에 적응하는 가운데 옛 교회로부터 멀어지기 시작하는 상황을 매우 염려스러워했다. 마침내 일부 분리주의자는 "세계 저편에서 크리스트교 왕국의 복음"을 전파할 수 있는 안정되고 안전한 사회를 건설하기 위해 대서양을 건너 또다시 이주하기로 결정했다.

1620년, 스크루비 집단의 지도자들은 버지니아 회사로부터 버지니아에 정착해도 좋다는 허가를 받았다. 자칭 '순례자(Pilgrims)'라는 사람들이 1620년 9월에 메이플라워호(Mayflower)를 타고 영국의 플리머스에서 항해 길에 올랐다. 35명의 '성도(saints : 청교도 분리주의자들)'와 67명의 '이방인(strangers : 이 종파에 속하지 않는 사람들)'이 함께 배에 타고 있었다. 길고 험난한 항해 끝에 11월에 육지, 즉 현재의 케이프 코드(Cape Cod)라 불리는 해안을 발견했다. 그곳이 목적지는 아니었지만 남쪽으로 항해하기에는 너무 늦은 계절이었다.

• 플리머스 식민지 건설

순례자들은 케이프 코드 바로 북쪽에서 정착할 만한 곳을 찾았다. 이곳은 앞서 존 스미스가 뉴잉글랜드를 탐험하는 동안 직접 그린 지도 위에 '플리머스(Plymouth)'라고 이름 붙인 지역이었다. 플리머스가 런던 회사 영역 밖에 있었기 때문에, 정착민은 회사의 규칙에 복종할 필요가 없었다. 그래서 무리 중의 '성도'들은 선상에서 정부 수립의 기초가 될 계약을 맺었다. 이것이 바로 메이플라워 서약(Mayflower Compact)이다. 그리고 1620년 12월 21일에 플리머스록(Plymouth Rock) 해안에 발을 디뎠다.

순례자들이 맞은 첫해의 겨울은 매우 혹독했다. 영양 실조, 질병 등으로 이주자 가운데 절반이 사망했다. 그러나 식민지는 그럭저럭 유지될 수 있었다. 이는 주로 그 지역 인디언이 지대한 도움을 준 덕분이었다. 정착민에게는 인디언과 교역하는 등 교류가 절대적으로 필요했고, 이는 원주민에게도 관심거리였다. 인디언은 이들에게 모

• 순례자들과 인디언 간의 상호 교류

피를 제공했다. 그리고 옥수수 재배법과 식용할 야생 동물을 사냥하는 방법을 가르쳐주기도 했다. 정착민은 첫 번째 수확 후 추수감사절(Thanksgiving) 파티에 원주민을 초대했다. 그러나 인디언과의 우호적인 관계는 오래가지 않았다. 순례자들이 도착하고 13년 후, 유럽인이 가져온 천연두 전염병으로 플리머스 주변 인디언 대부분이 사망했기 때문이다.

플리머스 주변은 모래 섞인 습지였기 때문에 순례자들이 수확물을 대량으로 수확해 낼 수 없었다. 그러나 물고기와 모피 교역으로는 수익을 올렸다. 영국에서 새로운 이주민이 도착했고 10년 만에 300명 정도로 인구가 늘었다. 플리머스 농장 사람들은 뛰어난 인물 윌리엄 브래드퍼드(William Bradford)를 총독으로 선출했다. 브래드퍼드는 수년 동안 플리머스 식민지를 성공적으로 이끌어나갔다. 순례자들은 언제나 가난하게 살았다. 1640년대 말까지만 해도 그들이 가진 쟁기는 하나뿐이었다. 그러나 그들은 신이 원하는 방식으로 살 수 있음에 대체로 만족했다.

매사추세츠 만(灣)의 실험

영국의 청교도가 신세계로 이주하는 계기는 국내 정세 때문이었다. 제임스 1세는 몇 년간 청교도를 억압하는 정책을 취해 왔다. 그가 1625년에 죽고 그의 아들 찰스 1세가 왕위를 계승하자, 상황은 더욱 악화되었다. 찰스 1세는 청교도를 한층 더 적대시해, 수많은 청교도를 신앙 문제로 감옥에 가두었다. 왕은 1629년에 의회를 해산하고—1640년까지 소집되지 않았다—누구도 자신에게 반대할 수 없음을 호언했다.

이러한 혼란 속에서 일군의 청교도 상인이 아메리카 대륙에서 새로운 기업을 조직하기 시작했다. 그들은 현재의 매사추세츠와 뉴햄프셔 대부분의 지역을 포함하는 뉴잉글랜드 땅을 하사받고, 왕으로부터 매사추세츠 만(灣) 회사(Massachusetts Bay Company)를 세워 신세계에 식민지를 건설할 수 있는 특허장도 받았다. 매사추세츠 만 회사 구성원 중에는 뉴잉글랜드에 청교도의 피난처를 건설하자는 사람들이 있었다. 이들은 영국에 남고 싶어하는 이 회사 주주들의 주식을 사들여 새로운 소유자가 되었고 그러한 자격으로 존 윈스롭(John Winthrop)을 회사 책임자로 선출했다. 그리고 1630년에 뉴잉글랜드로 향했다.

• 매사추세츠 만 회사

당시 1,000명이 17척의 배에 나누어 탔는데, 이는 17세기의 규모로 보면 가족 단위로 구성된 최대 규모의 단일 이민이었다. 이때 윈스롭은 매사추세츠 만 회사가 받은 특허장을 가지고 갔다. 이는 식민지인은 영국에 있는 회사 관리에게 아무런 의무 사항이 없음을 의미하는 것이었다.

매사추세츠로 이주해 간 사람들은 재빨리 몇 개의 정착지를 건설했다. 보스턴 항이 그 중심지가 되었다. 이후 10년 동안 식민지인은 매사추세츠 동부 지역에 찰스타운(Charlestown), 뉴타운(Newtown)—후에 케임브리지(Cambridge)로 개명됨—록스베리(Roxbury), 도체스터(Dorchester), 워터타운(Watertown), 입스위치(Ipswich), 콩코드(Concord), 서드베리(Sudbury) 등의 새로운 타운들을 건설했다.

매사추세츠의 청교도는 훗날 비평가들이 생각하는 것처럼 엄격

• 윈스롭의
'언덕 위의
도시'

하거나 무뚝뚝하지는 않았다. 그러나 경건하고 신중했다. 이들은 검소하고 성실한 가운데 양심적이고 유용한 삶을 살기 위해서 노력했으며, 물질적인 성공을 신이 내린 은총으로 여겨 명예롭게 생각했다. 윈스롭을 비롯한 매사추세츠 식민지 건설자는, 부패한 세계가 보고 배울 만한 신성한 사회 — '언덕 위의 도시(city upon a hill)' — 를 건설한다는 신념으로 일했다. 매사추세츠 식민지는 교회와 정부가 분리되지 않은 '신정 사회(theocracy)'였다. 영국에서 청교도가 종교의 자유를 누리지 못했던 것처럼 이곳 주민들도 종교의 자유는 없었다.

매사추세츠 식민지도 다른 식민지와 마찬가지로 초기에 어려움을 겪었다. 1629년에서 1630년으로 넘어가는 첫 겨울에 거의 200명이 사망했고, 많은 사람들이 돌아가기로 결심한다. 그러나 제임스타운보다 훨씬 빨리 성장하고 번성했다. 인접한 플리머스 정착민과 인디언 이웃이 식량과 조언으로 도움을 주었다. 그리고 새로 정착민이 이주해 올 때마다 필요한 도구와 물건을 가져왔다. 대부분이 가족을 동반했기에 식민지에서는 공동체에 대한 애착과 정착민 사이의 질서가 빠르게 자리잡았고, 자연증가로 재생산된 인구는 빠르게 늘어갔다.

뉴잉글랜드의 확장

영국인 정착지가 매사추세츠 만에서 더 나아가 다른 지역으로 확산되는 데에는 그리 오랜 시간이 걸리지 않았다. 어떤 사람들은 보스턴 주변의 자갈 섞인 땅보다는 더 생산력이 높은 땅을 찾아 이주했고, 어떤 사람들은 교회가 지배하는 매사추세츠 정부가 싫어 떠나기도 했다.

보스턴에서 서쪽으로 약 100마일 떨어진 코네티컷 강 유역에는 이미 1630년대부터 영국인이 가족 단위로 몰려들기 시작했다. 이 지역은 땅이 비옥하고 매사추세츠 만에서도 멀리 떨어져 있기 때문이었다. 1635년, 뉴타운(케임브리지)의 목사 토머스 후커(Thomas Hooker)가 매사추세츠 정부에 반기를 들어 신도를 이끌고 서쪽으로 이주해 하트퍼드(Hartford) 타운을 건설했다. 4년 후, 하트퍼드 사람과 근처의 새로 건설된 2개 타운 사람이 모여 코네티컷 기본법(Fundamental Orders of Connecticut)으로 알려진 헌법을 채택했다. 이 헌법에 따라 이곳은 매사추세츠 정부와 유사하나 훨씬 더 많은 사람들에게 투표권과 관리로 선출될 수 있는 권한을 부여하는 정치 체제를 갖춘 독립적인 식민지가 되었다(하지만 여성들은 어디에서든 투표권이 없었다).

• 코네티컷 기본법

코네티컷 강 연안의 뉴헤이븐(New Haven) 주변에 또 다른 코네티컷 식민지가 성장했다. 하트퍼드와 달리 이 식민지는 보스턴에 종교적 방종이 확산되고 있음을 우려한 사람들이 건설한 곳이었다. 뉴헤이븐 기본법(Fundamental Articles of New Haven) (1639)을 통해 이곳에는 매사추세츠 식민지보다 더 엄격한 신정(Bible-based) 정부가 건설되었다. 뉴헤이븐은 1662년 영국 왕이 하트퍼드 식민지에게 공식적으로 특허장을 내주어 이곳에 대한 사법권을 인정해줄 때까지 독자적으로 존속했다.

현재의 로드아일랜드(Rhode Island)에 영국인이 정착하게 된 것은, 한동안 매사추세츠 세일럼(Salem)에 살면서 논쟁을 불러일으켰

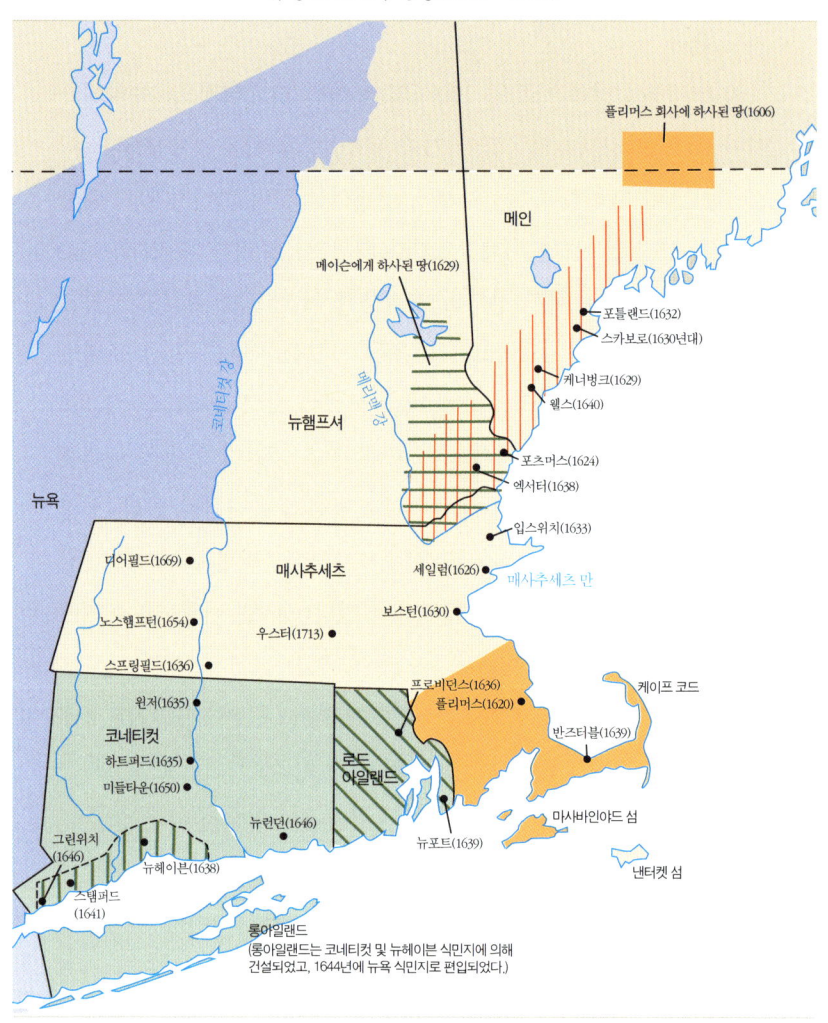

이 지도가 보여주는 것처럼, 뉴잉글랜드의 유럽인 정착은 대서양 연안의 자그마한 두 지역에서 그 기원을 추적할 수 있다. 첫 번째 지역은 플리머스로, 순례자들이 1620년에 여기에 정착했고 점차 케이프 코드, 매사추세츠 남부, 마사바인야드(Marth's Vineyard) 섬과 낸터킷(Nantucket) 섬으로 정착지가 확산되었다. 두 번째 지역은 1630년에 보다 많은 사람이 정착하기 시작한 보스턴으로, 매사추세츠 남부를 거쳐 북쪽으로 뉴햄프셔와 메인, 남쪽으로 코네티컷으로 확장되었다.

던 젊은 목사 로저 윌리엄스(Roger Williams)가 영국 국교회와 종교적·정치적으로 맞선 결과였다. 윌리엄스는 확고한 분리주의자로서 매사추세츠 교회가 영국 국교회에 대해 명목상의 충성조차 해서는 안 된다고 주장했다. 또한 식민지인이 차지하고 있는 땅이 본래 원주민의 땅이라고 주장하기도 했다. 식민지 정부는 그를 추방하기로 결정했다.

• 로저 윌리엄의 반기

그러나 윌리엄스는 정부가 쫓아내기 전에 달아났다. 1635년과 1636년 사이 혹한이 몰아치던 겨울, 그는 내러갠시트(Narragansett) 인디언 속에 숨어 지내다가 봄이 되자 그곳 일대의 땅을 사서 몇몇 추종자와 함께 프로비던스(Providence) 타운을 건설했다. 1644년에는 영국 의회로부터 특허장을 받아 그곳에 매사추세츠 정부와 유사하나 교회와는 아무런 관련이 없는 정부를 수립했다. 한동안 로드아일랜드는 유대교를 포함해 모든 종교가 아무런 간섭 없이 허용되는 유일한 식민지였다.

매사추세츠 식민지의 종교적 질서는 보스턴의 유력한 가문 출신이자 이지적인 데다 카리스마 넘치는 여성, 앤 허친슨(Anne Hutchinson)의 또 다른 도전을 받게 되었다. 그녀는 많은 목사들이 '선택받은 자'가 아니며 따라서 영적인 권위도 없다고 주장했다. 안티노미안(Antinomian) 이단으로 알려진 그녀의 가르침은 기성 목사들의 영적 권위에 대한 심각한 도전이었다. 허친슨은 또한 여성의 역할에 대한 청교도 사회의 일반화된 생각을 공격했다.

• 앤 허친슨

매사추세츠 정부는 그녀의 영향력이 점차 커져가는 데다 그녀가 목사들을 드러내놓고 공격하자 이를 막기 위해 움직였다. 1638년 허친슨은 이단 행위와 폭동 교사죄로 고소되어 추방되었다. 그녀는 가족 및 일부 추종자와 함께 프로비던스에서 멀지 않은 내러갠시트 만(Narragansett Bay) 인근으로 이주했다. 후에 남쪽의 뉴욕으로 옮겨갔으나, 그곳에서 1643년에 인디언의 반란으로 그녀와 가족 모두가 사망했다.

• 메인과 뉴햄프셔

허친슨 사건은 매사추세츠 만 북부 지역 정착에도 중요한 영향을 미쳤다. 1629년에 두 사람의 영국인 지배자가 뉴햄프셔(New Hampshire)와 메인(Maine)을 건설했다. 그러나 매사추세츠에서 종교적 분열이 있기까지는 이 북부 지역으로 이주하려는 사람이 매우 드물었다. 그러던 중 1639년에 앤 허친슨의 제자인 존 휠라이트(John Wheelwright)가 비국교도 추종자를 이끌고 뉴햄프셔의 엑서터(Exeter)로 오자 이내 다른 사람들도 이곳으로 이주해왔다. 뉴햄프셔는 1679년에 독자적인 식민지가 되었으나 메인은 1820년까지도 매사추세츠 식민지의 일부로 남아 있었다.

정착민과 원주민

뉴잉글랜드 초기 정착민은 일반적으로 인디언과 우호적인 관계를 유지했고, 인디언은 정착민에게 옥수수, 콩, 호박, 감자 등 중요한 작물을 기르는 방법뿐만 아니라 새로운 농사 기술도 가르쳐주었다. 유럽인 농부는 인디언이 이미 개간해놓은—그리고 나서 인디언들이 버리거나 그들에게 팔아 넘긴—광활한 토지에서 이득을 보기도 했다. 백인 교역상들은 아주 중요한 교역에서는 인디언을 파트너로 자주 이용했다. 실제로 북아메리카 대륙의 영국 식민지가 처음으로 큰돈을 벌 수 있었던 것도 인디언과 교역한 덕분이었다. 또 다른 백인 정착민은 인디언에게 유럽의 종교와 문화를 가르치려고 노력했다. 프로테스탄트 선교사를 일부 원주민을 크리스트 교도로 개종시켰고, 적어도 부분적으로는 백인 사회로 동화되는 인디언이 있었다.

그러나 다른 백인 정착지에서처럼 뉴잉글랜드에서도 긴장이 조성되기 시작했다. 이는 주로 백인 식민지인이 토지를 지나치게 탐냈기 때문이었다. 그러나 이러한 갈등이 특이한 성격을 띠게 되는 것은 원주민에 대한 청교도의 태도에 기인했다. 뉴잉글랜드의 종교 지도자들은 신세계에서 신의 공동체를 건설하는 데 인디언이 위협이 된다고 생각했다. 고마운 이웃이라는 인디언에 대한 이미지가 점차 '이교도'이고 야만인이라는 이미지로 바뀌어갔다.

필립 왕 전쟁과 전투 기술

1637년 코네티컷 계곡의 영국인 정착민과 그 지역 피쿼트(Pequot) 인디언 사이에 적대감이 폭발했다. 이 전쟁—피쿼트 전쟁(Pequot War)으로 알려짐—에서 원주민은 거의 몰살당했다. 그러나 17세기에 백인과 인디언 사이에 벌어진 전쟁 가운데 가장 피비린내 나고 오랫동안 지속된 전쟁은 1675년에 시작되었다. 백인은 이 전쟁을 필립 왕 전쟁(King Philip's War)이라고 불렀다. 백인에게는 필립 왕으로 알려져 있으나, 이 전쟁은 인디언은 메타코메트(Metacomet)라고 부른 추장의 지도로 왐파노아그 인디언(Wampanoags)이 영국인에 대항해 일으킨 것이다. 원주민은 3년 동안 매사추세츠 일대의 여러 마을을 공격하여 1,000명 이상을 살

• 메타코메트

해했다. 그러나 1676년부터 모호크(Mohawks) 부족의 도움으로 백인이 우세해졌다. 모호크족은 매복하고 있다가 메타코메트를 습격해 쏘아 죽였다. 메타코메트가 죽자 부족 간 동맹은 와해되었고, 백인은 이내 인디언 반란을 평정할 수 있었다.

- 수발총

정착민과 인디언의 갈등은 초기 양자 간의 기술 교환에 크게 영향 받았다. 특히 마일레즈 스탠디시(Myles Standish)를 비롯한 몇몇 사람이 뉴잉글랜드에 소개한 새로운 무기인 수발총(flintlock rifle)을 인디언은 효과적으로 이용했다. 무거운 데다 사용하기 귀찮고 적중률도 낮은 초기 식민지인의 구식 화승총을 대신해서 나온 것이 수발총이었다. 구식 소총은 발사하기 전에 한 곳에 고정시켜 놓고 성냥으로 발화시켜야 했지만, 수발총은 지지대 없이도 사용할 수 있고 성냥없이도 발사할 수 있었다. 세련되지 못한 화승총을 사용하는 정착민은 활과 화살을 사용하는 인디언에게 압도당했다.

영국인 정착민이 사용하던 소총을 버리는 데 더뎠던 반면, 인디언은 즉시 새 총의 장점을 알아차리고 대량으로 구입해 들였다. 원주민에게 무기 사용법과 수리 방법을 가르치는 일은 금지되어 있었지만, 인디언은 스스로 사용법뿐만 아니라 고치는 방법까지도 효과적으로 깨우쳤다. 필립 왕 전쟁에서 양측의 사상자가 그렇게 많았던 것도, 양측이 이 총을 사용했기 때문이다.

인디언은 요새 구축과 같은 보다 전통적인 군사 기술을 구사했다. 필립 왕 전쟁이 벌어지는 동안 왐파노아그 부족과 동맹을 맺었던 내러갠시트 부족은, 로드아일랜드의 그레이트 스왐프(Great Swamp)에 거대한 요새를 구축했다. 이 요새는 영국인의 공격으로 불타버리기 전까지 이 전쟁에서 가장 치열한 전투가 벌어진 곳이다.

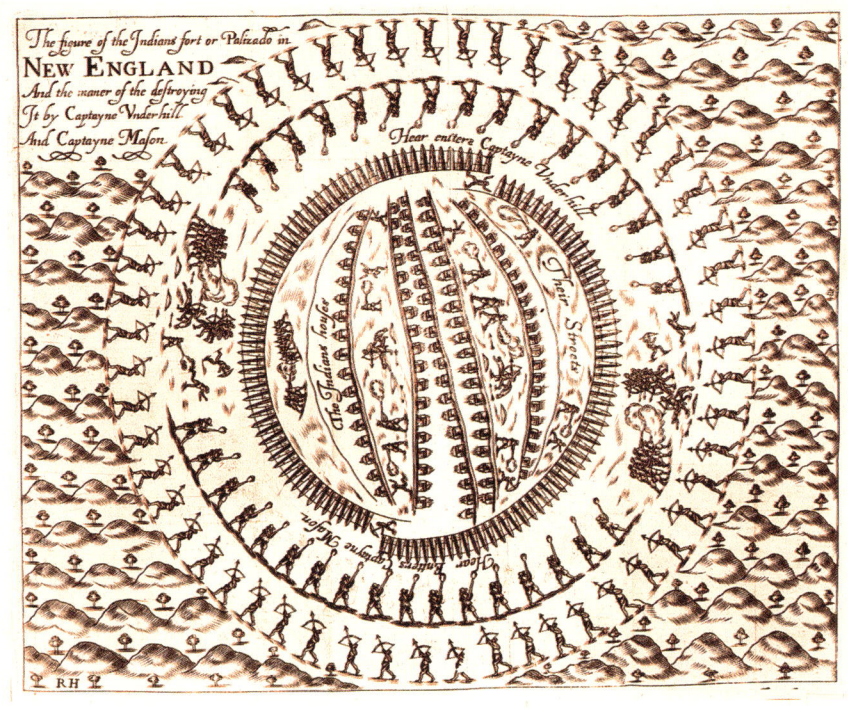

파괴된 피쿼트(Pequot) 부족 마을

이 그림은 한 영국인 화가가 1637년 피쿼트 전쟁 기간 중에 영국인 병사들 및 그들과 동맹을 맺은 인디언 부족이, 울타리를 두르고 요새화한 피쿼트 마을을 포위하고 있는 장면을 그린 것이다. 침입자들은 마을 주민 600명 이상을 학살했다.

이후 내러갠시트 부족은, 영국인들과 함께 일하면서 벽돌 만드는 기술을 배운 한 부족민의 도움을 받아 커다란 돌 요새 축성에 착수했다. 필립 왕 전쟁이 끝나고 1676년에 이 돌 요새를 발견한 영국 병사들이 대부분의 인디언을 죽이고 이를 허물어버렸다. 결국 인디언의 기술은 수와 화력에 있어서 영국인 정착민의 상대가 되지 못했던 것이다.

3

왕정복고 이후의 식민지

1632년에 볼티모어 경이 메릴랜드에 대한 특허장을 받은 이후로 거의 30년 동안, 영국은 아메리카 대륙에 어떠한 식민지도 새로 건설하지 않았다. 영국 자체가 국내의 어려운 문제에 봉착해 있었기 때문이다.

영국 내전(English Civil War)

찰스 1세가 1629년에 의회를 해산하고 절대 군주로 군림하기 시작하자 신민들은 점차 그에게서 멀어져갔다. 재정적으로 궁핍해진 찰스는 1640년 마침내 의회를 소집해 새로운 세금 부과를 요구했다. 그러나 2년 동안 두 번이나 의회를 해산시켜 의회의 불만을 자아냈고, 1642년에는 결국 의회가 군대를 조직했다. 이로써 영국 내전이 시작되었다.

기사당(Cavaliers : 왕 지지자)과 원두당(Roundheads : 대부분이 청교도인 의회군) 간에 7년 동안 싸움이 계속되었다. 그러던 1649년 원두당이 왕의 군대를 굴복시키고 찰스를 교수형에 처해 전 유럽에 충격을 주었다. 원두당 지도자인 올리버 크롬웰(Oliver Cromwell)은 매우 엄격한 사람으로 왕을 대신해 '호국경(護國卿, protector)'으로 취임했다. 그러나 1658년 크롬웰이 사망한 뒤 호국경 자리를 물려

• 올리버 크롬웰

받은 그의 아들은 무능해서 그 자리를 유지하지 못했다. 결국 처형당한 왕의 아들인 찰스 2세가 2년 후에 망명지에서 돌아와 왕좌에 복귀했는데, 이는 왕정복고(Restoration)로 알려지고 있다.

왕정복고 이후 아메리카 대륙에서 식민정책이 재개되었다. 찰스 2세는 충성스러운 신하에게 신세계의 땅을 하사했고, 25년의 치세 기간 동안 네 곳의 추가적인 식민지 즉, 캐롤라이나와 뉴욕, 뉴저지, 펜실베이니아에 대한 특허장을 발급했다.

캐롤라이나 식민지

1663년과 1665년에 연이어 발급된 특허장에서, 찰스 2세는 8명의 귀족에게 남쪽으로는 버지니아에서 플로리다 반도, 서쪽으로는 태평양에 이르는 광대한 영토를 공동 소유 형식으로 하사했다. 그리고 그 8명은 볼티모어 경처럼 하사 받은 땅을 캐롤라이나(Carolina)―찰스(Charles)의 라틴어 이름을 딴 것이다―라고 이름 붙이고, 왕에 버금가는 권한을 행사했다. 그들은 서로 엄청난 땅을 나누어 가졌고 나머지 땅은 버지니아와 메릴랜드의 인두권 제도와 비슷한 조건으로 분배했다. 그들은 영국 국교회 교도였지만 모든 크리스트 교도에게 종교의 자유를 보장하고 또한 의회를 수립했다. 그들 입장에서는 정착민을 영국에서 데려올 경우 경비를 지불해야 하므로 오히려 기존 식민지 정착민이 이주해 오기를 희망했다.

그러나 캐롤라이나에 사람들을 정착시켜 이윤을 얻으려 했던 그들의 노력은 실패로 돌아갔다. 초기의 몇 가지 식민 사업은 얼마 안 가서 폐기되었고, 애초에 땅을 하사받았던 귀족 대부분이 계획했던 일을 포기해버렸다. 그러나 단 한 사람 앤서니 애슐리 쿠퍼(Anthony Ashley Cooper)만은 포기하지 않았다. 쿠퍼는 다른 귀족을 설득해 영국에서 캐롤라이나로 이주해 오는 사람의 경비를 대주도록 했고, 1670년 봄 드디어 300명의 이주민이 영국을 떠나 캐롤라이나로 향했다. 험난한 항해 끝에 100명이 살아남아 캐롤라이나 해안의 포트로열(Port Royal)에 정착지를 건설했다. 10년 후 그들은 애슐리 강과 쿠퍼 강 합류 지점에 도시를 건설했는데, 1690년에 식민지의 수도가 된 이 도시를 찰스타운(Charles Town)이라 이름 붙였다(후에 찰스턴Charleston으로 개명했다).

그 후 섀프츠베리 백작(Earl of Shaftesbury)이 된 쿠퍼는, 영국인 철학자 존 로크(John Locke)의 도움을 받아서 1669년에 캐롤라이나 기본법(Fundamental Constitution for Carolina)의 문안을 작성했다. 이 법에 따르면, 식민지는 같은 크기의 여러 개 카운티(county)로 나뉘고, 각 카운티도 같은 크기의 여러 필지로 세분되었다. 이 법은 또한 지배자들을 '영주(Seigneur)'라고 불렀다. 그들 바로 아래 '백작(landgrave)' 또는 '대지주(cacique)'라 불리는 낮은 지위의 지방 귀족이 있고, 그 아래 보통의 정착민―'관할구민(leet-men)'―으로 구성되는 계층 사회를 구상하고 있었다. 이러한 계층 사회에서는 정치적 권한이 거의 없는 가난한 백인과 아프리카인 노예가 맨 아래에 위치하고, 지배자와 귀족 및 지주는 식민지 의회에서 소유한 땅의 규모에 비례해 자기 목소리를 낼 수도 있었다.

• 캐롤라이나 기본법

그러나 실제로 캐롤라이나는 섀프츠베리 백작과 로크가 조심스럽게 구상한 계획과는 매우 다른 방향으로 발전했다. 한 가지 예를 들어보면, 정착지 북부 지역과 남부 지역은 상당히 떨어져 있어서 사회·경제적으로 서로 달랐다. 북부 지역 정착민은 대부분 오지 농부였다. 반면 남부 지역은 비옥한 땅과 찰스타운에 좋은 항구가 있어서 경제적으로 훨씬 풍요로웠고 서열화된 귀족 사회가 형성되었다. 애쉴리 강과 쿠퍼 강을 따라 정착지가 급성장해나갔고, 식민지인은 특히 1660년대부터 시작된 쌀 교역으로 부를 쌓았다.

• 카리브 해와의 긴밀한 관계

남부 캐롤라이나는 일찍부터 카리브 해 바베이도스 섬(Barbados)의 크고 인구도 많은 유럽 식민지와 긴밀한 상업 관계를 발전시켜왔다. 초기 10년 동안 캐롤라이나에 새로 정착한 이들 대부분이 사실 바베이도스 사람이었다. 그 가운데는 자기 힘으로 유력한 지주가 된 사람도 있었다. 아메리카 대륙 본토에 건설된 식민지 가운데 가장 먼저 바베이도스 섬에 아프리카 흑인 노예제도가 자리 잡기 시작했다. 카리브 해에서 건너온 백인 이주자는 거칠고 비타협적인 이윤 추구자로, 캐롤라이나에서도 비슷하게 노예에 기반한 농장 사회를 건설했다.

• 분열된 캐롤라이나

캐롤라이나는 아메리카 대륙의 영국 식민지 중에서 가장 분열이 심했다. 북부 앨버말리(Albemarle) 지역의 소규모 자영농과 남부의 부유한 농장주 간에 갈등이 존재했고, 캐롤라이나 남부의 부유한 바베이도스인과 그들 주변의 소규모 농장주 사이에도 갈등이 있었다. 섀프츠베리 경이 죽자 영주들은 질서를 잡을 수 없었다. 1719년에는 식민지인이 영주로부터 식민지의 통치권을 빼앗았고, 10년 후에는 왕이 이 지역을 왕령 노스캐롤라이나(North Carolina)와 사우스캐롤라이나(South Carolina)의 두 지역으로 분할했다.

뉴네덜란드, 뉴욕, 뉴저지 식민지

1664년, 찰스 2세는 코네티컷 강과 델라웨어 강 사이에 있는 모든 영토를 요크 공작인 동생 제임스에게 하사했다. 그러나 이 일은 심각한 도전에 직면했다. 네덜란드인이 전 지역에 대한 권리를 주장하고 나선 것이다.

영국과 네덜란드는 이미 유럽에서 상업적인 경쟁 관계에 놓여 있었는데, 이 관계가 아메리카 대륙으로까지 확장되었다. 1664년, 리처드 니콜스(Richard Nicolls)가 지휘하는 영국 함대가 네덜란드 식민지인 뉴네덜란드의 수도 뉴암스테르담에 정박해 총독 스토이베산트(Petrus Stuyvesant)의 항복을 받아냈다. 몇 년 후인 1673년에는 네덜란드인이 이 곳을 다시 점령하고 잠시 동안이지만 식민지의 옛 수도를 통치했다. 그러나 1674년에 다시 이곳을 빼앗겨서 영원히 잃게 되었다.

요크 공작은 이제 자신의 영지가 된 이곳을 뉴욕(New York)이라고 개명했다. 뉴욕에는 네덜란드인과 영국인뿐만 아니라 스칸디나비아인, 독일인, 프랑스인, 다수의 아프리카인(네덜란드 서인도 회사가 노예로 수입하였음), 그리고 다양한 인디언 부족도 있었다. 제임스는 현명하게도 식민지에 자신의 종교인 로마 가톨릭교를 강요하지 않았고, 총독과 상원에 권한을 위임했다. 그러나 대의제 의회를 만들 준비는 하지 않았다.

뉴욕의 재산 소유권과 정치적 권한은 매우 불평등하게 분할되었다. 제임스는 기존의 강력한 네덜란드 '특권 지주제(patroonships)'를 승인하는 것 이외에, 정치적 지지자에게 광대한 영지를

• 뉴암스테르담 점령

• 불평등한 부와 권력

하사했다. 따라서 이 식민지 권력은 부유한 영국 지주, 네덜란드 특권층, 모피 교역상, 공작이 임명한 정치인 사이에 널리 분산되어 있었다. 요크 공작이 제임스 2세로서 영국의 왕좌를 움켜쥔 1685년경에는 뉴욕 인구가 20년 전에 비해 4배(약 3만 명)나 증가한 상태였다.

• 뉴저지 건설

제임스는 특허장을 받은 직후 뉴욕 남쪽의 넓은 땅을 정치적 동지이자 캐롤라이나 영주인 존 버클리 경(Sir John Berkeley)과 조지 카터레트 경(Sir George Carteret)에게 하사했다. 카터레트 경은 그 땅을 뉴저지(New Jersey)라고 명명했다. 그러나 버클리 경은 뉴저지로의 모험이 별 이득을 거두지 못하자, 1674년에 그 땅의 반을 팔아버렸다. 이 식민지는 이스트저지(East Jersey)와 웨스트저지(West Jersey) 두 개의 행정구역으로 나뉘어 서로 다투다가 1702년에야 다시 하나가 되었다.

뉴저지는 뉴욕처럼 인종·종교적으로 매우 다양한 식민지였고, 나약한 식민지 정부는 이 분파적인 사회에 대해 좀처럼 엄격한 통제를 가하려 하지 않았다. 그러나 뉴욕과 달리 뉴저지에서는 유력한 거대 지주계급이 성장하지 않았다.

퀘이커 교도의 식민지

펜실베이니아는 영국 프로테스탄트교의 또 다른 분파인 우정회(Society of Friends)가 자기들만의 독특한 사회질서를 수립하기 위한 지역을 찾는 과정에서 탄생했다. 이 분파는 17세기 중반기에 노팅엄(Nottingham)의 구두 제조업자인 조지 폭스(George Fox)와 마거릿 펠(Margaret Fell)의 지도로 시작되었다. "신의 이름에 부들부들 떨라"라는 폭스의 가르침때문에 그 추종자는 퀘이커 교도(Quakers : 떠는 사람들)로 알려지게 되었다. 퀘이커 교도는 청교도와는 달리 구원 예정설과 원죄 개념을 부인했다. 모든 사람은 자기 안에 신성(神性)을 지니고 있으므로 이것을 기르는 법을 배우기만 하면 되고, 그렇게 신성만 기른다면 모두가 구원받을 수 있다고 믿었다.

퀘이커교에는 공식적인 교회 행정 기구도, 월급을 받는 성직자도 없었다. 예배를 볼 때에는 성령에 감화된 사람들이 차례로 돌아가며 이야기했다. 퀘이커 교도는 성(性)과 계급을 구분하지 않았고, 영국의 어느 지역에서 하인이나 사회적으로 열등한 사람에게만 사용하는 용어인 '너(thee 또는 thou)'란 말로 서로를 지칭했다. 또한 철저한 평화주의자로 전쟁에 참여하지 않았다.

• 퀘이커 교도

영국에서 인기가 없었던 퀘이커 교도는 아메리카 대륙을 그들의 피난처로 바라보기 시작했다. 극히 일부는 뉴잉글랜드나 캐롤라이나로 이주했으나 대부분의 퀘이커 교도는 자기들만의 식민지를 원했다. 그러나 사람들의 경멸섞인 눈초리를 받아온 종파였기 때문에 궁정에서 영향력 있는 누군가의 도움 없이 왕으로부터 식민지 건설에 필요한 특허장을 얻어내기란 불가능한 일이었다.

다행스럽게도, 일군의 부유한 유명 인사들이 퀘이커교로 개종했다. 윌리엄 펜(William Penn)이 그중 한 사람이었다. 그는 귀족인 아버지의 반대를 무릅쓰고 퀘이커교로 개종해 복음주의를 지지하다가 여러 차례 감옥에 수감된 경험이 있는 사람이었다. 그는 곧 조지 폭스와 함께 아메리카 대륙에 퀘이커교 식민지를 건설하는 작업에 착수했다. 1681년 펜의 아버지가 세상을 떠나자, 펜의 아버지에게 많은 빚을 지고 있던 찰스 2세는 펜에게 뉴욕과 메릴랜드 사이의 넓은 땅을 하사했다. 왕의 주장에 따라 그 지역은 펜의 작고한 아버지의 이름을 따서 펜실베이니아(Pennsylvania)로 명명되었다.

- 펜실베이니아 식민지 건설

펜의 유익하고도 정직한 선전으로 펜실베이니아는 아메리카 대륙에 건설된 영국 식민지 가운데 가장 유명하고 국제적인 식민지가 되었다. 펜실베이니아는 처음부터 다른 어떤 식민지보다 번성했다. 이는 펜의 성공적인 이주민 유치와 세심한 계획 그리고 그 지역의 온화한 기후와 비옥한 토양 덕이었다. 펜은 델라웨어 강과 스쿨킬(Schuylkill) 강 사이에 필라델피아(Philadelphia), 즉 '박애(Brotherly Love)'란 이름의 도시를 설계하기 위해 1682년에 직접 펜실베이니아로 항해했다. 펜은 이 지역 토지에 대한 인디언의 요구를 듣고는 성실하게 보상해주었다. 인디언은 그를 존경했고 그래서 펜이 살아 있는 동안에는 원주민과 큰 마찰을 빚지 않았다.

- 자유 헌장

그러나 이 식민지에 갈등이 전혀 없었던 것은 아니다. 1690년대 말경이면 거의 절대적인 권한을 행사하는 귀족에 대해 불만을 표출하는 주민이 생기기 시작했다. 주민들의 압력이 점점 거세지자, 펜은 마지막으로 영국으로 향하기 직전인 1701년에 식민지에 자유헌장(Charter of Liberties)을 만들 것을 약속했다. 이 헌장에 따라 대의제 의회(영국 식민지 중 유일한 일원제 의회)가 구성되어 귀족들의 권한이 크게 제한되었다.

또한 식민지의 '저지대 카운티(lower counties)'도 각기 대의제 의회를 구성할 수 있게 되었다. 1703년에 3개의 카운티가 모여 의회를 만들었는데, 그 결과 독립적인 식민지 델라웨어가 되었다. 그러나 독립 혁명 당시까지는 펜실베이니아로서 동일한 총독이 통치권을 행사했다.

4

경계 지역과 중간 지역

북아메리카 대륙의 대서양 연안을 따라 연달아 건설된 식민지는 결국 통합되고 확장되면서 하나의 나라가 되었다. 그러나 17세기와 18세기 초만 해도 이 식민지의 앞날은 불투명했다. 이 시기의 식민지는 규모가 작았고 다른 여러 사회 및 정착지와 경쟁 관계에 있는 연약한 정착지였다. 북아메리카 대륙의 대영제국은 남아메리카 대륙의 위대한 스페인 제국보다 규모도 훨씬 작고 나약했다. 그리고 적어도 겉으로 보기에는 북쪽의 거대한 프랑스 제국보다도 훨씬 약했다.

영국인 정착지의 경계를 형성하고 있는 지역, 즉 카리브 해 및 북쪽, 남쪽, 서쪽 해안 식민지의 경계 지역이야말로 북아메리카 대륙을 장악하기 위한 끊임없는 경쟁에 놓여 있었으며, 그 대륙에 살고 있는 사람들 사이의 복잡한 상호 작용이 가장 현저하게 눈에 띄는 곳이었다. 이들 경계 지역에서는 영국의 해안 식민지 중심부에서 형성된 사회와는 매우 다른 사회가 출현했다. 근래에 들어 학자들은 이 지역을 '중간 지역(middle grounds)'이라고 불러왔는데, 이곳에서는 다양한 여러 문명이 교류하면서 한동안 서로에게 영향을 미쳤다.

카리브 해 섬들

체사피크는 신세계에서 최초로 영구적인 영국인 식민지가 건설된 지역이었다. 그러나 17세기 전반기 내내 영국인 이주민이 가장 선호한 지역은 카리브 해안의 여러 섬과 버뮤다 북쪽의 중간 거류지였다. 17세기 초 영국 이주민의 과반수가 이들 섬에 정착했다.

이러한 섬 사회는 북아메리카 대륙의 영국령 식민지와도 긴밀한 관계를 유지했다.

유럽인이 도착하기 이전 대부분의 카리브 해 섬에는 원주민이 상당수 거주하고 있었다. 그러나 원주민 인구는 1492년 크리스토퍼 콜럼버스의 방문을 시작으로, 1496년 이후 급속하게 확산된 유럽의 질병으로 거의 전멸하다시피 했다.

스페인 제국은 카리브 해의 모든 섬에 대해 권리를 주장했으나 그중 제법 큰 섬인 쿠바, 히스파니올라, 푸에르토리에만 상당수의 인구가 정착했을 뿐이다. 스페인이 소유권을 주장했음에도 영국, 프랑스, 네덜란드 상인들은 일찍이 16세기 초부터 몇몇 작은 섬에 정착하기 시작했다.

• 카리브 해의 영국 식민지

1621년 네덜란드와 스페인이 전쟁에 돌입하자 스페인 해군이 혼란에 빠져 카리브 해 영국인들에 대한 간섭을 비교적 덜하게 됨으로써 식민지를 향한 영국의 발걸음은 빨라졌다. 17세기 중엽에는 카리브 해의 여러 섬에 영국인 정착지가 실제로 존재했는데, 그중 앤티가(antigua), 세인트키츠(St. Kitts), 자메이카(Jamaicá), 바베이도스(Barbados)가 가장 중요한 섬이었다.

영국인 정착민은 카리브 해 식민 초기 몇 년 동안 담배와 목화를 재배하려 했으나 실패했다. 그러나 곧 유럽 시장에서 수요가 점점 커지고 있는 사탕수수가 이윤을 가장 많이 남길 수 있는 작물임을 알았다. 사탕수수는 럼(rum)으로 증류시킬 수도 있는데, 럼 또한 해외 시장에서 수요가 크게 늘고 있었다. 농장주는 토지 대부분에 사탕수수를 재배했다.

사탕수수는 노동 집약적인 작물이기 때문에 영국인 농장주는 얼

2장 이식과 경계 지역 | 107

설탕과 노예제도

마 안 가 노동력을 수입해야 한다는 것을 인지했다. 그들은 체사피크에서처럼 영국에서 계약 하인을 데려오기 시작했다. 그러나 백인 노동자는 힘들고 고된 작업에 쉽게 지쳤고, 카리브 해의 영국인 농장주들은 아프리카에서 잡아온 흑인 노예의 노동력에 점점 더 의존하게 되었다. 이내 노예 수가 백인보다 많아졌다.

바베이도스를 비롯한 여러 섬이 사탕수수 생산으로 번영을 누리게 되면서 그곳 영국인 농장주는 거칠고 공격적이며, 야망에 가득 차게 되었다. 농장주의 생계가 노동력에 달려 있었기 때문에, 그곳에서는 아프리카인 노예제도가 매우 빠르게 확산되어 자리 잡았다. 17세기 후반에는 아프리카인 노예 수가 백인 정착민 인구의 4배에 달했다.

카리브 해의 노예주와 노예들

카리브 해 노예들의 혹독한 환경

카리브 해의 백인은 노예가 반란을 일으킬 것을 염려해 그들의 행동을 철저히 감시했고 때로는 혹독하게 다루었다. 농장주는 그들의 복지에는 관심을 기울이지 않았다. 노예의 복지에 신경쓰는 것보다는 주기적으로 새로운 노예를 사들이는 것이 더 경제적이라고 판단했기 때문이다. 주인은 글자 그대로 노예를 죽도록 혹사시키는 일이 예사였다. 카리브 해의 혹독한 작업 환경에서 10년 넘게 견디는 흑인은 별로 없었다. 그들은 북아메리카의 농장주에게 팔려 가거나 죽었다. 노예보다 훨씬 일을 적게 하는 백인조차 거친 환경을 이기지 못하고 대부분 40세가 되기 전에 사망했다.

그렇게 혹독하고 끔찍한 환경에서 사는 사람들이 안정된 사회와

앤틸리스 제도의 사탕수수 플랜테이션

이 판화는 19세기에 제작된 것으로, 카리브 해 앤틸리스 제도의 한 사탕수수 농장을 묘사하고 있다. 그림 자체는 한가한 풍경을 느끼게 하지만 사탕수수 농장은 그곳에서 일하는 아프리카 노예에게 고통스럽기로 유명한 장소였다. 왼쪽에 노예 숙소가 보인다.

문화를 건설하기란 정말이지 어려운 일이었다. 돈을 벌어서 영국으로 돌아갈 수 있었던 백인은 토지를 관리인에게 맡긴 채 돌아갔다. 카리브 해의 유럽인들에게는 북아메리카 식민지에 안정을 가져올 수 있었던 많은 제도, 즉 교회, 가정, 공동체가 결핍되어 있었다.

카리브 해 아프리카인의 상황은 훨씬 더 어려웠다. 그러나 그곳을 떠날 기회가 없었기에 다방면에서 백인 정착민이 형성한 문화보다 오히려 더 정교한 문화를 창조해냈다. 가정(비록 죽거나 팔려 나가 깨지는 가정도 많았지만)을 이루었고, 아프리카의 종교와 사회 전통을 고수했으며(그럼으로써 기독교에 저항했다), 사탕수수 농장이

• 노예 문화와 저항

라는 엄격히 통제된 세계 안에서도 저항의 패턴을 구축했다.

 카리브 해 식민지는 향후 많은 아메리카인이 관여하게 될 대서양 무역의 중요한 한 부분이었다. 설탕과 럼의 원료 공급지이자 아메리카 대륙 내 식민지와 영국에서 생산되는 제품의 시장이었다. 본토 식민지에서 필요로 하는 노예 또한 주로 이곳에서 공급되었다. 카리브 해 농장주는 북아메리카의 농장주보다 먼저 정교한 농장 제도(plantation system)를 수립했기 때문에 본토의 많은 사람들이 이 모델을 따랐다.

남서부 경계 지역

<small>신세계의 스페인 제국</small>

 17세기 말경 스페인인은 복잡하고도 인상적인 제국을 건설했다. 제국의 수도 멕시코시티는 아메리카 대륙에서 가장 눈부신 도시였다. 스페인 거주자는 그 수가 백만이 넘었고, 북아메리카의 영국인 이주자와 비교해도 그중 몇몇을 제외하고는 훨씬 더 부유했다.

 그러나 멕시코 이북의 주요 스페인 식민지—플로리다, 텍사스(Texas), 뉴멕시코, 애리조나(Arizona), 캘리포니아—는 경제적인 측면에서 스페인 제국에 그다지 중요한 지역은 아니었다. 이런 곳에는 종교적 소수 집단, 가톨릭 선교사, 제국의 강압적인 통제에서 벗어나고자 했던 독립적인 목장주, 그리고 제국의 북쪽을 방어하는 스페인 군인이 거주했다. 그러나 남쪽 식민지에 비하면 제국의 나약한 주변부에 지나지 않았다.

<small>스페인령 뉴멕시코</small>

 뉴멕시코는 이들 스페인의 전초 기지 가운데 경제적으로 가장 번성했고 인구도 많은 지역이었다. 그러나 멕시코와 남아메리카 대륙

내 여러 스페인 식민지보다는 훨씬 뒤떨어진 지역이었다. 뉴멕시코는 18세기 말까지 미시시피 서쪽과 멕시코 이북 지역에서 가장 큰 유럽 식민지였다. 인구는 인디언을 제외하고도 만 명을 넘었고, 땅은 주변으로 서서히 확장되고 있었다.

스페인은 다른 유럽인이―그들 중에는 영국의 상인, 프랑스와 러시아의 모피 사냥꾼이 있었다―이 지역에 등장하기 시작했음을 깨닫고, 캘리포니아를 식민화하기 시작했다. 스페인이 캘리포니아에 공식적으로 정착지를 건설하기 시작한 것은 1760년대로, 바하칼리포르니아(Baja California)의 총독은 이때 더 북쪽에 스페인 제국의 전초 기지를 구축하라는 명령을 받았다. 곧 선교 본부, 요새, 그리고 교역소들이 연이어 태평양 연안을 따라 설치되었다. 1769년 샌디에이고(San Diego)와 몬테레이(Monterey)를 시작으로 1776년에 샌프란시스코, 1781년에 로스앤젤레스, 1786년에 산타바바라(Santa Barbara)가 건설되었다.

스페인 사람들이 캘리포니아에 오면서 지니고 온 질병으로 엄청난 수의 원주민이 사망하는 치명적인 결과가 뒤따랐다. 그러나 새로운 정착지가 속속 들어섬에 따라, 스페인 사람들은 남은 원주민마저 가톨릭교로 개종시킬 것을 주장했다. 이는 캘리포니아에 건설된 대부분의 스페인 전초 기지에서 선교가 얼마나 중요했는가를 설명해 주는 부분이기도 하다. 그러나 스페인 식민지인은 농업 경제를 활성화하려는 계획도 있었으며, 여기에 인디언 노동력을 이용하고자 했다. 캘리포니아 인디언은 스페인 식민지인의 요구에 응할 수밖에 없었다. 하지만 강요된 혹독한 조건에 대항해 빈번하게 반란을 일으켰다.

• 캘리포니아

스페인인은 점점 커지고 있는 프랑스인의 야심이야말로 제국의 북쪽 경계지를 가장 크게 위협하는 요인이라고 보았다. 1680년대에 프랑스 탐험가들이 미시시피 계곡을 따라 아래로 강어귀까지 탐사하고는 1682년에 이 지역을 프랑스 소유라고 주장하면서 루이지애나(Louisiana)라고 지칭했다. 프랑스가 더욱 서쪽으로 밀고들어올 것을 두려워한 스페인은, 텍사스에 새로운 요새와 선교 본부, 정착지를 건설해 이곳에 대한 권리를 주장했다. 1731년에는 샌페르난도(San Fernando)를—훗날 샌안토니오(San Antonio)로 바꿈—이 지역에 포함시켰다. 지금의 애리조나에 해당하는 지역 역시 거의 다 점차 스페인 제국에 복속되었고, 산타페(Santa Fe)에서 이 지역을 관할했다.

- 스페인 중간 지역들

남서부의 스페인 식민지는 남쪽으로 뻗어 내린 거대한 스페인 제국에서 인구가 희박한 가장자리에 지나지 않았다. 이곳은 제국의 부를 늘리기보다는 북아메리카에 있던 다른 유럽 국가들의 위협으로부터 제국을 방어하기 위해 건설된 곳이었다. 그럼에도 이들 스페인 전초 기지는 대서양 연안에 세워진 영국 식민사회와는 매우 다른 사회를 건설하는 데 한몫을 했다. 스페인 식민지에서는 원주민을 쫓아내기보다는 차라리 편입시키려고 했다. 원주민을 가톨릭교로 개종시키려 했고, 농업 노동자로(때로는 강제로) 동원하려 했으며, 교역의 파트너로 키우고자 했다.

남동부 경계 지역

현재 미국의 남동부 지역에 스페인인이 등장한 것은, 북아메리카 영국인의 야망에 대한 더욱 직접적인 도전이었다. 1560년대에 스페인이 플로리다에 대한 소유권을 주장한 이후, 선교사와 교역상이 북쪽으로는 조지아, 서쪽으로는 지금의 플로리다 팬핸들(Florida panhandle)로 알려진 지역으로 이주하기 시작했다. 그리고 일부 야망에 찬 스페인인은 훨씬 더 북쪽으로, 즉 캐롤라이나가 될 지역과 아마도 그 너머까지 제국을 확장할 꿈을 꾸기 시작했다. 그러나 1607년에 영국인들이 제임스타운을 건설하자, 그와 같은 희망에 그림자가 드리워졌고 희망은 두려움으로 바뀌었다. 스페인인은 영국 식민지가 플로리다와 조지아에 건설한 기존의 스페인 식민지를 위협할 수 있다고 믿었다. 그리하여 서서히 늘고 있는 영국인이라는 존재로부터 스스로를 보호하기 위해 그 두 지역에 요새를 구축했다. 18세기 내내 캐롤라이나와 플로리다 사이 지역에서는 영국인과 스페인인 사이에 긴장감이 감돌았고 충돌도 잦았다. 그리고 횟수는 적었지만 스페인인과 프랑스인 사이에서도 충돌이 발생하곤 했다. 프랑스는 루이지애나와 지금의 앨라배마(Alabama)에 정착지를 세워 스페인 제국의 북서부 경계 지역을 위협했기 때문이다.

이 시기에 영국과 스페인 간의 공식적인 전쟁은 없었다. 그렇지만 남동부에서 두 나라 사이의 적대감은 좀처럼 수그러들지 않았다. 영국인 약탈자는 끊임없이 스페인 식민지를 위협했고, 1668년에는 실제로 세인트오거스틴(St. Augustine)을 약탈했다. 영국인은 플로리다의 인디언이 스페인 선교단에게 반항하도록 선동했다. 스페인은 캐롤라이나의 영국인 정착민이 소유하고 있던 노예에게 만약 가톨릭교로 개종한다면 자유를 주겠다고 했다. 약 100명의 노예가 이 제안을 받아들였고, 스페인은 후에 그들 일부를 뉴스페인의 북쪽 변

• 스페인의 위협

경을 방어하기 위해 창설한 군대에 편입시켰다. 이 지역에서는 충돌이 끊이지 않아서 18세기 초에는 대서양 연안의 세인트오거스틴과 멕시코 만 연안의 펜서콜라(Pensacola) 정착민을 제외하면 대부분의 스페인 사람은 플로리다 밖으로 쫓겨났다.

남동부 경계 지역에서 한 세기 이상 투쟁을 지속한 끝에 결국 영국이 승리했다. 영국은 7년전쟁(아메리카에서는 프랑스-인디언 동맹 전쟁으로 알려짐)의 결과 플로리다를 획득하고, 재빨리 기존 식민지에서 정착민을 플로리다 북부로 이주시켰다. 그러나 북아메리카 대륙 내 대영제국의 남쪽 경계 지역을 보호하는 일은 오래전부터 영국의 지속적인 관심사였고 이는 조지아 식민지 건설에도 결정적인 역할을 했다.

조지아 건설

조지아(Georgia)—앞으로, 미국을 형성할 지역에 마지막으로 건설된 식민지—는 영국령 아메리카의 남쪽 변경에 인접한 스페인 영토 사이에 군사적 방벽을 구축하기 위해 건설된 곳이었다. 그리고 가난에 찌든 사람들의 안식처, 즉 희망을 잃은 모국의 영국인들에게 새로운 삶을 시작할 수 있는 장소를 제공하기 위해 건설된 곳이었다. 제임스 오글소프(James Oglethorpe) 장군의 지휘로 조지아를 건설한 사람들은, 대영제국의 요청에 부응하여 무료로 봉사한 수탁자(trustees)였다.

식민지 초기에는 사우스캐롤라이나와 플로리다의 스페인 정착지 사이에 군사적 완충지대가 특히 절실했다. 그 즈음에 벌어진 영국과 스페인 간의 전쟁에 참전한 바 있는 오글소프 장군은, 캐롤라이나 남부의 영국 식민지가 군사적으로 유리한 고지에 있음을 잘 알고 있었다. 그러나 그는 정말이지 박애 정신에 입각해 정착지를 건설하려는 사람이었다. 오글소프는 영국 감옥을 조사하는 의회 위원회의 우두머리로서, 감금된 채 시들어가고 있는 정직한 채무자들의 어려운 처지에 마음이 움직였다. 그는 그러한 죄수와 비슷한 운명에 처할 위험에 놓여 있는 가난한 사람이야말로 아메리카 대륙에 건설할 새로운 식민지의 농민군(farmer-soldier)이 될 수 있다고 믿었다.

• 오글소프의 박애적 사명감

1732년, 조지 2세가 특허장을 주어 오글소프와 그의 추종자로 구성된 식민위원회에 서배너(Savannah) 강과 알타마하(Altamaha) 강 사이에 놓인 땅을 지배할 권한을 하사했다. 그들의 식민정책은 식민지에 필수 불가결한 군사상의 목적을 반영하고 있었다. 그들은 밀집된 주거지를 형성해 스페인인과 인디언의 공격을 쉽게 방어할 수 있도록 토지 소유 규모를 제한했고, 흑인은 자유인이건 노예이건 이 식민지에 들어오지 못하게 했다. 오글소프는 노예 노동자들이 내부 반란을 일으키고, 불만을 지닌 노예들이 동맹자로서 스페인 쪽으로 돌아설지 모른다고 우려했던 것이다. 식민위원회는 인디언과의 교역을 엄격하게 통제해 전쟁 중 있을지도 모를 반란의 가능성을 다시 한 번 제한했다. 가톨릭교도 배척했는데, 이는 가톨릭 교도가 남쪽 스페인 식민지의 가톨릭 교도와 은밀히 결탁할 것을 우려한 때문이었다.

• 조지아 건설

오글소프 자신이 첫 번째 식민지 탐험대를 이끌고 조지아로 향했고, 1733년에는 서배너 강 어귀에 요새화된 마을을 건설했다. 그리고 후에는 알타마하 강 남쪽에 또 다른 요새를 여럿 쌓았다. 하지만 감옥에서 풀려나 조지아로 온 채무자는 소수에 지나지 않았다. 위원회는 결국 잉글랜드와 스코틀랜드에서 수백 명의 가난한 상인과 장인 그리고 스위스와 독일에서 수많은 종교 난민을 데리고 왔다. 이들 이주민 가운데는 수는 적지만 유대인도 있었다. 조지아에는 다른 식민지에 비해 유럽인의 수가 적었고 그중에서도 영국인 정착민의 비율이 가장 낮았다.

• 조지아의 정치적 발전

오글소프(조지아 거주민들 가운데 일부가 그를 '우리의 영원한 독재자'로 부르기 시작했다)가 식민지를 엄격히 통제하자, 끊임없이 불만과 갈등이 터져 나왔다. 그 역시 군사적 실패로 괴로워했다. 1740년, 오글소프는 스페인의 전초 기지인 플로리다의 세인트오거스틴을 공략하지만 실패했다. 스페인의 위협이 점차 사라지면서 오글소프의 식민지 통치 권한도 힘을 잃었다. 대의제 의회가 구성되어 이주민에 대한 통제가 느슨해지면서 조지아도 점차 다른 영국령 북아메리카 식민지와 비슷한 양상을 띠게 되었다. 조지아는 다른 남부 식민지에 비해 성장 속도는 더뎠으나, 그때부터 사우스캐롤라이나와 대체로 유사한 노선을 밟으며 발전했다.

중간 지역

북아메리카 대륙을 놓고 전개된 싸움은 경쟁 관계에 있던 유럽 여러 나라 사이의 싸움만은 아니었다. 대륙을 공유하고 있는 서로 다른 민족 사이에 벌어진 일련의 경쟁이기도 했다. 즉, 스페인인, 영국인, 프랑스인, 네덜란드인 그리고 그 외의 다른 식민지인이 한 축이라면, 그들과 함께 대륙에 공존하고 있던 수많은 인디언 부족이

다른 한 축이었다.

　대영제국의 일부 지역—예를 들어 버지니아와 뉴잉글랜드—에서는 영국인 이주민이 아주 빠르게 지배권을 확립해나갔는데, 그 과정에서 대부분의 원주민을 몰아내거나 복속시켜 자신들이 거의 모든 것을 지배하는 사회를 건설했다. 그러나 다른 지역에서는 수년 동안 힘의 균형이 한층 불안정했다. 특히 영국인 정착지 서쪽 경계를 따라 유럽인과 인디언이 함께 거주하던 지역에서는 어느 한 편도 힘의 우위를 점하지 못했다. '중간 지역'이라고 불린 이 지역에서는 서로 잦은 충돌이 있었지만, 또한 양측은 양보하며 함께 살아가는 방법을 모색했다.

　이 지역은 공식적인 식민 정부의 영향력이 실질적으로 미치지 않는 제국의 변경 지역이었다. 유럽인 정착민과 그들을 보호하기 위해 이 지역 요새에 흩어져 있는 군인에게는 인디언을 몰아낼 능력이 없었다. 따라서 그들은 인디언과 좋은 관계를 유지해야만 했다. 이러한 관계 때문에 유럽인은 최소한 인디언이 유럽인의 기대에 부응하는 만큼은 자기들도 인디언의 기대에 부응해야 한다는 점을 깨닫고 있었다.

　인디언에게 유럽 이주민은 사악하고도 무서운 존재였다. 그들은 이 생소한 사람들이 지닌 대포와 소총, 요새 등을 두려워했다. 그러나 한편으로는 프랑스 이주민과 영국 이주민이 '아버지' 같이 행동해주기를 기대했다. 즉, 자신들 내부의 분규를 조정해주고 선물을 주거나 내부 충돌을 완화시켜주기를 기대했다. 유럽인은, 한 국가나 제국의 공식적인 제도와 군사력이 사회적 관계를 지배하는 사회에서 살았던 경험이 있었다. 그러나 원주민은 '국가'라는 현대적인 개

● 아버지 역할의 기대

념을 이해하지 못했고, 예식과 혈연 관계라는 견지에서 사고했다. 점차 유럽인은 일부나마 그들의 기대를 채우는 방법을 배웠다. 그들은 부족 간의 논쟁을 해결하고 싸움을 중재했으며, 인디언의 예식에 엄숙하게 참여하고 존경의 표시로 선물을 제공했다.

• '중간 지역' 내 동화와 적응

17세기에 많은 영국인 정착민이 내륙으로 들어가기 전에, 프랑스인은 여러 인디언 부족과 성공적인 관계를 맺고 있었다. 내륙으로 들어간 프랑스인은 주로 고립된 모피 교역상이었고, 그들 중에는 결혼을 통해서라도 부족에게 다가갈 수 있는 기회를 환영하는 사람도 있었다. 또한 인디언 추장을 존경으로 대하고 추장을 통해 공물과 선물을 제공하는 일이 매우 중요하다는 사실도 인지하고 있었다.

그러나 18세기 중반에 이르면 내륙에서 프랑스인의 영향력은 줄어들었고, 영국인 정착민이 점차 '중간 지역'에서 지배적인 유럽인 집단이 되어갔다. 결국 영국인은 프랑스인이 오래전에 받아들였던 교훈을 배웠다. 인디언 부족을 움직이는 데 있어서 간단한 명령과 거친 힘으로는 효과가 없으며, 선물과 예식, 중재를 통해 인디언 추장을 다루는 방법을 배워야 한다는 점을 알게 되었다. 광활한 서부 지역, 특히 오대호 주변 지역에서 영국인과 인디언 사이에는 수십 년 동안 불안정한 평화 관계가 지속되었다.

• 힘의 균형이 변화함

그러나 이 지역에 영국인과, 그리고 1776년 이후에는 미국인이 점점 많아지면서 유럽인과 원주민 사이에 힘의 균형이 변화해나갔다. 새로 이주한 사람은 초기 이주민이 발전시켜온 복잡한 의식에 적응하기 어려웠다. 인디언과 백인 사이의 안정적이던 관계가 급속히 악화되었다. 19세기 초에는 '중간 지역'이 사라져버리고 인디언을 무자비하게 복속시켜 결국은 제거해버리고 유럽식 세계가 들어

서게 되었다. 그러나 초기 미국의 역사에서 백인과 인디언 관계는 정복과 복종의 이야기일 뿐만 아니라, 어떤 지역에서는 어렵지만 안정적인 적응과 인내의 관계이기도 했다.

5

제국의 발전

아메리카 대륙의 영국 식민지들은 상당히 독자적인 계획에 따라 형성되었고, 대부분 서로 간섭받지 않는 가운데 발전했으며, 런던으로부터는 단지 명목상의 통치만 받아왔을 뿐이다. 그러나 17세기 중반기에 이르러 식민 사업이 점차 상업적으로 성공을 거두게 되자, 영국에서는 식민지를 제국에 더욱 합리적이고 통합된 구조로 복속시켜야 한다는 압력이 대두되었다.

- 항해 조례

의회가 네덜란드 상선을 영국 식민지에서 추방하는 법령을 통과시킨 1650년대에, 영국 정부는 식민지 무역을 규제하려 들기 시작했다. 후에 영국 의회는 3개의 중요한 항해 조례(Navigation Acts)를 통과시켰다. 1660년 첫 번째로 통과된 항해 조례는 식민지인이 무역을 하려면 물건을 영국 배에만 선적해야 하며, 담배를 비롯한 식민지의 수출 상품은 영국 또는 영국령 국가에만 수출할 수 있다는 내용이었다. 1663년의 두 번째 조례는 유럽에서 식민지로 가는 모든 물품은 반드시 영국을 거쳐야 하며, 영국 관세의 대상이라는 내용이었다. 그리고 1673년에 제정된 세 번째 조례는 식민지 상호 간의 연안 무역에 세금을 부과하고, 항해 조례를 강제할 세관원을 임명한다는 내용이었다. 이들 법령은 1세기 동안 식민지에 대한 영국의 규제에 법적인 기반을 형성했다.

뉴잉글랜드령

항해 조례가 통과되기 이전에는 버지니아 정부를 제외한 모든 식민지 정부가 왕으로부터 독립되어 귀족이나 식민지인 스스로가 선택한 총독과 강력한 대의제 의회를 통해 운영되었다. 런던의 관리들은 식민지에 대한 권한을 증대하려면 식민지 정부에 얽매이지 않는 독자적인 권력 기구를 창설해야 한다고 생각했다.

왕은 1675년에 상무성(Lords of Trade)이라 불리는 새 기구를 만들어 제국적인 개혁안을 제시하도록 했다. 상무성의 권유에 따라 1679년에는 매사추세츠에 지배력을 강화하기 시작했다. 또한 왕은 매사추세츠가 뉴햄프셔에 행사한 권한을 빼앗고, 뉴햄프셔를 왕령 식민지로 독립시켜 자신이 직접 총독을 임명했다. 그리고 1684년에는 식민지 의회가 항해 조례를 따르지 않는다고 해서 매사추세츠만 회사에 하사한 특허장을 철회했다.

• 상무성

1685년에 찰스 2세를 계승한 동생 제임스 2세는 한 걸음 더 나아가 매사추세츠 정부와 뉴잉글랜드의 다른 식민지 정부를 통합해 뉴잉글랜드령(Dominion of New England)으로 단일화하고, 나중에는 뉴욕과 뉴저지 정부도 통합했다. 그는 에드먼드 안드로스 경(Sir Edmund Andros)을 총독으로 임명해 보스턴에서 전 지역을 감독하도록 했다. 안드로스 총독은 항해 조례를 엄격하게 강제했고, '영국인으로서의 권리'를 보장하라는 식민지인의 요구를 퉁명스럽게 거절했다. 이 때문에 그는 혐오의 대상이 되었다.

• 에드먼드 안드로스 경

'명예 혁명'

제임스 2세는 아메리카 식민지에서 친구들을 잃고 있을 뿐만 아니라, 의회와 법원에 전제권을 휘두르며 자신의 동지인 가톨릭 교도를 고위 관직에 임명했기 때문에 영국 내에서도 막강한 적을 만들어내고 있었다. 그리하여 1688년경에는 왕을 지지하는 신민들을 찾아볼 수조차 없을 정도였다. 의회는 제임스의 딸인 프로테스탄트 교도 메리(Mary) 공주와 그녀의 남편인 네덜란드의 통치자 오렌지 공 윌리엄(William of Orange)을 초대해 왕좌를 넘겼다. 제임스 2세는 저항하지 않고 프랑스로 도망갔다. 영국인이 '명예혁명(Glorious Revolution)'이라 부르는 이 무혈혁명의 결과, 윌리엄과 메리가 영국을 공동으로 통치하게 되었다.

- 뉴잉글랜드령 철회

제임스 2세의 폐위 소식을 들은 보스턴 식민지인은 곧 뉴잉글랜드의 인기 없는 총독 안드로스를 체포해 감옥에 가두어버렸다. 영국의 새로운 통치자는 뉴잉글랜드령을 철회하고 독립된 식민지 정부를 복원시켰다. 그러나 1691년에는 매사추세츠와 플리머스를 통합해 단일한 왕령 식민지로 만들고, 새로운 특허장으로 그곳 의회(General Court)를 복원했다. 새로운 특허장은 왕에게 총독 임명권을 부여한 것이기도 했다. 그리고 교회 성도로 제한했던 투표와 관직 보유 자격을 재산 소유로 대체했다.

- 라이슬러파와 반(反)라이슬러파

안드로스는 부총독인 프랜시스 니콜슨 선장(Captain Francis Nicholson)을 통해 뉴욕을 통치했는데, 뉴욕의 부유한 상인과 모피교역상이 니콜슨을 지지했다. 그러나 그 외의 식민지인 사이에는 오랫동안 니콜슨 일당에 대한 불만이 쌓여왔다. 이러한 불만 분자를 이끌어온 사람은 한 번도 식민지 사회의 지배계급으로 인정받지 못했던 독일 출신의 부유한 상인 야코프 라이슬러(Jacob Leisler)였다. 1689년 5월, 영국에서 명예혁명이 일어난 후, 그 영향으로 보스턴의 안드로스가 쫓겨났다는 소식이 뉴욕에 전해지자, 라이슬러는 군대를 일으켜 요새를 포위하고 니콜슨을 쫓아냈다. 그리고 뉴욕 정부의 새로운 지도자로 자처했다. 그는 2년 동안 식민지 분파 사이에 격렬한 싸움이 전개되는 상황에서 자신의 권력을 안착시키려고 노력했으나 실패했다. 윌리엄과 메리가 1691년에 새 총독을 임명했을 때 그는 저항했으나 잠시뿐이었고 반역죄로 고소되어 처형당했다. 그 후로도 몇 년간 식민지 정치는 '라이슬러파(Leislerians)'와 '반(反)라이슬러파(anti-Leislerians)' 간의 분쟁으로 얼룩졌다.

메릴랜드에서는 많은 사람이 영국에 살고 있는 지배자이자 가톨릭 교도인 볼티모어 경이 가톨릭 교도인 제임스 2세를 지지해 윌리엄과 메리에 반대했을 것이라고 추측했다. 그러나 이는 잘못된 추측이었다. 그래서 1689년에는 정부를 오랫동안 반대해온 프로테스탄트 존 쿠드(John Coode)가 볼티모어 경의 관리들을 내쫓고 1691년에 매릴랜드를 왕령 식민지로 만드는 일을 주도했다. 식민지 의회는 당시 영국 국교회를 식민지의 공식 종교로 인정하고 가톨릭 교도들을 공직에서 쫓아냈다. 메릴랜드는 볼티모어 경 5세가 영국 국교회로 개종한 후, 1715년에 다시 독점적 지배자의 식민지가 되었다.

• 제국 체제로의 복속

1688년에 영국에서 일어난 명예혁명은 몇몇 식민지에서도 무혈혁명의 발단이 되었다. 새로운 왕과 왕비의 지배로 폐지되었던 대의제 의회가 부활하고, 위로부터 제기된 식민지를 통합하려던 계획도 무산되었다. 그러나 아메리카 대륙의 명예혁명으로 아메리카 제국의 재조직화 작업이 멈춘 것은 아니었다. 아메리카에 새로이 들어선 정부는 잠재되어 있던 왕의 권한을 실제로 증대시켰기 때문이다. 아메리카 대륙에 영국인이 정착하기 시작한 뒤 1세기가 지나자, 식민지인은 이전보다 훨씬 더 제국 체제의 한 부분이 되어갔다.

결론

영국이 북아메리카 대륙에서 추진한 식민 사업은 유럽의 몇몇 국가가 추구하던 상업 사회 영역의 확장이라는, 보다 큰 시도의 일부일 뿐이었다. 실제로 수년 동안 아메리카 대륙의 대영제국은 북아메리카에서는 프랑스에게, 남아메리카에서는 스페인에게 압도당해, 그곳에 진출한 제국들 가운데 가장 작고 나약한 부류에 속했다.

대서양 연안의 영국 식민지에서는 새로운 농업 사회와 상업 사회가 등장했다. 남쪽에는 노예 노동력을 기반으로 담배와 면화 생산에 주력하는 식민지가 등장했고, 북쪽에는 자유로운 노동에 기반해 전통적인 작물을 집중적으로 재배하는 식민지가 발달했다. 보스턴, 뉴욕, 필라델피아, 찰스턴과 같은 도시에 상당한 교역 중심지가 형성되어, 점차 많은 사람들이 경제적인 풍요를 누리게 되고 복잡해져가는 사회에 정착했다. 18세기 초에 이르면, 영국인 정착지가 뉴잉글랜드 북부(지금의 메인 주)에서 남쪽으로 조지아까지 확대되었다.

그러나 점점 확장되고 있던 대영제국과 더불어 북아메리카의 다른 지역에서는 다른 유럽인—대다수가 스페인인과 프랑스인이었다—이 등장해 영국인과 때로는 갈등을 일으키며 공존했다. 이 경계 지역에는 해안 저지대와 뉴잉글랜드에 성립된 것과 같은 안정되고 풍요로운 사회는 형성되지 못했다. 이 지역 식민 사회는 거칠고 인구도 희박했다. 훗날 수가 많아진 영국인을 포함해 이 지역 유럽인은 서로 간에 그리고 내륙을 공유하고 있는 상당수의 인디언 부족과도 공존하는 방법을 배워야만 했다. 18세기 중반에는 플로리다에서 메인까지 그리고 텍사스에서 멕시코, 캘리포니아에 이르는 북아메리카의 광활한 지역에 상당수의 유럽인이 존재했고, 영국인은 비교적 좁은 지역을 지배하고 있었다. 그러나 대영제국 내부에서 변화가 진행되고 있었다. 대영제국은 머지않아 북아메리카의 훨씬 더 넓은 지역을 지배하게 되었다.

1636	1662	1685	1692	1697
하버드 대학 설립	1/2 성약	위그노, 아메리카 대륙으로 이주	세일럼의 마녀 재판	노예 수입 증가

3장
아메리카 식민지의 사회와 문화

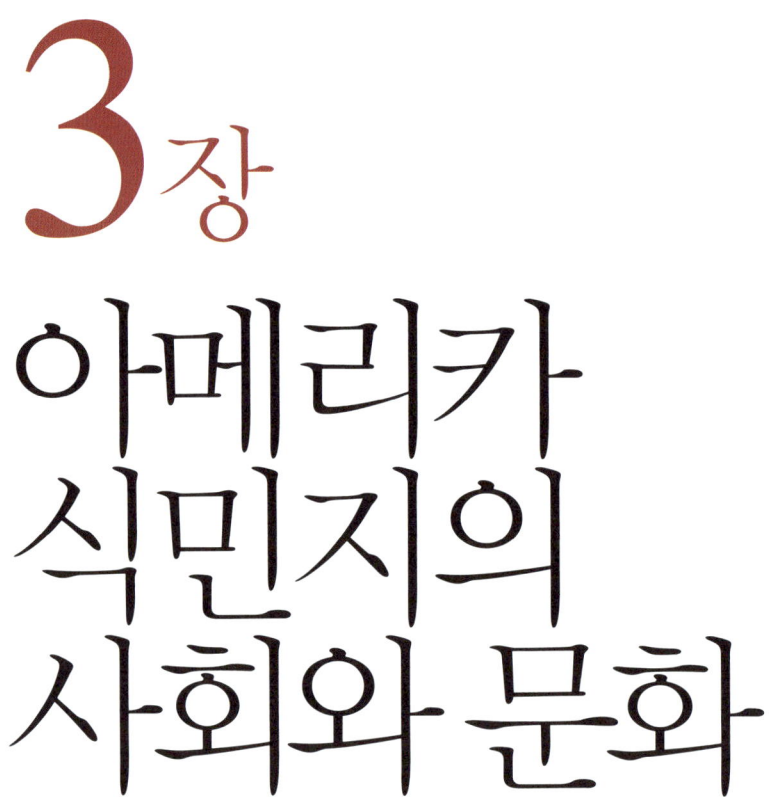

윌리엄 글리슨 박사(Dr. William Gleason)

미국의 화가 윈스롭 챈들러(Winthrop Chandler)가 1780년에 여자 환자를 진찰하는 의사의 모습을 그린 것이다. 이 의사는 침대에 누운 여자를 보면서 진찰하는 것이 적합하지 않다고 여겼고, 그래서 커튼으로 몸을 가린 채 그 사이로 팔만 내민 여성의 맥박을 재고 있다.

1720	1734	1739	1740s
코튼 매서, 천연두 예방접종 시작	대각성 운동 시작/젱어 재판	조지 화이트필드, 아메리카 대륙에 도착/대각성 운동의 활발한 전개/스토노 노예 반란	염료 생산 시작

영국과 아메리카 대륙의 영국인 대부분은 아메리카 대륙의 영국 식민지를 대영제국의 전초기지라고 생각했다. 식민지가 성장하고 더욱 풍요로워지면서 더욱 영국화된 것도 사실이다. 초기 이주자 중에는 영국의 독재를 피해 아메리카 대륙으로 건너온 사람들도 있었다. 그러나 이주민 상당수는 아마도 18세기 초까지도 영국에 사는 사람이 스스로를 영국인이라 여겼던 만큼이나 스스로를 영국인이라고 생각했다.

그러나 동시에 식민지의 생활은 신세계의 성격상 여러 면에서 영국에서의 생활과 달랐다. 신세계의 자연은 훨씬 광대하고 거칠었으며 인구도 매우 다양했다. 훗날 미국이 될 이곳은 영국 말고도 여러 나라에서 사람들을 마치 자석처럼 끌어당겼다. 스코틀랜드, 아일랜드, 유럽 대륙, 러시아 동부, 그리고 이미 아메리카 대륙에 정착한 스페인과 프랑스 제국에서도 사람들이 몰려들었다. 그리고 수많은 아프리카인이 강제로 북아메리카 대륙의 영국 식민지로 끌려왔다. 그에 못지않게 중요한 것은, 유럽인과 아프리카인이 그들보다 훨씬 많은 수의 원주민과 수년 동안 지속적으로 영향을 주고받았다는 점이다.

영국 사회를 모방하는 한, 식민지인은 점점 더 서로 닮아갔을 것이다. 그러나 지역에 따라 각기 다른 특성을 형성해가는 한, 점점 더 서로 달라졌을 것이다. 실제로 북아메리카 대륙의 일부 지역에 형성된 사회 양식은 다른 지역에 형성된 사회 양식과 전혀 닮지 않았다.

1
식민지 인구

인디언을 제외한 북아메리카의 영국 식민지 인구는 끊임없이 이어진 이민과 자연 증가로 급속히 증가했다. 17세기 말경에는 유럽 및 아프리카 출신 이주민 수가 대서양 연안 원주민 수보다 많아졌다.

초기 정착민 중에는 영국 상류계급도 있었으나 대부분은 영국 노동자였다. 초기에 뉴잉글랜드로 이주해 온 사람들처럼, 종교적인 불만 때문에 독자적으로 이주한 사람도 있었다. 그러나 체사피크의 경우에는, 17세기 이주민 중에서 적어도 4분의 3이 계약 하인(indentured servants)으로 온 사람이었다.

이민과 자연 증가

계약 하인 제도

한시적인 계약 하인제는 영국의 관행에서 발달했다. 남녀를 막론하고 젊은이는 아메리카로 가는 데 필요한 경비와 식량, 숙소를 제공받는 대신 정해진 기간—일반적으로 4년 내지 5년—동안 하인으로 봉사했다. 계약 기간이 끝나면 남자 하인은 의복과 농기구, 때로는 만족스러운 봉사의 대가로 주인에게서 토지를 제공받게 되어 있었다. 그러나 실제로는 아무 것도 받지 못한 사람들이 많았다. 여성 계약자들 대부분—체사피크 식민지의 경우 인구의 4분의 1가량이 여성 계약 하인이었다—은 가내 하인으로 일했는데, 계약 기간이 만료되고 나면 결혼이 예정되어 있는 경우가 많았다.

- 계약 하인 제도가 야기한 사회문제

17세기 말경에는 식민지 인구 중에 계약 하인이 차지하는 비율이 가장 높았는데, 이것이 심각한 사회문제가 되기 시작했다. 계약 기간이 만료된 사람들 가운데 일부는 자영농, 상인, 장인으로 성공했다. 일부 여성들은 부자와 결혼하기도 했다. 그러나 그밖의 사람—대다수의 남성—은 땅도, 직업도, 가족도, 미래에 대한 전망도 없었다. 일부 지역, 특히 체사피크 식민지에서는 갈수록 여기저기 떠도는 젊은 미혼 남성이 늘어서, 이들이 잠정적인 사회 불안 요인이 되었다.

- 늘어가는 노예 의존율

1670년대부터 영국의 출생률이 저하되고 경제 상황이 호전되자 노동자는 이주의 압박을 덜 느끼게 되었고, 자연히 식민지 계약 하인의 수도 줄었다. 계약 하인으로 온 사람도 이제 일반적으로 발전의 전망이 별로 없는 남부 식민지를 기피하게 되었다. 따라서 체사피크 식민지 지주는 노동력의 근간으로 아프리카인 노예에 한층 더 의존하기 시작했다.

출생 및 사망

한동안은 이민이 식민지의 인구 증가에 주요 요인으로 작용했지만, 길게 보았을 때는 무엇보다 식민지 자체의 재생산 능력이 인구 증가의 가장 중요한 요인이었다. 17세기 하반기부터 뉴잉글랜드와 대서양 연안 중부 식민지 인구의 재생산율이 크게 증가하기 시작해 1650년대 이후로는 자연 증가가 그 지역 인구 성장의 가장 중요한 요인이 되었다. 뉴잉글랜드 인구는 17세기 하반기에 자연 증가만으로도 4배 이상 늘었다. 이러한 인구 성장은 자녀를 많이 가진 때문이기도 했지만, 뉴잉글랜드의 평균수명이 현저하게 길어졌기 때문이기도 했다.

남부에서는 상황 진전이 훨씬 더 더뎠다. 체사피크 지역의 사망률은 18세기 중반까지 다른 지역에 비해 훨씬 높았다. 17세기 내내 이 지역 유럽 남성의 평균 수명은 겨우 40세 정도였고, 여자의 경우는 약간 더 짧았다. 백인 자녀 4명 중 1명이 유아기에 사망했고, 절반이 20살을 넘기지 못했다. 자녀가 유아기를 넘기더라도 성년이 되기 전에 부모 중 한 사람 혹은 둘 다를 잃는 경우가 많았다. 따라서 체사피크 식민지 백인 상당수가 과부, 홀아비, 고아였다. 풍토병(특히 말라리아)에 대한 정착민의 면역력이 높아진 후에야 수명이 조금 길어졌다. 이 지역 인구도 상당히 증가하긴 했지만 대개는 이민의 결과였다.

• 남부의 높은 사망률

17세기 식민지 인구의 자연 증가는 주로 여성과 남성의 비율이 서서히 균형을 잡아갔기 때문이다. 정착 초기에는 체사피크 식민지 백인 인구의 4분의 3 이상이 남자였다. 처음부터 가족 단위 이주민을 남부 식민지보다 많은 비율로 (따라서 더욱 많은 수의 여성을) 유치했던 뉴잉글랜드에서도 1650년 당시에는 인구의 60퍼센트가 남자였다. 그러나 식민지로 들어오는 여성의 수가 많아지기 시작하면서 출생률이 증가해 이는 성비의 변화, 즉 모든 식민지의 남성 대 여성 비율이 균형을 유지하는 데 기여했다. 식민지 시기 내내 매 25년마다 인구가 거의 2배로 성장했다. 1775년경이면 인디언을 제외한 식민지 인구가 200만을 넘어섰다.

• 성비의 균형

식민지의 의학 지식

임신한 여성의 높은 사망률은 식민지의 의학 지식과 의료 수준이 매우 낮았음을 보여준다. 의사들은 감염과 소독에 대한 이해가 낮거나 아예 없었다. 그 결과 많은 여성이 아이를 낳거나 수술을 받다가 세균에 감염되어 사망했다. 아직 박테리아에 대해 알지 못했기 때문에 쓰레기나 더러운 물을 통해 전염병에 감염되는 사람이 많았다.

- 산파술

의학 지식에 이렇듯 한계가 있다 보니, 전문적인 훈련을 받지 않은 사람도 이 분야로 진출하기가 비교적 쉬웠다. 상당수의 여성이 산파가 되어 이 분야로 진출했다. 산파는 출산을 보조했을 뿐만 아니라 여타의 의학적 조언을 해주기도 했다. 수가 적고 그래서인지 환자에게 종종 멀게 느껴졌던 의사와 달리, 산파는 대개 치료받는 사람의 친구이고 이웃이기에 인기가 있었다. 남자 의사는 이러한 산파라는 존재에 위협을 느꼈고, 그들을 의학계에서 몰아내기 위해 분투했지만 19세기까지도 이렇다할 진전을 보지 못했다.

- 체액 병리학

산파와 의사 모두 당시의 지배적인 가설에 기초해 의술을 행했다. 그 가설이란 2세기 로마의 위대한 의사 갈레노스(Galenos)가 유행시킨 체액 병리학(humoralism) 이론에서 유래한 것이다. 그의 주장에 의하면, 인체는 네 가지 분비액, 즉 노란 담즙(choler)과 검은 담즙(melancholy), 혈액, 점액이 지배했다. 건강한 몸에는 이 네 가지 체액이 균형을 이루고 있으며, 병든 몸은 이러한 균형이 깨져 버린 것이므로, 불균형을 초래한 과도한 체액을 제거해야 한다고 했다. 이것이 바로 17세기에 시행되던 하제(purging)와 적출(expulsion), 출혈(bleeding) 등 중요한 의술의 기반이 된 이론이었다. 출혈은 주로 남자 의사가 시행한 방법이었다. 산파는 토하게 하거나 하제를 선호했다. 그러나 대다수의 초기 식민지인은 의사는커녕, 산파조차 만날 기회가 거의 없어 자기 병은 자기가 알아서 치료해야만 했다. 식민지 시대는 일반적으로 20세기 이래 당연한 것으로 받아들이는 생각, 즉 병은 훈련받은 전문가가 치료해야 한다는 생각은 꿈에도 하지 못한 시대였다.

17세기의 의학이 그렇게 1,400년 전에 출현한 개념에 기초했다는 사실은 당시 영국과 아메리카 대륙에서 과학에 대한 지원이 얼마나 형편없었는가를 보여주는 증거라고 하겠다. 예를 들어, 출혈이 병 회복에 도움이 된다는 어떠한 증거도 없었지만 수백 년 동안 이 방법을 실시했다. 더욱이 누군가 그 증거를 찾으려고만 했다면 출혈이 건강에 심각한 해를 끼쳤다는 상당한 증례(證例)를 발견할 수도 있었을 것이다. 그러나 후대에는 간단한 과정이라 여겨지게 된 여러 가지 과학적 가설에 대한 실험이 당시 서구인의 사고에서는 일반적인 것이 아니었다. 바로 그 점이 17세기 후반에 등장한 계몽사상—인간 이성에 대한 믿음과 개인과 사회가 더 나은 삶을 창조할 수 있는 능력을 지녔다는 확신—이 정치만이 아니라 과학에서도 중요한 이유다.

식민지의 여성과 가정

17세기 아메리카 대륙에는 남성이 여성보다 월등히 많았기 때문에 오래도록 독신으로 남아 있는 여성은 찾아보기 힘들었다. 식민지 유럽 여성의 평균 초혼 연령은 20세 내지 21세였다. 계약 기간이

• 조혼(早婚)

끝나기 전에는 결혼할 수 없는 계약 하인들이 많았기 때문에 혼전의 성관계는 흔히 있는 일이었다. 계약 하인 미혼모에게서 태어난 아이는 종종 어린 나이에 엄마와 떨어져 계약 하인으로 일하기도 했다.

체사피크 식민지 여성들은 임신으로 점철된 삶을 살았다. 보통 결혼하면 2년에 한 번씩 임신했고, 나이가 들 때까지 평균적으로 8명의 아이를 낳았다(8명의 아이 중 보통 5명은 유아기 또는 성장기에 사망했다). 출산하다가 사망하는 경우가 빈번했기 때문에 자식이 장성할 때까지 사는 여성은 많지 않았다. 산다고 하더라도 대개는 남편보다 훨씬 나이가 어렸기 때문에 과부로 사는 경우가 많았다.

● 안정된 뉴잉글랜드의 가족 구조

뉴잉글랜드의 경우에는 많은 사람이 가족 단위로 이주해 왔고 사망률도 훨씬 빨리 감소했기 때문에 가정의 구조가 체사피크 식민지보다 훨씬 안정되었다. 성비의 불균형도 체사피크처럼 심하지 않았기에 대부분의 남성이 결혼할 수 있었다. 여성들은 체사피크에서처럼 어려서 결혼했고, 일찍부터 아이를 낳기 시작해 30대까지 계속 아이를 낳았다. 그러나 남부의 상황과는 대조적으로 북부에서는 자녀의 생존율이 훨씬 높았고, 가족이 온전하게 유지되는 경우도 훨씬 많았다. 뉴잉글랜드에서는 여성이 과부가 되는 경우도 그리 많지 않았는데, 설사 과부가 된다 하더라도 남부 여성보다는 훨씬 늦은 나이에 남편을 잃는 경우가 일반적이었다.

뉴잉글랜드인의 수명은 남부인보다 길었는데, 이는 남부의 부모보다 뉴잉글랜드의 부모가 자식의 삶에 영향을 미치는 기간이 길었음을 의미한다. 부모의 의사를 무시하고 독자적으로 배우자를 선택할 수 있는 자녀는 드물었다. 아들은 아버지에게 경작할 땅을 의존했고, 딸은 적당한 남편감을 만나려면 부모의 지참금이 필요했다.

부모가 자녀를 엄격하게 감시했기 때문에 결혼 전에 임신하는 경우도 남부보다 적었다.

청교주의(puritanism)는 가정에 높은 가치를 부여해, 여성은 아내와 엄마로서 높이 평가되었다. 그러나 동시에 남성의 권위를 거의 절대적인 것으로 강조했다. 아내는 남편의 요구와 가정경제를 위해 헌신해야 했다.

● 가부장적인 청교주의

영국 식민지의 노예제도 출현

남부 식민지에서는 정착 초기부터 부족한 노동력을 보충할 흑인 하인을 필요로 했다. 그러나 한동안은 흑인 노동자를 구하기가 어려웠다. 17세기 중반에 카리브 해의 섬들과 남부의 영국 식민지 사이에 노예 거래가 활발해지면서 북아메리카 식민지에서도 일반적으로 흑인 일꾼을 이용하게 되었다.

이렇게 북아메리카 대륙에서 노예 수요가 늘어나자 대서양 노예무역이 확장되었다. 그리고 노예무역이 점점 광범위해지고 복잡해지면서 그 양상도 끔찍해졌다. 19세기에 노예무역이 종식되기까지 무려 1,100만에 달하는 흑인이 남아메리카와 북아메리카 그리고 카리브 해로 강제로 끌려왔다. 아프리카 해안의 노예시장에는, 아프리카 원주민 추장이 포로로 잡은 경쟁 부족민을 항구로 데려왔다. 겁에 질린 희생양들은 끔찍스러운 '중간 항로(middle passage)' 곧 아메리카 대륙으로의 긴 항해를 위해 어둡고 더러운 배 짐칸에 짐짝처럼 던져졌다. 항해가 계속되는 동안 흑인 죄수들은 노예선 안쪽 바닥에 사슬로 묶인 채 최소한의 음식과 물만 공급받았다. 노예무역

● 중간 항로

아메리카로 끌려가는 아프리카인

이 그림은 서인도 제도로 향하는 스페인 배 선창의 노예 처소를 그린 것이다. 영국 전함이 이 노예선을 나포했고, 영국의 젊은 해군 장교 프랜시스 메이넬 중위(Lt. Francis Meynell)가 그 자리에서 이 수채화를 스케치했다. 그림에 보이는 아프리카인은 다른 노예선의 죄수보다는 편안해 보인다. 노예들을 사슬로 묶어 한꺼번에 선창에 집어넣어서 서지도 앉지도 못하는 경우도 많았다.

상은 더 많은 이윤을 남기기 위해 항해 도중 노예의 생존률을 높이려고 가능한 한 많은 흑인을 배에 밀어 넣었다. 상당수의 흑인이 항해 도중 사망했는데, 시체는 바다 속으로 던져졌다. 이들은 신세계에 도착하자마자 백인 지주들의 경매에 부쳐졌고, 겁에 질리고 당황한 가운데 새로운 고향으로 이송되었다.

노예무역으로 보자면 북아메리카 대륙은 신세계의 다른 지역, 즉 카리브 해의 섬들이나 브라질과 비교할 때 그다지 중요한 목적지가 아니었다. 아메리카 대륙으로 수입된 아프리카인 중에서 영국 식민지에 바로 도착한 흑인은 5퍼센트도 채 되지 않았다. 17세기를 통틀어 미국이 될 지역으로 이송된 흑인은 아프리카에서 직접 데려온 흑인이 아니라 서인도 제도에서 온 흑인이었다. 1670년대에 비로소 노예무역상이 곧바로 아프리카에서 아메리카 대륙으로 노예를 데려오기 시작했다. 그때만 해도 한동안은 흑인의 수가 많지 않았다. 영국 왕립 아프리카 회사(Royal African Company of England)가 무역을 독점하고 있어서 흑인 노예는 가격도 비싸고 수도 적었기 때문이다.

• 급증하는 노예 인구

북아메리카 대륙 흑인 인구의 역사로 보면, 경쟁 업체들의 등장으로 왕립 아프리카 회사의 독점이 무너진 1697년이 하나의 전환점이었다. 당시 노예무역이 경쟁 상태에 돌입하면서 가격이 떨어져 흑인의 수가 엄청나게 증가했다. 1700년에는 북아메리카 영국 식민지의 흑인 인구가 약 2만 5,000명에 달했다. 흑인이 일부 남부 식민지에 집중되어 있었기 때문에 어떤 지역에서는 이미 흑인 수가 백인 수를 넘어서기 시작했다. 대부분의 지역에서 흑인 남성이 흑인 여성보다 두 배가량 많았으나, 그럼에도 일부 지역에서는 흑인 수가 자연증가로 많아졌다. 체사피크의 경우 아프리카에서 수입해 온 흑인보다 새로 태어나는 흑인이 더 많았다. 반대로 사우스캐롤라이나에서는 쌀 재배를 둘러싼 노동 환경이 너무도 열악해 훗날까지도 흑인 인구가 자연증가만으로는 유지되기 어려웠다. 1760년에 식민지의 흑인 인구는 대략 25만에 이르렀고, 그들 대부분이 남부에 거주했다. 흑인이 남부 노동력의 근간인 백인 계약 하인을 완전히 대체하게 된 것이었다.

| 애매한 법적 지위 | 한동안 흑인의 법적·사회적 지위는 어느 정도 유동적이었다. 일부 지역에서는 백인 및 흑인 노동자는 초기에 비교적 동등한 조건에서 함께 일했다. 백인 계약 하인처럼 취급받은 흑인도 있었고 일부 정해진 기간이 끝나 자유인이 된 흑인도 있었다. 그러나 17세기 말에 흑인과 백인 사이에는 엄격한 구분이 생겨났다. 점차 흑인은 평생 강제 노동을 하는 신세로 남을 것이며 흑인 아이들도 부모의 신분을 그대로 물려받을 것이라는 생각이 확산되었다. 흑인종은 열등하다는 백인들의 생각이 그러한 체제를 점점 더 엄격하게 강제했다. 그러나 백인 노예주에게 그 제도는 경제적 이윤을 가져다 주었다.

인종에 기반한 '노예법'   영구적인 하인 제도, 즉 미국의 노예제도는 18세기 초에 여러 식민지 의회가 백인 주인에게 노예에 관해 절대적인 권한을 부여하는 '노예법(slave codes)'을 통과시키면서 합법화되었다. 어떤 사람이 노예법에 적용되는가 안 되는가의 기준은 단 한 가지, 즉 피부색이었다. 아메리카의 스페인 식민 사회에서는 혼혈이 허락되었기 때문에, 혼혈인의 사회적 지위가 순수한 아프리카인과는 달랐다(혹은 그들보다 더 높았다). 그러나 영국 식민지에서는 그러한 구분이 인정되지 않았다.

후기 유럽 이민

아메리카 인구의 가장 독특하고 영속적인 특성이라고 한다면 여러 인종, 여러 민족, 여러 국가의 사람이 함께 모여 있다는 점을 들 수 있다. 북아메리카는 상당수의 원주민에게, 점차 늘고 있던 영국인 이민자에게, 강제로 끌려온 아프리카인에게, 그리고 유럽에서 몰려온 수많은 비영국계 이민자에게 고향이었다.

대륙 출신 유럽인 이민자 중에서는 30만 정도의 프랑스 칼뱅주의자, 즉 위그노(Huguenots)가 아메리카 대륙에 가장 먼저 들어온 사람들이었다. 1685년, 위그노에게 상당한 자유를 보장해주었던 낭트칙령(Edict of Nantes)이 철회되자, 위그노는 로마 가톨릭의 박해를 피해 프랑스에서 아메리카 대륙의 영국 식민지로 향했다. 많은 독일 프로테스탄트도 억압적인 종교 정책 및 여러 공국과 프랑스 간의 잦은 전쟁을 피해 아메리카로 향했다. 특히, 제후령(Palatinate)으로 알려진 독일 남서부 리네란트(Rhineland)는 자주 공격을 받았는데, 18세기 초에 1만 2,000명이 넘는 이곳 사람이 영국으로 도주했고, 그중 3,000명 정도가 아메리카로 향했다. 그들 대부분이 펜실베이니아에 정착했기 때문에 영국인 정착민에게 '펜실베이니아 네덜란드인(Pennsylvania Dutch)'으로 알려졌다(독일인이라는 단어인 Deutsch를 잘못 사용한 것이다). 후에 다른 독일인들도 펜실베이니아로 향했는데, 그중에는 모라비아파(Moravians)와 메노나이트파(Mennonites)도 있었다.

• 종교적 도피자들

새로운 이주자로는 소위 스코틀랜드계 아일랜드인(Scotch-Irish)이 가장 많았다. 17세기 초에 아일랜드 북부의 얼스터(Ulster) 지방에 정착한 스코틀랜드 장로교도(Scotch Presbyterians)였다. 아메리카로 이주한 스코틀랜드계 아일랜드인은 대부분 유럽인 정착지 변경으로 밀고 들어가 그 땅이 누구의 소유이건 상관하지 않고 땅을 차지했다.

• 스코틀랜드계 아일랜드인

스코틀랜드와 아일랜드 남부에서 이주해온 사람들도 있었다. 로마 가톨릭 교도가 일부 섞여 있는 스코틀랜드 고지대인은 대부분 노

3장 아메리카 식민지의 사회와 문화 | 139

아메리카 식민지의 이민자 집단(1760)

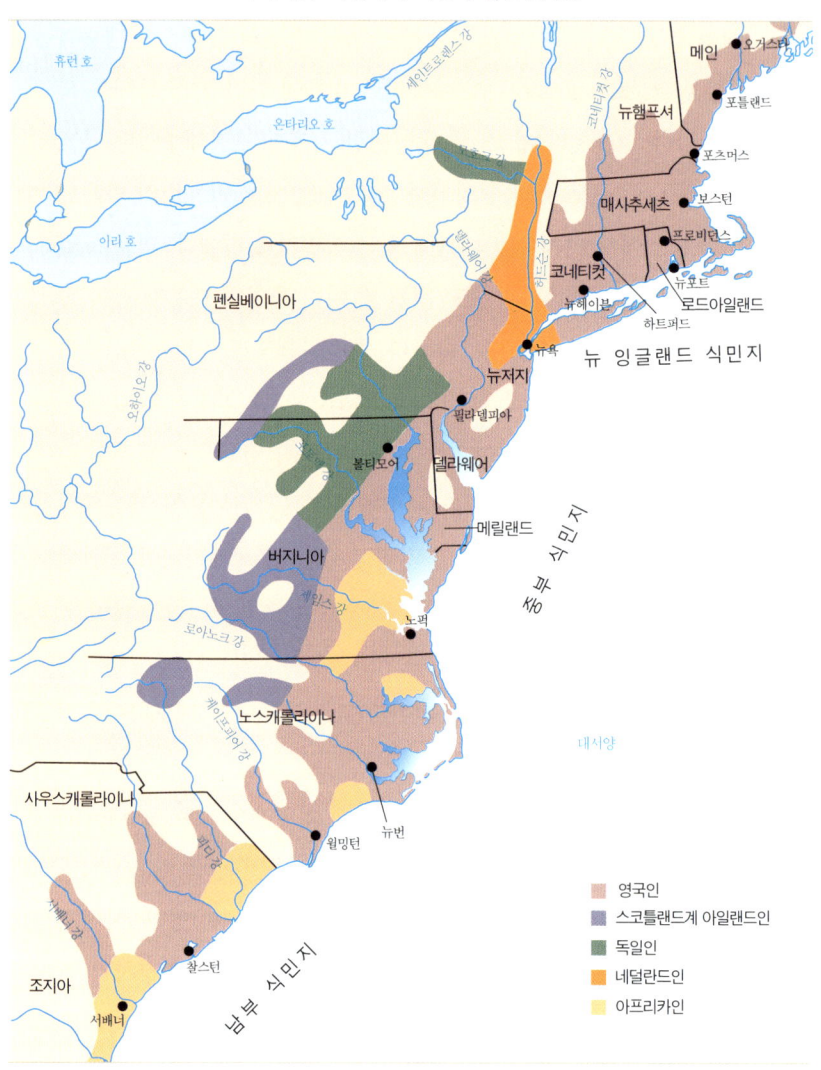

1760년이면 미국의 대서양 연안 전역이 영국 식민지가 되었지만, 여기에 정착한 사람들의 출신 지역은 매우 다양했다. 이 지도가 보여주듯이, 영국인 정착민이 북아메리카 대륙 대부분의 지역을 지배했다. 그러나 체사피크 서쪽과 펜실베이니아에 걸쳐 있는 광대한 독일인 정착지, 뉴욕 및 뉴저지에 길다랗게 자리한 네덜란드인 정착지, 남부 서쪽에 퍼져 있는 스코틀랜드계 아일랜드인 정착지, 그리고 비록 수가 적은 백인에게 복종하고 있지만 아프리카인이 인구의 다수를 점하고 있는 많은 지역을 주목하라.

스캐롤라이나로 이주했다. 스코틀랜드 저지대인도 다수가 장로교도로서 높은 임대료와 실업에서 벗어나고자 미국 혁명 바로 직전에 아메리카로 향했다. 아일랜드인은 장기간에 걸쳐 꾸준히 이주해 왔고, 그중 많은 사람이 아메리카에 도착한 후에는 자신의 종교인 로마 가톨릭과 민족적 정체성을 포기했다.

⟨과거를 논하며⟩

노예제도의 기원

★ ★ ★

역사가들은 아메리카 식민지 백인이 17세기에 어떻게, 왜 노예제도를 만들었으며 또한 어떻게, 왜 다른 사람이 아닌 아프리카계 흑인을 노예로 삼았는가에 대한 논의를 활발하게 진행해왔다. 논쟁의 핵심은 노예제도가 백인 인종주의의 결과인가 아니면 인종주의가 노예제도의 결과인가의 문제였다.

1950년에 오스카 핸들린과 메리 핸들린(Oscar and Mary Handlin)은 노예제도와 식민지의 또 다른 '자유롭지 못한' 제도를 비교한 중요한 논문을 발표했다. 그들은, 노예제도가 여타의 노력과 다른 점으로서 그 대상이 오직 아프리카인으로만 제한되어 있고 평생을 노역해야 하며 노예 신분이 자식에게 세습된다는 특징을 들었다. 또한 핸들린 부부는, 식민지 의회가 이용 가능한 노동력을 늘리기 위해 노력한 것이 노예제도의 독특한 성격을 형성했다고 말했다. 즉, 백인 노동자가 아메리카 대륙으로 오는 데에는 일정한 동기가 필요했으나, 아프리카에서 강제로 끌려온 흑인 노동자는 그렇지 않았다. 따라서 백인 노동자와 흑인 노동자 간 신분의 차이는 인종주의가 아니라 법적·경제적 동기에서 기인한 것이라는 주장이었다.

훗날 많은 역사가는 핸들린 부부의 논제를 반박하고 흑인 노예제도가 경제적 이해관계보다는 백인 인종주의에 기인한 것이라고 주장했는데, 윈스롭 조던(Winthrop Jordan)도 그중 한 사람이었다. 조던은 《흑인 위의 백인(*White Over Black*)》(1968)를 비롯한 몇몇 저서에서, 유럽인이 오래 전부터 유색인을 열등한 존재로 봐왔다고 했다. 신세계로 건너온 유럽의 백인 역시 이런 태도를 취했고, 따라서 백인 인종주의가 처음부터 아메리카 대륙의 아프리카인에 대한 백인의 태도를 결정했다는 것이다. 다시 말해서, 핸들린이 주장한 경제적 동기가 없었더라도 백인은 신세계의 흑인을 억압했을 것이라는 얘기였다.

17세기의 사우스캐롤라이나를 연구한 피터 우드(Peter Wood)의 《인구 다수로서의 흑인(*Black Majority*)》(1974)은 노예제도에 관한 논의를 다시 사회·경제적 조건으로 환원시킨 연구에 속한다. 우드의 논증에 따르면, 흑인과 백인이 정착 초기에는 비교적 동등한 조건에서 함께 일하는 경우가 많았다. 그러나 쌀 재배지가 확대되면서 이 힘들고 고된 일을 자발적으로 하려는 백인 노동자를 찾기가 어려워졌기 때문에 점차 더 많은 아프리카 노동자를 강제로 수입하게 되었다. 또한 노예제도 없이는 아메리카 대륙에 강제로 끌려온 노동력을 통제하기 어려울 것이라는 우려도 작용했다. 에드먼드 모건(Edmund Morgan)도 《미국의 노예제도, 미국의 자유(*American Slavery, American Freedom*)》(1975)에서 비슷한 주장을 했다. 그에 따르면, 처음에는 남부의 노동 체계에 상당히 융통성이 있었으나 갈수록 경직되었다는 것이다. 예를 들어 버지니아 식민지에서 백인 정착민이 처음부터 흑인을 평생 노예화하는 제도를 만들려고 한 것은 아니었다. 그러나 담배 경제가 확산되면서 값싼 노동력에 대한 수요가 증대하자 백인 지주는 다수의 백인 노동자에게 의존하는 현실을 부담스러워 하기 시작했다는 것이다. 백인 노동자는 구하기도 힘들고 통제하기도 어려웠기 때문이다. 따라서 노예제도는 인종주의의 산물이라기보다는 믿을 만하고 안정된 노동력을 찾으려는 백인의 욕망에서 기인한 제도라는 주장이었다.

로빈 블랙번(Robin Blackburn)은 《신세계 노예제도의 성립(*The Making of New World Slavery*)》(1996)에서, 백인이 아프리카인을 노예화하는 데 있어 인종이 이를 쉽게 정당화한 요인으로 작용하기는 했지만, 노예제도가 성립된 진정한 요인은 야심찬 기업가의 빈틈없는 경제적 판단이었다고 주장한다. 그들 기업가는 일찍이 북아메리카 대륙 남부와 카리브 해 지역의 노동 집약적인 농업 세계에서 노예 노동 체제가 자유 노동 체제보다 많은 이윤을 남기리라는 점을 깨달았던 것이다. 노예제도는 농장주, 상인, 기업가, 소비자와 같은 여러 집단 간의 첨예하게 얽힌 이해관계를 충족시켜주었다. 그러므로 노예제도가 성립하고 존속할 수 있었던 가장 유력한 이유는 인종주의가 아니라 이윤 추구였다는 것이다. 블랙번은 노예제도를 구세계의 낡아빠진 유물이 아니라, 그 즈음 출현을 앞둔 시장 경제적 요구에 부응해 등장한, 당시로서는 상당히 현대적인 노동 체제였다고 결론내리고 있다.

2

식민지 경제

농업은 17세기와 18세기 내내 유럽인 및 아프리카인 정착지 거의 전역에 걸쳐 지배적인 경제 활동이었다. 하지만 식민지 경제는 지역마다 매우 큰 차이가 있었다.

남부 경제

유럽에서 담배 수요가 크게 늘어나자 체사피크(메릴랜드와 버지니아)에서는 일부 농장주가 엄청난 부자가 되었고 때로는 체사피크 지역 전체가 번성하기도 했다. 그러나 17세기와 18세기 내내 담배 생산이 자주 수요를 초과해 담배 가격이 폭락하기도 했다. 그 때문에 경기의 호황과 불황이 교차되었는데, 첫 번째 불황은 1640년에 닥쳤다.

• 담배 경제의 호황과 불황

사우스캐롤라이나와 조지아는 쌀 생산에 의존했다. 저지대 연안에는 감조하천(感潮河川)이 여럿 있어 물이 차고 빠지는 논을 만들 수 있었기 때문이다. 그러나 벼농사는 너무도 힘든 일이어서 백인 노동자는 대개 이 일을 기피했다. 따라서 사우스캐롤라이나와 조지아의 농장주는 북부 지역의 농장주보다 훨씬 더 노예에 의존했다. 흑인 노예는 벼농사에 잘 적응했는데, 이는 노예 일부가 서아프리카의 쌀 재배 지역 출신인 까닭도 있고, 유럽인보다 덥고 습한 기후

담배 판매

이 상표는 17세기 말 영국에서 만든 것으로 식민지에서 생산된 담배를 파는 데 사용되었다. 이 그림에 나오는 버지니아는 밝은 햇살이 비추는 곳이고 노예들은 활기에 차 있으며, 담배를 피우는 농장주들은 부유해 보인다.

에 더 익숙했던 데다가 말라리아에 대한 자연 면역체를 지녔기 때문이기도 했다.

남부 식민지는 대규모의 환금작물(換金作物)에 의존했다. 그 때문에 북부 식민지에 비하면, 상업 경제나 산업 경제의 발달 정도는 미진했다. 처음에는 주로 런던에 거점을 둔 상인이 담배와 쌀 무역을 주도했으나, 나중에는 북부 식민지 상인이 이 분야 무역을 장악했다.

• 남부의 환금작물 경제

북부의 경제와 기술

북부의 경제도 남부 경제처럼 농업이 지배적이었다. 그러나 재배작물의 종류는 더욱 다양했다. 특히 뉴잉글랜드 북부는 날씨가 추울 뿐 아니라 토양도 거칠고 돌이 많아서 남부에 형성된 것과 같은 대규모 상업 작물 체제가 발달하기 어려웠다. 뉴잉글랜드 남쪽 지역과 중부 식민지는 토지가 비옥하고 기후가 온화해 농사짓기에 보다 적합했다. 뉴욕, 펜실베이니아, 코네티컷 강 유역은 뉴잉글랜드 대부분 지역과 남부 일부 지역에 밀을 공급하는 주요 밀 공급지였다. 그러나 그곳에서도 농업과 더불어 상당한 수준의 상업 경제가 등장했다.

거의 모든 식민지인이 어느 정도는 가내수공업에 종사했다. 그리고 가끔씩은 교역이나 판매가 가능한 상품도 제작했다. 장인(匠人) 및 수공업자는 가내수공업을 넘어 식민지의 발달된 타운에서 구두수선공, 대장장이, 소총 만드는 사람, 가구상, 은세공인, 인쇄업자로 일했다. 일부 지역에서는 곡물을 갈고, 옷감을 처리하거나 제분용

• 식민지의 수공업자 및 기업가

풍차를 돌리는 데 수력을 이용했다. 여기저기에서 대규모의 조선업도 성행하기 시작했다.

1640년대에는 매사추세츠의 소거스(Saugus)에 제철소가 들어섰는데, 이는 식민지에 제철 산업을 구축하려는 최초의 시도였다. 소거스 제철소는 수력을 이용해 풀무를 작동시켜서 석탄 용광로의 열기를 조절했다. 불타는 석탄에서 나오는 탄소가 산소를 제거해 원광의 용해(鎔解) 온도를 낮추었다. 용해된 원광을 주형에 똑똑 떨어뜨리거나, 단순한 막대기 형태로 만들어 가까운 대장간으로 가져가면, 여기에서 주전자나 모루 같은 철 제품을 만들었다. 막대 모양의 철을 가늘고 긴 막대로 만들기에 적당한 기계도 있어서 대장장이가 이것을 잘라 못으로 만들 수도 있었다. 소거스 제철소는 이렇게 기술면에서는 성공적이었지만, 경제적으로는 실패했다. 1646년에 설립된 이 제철소는 1668년에 재정 문제로 문을 닫고 말았던 것이다.

• 페터 하젠클레버의 제철소

그러나 제철업은 점차 식민지 경제의 중요한 부분으로 자리 잡아 갔다. 북아메리카 영국 식민지에서 가장 규모가 큰 기업은 뉴저지 북부에서 독일인 제철업자 페터 하젠클레버(Peter Hasenclever)가 경영하는 제철소였다. 1764년에 영국 자본으로 건립된 이 제철소에는 수백 명의 노동자가 일하고 있었다. 북부 식민지 전역에 소규모의 제철소가 있었고, 남부 식민지에도 몇 군데 제철소가 있었다. 그러나 이러한 산업의 성장은 18세기 말에 대영제국이 경험했던 것과 같은 폭발적인 산업 성장의 기반이 된 것은 아니었다. 이는 영국 의회가 1750년의 제철법(Iron Act)과 같은 일련의 법령들로 식민지의 금속 제조를 규제한 때문이기도 했다. 영국 의회는 모직 제품, 모자 등 다른 상품의 제조에도 이와 유사한 규제를 두었다. 그러나 불충분한 노동력과 규모가 작은 국내 시장, 미비한 운송 시설, 부족한 에너지 공급이야말로 식민지 산업화의 가장 큰 걸림돌이었다.

상품 제조업보다 더욱 중요한 것은 아메리카 대륙의 천연자원을 개발하는 산업이었다. 17세기 중반 무렵에는 초기에 성행했던 모피 교역이 쇠퇴하고 목재, 광산, 어업이 이를 대체했다. 식민지는 이러한 산업에서 양산되는 물자를 영국으로 수출하여 완제품과 교환할 수 있었다. 그리고 이러한 산업의 성장으로 식민지 북부에서는 경제의 두드러진 특징이라 할 수 있는 부유한 상업 계층이 형성되었다.

기술의 범위와 한계

17세기와 18세기에 아메리카 대륙 한편에서는 기술상의 진전이 이루어지고 있었다. 그러나 그럼에도 대부분의 식민지 사회는 기본적인 장비가 부족해서 식민지 농부 절반이 쟁기조차 없을 정도였다. 상당수의 가정에는 음식을 준비할 주전자나 냄비가 없었다. 소총이나 장총을 가진 가정은 기껏해야 절반에 지나지 않았다. 이렇게 소유 수준이 낮았던 이유는, 이런 물품을 제조하는 일이 어려워서가 아니라 대다수의 식민지인이 이런 물건을 구입할 수 없을 정도로 가난하거나 고립되어 있었기 때문이다. 많은 가정에 양초가 없었고 설령 있다손 치더라도 몇 개에 불과했는데, 이는 초를 만들 틀이나 수지를 구입할 여력이 없거나 이미 상품화된 초를 살 길이 없었기 때문이다. 18세기 초에도 마차를 가진 농부가 매우 적었다. 대부분 바퀴가 두 개 달린 달구지를 타고 다녔는데, 달구지는 농작물을 시장으로 운반하는 데에는 그다지 효율적이지 못했다. 당시 농부가 지닌

• 식민지 빈곤층

가장 흔한 농기구는 손도끼였다.

> 자급자족이라는 식민지 신화

그렇다 하더라도 17세기 말과 18세기 초에 자급자족하는 식민지인은 드물었다. 일반적으로 초기 식민지 가정은 먹을 거리를 직접 재배하고 옷도 손수 만들어 입었으며, 외지에서 물건을 구입하는 경우도 거의 없었다는 이미지가 강하다. 그러나 실제로는 물레나 베틀이 있는 집 역시 매우 드물었는데, 이는 대부분 필요한 옷이나 직물을 어떻게든 돈을 주고 샀다는 것을 의미한다. 또한 농부는 재배한 작물을 공동 시설로 가져가 처리하는 경우가 가장 많았다.

일반적으로 외딴 지역이나 가난한 지역에 사는 사람은 인구도 많고 경제적으로 풍요로운 지역에 사는 사람보다 농기구나 발달된 기술을 접할 기회가 적었다. 그러나 식민지 전체를 통틀어, 그런 연장을 만드는 능력보다는 공장에서 만든 연장을 살 능력이 훨씬 뒤떨어져 있었다.

식민지 상업의 성장

> 교역의 장애물

아마도 식민지 상업의 가장 놀라운 점은, 상업이 소멸하지 않고 살아 남을 수 있었다는 사실일 것이다. 식민지 상인은 당황스러울 정도의 여러 장애물에 직면했고, 교역에 필요한 기본적인 시설도 너무나 부족했기 때문에 파산하지 않고 사업을 가까스로 유지하는 데만도 엄청난 어려움을 겪어야 했다. 우선, 식민지에는 금이나 은이 거의 없었다. 그리고 그들이 사용하는 지폐는 해외에서 들여오는 상품에 대한 지불 수단으로 인정되지도 않았다. 수년 동안 식민지 상인은 물물교환을 하거나 비버(beaver) 가죽 같은 화폐 대용물을 지불 수단으로 사용했다.

두 번째 장애물은 수요와 공급에 대한 정보가 부족했다는 점이다. 그들은 다른 식민지 항구에서 어떤 물건을 찾아야 할지 알 방법이 없었다. 당시에는 상선이 이 항구, 저 항구로 다니면서 하나의 물자를 다른 물자와 바꿔 이윤을 챙겼는데 그것을 위해 때로는 수년 동안 바다에 머물기도 했다. 더욱이 소규모 회사가 수도 없이 많아 치열하게 경쟁을 거듭했기에 교역의 구조를 이해하기도 어려웠다.

그럼에도 식민지의 상업 활동은 계속되어, 활발해지기까지 했다. 식민지 내부 그리고 식민지와 서인도 제도 간에 무역이 이루어졌다. 대륙의 식민지인은 카리브 해의 상인에게 럼과 농산물, 육류와 어류를 팔았고 섬 사람들은 사탕수수와 당밀, 가끔씩은 노예도 제공했다. 영국과 유럽 대륙, 아프리카 서해안과도 무역을 진행했다. 이러한 무역은, 딱 들어맞는 표현은 아니지만 '삼각 무역'이라고 종종 묘사되곤 했다. 즉, 뉴잉글랜드의 럼을 비롯한 상품을 아프리카로 가져와서 노예와 교환하고, 그런 다음 노예를 서인도 제도로 데리고 가서—그 끔찍한 여행에 대해 '중간 항로'란 용어를 쓴 것은 이것이 삼각형의 여정에서 두 번째에 해당하기 때문이다—사탕수수와 당밀로 교환하고, 그것을 다시 뉴잉글랜드로 가져와서 럼으로 증류했다. 사실상 럼, 노예, 사탕수수의 소위 삼각 무역은 매우 다양한 교역로를 거치는 복잡한 미로와도 같았다.

이같이 위험스러운 교역이 진행되는 동안 매우 대담한 일군의 기업가가 등장했다. 이들은 18세기 중엽에 독특한 상인 계층을 형성하기 시작했는데, 영국의 항해 조례가 외국 상인과의 경쟁에서 이들의 든든한 보호막이 되어주었다. 그리고 이미 이들은 모피와 목재,

• 상인 계층의 등장

삼각 무역

17세기와 18세기 아메리카 식민지 경제에 활력을 불어넣은 교역의 복잡한 양상을 보여주는 지도다. 이 교역을 간단하게 설명하자면, 아메리카의 여러 식민지는 농산물, 모피 등의 원료를 영국이나 유럽으로 수출했고, 대신 완제품을 수입했다. 그러나 이 설명이 정확하기는 하지만 다는 아니다. 이는 대서양 무역이 아메리카와 유럽 사이의 단순한 교환이 아니라 카리브 해, 아프리카, 지중해가 관련된 복잡한 교역망을 형성하고 있었기 때문이다. 북아메리카 대륙과 서인도 제도 간의 주요 교환 그리고 아메리카 식민지와 아프리카 간의 주요 교역, 아메리카인이 활발하게 관여했던 넓은 범위의 유럽 시장과 지중해 시장을 주목하라. 이 지도 위에는 안 보이지만, 영국령 북아메리카 안의 다양한 지역 간의 연안 무역 또한 식민지 상업에 매우 중요했다.

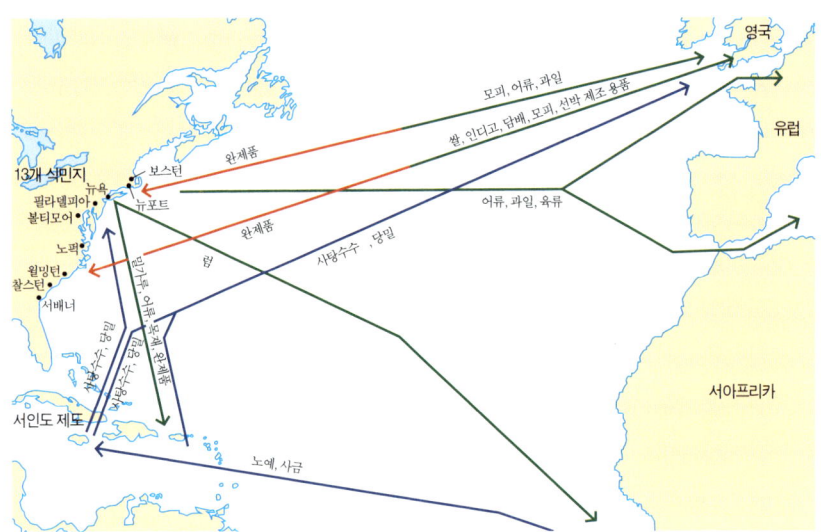

아메리카 대륙에서 건조한 선박 등 식민지의 산물을 들고 영국 시장에 진출할 준비가 되어 있었다. 그러나 프랑스·스페인·네덜란드령 서인도 제도 등 영국 식민지보다 더 높은 가격을 받을 수 있는 곳에서 불법으로 시장을 발전시키기도 했다.

소비주의의 발흥

영국 식민지에서 이렇게 상업주의가 등장하고 경제적 번영이 증대되면서 비교적 부유한 주민을 만족시킬 만한 새로운 취향과 새로운 기회가 창출되었다. 그 결과 상품 소비가 늘어났다.

18세기에 소비주의가 발달한 데에는 식민지 사회의 계층 분화가 한몫을 했다. 상위 계층과 하위 계층 간의 차이가 더욱 커지면서, 자산이 있는 사람은 자신이 상류층에 속한다는 것을 과시하려고 했다. 특히, 성공을 과시할 만한 넓은 토지가 없는, 도시나 타운의 부자에게는 물건을 구매하고 구매한 물건을 진열해놓는 것이 부자임을 증명하는 중요한 수단이었다. 그러나 소비주의의 발달은 산업혁명 초기 단계의 산물이기도 했다. 18세기에 아메리카 대륙에는 기업이 거의 없었지만, 영국과 유럽 대륙은 급속한 발전을 이루며 부유한 식민지인이 구매할 상품을 점점 더 많이 생산해냈다.

상인과 교역상은 이 새로운 소비 성향을 부추기기 위해 잡지나 신문에 상품을 선전하기 시작했다. 오늘날 영업 사원의 전신(前身)이라 할 수 있는 도시 상인의 대리인이 곳곳을 돌아다니면서 경제력을 갖춘 부유한 지주나 농장주에게 사치품에 대한 관심을 불러일으켰다. 일례로, 조지와 마사 워싱턴 부부(George and Martha

• 계층 분화와 소비주의

Washington)는 마운트버넌(Mount Vernon)에 위치한 집에 어울리는 우아한 가구를 주문하는 데 상당한 시간과 돈을 투자했다. 그들이 사들인 가구는 대부분 영국과 유럽 대륙에서 운송된 것이었다.

소비 사회의 한 가지 특징은 한때 사치품으로 여겨지던 물건이 일단 쉽게 구할 수 있게 되면 아주 빠르게 필수품화된다는 점이다. 식민지에서도 한때 매우 비쌌던 물건, 즉 차(茶), 침구, 유리그릇, 나이프나 포크 등의 식기, 도자기, 가구 등이 일상 용품이 되었다. 개인의 집과 소유물, 의복 등을 덕성이나 '세련됨'과 관련 짓는 것도 소비주의의 결과였다. 교양 있는 신사와 우아한 숙녀라는 개념이 18세기에 식민지 전역에서 점차 커다란 영향력을 행사하게 되었다. 이는 한편으로 말과 행동에 있어서 '신사답다' 혹은 '숙녀답다'는 말을 들을 정도로 교양과 세련미를 갖추려고 애썼다는 것을 의미한다. 식민지인은 예절과 패션에 관한 책을 읽고 런던 사회를 들여다볼 수 있는 잡지를 구입했다. 그리고 재치 있고 교양 있는 대화를 할 수 있도록 스스로를 개발하는 데 힘썼다. 자신과 가족의 초상화를 의뢰했고 자기 집에서 오락에 시간을 할애했으며, 멋진 물건을 진열할 선반과 케이스를 제작했다. 또한 멋진 정원을 꾸미고 의복과 머리 스타일에 엄청나게 신경 썼다.

3

사회 유형

비록 식민지 사회에도 사회적 구분이 뚜렷하기는 했으나, 영국의 확실하고 깊게 뿌리내린 계급제를 그대로 복제한 것은 아니었다. 물론 식민지에도 귀족이 출현하기는 했지만 토지보다는 상당한 노동력을 지녀야 귀족이 되었고, 영국 귀족과 비교할 때 전반적으로 신분이 불안정했으며 권한도 미약했다. 그러나 식민지 사회는 영국에서보다 백인의 신분 이동―상승이든 하락이든―기회가 많았다. 그리고 여기저기에 서로 매우 다른 형태의 새로운 사회가 형성되었다.

• 사회적 유동성

대농장의 주인과 노예

남부의 플랜테이션 체제(plantation system)는 식민지 사회의 한 유형이었다. 플랜테이션은 버지니아와 메릴랜드의 담배 재배 지역에서 처음 등장했다. 이곳의 초기 주인 가운데에는 엄청난 토지를 소유하여 귀족이 된 사람도 있었다. 그러나 17세기의 식민지 플랜테이션은 전반적으로 대충 틀만 잡힌 비교적 규모가 작은 농장이었다. 초기 버지니아의 플랜테이션은 해도 겨우 나무만 베어낸 거친 개간지로, 토지 주인과 계약 하인이 매일같이 사람이 죽어 나가는 가혹한 조건에서 나란히 일하는 그런 곳이었다. 대부분의 경우 지주는 조야한 통나무집에서 살았고, 하인이나 노예는 그 근처에서 살았다. 플랜테이션 경제는 아직 불확실했다. 농장주들은 시장을 통제할

• 불안정한 플랜테이션 경제

수 없었고, 대규모 플랜테이션을 소유한 사람조차도 계속 위험을 감수해야 했다. 곡물 가격이 하락하면 파산하는 농장주도 많았다. 플랜테이션을 경영해 부자가 된 새로운 농장주가 많았지만, 그에 못지않게 많은 농장주가 파산했다.

● 흑인 노예 문화

물론 노예가 된 흑인은 아주 다른 삶을 살았다. 노예가 몇 명 되지 않는 작은 농장에서는 백인과 흑인이 늘 엄격히 구분된 것도 아니었다. 그러나 18세기 초가 되면 식민지 흑인 인구의 4분의 3 이상이 최소한 노예가 10명은 되는 플랜테이션에서 살았고, 절반 정도가 50명 이상의 노예를 소유한 플랜테이션에서 생활했다. 이러한 배경에서 노예는 자기 고유의 문화와 사회를 발달시킬 수 있었다. 백인이 노예의 공식적인 결혼을 장려하지는 않았으나, 흑인 스스로는 강하고 정교한 가족 구조를 발달시켰다. 흑인 사이에서 크리스트교와 아프리카 민속을 혼합한 독특한 종교가 발달했는데, 이 종교는 흑인이 독립된 문화를 형성하는 데 중요한 요인으로 작용했다.

그러나 흑인 사회는 끊임없이 백인 사회의 방해를 받았고, 백인 사회와 영향을 주고 받을 수밖에 없었다. 예를 들어, 흑인 가내 하인은 그들 흑인 사회와 분리되어 있었다. 흑인 여성은 주인이나 감독관으로부터 원치 않은 성적 접촉을 강요당하기 일쑤였고, 그렇게 해서 혼혈아를 낳는 경우, 혼혈아는 대개 백인 아버지의 보호를 받지 못했다. 주인이 노예들에게 매우 친절하게 대하고 진정으로 위하는 플랜테이션도 일부 있었으나, 그밖의 플랜테이션에서는 아무런 힘이 없는 노예를 가혹하게 때리고 때로는 가학적 변태 성욕의 대상으로 취급했다.

노예들은 종종 주인에게 크고 작은 저항을 했는데, 1739년에 사우스캐롤라이나에서 발생한 스토노 반란(Stono Rebellion)이 식민지 시기에 일어난 저항 중에서 가장 심각한 저항이었다. 당시 흑인 약 100명이 봉기해 무기를 빼앗고 백인 몇 명을 살해한 후, 남쪽 플로리다로 도망치려고 했다. 이 봉기는 신속하게 진압되었고, 여기에 참여한 노예 대부분이 처형되었다. 보다 빈번히 시도되었던 저항의 한 형태는 도주였다. 그러나 이 또한 진정한 해결책이 될 수 없었다. 대개 갈 곳이 없었기 때문이다. 따라서 대다수의 흑인은 종종 알아채기 힘들 정도로 미묘하게 주인의 요구를 무시하거나 어물쩡 넘겨버리는 식으로 저항했다.

• 스토노 반란

여자건 남자건 대부분의 노예들은 밭에서 일했다. 그러나 진정한 자급자족을 꿈꾸는 플랜테이션의 경우, 어떤 노예는 교역을 배우고 기능—대장장이 일, 목수 일, 신발 만드는 일, 물레잣기, 천 짜기, 바느질, 산파 역할—을 익혔다. 이들 숙련된 일꾼들은 때때로 다른 농장에 고용되어 가기도 했다. 타운이나 도시에서 가게를 열어 그 이윤을 주인과 나누는 노예도 있었다. 그리고 극히 소수이기는 했지만 자유를 산 노예도 있었다.

청교도 사회

뉴잉글랜드의 전형적인 사회 단위는 독립된 농장이 아니라 타운(town)이었다. 식민지 초기에는 새로이 들어서는 정착지마다 모든 주민을 종교적·사회적으로 단단히 묶는 '성약서(covenant)'를 작성했다. 식민지인은 목초지 또는 '공유지(common)'를 중심으로 공회당(meetinghouse)과 가정집이 정렬해 있는 마을을 설계했다. 따

• 긴밀하게 짜여진 청교도 공동체

라서 사람들은 이웃과 가까이 살았다. 주변의 밭과 숲은 주민에게 분배되었는데, 밭의 크기와 위치는 가족 수와 재산, 사회적 지위에 따라 결정되었다.

● 참여 민주주의

그런 식으로 일단 타운이 형성되면, 주민들은 매년 '타운 회의(town meeting)'를 열어 중요한 문제를 결정하고 타운의 일을 관장할 '대표(selectmen)'를 선출했다. 회의 참가자는 일반적으로 교회의 구성원인 성인 남자로 제한되었다. 비록 모든 주민이 교회 예배에 참석해야 한다는 의무가 있었지만, 구원의 약속을 행동으로 보여주는 '선택된 사람', 즉 가시적 성도(visible saint)임을 증명할 수 있는 사람만 완전한 교회 구성원으로 인정되었다.

뉴잉글랜드인은 큰 아들에게 모든 재산을 물려주는 영국식 장자상속제를 채택하지 않았다. 그 대신 토지를 모든 아들에게 골고루 나누어주었다. 유산에 대한 통제권은 아버지에게 있었고, 이것으로 아버지는 집안에서 큰 권한을 행사할 수 있었다. 아버지는 아들이 20대 말이 되어서야 가정을 꾸리고 자기 땅을 경작할 것을 허락하는 경우도 종종 있었다. 결혼한 경우조차도 일반적으로 아들은 계속 아버지 근처에서 살았다.

● 공동체의 긴장과 갈등

초기 청교도 사회는 한마디로 매우 긴밀하게 짜여진 유기체였다. 그러나 시간이 흐르고 사회가 성장하면서, 긴장과 갈등이 이 같은 공동체 구조에 영향을 미치기 시작했다. 이는 부분적으로 뉴잉글랜드 사회의 상업화가 진전되면서 새로운 요소와 긴장이 이 지역에 형성되었기 때문이며, 인구 증가 때문이기도 했다. 타운이 커지면서 타운 중심부에서 먼 곳까지 나가 토지를 경작하게 되었고, 이에 따라 점차 교회에서 멀리 떨어진 곳에 사는 주민도 많아졌다. 아버지

17세기 뉴잉글랜드의 한 타운, 매사추세츠 식민지의 서드베리(Sudbery)

플랜테이션이 남부 식민지의 특징적인 사회 형태인 것처럼, 타운은 뉴잉글랜드의 가장 보편적인 사회 단위였다. 이 지도는 보스턴 바로 서쪽에 위치한 서드베리의 17세기 초 마을 형태를 보여준다. 공동 목초지(혹은 공유지)와 근처의 교회를 중심으로 밀집된 주택의 위치를 눈여겨 보라. 그리고 주민에게 분배된 주변의 벌판을 보면, 주민이 살고 있는 땅과는 동떨어져 있다는 점 역시 주목하라. 이 지도는 서드베리의 한 주민인 존 구드나우(John Goodnow)의 소유지도 보여주고 있는데, 그의 집은 공유지에 있고, 땅은 서드베리 여기저기에 흩어져 있다.

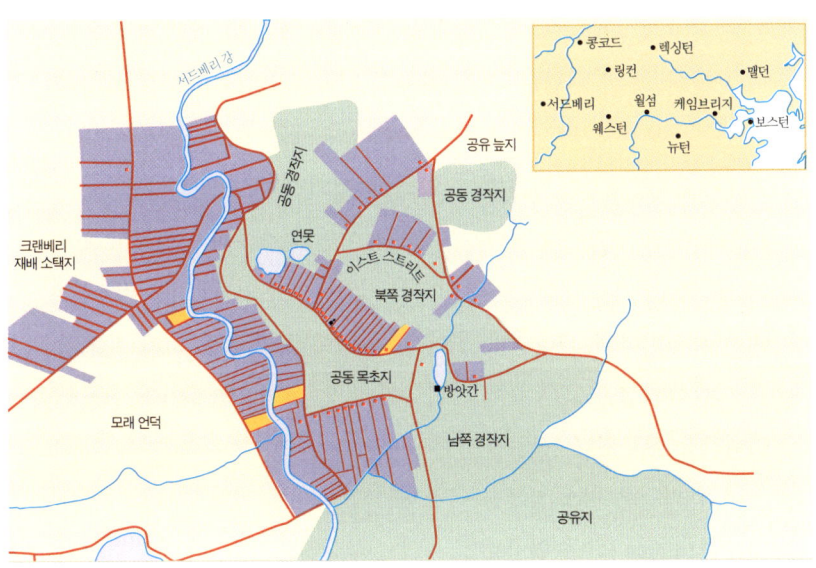

의 토지 규제 또한 갈등을 자아냈다. 1세대의 경우 아버지는 모든 아들의 요구를 충족시킬 만큼 충분한 토지를 가지고 있었다. 그러나 몇 세대가 흐르자 모두에게 차례가 돌아가기에는 땅이 너무 부족했다. 특히 다른 타운에 둘러싸여 더 이상 확장될 여지가 없는 경우에는 더욱 그러했다. 그 결과, 젊은이가 떼를 지어 다른 곳으로, 때로는 아주 먼 곳으로 떠나 새로운 타운을 건설하기도 했다.

청교도 사회에 형성되고 있던 갈등은 괴이하고 비참한 사건을 야기했다. 1680년대와 1690년대에 뉴잉글랜드에 널리 퍼진 광란의 마녀 고발이 그 한 예였다. 특히 매사추세츠 세일럼(Salem)에서 일어난 마녀 사냥이 가장 유명했다. 세일럼의 사춘기 소녀들이 부두교(Voodoo) 가르침에 열중하고 있는 몇 명의 서인도 제도 출신 하녀를 마녀라고 고발했다. 타운 전체에 괴이한 히스테리가 번졌고, 100여 명(대다수가 여성)이 마녀로 고발되었다. 1692년에 마지막 마녀 재판이 있기까지 세일럼의 주민 중 19명이 처형되었다. 마녀 고발을 시작했던 소녀들은 후에 자기들의 주장을 취소하고 이야기를 꾸며냈음을 실토했다.

• 세일럼 마녀 재판

마녀 사냥은 세일럼에만 국한된 사건이 아니었다. 마녀 고발은 1690년대 초 다른 뉴잉글랜드 지역으로 확산되었다. 마녀로 고발된 사람들의 면면을 조사해보면, 대부분이 중년 여성으로 자녀가 적거나 아예 없는 과부였다. 더욱이 그들은 대개 사회적 신분이 낮은 데다 가정에 문제가 있으며, 다른 죄로 자주 고발당했고 이웃이 형편없다고 여기던 사람이었다. 또한 유산 상속을 받거나 열심히 일해서 상당한 재산을 모은 여성의 경우, 그것이 청교도 사회가 요구하는 성(性) 규범에 도전한 결과가 되어 피해를 당한 사람도 있었다.

A Modest Enquiry Into the Nature of Witchcraft,

AND

How Persons Guilty of that Crime may be *Convicted*: And the means used for their Discovery Discussed, both *Negatively* and *Affirmatively*, according to *SCRIPTURE* and *EXPERIENCE*.

By John Hale,
Pastor of the Church of Christ in *Beverley*,
Anno Domini 1697.

When they say unto you, seek unto them that have Familiar Spirits and unto Wizzards, that peep, &c. To the Law and to the Testimony; if they speak not according to this word, it is because there is no light in them, Isaiah VIII. 19, 20.
That which I see not teach thou me, Job 34. 32.

BOSTON in N. E.
Printed by *B. Green*, and *J. Allen*, for *Benjamin Eliot* under the Town House: 1702

마녀 연구

이 팸플릿은 뉴잉글랜드의 마녀 사냥이 거의 절정에 달했던 1697년에 제작된 것으로, 마녀 사냥이라는 개념을 심각하게 고찰한 당시의 연구 중 하나다. 초기 뉴잉글랜드 사회에서는 일반적으로 마녀가 존재한다고 믿었고, 20세기의 눈으로 보면 터무니없어 보이는 죄목도 당시에는 교육받은 사람들조차 설득력 있는 것으로 받아들였다.

마녀 사냥 사건은 또한 뉴잉글랜드 사회가 매우 종교적인 사회였음을 반영했다. 뉴잉글랜드인들은 사탄의 힘을 믿었다. 마녀가 있다는 믿음은 사회 일부에서만 받아들여진, 사회의 주류에서는 거부된 미신이 아니었다. 이는 청교도가 공통으로 지닌 종교적 확신이었다.

도시

• 식민지의 도시

1770년대에 가장 큰 항구도시였던 필라델피아와 뉴욕은 인구가 각각 2만 8,000명과 2만 5,000명에 달했는데, 이는 당시 영국의 주요 도시보다 큰 규모였다. 보스턴(1만 6,000명), 찰스타운(훗날의 찰스턴), 사우스캐롤라이나(1만 2,000명) 그리고 뉴포트(Newport), 로드아일랜드(1만 1,000명) 등도 당시의 기준으로 보면 상당한 규모의 사회였다.

식민지에서 도시는 그 지역 농부에게 교역의 중심지이고, 동시에 국제적인 시장이었다. 그리고 상당한 재산을 모은 상인들이 도시를 이끌어나갔다. 도시야말로 식민지의 다른 어느 지역보다 사회적 구분이—물론 주인과 노예의 관계는 제외하고—현실적이고 눈에 띄는 곳이었다.

식민지에서 도시는 기업의 중심지였다. 이곳에는 고등교육기관이 들어서고 복잡한 문화 행사가 열리며 수입품을 살 수 있는 상점이 있었다. 동시에 범죄, 매춘, 공해, 교통 문제 등 도시 사회의 문제점이 공존했다. 자그마한 타운과는 달리, 도시는 경찰서와 소방서가 필요했고 빈민을 구제하는 제도 또한 갖추어야 했다. 특히 경제적 위기시에는 도시 빈민이 급증하곤 했다.

마지막으로, 도시는 새로운 사상이 싹트고 논의되는 곳이었다. 도시에서는 신문, 책, 해외 도서가 유통되어 새로운 지적 소통이 가능했다. 도시의 선술집과 커피숍은 사람들이 모여서 그날의 화젯거리를 논의할 수 있는 장소였다. 1760년대와 1770년대에 형성되기 시작한 미국 혁명의 중대 국면이 도시에서 먼저 조성되기 시작한 이유가 바로 여기에 있다.

●
산업 및
교육의
중심지

4

대각성 운동과 계몽사상

아메리카 대륙 식민지인의 지적인 추세는, 신이 개인의 삶에 깊이 관여한다고 강조하는 전통적 견해와, 과학과 인간 이성을 강조하는 계몽 정신 사이의 갈등을 중심으로 맴돌았다. 전통적인 견해는 신앙이 지식보다 중요하다는 엄격한 도덕률에 높은 가치를 부여하는 것이고, 계몽사상은 개인이 삶과 사회에 대해 상당한 통제력을 가지고 있음을 시사하는 것이었다.

종교의 유형

● 식민지의 다양한 종교 분파

아메리카 대륙의 식민 사회는 유럽의 어떤 나라에서도 찾아볼 수 없을 만큼 종교적으로 관대했다. 식민지 정착민의 종교적 관행이 다양한 만큼 광범위한 지역에 한 종교를 강요하기란 어려운 일이었다.

버지니아, 메릴랜드, 뉴욕, 캐롤라이나, 조지아는 영국 국교회를 공식 종교로 확립했다. 그러나 버지니아와 메릴랜드를 제외하면 영국 국교회를 공식 종교로 인정한다는 법은 거의 무시되었다. 청교도라면 모두 동일한 신앙을 지녔다고 믿었던 뉴잉글랜드에서조차, 18세기에는 점차 다른 종파와 관계를 맺는 다양한 분파가 생겨났다. 뉴욕과 뉴저지 일부 지역에서는 네덜란드 정착민이 칼뱅주의적 교파 즉, 네덜란드 개혁 종교(Dutch Reformed)를 확립했다. 식민지의 침례교도(American Baptists)도 매우 다양한 교파를 발전시켰다. 모든 침례교도는 신도가 성년이 되면 완전히 물에 잠겨서 행하는 재세례가 필요하다는 생각을 공유했다. 그러나 구원 예정설을 믿는 칼뱅주의자 침례교도가 있었던 반면에, 자유의지에 의해 구원이 결정된다고 믿는 침례교도도 있었다.

    프로테스탄트는 로마 가톨릭에 대해서보다는 차라리 서로에게 더 관대했다. 특히 뉴잉글랜드인은 뉴프랑스(캐나다)의 가톨릭교도를 상업상과 군사상의 적으로 여겼을 뿐만 아니라, 로마의 위험스러운 대리인이라고 생각했다. 그러나 대부분의 영국 식민지에서는 가톨릭교도의 수가 적어 심각한 갈등이 일어나지는 않았다. 로마가톨릭교도는 메릴랜드에 가장 많았으나 그나마도 3,000명을 넘지 않았다. 가톨릭교도들이 메릴랜드에서 가장 끔찍한 박해를 당한 이유도 아마 이 때문이었을 것이다. 1691년에 원래의 식민지 경영주가 바뀌고 난 후, 메릴랜드의 가톨릭교도들은 정치적 권한을 상실했을 뿐만 아니라 개인 주거지 이외의 장소에서 예배를 보는 것조차 금지당했다.

• 반(反) 가톨릭주의

    영국 식민지에서 유대인은 언제나 2,000명을 넘지 않았다. 그들 다수가 뉴욕 시에 살았고, 뉴포트와 찰스턴에 소규모 집단이 정착했으며, 식민지 전역에 가족 단위로 흩어져 살았다. 어느 곳에서도 유대인은 투표하거나 관직을 가질 수 없었고, 로드아일랜드에서만 유일하게 공개적으로 종교 행사를 할 수 있었다.

• 반(反) 유대인 정서

    18세기 들어 일부 식민지인은 사회에서 경건함이 사라져가는 데에 불안을 느끼기 시작했다. 사람들이 서부로 이동하고 정착지가 여기 저기에 광범위하게 들어서면서부터 조직화된 종교에서 멀어져가는 공동체가 늘었다. 도시 지역에서는 상업의 번성으로 세속적인 관

• 종교적 경건함의 쇠퇴

3장 아메리카 식민지의 사회와 문화 | 165

넘이 등장했다. 그리고 과학의 발전과 자유로운 사상의 영향으로 전통적인 종교 자체를 회의하는 식민지인도 생기기 시작했다.

일찍이 1660년대 뉴잉글랜드에서 경건함이 사라져가는 데에 우려가 표면화되었다. 당시 청교도 과두정치는 교회 권한의 쇠퇴를 경고했다. 목사는 불경죄를 한탄하면서, 비탄조로 절망을 설교하곤 했다. 다른 사회나 다른 지역의 기준으로 보면, 청교도 신앙이 여전히 강했다. 그러나 뉴잉글랜드인은 사회가 종교적 경건함에서 '탈선(declension)'하고 있다고 믿고 이를 심각한 문제로 받아들였다.

대각성 운동

18세기에는 청교도 외의 지역은 물론 다른 종교 구성원도 청교도가 느꼈던 불안을 느끼기 시작했다. 어느 곳에서나 식민지인은 종교적 경건함이 사라지고 있다는 생각을 가지게 되었다. 그 결과 미국의 첫 번째 신앙 부흥 운동, 즉 대각성(Great Awakening) 운동이 발흥했다.

• 대각성 운동의 호소력

대각성 운동은 1730년대에 본격적으로 시작되어 1740년대에 절정에 달했다. 신앙 부흥은 특히 개종자의 다수를 차지한 여성과, 가장 적게 토지를 상속받아 미래가 불투명했던 제3 또는 제4 세대 차남 이하의 아들에게 호소력이 있었다. 신앙 부흥 운동이 이들에게 호소력을 지녔던 것은, 누구든지 과거의 속박에서 벗어나 하나님과 관계를 새롭게 할 수 있는 잠재력을 지니고 있다고 강조한 때문이다. 가족이나 사회의 속박에서 벗어나 새로운 삶을 시작하고 싶어하는 많은 사람의 열망이 이 속에 얼마간 반영된 듯했다.

영국에서 온 복음주의자가 신앙 부흥 운동을 도왔다. 감리교(Methodism) 창시자인 존 웨슬리와 찰스 웨슬리(John and Charles Wesley)가 1730년대에 조지아를 비롯한 여러 식민지를 방문했다. 조지 화이트필드(George Whitefield)는 식민지 전역을 돌며 복음을 전파했는데, 힘 있는 야외 연설로 많은 사람이 그를 따르게 되었다. 그러나 대각성 운동의 탁월한 웅변가는 뉴잉글랜드의 회중교도(Congregationalist)인 조나단 에드워즈(Jonathan Edwards)였다. 에드워즈는 매사추세츠 노스햄프턴(Northampton)에서 목사로 일할 때부터 모든 사람이 쉽게 구원을 받을 수 있다는 새로운 구원론을 공격했다. 그는 신의 전지전능함, 구원 예정설, 신의 은총에 의한 구원이라는 전통적인 청교도 교리를 다시 한 번 설교했다. 그의 지옥에 대한 생생한 묘사를 들으며 사람들은 공포에 떨곤 했다.

기존의 교회는 대각성 운동 때문에 '새로운 빛(New Light)'이라는 복음파와 '오래된 빛(Old Light)'이라는 전통파로 분열되었다. 대각성 운동은 교회 밖의 사회에도 영향을 미쳤다. 신앙 부흥 운동자들 중에는 구원을 방해한다며 학교교육을 공공연히 비난하는 사람도 있었다. 그러나 교육이야말로 신앙심을 고양시키는 수단이라고 보아 '새로운 빛'을 신봉하는 목사를 교육하기 위한 학교를 건립한 복음주의자도 있었다.

• '새로운 빛파'와 '오래된 빛파'

계몽사상

식민지인은 이렇게 대각성 운동으로 커다란 문화적 변화를 경험했다. 그리고 계몽사상으로 또 하나의, 매우 다른 변화를 겪었다. 계

• 자연법칙

3장 아메리카 식민지의 사회와 문화 | 167

몽사상은 17세기에 유럽에서 일어난 위대한 과학적·지적 발견의 산물이었다. 여기서 발견이란 바로 자연의 운행을 지배하는 '자연법칙(natural law)'의 발견이다. 이 새로운 과학 지식으로 많은 사상가가 인간 이성의 힘을 찬양하기 시작했다. 단지 신앙만이 아니라 합리적 사고도 이 세상에 진보를 가져올 수 있으며 지식을 고양할 수 있다고 주장하게 되었던 것이다.

계몽사상은 이렇게 이성을 찬양하면서 어떻게 살 것인가, 어떻게 사회를 그려나갈 것인가를 찾는 데에 신만이 아니라 자신과 자신의 지성에 의지하라고 부추겼다. 계몽사상의 영향으로 교육에 대한 관심이 점차 커졌으며, 정치와 정부에 대한 관심도 높아졌다.

식민지의 계몽사상은 주로 17세기 초, 유럽의 위대한 사상가 즉, 영국의 프랜시스 베이컨(Francis Bacon)과 존 로크(John Locke), 암스테르담의 바루흐 스피노자(Baruch Spinoza), 프랑스의 르네 데카르트(René Descartes) 등의 영향을 받은 것이었다. 그러나 나중에는 벤저민 프랭클린(Benjamin Franklin), 토머스 페인(Thomas Paine), 토머스 제퍼슨(Thomas Jefferson), 제임스 매디슨(James Madison) 같은 식민지인이 계몽사상의 발전에 크게 공헌했다.

읽고 쓰는 능력과 기술

18세기에는 식민지 백인 남성이 상당한 정도로 글을 읽고 쓸 수 있게 되었다. 미국 혁명 무렵에는 백인 남성의 절반 이상이 읽고 쓸 수 있었다. 여성의 경우에는 19세기까지도 글을 읽고 쓸 수 있는 사람의 비율이 남성에 비해 훨씬 낮았다. 남성도 초등학교 이상의 교육을 받을 기회가 적었지만, 여자의 경우에는 거의 없다시피했다.

성경을 제외하면 연감(almanacs)이 식민지 시기에 가장 많이 유포되고 읽혀 큰 시장을 형성한 간행물이다. 1700년경에는 인구가 적었던 서부 지역까지 포함해 식민지 전역에서 수십 종의, 아니 아마도 수백 종의 연감이 간행되었다. 대부분의 가정이 최소한 한 권씩은 가지고 있을 정도였다. 연감은 의학 상식, 항해 및 농사 정보, 실용 지식, 유머, 미래 예측 등을 담고 있었다. 예측 중에서는 다음해의 기후 변화에 대한 예측이 가장 인기가 있었는데, 농부는 이를 기본으로 농사에 대한 결정을 내리곤 했다. 하지만 그 예보는 정말 엉터리였다. 18세기 식민지에서 가장 인기 있었던 연감은 벤저민 프랭클린이 필라델피아에서 발간한 《가난한 리처드의 연감(Poor Richard's Almanac)》이었다.

《가난한 리처드의 연감》

18세기 식민지에는 읽을거리가 많았는데, 이는 인쇄술이 확산된 결과였다. 1639년에 처음으로 인쇄가 시작되어, 1695년이면 인쇄소가 있는 타운이 영국보다 더 많았다. 처음에는 인쇄소를 이용하는 일이 그렇게 많지 않았다. 그러나 시간이 지나 사회의 문맹률이 낮아지면서 서적, 팸플릿, 연감 등의 수요가 늘어, 인쇄소는 열심히 이들 인쇄물을 찍어냈다.

식민지에서 처음으로 발간된 신문은 《퍼블릭 오커런시스(Publick Occurrences)》지로, 1690년 보스턴에서 상당히 발전된 인쇄 설비를 이용해 만든 것이다. 이는 거대한 신문 산업을 향한 첫걸음이었다. 인쇄물에 세금을 부과한 1765년의 인지세법(Stamp

《퍼블릭 오커런시스》

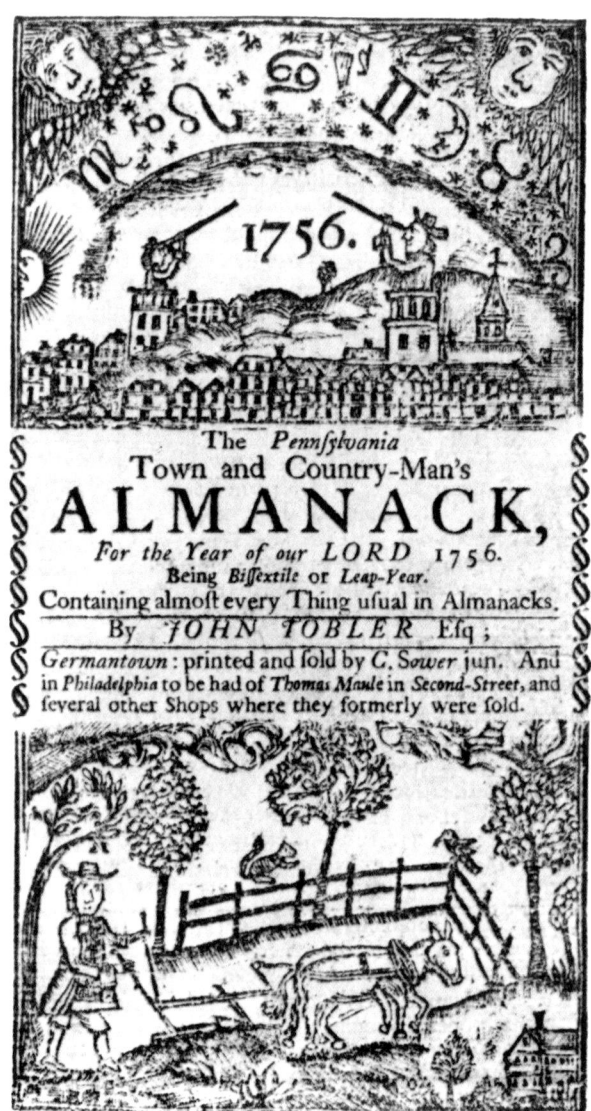

보통 사람들의 연감

원래는 주로 농부들이 이런 연감을 읽었으나, 도시와 타운의 인구가 증가하면서 도시나 타운 사람들도 연감을 보기 시작했다.

Act)이 그렇게 커다란 분노를 불러일으킨 것도, 당시 인쇄술이 이 미 식민지인의 생활에 매우 중요한 부분이 되어 있었기 때문이다.

교육

계몽사상이 식민지에 유포되기 전에도, 식민지인은 공교육에 높은 가치를 부여했다. 대부분의 농가가 고된 농사일로 바빠 공부할 시간을 내기가 어렵기는 했지만, 집에서 자식에게 읽고 쓰는 법을 가르치는 가정이 있었다. 1647년, 매사추세츠는 모든 타운이 학교를 지원해야 한다는 법을 제정했고, 그 결과 여러 간소한 공교육 기관이 설립되었다. 퀘이커 교도를 비롯한 다양한 종교 분파가 교회 학교를 운영했고, 어떤 마을에서는 과부나 미혼 여성이 자기 집에 사설 학급을 개설하여 교육하는 일종의 초등학교, 곧 '데임스쿨(dame school)'을 운영했다. 도시에서는 숙련 장인(master craftsmen)이 도제를 위해 야간학교를 개설하기도 했다.

• 공교육의 성장

흑인 노예는 교육 받을 기회가 없었다. 가끔 주인이나 주인 마님이 노예 아이에게 읽고 쓰는 법을 가르치기도 했지만, 노예제도가 확고하게 뿌리내리면서부터 가르치지 말아야 한다는 강한 사회적—그리고 결국은 법적인—제재가 가해졌다. 인디언도 상당 부분 자신의 의사에 따라 대개 백인 교육 체제 외곽에 남았다. 그러나 백인 선교사와 박애주의자는 원주민을 위한 학교를 세워, 적은 수였지만 영어를 말하고 쓸 줄 아는 인디언을 키워내기도 했다.

식민지에 설립된 최초의 대학(college)인 하버드는 1636년에 청교도 신학자가 목사를 양성하기 위해 건립한 학교다. 학교 이름은

식민지의 고등 교육 기관

찰스턴의 목사 존 하버드(John Harvard)의 이름을 땄는데, 그는 소장 책자와 재산의 절반을 이 학교에 기증한 사람이다. 1693년에는 영국 국교회가 버지니아의 윌리엄스버그(Williamsburg)에 윌리엄앤메리 대학(William and Mary College)—영국 왕과 여왕의 이름을 딴 것이다—을 설립했다. 1701년, 하버드 대학이 종교적 자유주의로 흐르는 데 불만을 품은 보수적인 회중교도가 코네티컷의 뉴헤이븐에 예일 대학—이는 후원자 중의 한 사람인 엘리유 예일(Elihu Yale)의 이름을 딴 것이다—을 설립했다. 1746년에는 대각성 운동으로 뉴저지 대학(College of New Jersey)이 설립되었는데, 이 학교는 후에 소재지 타운 이름을 따서 프린스턴(Princeton)으로 더 많이 알려졌으며, 조나단 에드워즈가 이 학교의 초대 학장이기도 했다. 이들 대학은 종교에 기반했음에도 대부분의 교과과정에 신학뿐만 아니라 논리학, 물리학, 기하학, 천문학, 수사학, 라틴어, 히브리어, 그리스어를 포함시켰다. 1754년 뉴욕에 설립된 킹스칼리지(King's College)는 후에 컬럼비아로 이름을 바꾸고 특히 세속적 지식을 확산시키는 데 주력했다. 1755년에 벤저민 프랭클린의 격려로 세속인에 의해 건립되고 후에 펜실베이니아 대학교(University of Pennsylvania)가 된 필라델피아 대학(Academy and College of Philadelphia)은 완전히 세속적인 교육만 담당했다.

1700년 이후에는 대부분의 식민지 지도자급 인사는 영국에 있는 대학교에 다니기보다는—한때는 이것이 상례였지만—아메리카에서 모든 교육을 받았다. 그러나 비교적 부유한 소수 백인만이 이러한 고등교육의 기회를 접했을 뿐이다.

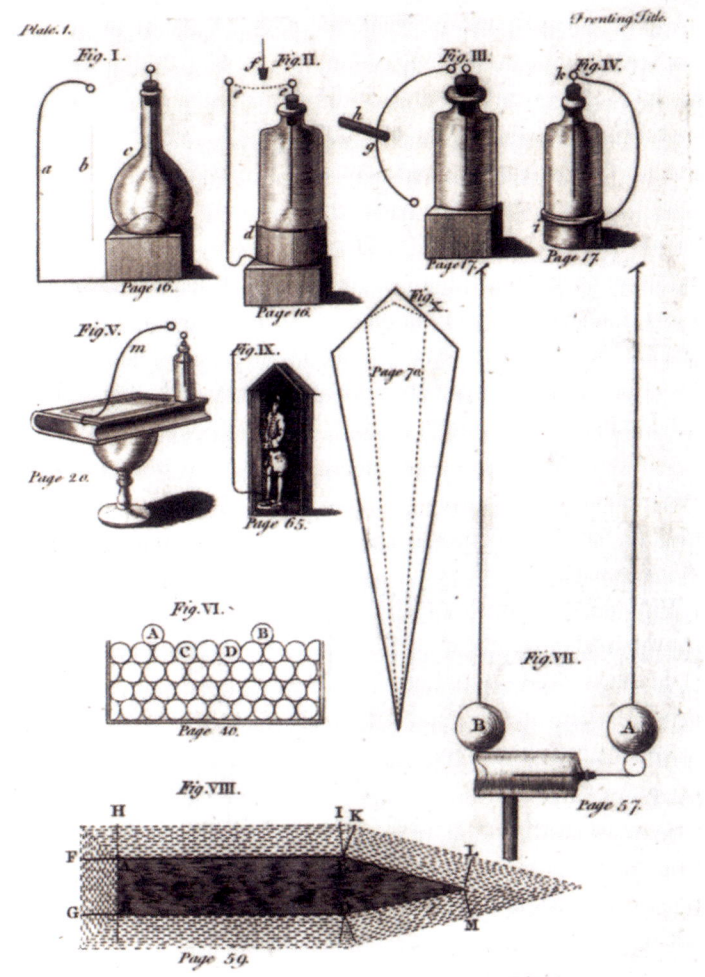

벤저민 프랭클린의 전기 실험

많은 양의 전력을 실제로 사용하게 된 것은 한참 후에야 가능한 일이었지만, 18세기 전기의 발견은 중요한 과학적 사건이었다. 벤저민 프랭클린은 전기 실험을 한 최초의 식민지인이자, 가장 유명한 식민지인이었다. 이 그림은 본래 1750년 필라델피아에서 출판된 책의 속표지로, 프랭클린의 '실험과 관찰'을 묘사한 것이다. 여기에 보이는 이 페이지는 1774년에 런던에서 출간된 판본에 실려 있는 그림이다.

과학의 유포

과학에 대한 관심의 고조

　과학 지식에 대한 관심이 고조되고 있다는 것이야말로, 식민지에서 계몽사상이 널리 확산되어 영향을 미치고 있다는 가장 명백한 징후였다. 대부분의 대학이 자연과학 강좌를 개설했고, 코페르니쿠스 천문학과 뉴턴의 물리학을 포함한 유럽의 선진 과학 이론을 학생에게 소개했다. 그러나 당시에는 과학회 활동과 아마추어의 개인적 노력에 의해 이들 이론이 가장 많이 장려되었다. 주도적인 상인과 농장주, 심지어 신학자까지 영국의 유명한 과학 학술 단체인 영국 왕립 학술원(Royal Society of London) 회원들과 서신을 주고받게 되었다. 벤저민 프랭클린은 전기와 관련된 실험을 통해 국제적인 명성을 얻었다. 특히 1747년에 번개와 전기가 같다는 이론을 발표하고 1752년에는 연을 이용한 실험으로 이를 증명해 크게 주목받았다. 이전에는 대부분의 과학자는 전기가 여러 가지 형태라고 믿었다. 전기가 '접지'될 수 있다는 그의 연구는 피뢰침의 발명으로 이어졌고, 이로써 천둥으로 인한 건물의 파괴와 화재 위험이 크게 줄었다.

천연두 예방 접종

　영향력 있는 식민지인이 과학 지식에 높은 가치를 두기 시작했다는 사실은, 18세기에 진행된 가장 대담한 실험이자 많은 논쟁을 불러일으킨 천연두 예방접종에 관한 과학적 실험에서 잘 드러났다. 청교도 신학자 코튼 매서(Cotton Mather)는, 영국에서는 사람들이 치명적인 질병인 천연두에 대한 면역을 기르기 위해 가벼운 천연두에 의도적으로 감염된다는 사실을 알았다. 마서는 1720년대에 보스턴에 천연두가 유행했을 당시 주위의 강한 만류에도 불구하고 자기 친구를 설득해 천연두를 예방접종했다. 그 결과 예방접종이 매우 효과적임이 입증되었다. 많은 의사는 물론이고 신학자도 이를 받아들였다. 18세기 중반에는 예방접종이 일반적인 의료 절차가 되었다.

법 개념과 정치 개념

17,18세기의 아메리카 식민지인은, 다른 분야에서처럼 법과 정치에서도 구세계의 제도와 관행을 신세계에서 재창조하고 있다고 믿었다. 그러나 다른 분야도 마찬가지지만, 매우 다른 무엇인가를 사실상 창조해냈다. 식민지의 법 체제는 전해져온 배심원 제도를 포함해 영국식 제도의 본질적 요소를 대부분 채택했다. 그렇지만 재판 절차와 처벌, 범죄의 규정 등에서 상당한 차이를 드러냈다. 예를 들어, 공무원에 대한 서면 공격이 영국에서는 그 내용이 사실이든 허위이든 상관없이 명예훼손으로 간주되었다. 반면 1734년에서 1735까지 열린 뉴욕 출판업자 존 피터 젱어(John Peter Zenger)에 대한 재판에서, 법정은 정부에 대한 비판 내용이 사실이라면 이는 명예훼손이 아니라고 판결했다. 이 평결로 식민지에서는 출판의 자유가 허용되었다.

향후 식민지와 영국 사이의 관계를 볼 때 더욱 의미심장한 사실은, 식민지 정치 체제가 영국의 정치 체제와 다른 방향으로 발전해 나갔다는 것이다. 왕실 정부가 너무나 멀리 있었기 때문에, 식민지인은 자치 권한을 누릴 수 있는 기구를 설립했다. 대부분의 식민지가 상위 기관으로부터 최소한의 간섭만을 받으며 각자의 일을 처리하는 데 익숙해져갔다. 각 식민지 의회는 영국에서 영국 의회가 행

• 강력한 식민지 의회

사하는 정도의 권한을 행사하기에 이르렀다. 그리고 1690년대 이후로 왕이 임명한 식민지 총독은 서류상으로는 광범위한 권한을 지녔으나 실제 영향력은 매우 제한되었다.

이 결과, 각각의 식민지 정부는 영국 의회로부터 다소간 독립적으로 움직이는 데 익숙해졌다. 그리고 영국의 정책 입안자들과 공유하지 않는 식민지인만의 권리가 있다는 일련의 가정과 기대를 지니게 되었다. 1760년대 이전에는 이러한 차이점이 별 문제가 되지 않았다. 영국이 영국의 것이라 믿었던 권한을 별로 행사하지 않았기 때문이다. 그러나 1763년에 들어서면서 영국 정부가 아메리카 식민지에 심한 통제를 가하기 시작하자 역사적인 위기가 초래되었다.

결론

아메리카 대륙의 영국 식민지는 1650년대부터 1750년대 사이에 서서히 발전해나갔다. 인구가 증가하고 경제 규모가 커졌으며, 문화도 다양해지고 복잡해졌다. 1750년대까지도 대부분의 식민지 백인은 여전히 자신을 대영제국의 일부라고 굳게 믿었지만, 사실 식민지인은 영국과는 매우 달라져버린 세계에서 살고 있었다.

• 달라져 가는 북부와 남부

식민지에서는 다양하고 독특한 사회가 발전했는데 그중에서도 남부 식민지와 북부 식민지 간에 가장 두드러진 차이점이 존재했다. 북부는 비교적 작은 규모의 자영 농장 그리고 점차 커지는 타운과 도시가 지배적이었고, 상인 계층이 점점 번성하는 가운데 정교한 도시 문화가 성장했다. 남부에도 그 정도로 자영농이 많기는 했지만, 수출용 담배와 쌀, 염료, 목화를 재배하는 플랜테이션이 존재했다.

17세기 후반부터 이러한 플래테이션은 강제로 끌려온 아프리카 노예 노동력에 의존했다. 따라서 남부에는 타운과 도시가 크게 성장하지 못했고, 환금작물 이외에는 다른 상품이 거의 없었다.

그럼에도 여러 식민지 사회는 많은 공통점이 있었다. 대부분의 식민지 백인은 인종적 불평등에 관한 일반적인 생각을 따랐다. 따라서 아프리카에서 온 남자와 여자를 노예화하는 데 관대할 수 있었고, 원주민을 내쫓거나 때로는 그들에게 폭력도 행사해야 한다는 선전도 합리화할 수 있었다. 대부분의 식민지 백인은 경건한 신앙인이었다. 따라서 대각성 운동이 식민지 전역에 강한 영향을 미쳤다. 또한 대부분의 백인 식민지인은 법과 정치에 대한 기본 원리를 공유했다. 그들은 식민지의 법과 정치 원리가 영국 헌법을 모태로 한 것이라고 생각했다. 그러나 영국 헌법을 해석하는 데서 식민지인은 점차 영국 의회의 해석에서 탈피하게 되고, 이는 앞으로 일어날 갈등의 뿌리가 되었다.

1754	1756	1760	1763	1764/1765	1766	1767
프랑스-인디언 동맹 전쟁 발발	7년 전쟁 시작	조지 3세, 영국 왕에 등극	파리 강화 회담/1763년 포고령	설탕법 제정/인지세법 제정	인지세법 폐지/선언법 제정	타운센드 관세 부과

4장
전환기의 제국

폴 리비어(Paul Revere)의 그림 - 보스턴 학살(1770)

당시 리비어를 비롯한 여러 화가는 영국 군대와 보스턴 노동자의 충돌을 묘사한 판화 작품들을 내놓았는데, 이 그림도 그중 하나다. 이런 작품은 1770년대 애국파에게 선전용으로 매우 중요했다. 리비어가 밝힌 희생자 중에는 크리스퍼스 애턱스(Crispus Attucks)가 있었는데, 그는 아마도 미국의 독립을 위해 싸우다 죽은 최초의 흑인일 것이다.

1770	1771	1772	1773	1774	1775
보스턴 학살/대부분의 타운센드 관세 폐지	노스캐롤라이나에서 감시단 운동 전개	보스턴 통신 위원회 창설/가스페호 사건	차 세법 제정/보스턴 차 사건	참을 수 없는 법 제정/필라델피아에서 제1차 대륙 회의 개최	렉싱턴 전투와 콩코드 전투/미국 혁명 시작

1750년대 말까지도 식민지인은 대영제국의 일원이라는 사실을 거부하지 않았다. 제국 체제는 식민지인에게 많은 이득이 되었고, 무엇보다 영국 정부가 식민지에 전혀 간섭하지 않았기 때문이다. 그러나 1770년대 중반에는 아메리카 대륙의 여러 식민지와 영국 통치자 사이에 제국이 해체 위기에 처할 정도로 긴장감이 감돌았다. 그리고 1775년 봄, 최초의 총성이 울렸다. 식민지인에게 결국 독립을 가져다줄 전쟁의 총성이었다. 어떻게 그런 일이 일어났을까? 왜 그렇게 일이 급박하게 진행되었을까?

# 1

유대감의 약화

어떤 의미에서 이는 결코 급격하게 일어난 일이 아니었다. 북아메리카 대륙에 영국인 정착지가 들어선 첫 날부터 식민지인의 사고와 제도는 영국과 다른 방향으로 나아가고 있었다. 그러나 다른 의미에서 보면, 혁명의 위기는 제국 행정의 갑작스러운 변화에 대한 식민지인의 반응에서 초래된 것이었다. 1763년에 영국 정부가 식민지에 일련의 정책을 강요하기 시작했고, 이로써 두 사회의 차이점이 날카롭게 부각되었던 것이다.

느슨해진 제국

명예혁명 이후 50년 동안, 영국 의회는 왕에 대해 우위권을 확립했다. 조지 1세(재위 1714~1727)와 조지 2세(재위 1727~1760)의 치세기에는 수상과 내각이 나라의 행정권을 장악했다. 이들 의회 지도자는 영국의 대상인과 지주에게 정치적으로 의존했는데, 많은 상인이 식민지에 통제를 가하면 자칫 이윤이 남는 식민지와의 교역이 차질을 빚을 수 있을 것이라고 우려했다. 따라서 이들 의회 지도자들은 제국에 대한 통제를 강화하려 했던 17세기의 군주보다는 식민지에 마음을 덜 기울였다. 그 결과 식민지의 행정은 느슨하고 비효율적이며 파편적이었다.

● 식민지의 분산된 행정

아메리카 대륙의 왕실 관리는 제국 체제를 한층 더 약화시키는 데 기여했다. 총독들 중에는 능력 있는 사람이 드물었다. 많은 이들이 관직을 얻기 위해 뇌물을 사용했고, 일단 관리가 된 후에는 지속적으로 뇌물을 받았을 것이다. 식민지로 발령난 관리 중 일부는 영국에 남아 있으면서 대리인을 고용해 식민지에 있는 자신의 임지로 보내기도 했다.

강력한 식민지 의회

각 식민지 의회는 제국의 약한 행정력을 이용해서 식민지를 위해 과세하고 예산을 세우고 관리 임명을 승인하고 법을 통과시킬 수 있는 권한을 주장했다. 식민지 의회는 영국에서의 영국 의회처럼 식민지 안에서 실질적으로 통치권을 행사하는, 영국 의회의 축소판이라고 생각하게 되었다.

식민지의 통일성 결여

올버니 안

식민지인은 여전히 스스로를 영국의 충성스러운 신민이라고 생각했다. 많은 식민지인이 식민지 상호 간에 느끼는 것보다 영국에 더 강한 유대를 느꼈다. 비록 식민지 간 교역이나 도로 건설, 우편 서비스의 창설과 같은 실질적인 문제에서 서로 협력해야 함을 서서히 깨닫고는 있었지만, 1754년에 숙적인 프랑스인 및 프랑스와 동맹을 맺은 인디언 부족이 함께 공격해 왔을 때조차 여전히 협력을 꺼리는 상황이 지속되었다. 그해에 이로쿼이(Iroquois) 인디언과의 조약을 협상하기 위해 펜실베이니아, 메릴랜드, 뉴욕 및 뉴잉글랜드의 대표가 올버니(Albany)에서 회합을 가졌다. 각 식민지 대표는 여기서 '중앙정부(general government)'를 세워 인디언 문제를 다루자는 벤저민 프랭클린의 제안을 잠정적으로 승인했다. 이 올버니 안

(Albany Plan)이 각 식민지 의회에 제출되었을 때에는 이미 프랑스-인디언 동맹군과의 전쟁이 시작된 상황이었다. 그러나 어느 식민지 의회도 올버니 안을 비준하지 않았다.

2
대륙을 둘러싼 투쟁

7년 전쟁

1750년대 말과 1760년대 초에 북아메리카 대륙을 휩쓸아친 전쟁은 영국과 프랑스 사이에 전개된 더 큰 전쟁에 비하면 지엽적인 것에 지나지 않았다. 유럽에서 7년 전쟁(Seven Years' War)으로 알려진 이 전쟁에서 승리함으로써 영국은 자국의 상업적 우월성을 확보했고, 북아메리카 식민지에 대한 통제를 강화했다. 그러나 아메리카 대륙에서도 북아메리카 북동부 지역을 둘러싼 영국인, 프랑스인, 이로쿼이족 등 세 세력 간의 오랜 전쟁이 마지막 단계에 접어들고 있었다. 식민지인은 이 전쟁을 프랑스-인디언 동맹 전쟁(French and Indian War)이라고 불렀다.

뉴프랑스와 이로쿼이 연맹

17세기 말경 프랑스 제국은 아메리카 대륙에서 광대한 영토를 소유했다. 미시시피 강 및 미시시피 강 삼각 지대—그들 왕의 이름을 따서 루이지애나(Louisiana)라 불렀다—에 이르는 전 지역과, 서쪽으로는 록키 산맥 그리고 남쪽으로는 리우그란데(Rio Grande)에 이르는 대륙의 안쪽 지역이 모두 프랑스 소유였다. 프랑스는 실제로 내륙 전체에 대해 소유권을 주장했다.

프랑스의 식민 제국

프랑스는 이 방대한 땅에 대한 권리를 확고히 하기 위해 지역 공동체를 널리 분산시키는 한편, 요새를 구축하고 선교 본부와 교역소를 광범위하게 설치했다. 자칭 봉건 영주들은 세인트로렌스(St. Lawrence) 강둑을 따라 넓은 영지를 확보했다. 세인트로렌스 강의 높은 절벽 위에는 요새 도시 퀘벡(Quebec)을 건설했다. 남쪽으로는 몬트리올(Montreal), 서쪽으로는 수세인트마리(Sault Sainte Marie)와 디트로이트(Detroit)가 프랑스인 거주지의 북쪽 경계를 이루었다. 미시시피 강 하류에는 영국의 남부 식민지와 비슷한 플랜테이션이 등장했는데, 프랑스계 백인 이주민인 '크레올(Creoles)'이 그 주인으로 흑인 노예의 노동에 의존해 경영했다. 프랑스 플랜테이션 경제에 부응해 1718년에 건설한 뉴올리언스(New Orleans)는 짧은 시일 내에 대서양 연안의 몇몇 대도시에 뒤지지 않을 만큼 성장했다. 동쪽으로는 빌록시(Biloxi)와 모빌(Mobile)이 일련의 프랑스인 정착지의 끝을 이루었다.

프랑스인과 영국인 모두, 북아메리카 대륙의 주도권을 두고 벌이는 싸움에서 인디언 부족과의 동맹이 승패를 좌우하게 될 것이라고 간파했다. 상업 경제 면에서 한 발 앞서 있던 영국인은, 일상적으로 질과 양에서 더 좋고 더 많은 상품을 인디언에게 제공할 수 있었다. 그러나 프랑스인은 인디언에게 관용을 베풀었다. 내륙의 프랑스인 정착민은 영국인과 달리, 행동을 인디언 양식에 맞추었다. 프랑스인 모피 교역상은 인디언 여성과 결혼해 부족의 생활을 익혔다. 예수회 선교사는 원주민과 편안하게 교류하고 그들의 사회 관습을 대부분 수용하는 가운데, 수천 명의 원주민을 가톨릭교로 개종시켰다. 따라서 18세기 중엽까지는 프랑스인이 영국인보다 내륙 대부분의 인디언과 더 가까운 관계를 유지했다.

그러나 가장 강력한 원주민 집단은 영국이나 프랑스 어느 쪽과도

- 막강한 이로쿼이 연맹

가까이 지내지 않았다. 모호크족(Mohawk), 세네카족(Seneca), 카유가족(Cayuga), 오논다가족(Onondaga), 오네이다족(Oneida) 등 5부족이 15세기에 방어를 목적으로 결성한 이로쿼이 연맹(Iroquois Confederacy)은 1640년대부터 오하이오 계곡과 그 주변 방대한 지역에서 강력한 힘을 행사해왔다. 이로쿼이 인디언은 프랑스인이나 영국인 어느 한 쪽과도 특별히 친밀한 관계를 맺지 않음으로써 자치권을 유지했다. 그들은 프랑스인 및 영국인과 성공적으로 교역했고, 교활하게도 프랑스인과 영국인이 서로 반목하도록 만들었다. 그 결과 오대호 지역에서는 불안정한 힘의 균형이 유지되었다.

영국과 프랑스의 충돌

영국과 프랑스가 평화를 유지하는 동안, 그리고 북아메리카 내륙에서 불안정하나마 균형이 유지되는 동안에는, 영국 및 프랑스 식민지인도 심각한 어려움 없이 공존할 수 있었다. 그러나 영국에서 명예혁명이 일어난 이후 유럽에서 영국과 프랑스 사이에 전쟁이 발발했고 향후 80년 가까이 간헐적으로 계속되었다. 이는 아메리카 대륙에도 간접적이나마 중요한 영향을 끼쳤다.

윌리엄 왕 전쟁(King William's War, 1689~1697)은 뉴잉글랜드 북부의 영국인과 프랑스인 사이에 단지 몇 차례의 뚜렷지 않은 충돌을 낳았을 뿐이다. 그러나 1701년에 시작되어 거의 12년 동안 계속된 앤 여왕 전쟁(Queen Anne's War)은 보다 심각한 충돌을 야기했다. 1713년 위트레흐트 조약(Treaty of Utrecht)으로 영국과 프랑스 간의 갈등이 종식되었고 프랑스는 아카디아(Acadia), 즉 노바스코

샤(Nova Scotia)와 뉴펀들랜드(Newfoundland)를 포함한 북아메리카 대륙의 상당한 영토를 영국에게 양도했다. 20년 후에는 스페인과 영국 간에 스페인 식민지의 영국인 교역권을 둘러싸고 전쟁이 일어났는데, 이는 이내 더 큰 규모의 유럽 전쟁으로 확대되었다.

아메리카 대륙의 영국 식민지인은 조지 왕 전쟁(King George's War)에 휩쓸려 들어가 1744년부터 1748년 사이에 몇 차례 프랑스인과 교전했다. 뉴잉글랜드인은 케이프브레턴 섬(Cape Breton Island)의 루이스버그(Louisbourg)에 자리한 프랑스의 요새를 점령했다. 그러나 평화 조약이 체결되어 전쟁이 결국 종결되자, 영국인은 이곳을 포기할 수밖에 없었다.

• 조지 왕 전쟁

조지 왕 전쟁이 남긴 후유증으로 북아메리카 대륙의 영국인, 프랑스인, 이로쿼이 인디언 간의 관계가 급속히 악화되었다. 이로쿼이 인디언은—그야말로 중대한 실수를 범한 것으로 보이는데—처음으로 영국 상인이 내륙에서 교역하는 것을 용인했다. 프랑스인은, 영국인이 이를 영토 팽창을 위한 첫 걸음으로 이용할 것을 두려워해—아마도 그 짐작이 정확했을 것이다—1749년에 오하이오 계곡에 새로운 요새를 구축하기 시작했다. 영국인들도 군대를 준비하고 요새를 구축했다. 그러자 이로쿼이 연맹이 오랫동안 조심스럽고도 성공적으로 유지해왔던 힘의 균형이 급속하게 깨졌다.

그 후 5년 동안 영국인과 프랑스인 간에 긴장이 고조되었다. 1754년 여름, 버지니아의 총독은 프랑스의 세력 확장을 저지하기 위해 경험 없는 젊은 대령 조지 워싱턴(George Washington)을 앞세워 오하이오 계곡으로 군대를 파견했다. 워싱턴은 프랑스인이 현재의 피츠버그(Pittsburgh) 지역에 세운 좀 더 큰 규모의 전초 기지 뒤켠

• 니세서티 요새

요새(Fort Duquesne)에서 그다지 멀지 않은 곳에 어설픈 방책에 불과한 니세서티 요새(Fort Necessity)를 세웠다. 버지니아인이 프랑스의 한 분대에 공격을 감행했으나 실패했고, 프랑스는 이에 니세서티 요새를 공격해 워싱턴과 그의 군대를 포위했다. 워싱턴은 이 싸움에서 병사의 3분의 1이 죽자 항복했다. 이 충돌이 프랑스-인디언 동맹 전쟁의 발단이었다.

제국을 위한 위대한 전쟁

프랑스-인디언 동맹 전쟁은 뚜렷한 세 단계의 국면을 거치며 9년 가까이 지속되었다. 1754년 니세서티 요새가 함락된 때부터 1756년 이 전쟁이 유럽 전쟁으로 확대되었을 때까지가 첫 번째 국면이라 할 수 있다. 이 시기에는 전쟁이 북아메리카 대륙에 한정된 국지전이었다. 이로쿼이 연맹을 제외하고는 거의 모든 인디언 부족이 프랑스와 손을 잡고 서쪽의 영국인 정착지를 급습했다. 영국인은 방어에 주력했다. 이로쿼이 인디언은 프랑스인의 반감을 살까 두려워 이 싸움에 대해 대개 수동적인 태도를 취했다. 1755년 말경에는 다수의 영국인 정착민이 싸움을 피해 엘러게니(Allegheny) 산맥 동쪽으로 철수했다.

• 윌리엄 피트 지휘하의 전쟁

전쟁의 두 번째 국면은 7년 전쟁이 시작된 1756년부터다. 전쟁은 이제 서인도 제도와 인도, 유럽 본토로 확산되었다. 그러나 치열한 전투가 전개된 곳은 북아메리카 대륙이었다. 이곳에서 영국인은 패배와 절망을 경험했을 뿐이었다. 1757년부터 영국의 국무 장관(후에 수상이 됨) 윌리엄 피트(William Pitt)가 처음으로 영국의 지휘하에 전쟁을 수행하기 시작했다. 피트 자신이 군사 전략을 세우고 지휘관을 임명하였으며 식민지인에게 명령을 하달했다. 영국인 지휘관은 식민지인을 강제로 군대에 동원하기 시작했다—이것이 '징용(impressment)'이라고 알려진 관행이다. 관리는 식민지의 지역 농민과 교역상에게서 보급품을 조달받고, 식민지인에게 아무 보상 없이 영국 군인에게 숙소를 제공하라고 강요했다. 이에 분개한 식민지인이 완강하게 저항했다. 1758년 초에는 영국 당국과 식민지인 사이의 갈등이 전쟁 수행을 중단시킬 만큼 심각했다.

그후 피트가 식민지인에게 비난받아온 정책 대부분을 완화하기 시작한 1758년부터, 이 전쟁의 세 번째 국면이자 마지막 국면이 열렸다. 피트는 식민지인에게 군대에 징발당한 모든 보급품에 대해 배상해준다는 데 동의했다. 징병 문제도 식민지 의회에 넘겼다. 또한 충원 부대를 식민지로 급파했다. 마침내 전쟁의 양상이 영국에 유리하게 돌아가기 시작했다. 프랑스인은 수적으로 언제나 영국 식민지인에게 밀렸다. 게다가 1757년 이후 이어진 흉작으로 어려움을 겪었고 그래서 초기에 이룬 군사적 승리를 유지할 수 없었다. 1758년 중반에는 영국 정규군과 식민지 군대가 프랑스군의 본거지를 하나씩 점령해나갔다. 영국군의 탁월한 두 장군 제프리 앰허스트(Jeffrey Amherst)와 제임스 울프(James Wolfe)가 1758년 7월에 루이스버그에 있는 요새를 점령했고, 몇 달 후에는 전투도 치르지 않고 뒤켄 요새를 함락시켰다. 다음 해 퀘벡에 대한 포위 공격을 마무리할 즈음, 울프 장군의 군대는 어둠을 틈타 산골짜기를 기어 올라가서는 몽칼름 후작(Marquis de Montcalm)의 대군을 무찔렀다. 이 전투에서 양측 장군은 모두 전사하고 말았다. 1759년 9월 13일,

• 파리 강화 회담

퀘벡이 극적으로 함락됨으로써 아메리카 대륙에서의 이 전쟁은 끝을 향해 치닫기 시작했다. 1년 후인 1760년 9월에는 프랑스 군대가 몬트리올에서 앰허스트 장군에게 공식적으로 항복했다. 1763년, 파리 강화 회담(Peace of Paris)이 열려 마침내 평화가 찾아왔다. 여기서 프랑스는 서인도 제도의 몇몇 섬과, 인도 및 캐나다에 있는 대부분의 식민지, 미시시피 강 동쪽, 북아메리카에 있는 프랑스 영토를 대영제국에 양도했다. 프랑스는 또한 뉴올리언스와 미시시피 강 서쪽 지역을 스페인에게 양도함으로써 북아메리카 대륙에 대한 모든 권리를 포기했다.

• 영국의 분노

영국은 프랑스-인디언 동맹 전쟁으로 신세계에서 영토권을 한층 더 강화할 수 있었다. 그러나 동시에, 엄청난 빚을 안게 되고, 아메리카 식민지인에 대한 영국인의 분노도 상당히 커졌다. 영국의 지도자는 전쟁 당시 식민지인이 군인으로서 부적격했다며 경멸했고, 영국이 식민지인의 이익을 위해서 치렀다고 믿은 전쟁에서 식민지인이 경제적으로 별다른 기여를 하지 않았다며 분개했다. 특히 일부 식민지 상인이 전쟁 기간 내내 서인도 제도의 프랑스인에게 식량을 비롯한 여러 가지 상품을 판매한 데 대해 분노를 금치 못했다. 이러한 요인이 어우러진 결과, 영국의 지도자는 식민지에 대한 런던의 권한을 강화해 제국을 재조직해야 할 필요성을 느끼게 되었다.

이 전쟁은 아메리카 식민지인에게도 마찬가지로 심대한 영향을 미쳤으나, 그 결과는 매우 달랐다. 이 전쟁은 식민지인에게 처음으로 공동의 적에 맞서 함께 행동하지 않으면 안 된다는 것을 알게 해준 경험이었다. 그리고 1756~57년 사이 영국의 강제 징발 및 징용 정책을 둘러싼 갈등과, 1758년 뒤이은 식민지 의회에 대한 권위 회

프랑스-인디언 동맹 전쟁에 참전할 군인 모집 포스터

이 포스터는 프랑스-인디언 동맹 전쟁이 벌어지는 동안 식민지에 배포된 것이다. 이 포스터에 보이는 과장섞인 약속은 아메리카 식민지인을 설득해 영국 군대와 함께 싸우게 하기가 얼마나 어려웠던가를 보여준다.

복 등을 고려해 볼 때 이런 사건은 많은 식민지인으로 하여금 영국이 식민지 일에 간섭하는 것이 정당하지 못하다는 점을 확신시켜준 계기가 된 것 같다.

● 원주민에게 재앙과도 같은 결과

오하이오 계곡의 인디언에게 영국의 승리는 재앙과도 같았다. 프랑스인과 동맹을 맺었던 부족은 승리한 영국인의 증오를 샀다. 영국과 손잡았던 이로쿼이 연맹도 크게 나은 대접을 받지는 못했다. 영국의 관리는 전쟁 기간 동안 이로쿼이 연맹 인디언이 수동적인 태도를 취했던 것을 그들의 겉과 속이 다른 증거라고 보았다. 평화 정착의 여파 속에서 이로쿼이 인디언과 영국의 동맹은 신속하게 해체되었다. 이로쿼이 인디언은 오하이오 계곡을 둘러싼 지배권을 두고 영국과 한 50년은 더 싸울 수 있었을 것이다. 그러나 이로쿼이 인디언은 점차 분열되었고 수적으로도 열세에 처했다. 따라서 다시는 군사적으로나 정치적으로 동등한 조건 속에서 유럽의 경쟁자와 겨룰 위치에 서지 못했다.

3
새로운 제국주의

영국은 1763년에 맺은 조약으로 50여 년 만에 처음으로 진정한 평화를 맞게 되었다. 그 결과, 영국 정부는 이제 제국의 조직으로 관심을 돌릴 수 있었다. 수년 동안 이어진 전쟁으로 빚더미에 앉게 된 영국은 제국에서 새로운 세입을 조달해야 할 절박한 처지에 놓였다. 제국 정부는 신세계의 광대한 영토를 책임지기 위해서는 식민지에 대한 행정력을 강화해야 한다고 믿었다. 이로써 영국과 식민지의 관계는 재규정되었지만 그 결과는 극적이었고, 영국에게는 재앙과도 같았다.

제국의 부담

프랑스-인디언 동맹 전쟁은 영국 정부가 식민지에 대한 통제를 강화하는 것이 그리 쉽지 않을 것임을 시사했다. 뿐만 아니라 식민지인이 영국 정부의 통제를 거부하고 나서면서, 1758년에 피트는 자신의 정책을 완화할 수밖에 없었다. 그러나 식민지 의회는 그 후로도 계속 다른 방식으로 저항했고, 때로는 영국 정부의 요구와 관련해 충돌을 빚기도 했다. 영국 정부의 무역 규제를 비롯한 여러 요구에 대한 저항이 끊이지 않았다. 그러나 영국 정부가 당면한 가장 큰 문제는 점점 불어만 가는 전쟁 부채였다. 영국의 지주와 상인은 더 이상의 세금 인상을 강력하게 반대했고, 식민지 의회는 전쟁 채

• 어마어마한 영국의 전쟁 부채

무를 갚을 생각이 없음을 반복해서 시위했다. 대부분의 영국 관리는 영국 정부가 재정 위기에 효과적으로 대처하려면 식민지인에게 직접 과세하는 방법밖에 없다고 믿었다.

• 조지 3세

영국과 식민지의 관계가 이토록 어려운 순간에, 영국 정부는 1760년, 조지 3세가 새로운 왕으로 등극함으로써 소용돌이에 빠져들었다. 조지 3세는 특히 두 가지의 불행한 결과를 야기했다. 첫째로 왕권 강화에 매우 단호했다. 거의 1세기 동안 제국을 다스려온 비교적 안정적이던 휘그파(Whigs)를 정계에서 몰아낸 다음 경험 없고 불안정한 자기 사람으로 그 자리를 대체했다. 그 결과 등장한 새로운 내각은 평균 2년마다 교체될 정도로 매우 불안정했다.

왕은 지적으로나 심리적으로 매우 취약했다. 분명 매우 희귀한 정신병을 앓고 있었는데, 때때로 발작을 일으켜 제정신이 아니었다(조지 3세는 오랫동안 왕위에 있었지만 치세 말기에는 공무를 집행할 수 없었다고 한다). 그러나 조지 3세는 제정신이고 이성적일 때조차도—대부분 1760년대와 1770년대—매우 미숙하고 불안정했다. 이 중요한 시기에 왕의 성격으로 말미암아 영국 정부는 불안정하고 비타협적인 태도를 보이게 되었다.

• 조지 그렌빌

그러나 앞으로 식민지에 대두될 문제에 더욱 직접적으로 책임이 있는 인물은 1763년에 수상직에 오른 조지 그렌빌(George Grenville)이었다. 그렌빌은 영국 내에서 우세한 견해, 즉 식민지인이 법에 복종하도록 만들어야 하며, 그들도 제국을 운영하고 방어하는 데 드는 비용의 일부를 부담해야 한다는 견해에 동조했다.

영국인과 인디언 부족

프랑스가 패배하자 영국 식민지에서 개척자는 즉각 산을 넘어 오하이오 계곡 상류의 인디언 땅으로 진출했다. 이에 오타와족(Ottawa) 추장 폰티악(Pontiac)이 이끄는 인디언 연맹이 역공을 했다. 영국 정부는 이 싸움이 서부 지역의 교역을 위협하는 싸움으로 확산될 것을 두려워해 1763년에 정착민이 대서양 연안과 내륙을 가르는 산맥을 넘어 서진하는 것을 금지하는 포고령(Proclamation)을 내렸다.

많은 인디언 부족은 이 포고령을 최상의 협정이라고 생각하고 지지했다. 특히 체로키(Cherokee) 인디언은 백인의 침입을 끝낼 수 있으리라는 희망을 가지고 이 경계선을 긋는 일을 앞당기기 위해 열심히 뛰었다. 한동안 서부 인디언과 영국 정부의 관계가 어느 정도 진전을 보였는데, 이는 영국이 임명한 인디언 감독관(superintendents)이 활동한 결과이기도 했다. 즉, 감독관은 인디언이 처한 어려움에 동정적이었던 것이다.

그러나 1763년의 포고령은 결국 효과가 없었다. 백인 정착민은 무리를 이룬 채 경계선을 넘어 오하이오 계곡 쪽으로 점점 더 밀고 들어가 땅에 대한 권리를 주장했다. 영국 당국은 이 확장을 막으려고 여러 차례 제약을 가했으나 실패했고, 1768년에는 서부 원주민과 새로운 협정을 맺어서 훨씬 더 서쪽에 유럽인 정착지의 영구적인 서쪽 경계를 설정하려고 했다. 그러나 이 협정을 가지고도 백인의 서부 이주를 막을 수는 없었다. 1768년에 맺은 여러 가지 협정은 몇 년 내에 새로운 협정으로 교체되어, 이주 경계선은 점점 더 서쪽으

• 1763년 포고령의 실패

13개 식민지(1763)

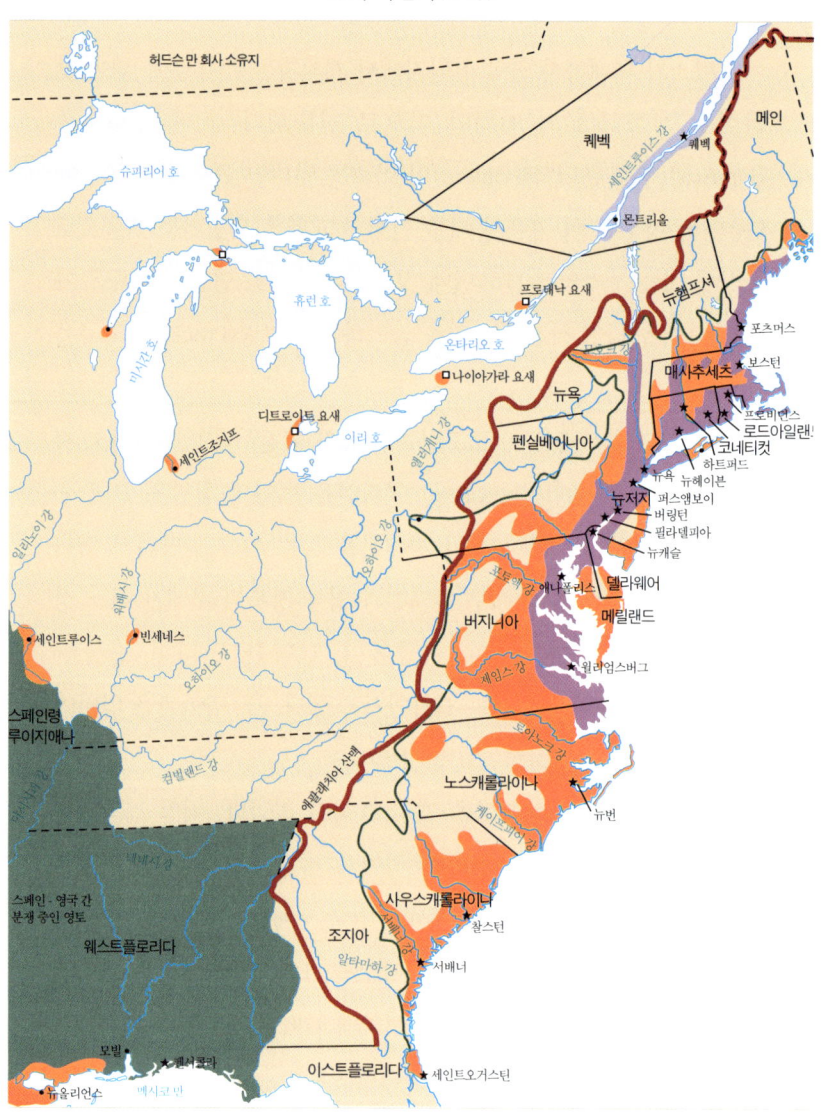

1763년의 13개 식민지
- 1700년 이전에 정착이 이루어진 지역
- 1700년에서 1763년 사이에 정착이 이루어진 지역
— 1763년까지 실제로 정착이 이루어진 지역의 한계선
— 1763년 포고령으로 정해진 이주 제한선
★ 각 식민지 수도

로 밀려났다.

무역과 과세를 둘러싼 싸움

그렌빌 내각은 곧 다른 방법으로 식민지에 더 많은 권한을 행사하려고 애썼다. 영국 정규군을 식민지에 영구 주둔시켰고, 1765년의 반란법(Mutiny Act)으로 식민지인에게 군대 주둔에 필요한 숙식 제공을 요구했다. 또한 밀수 업자를 잡기 위해 영국 해군 함대가 아메리카 근해를 순항하도록 했으며 관세청을 재정비하고 확대했다. 식민지에 임명된 관리가 대리인을 보내는 대신 직접 현지로 가서 근무하도록 강제했다. 또한 급속히 번창하는 영국 기업과 경쟁할 수 없도록 식민지의 제조업을 규제했다.

1764년에는 설탕법(Sugar Act)을 제정해 설탕에 대한 관세는 높인 반면 당밀에 대한 관세는 낮추었다. 이 법은 또한 각 식민지에 지방 해사 법원(vice-admiralty courts) 설치를 명기하고 있었다. 이 법원은 밀수 업자를 고발하고 밀수 업자에게 동조적인 식민지 배심원을 근절하기 위한 것이었다. 1764년에는 화폐법(Currency Act)을 제정해 식민지 의회의 지폐 발행을 금지했다. 가장 주목할 만한 것

• 설탕법, 인지세법, 화폐법

이 지도는 7년 전쟁이 끝날 즈음 북아메리카 대륙의 13개 식민지를 비교적 상세하게 표시한 것이다. 이 지도상에 1763년 포고령으로 그어진 이주 제한선이 보인다. 그리고 가느다란 초록색 선은 그해까지 실제로 정착이 이루어진 지역을 표시한다. 중부 식민지(노스캐롤라이나, 버지니아, 메릴랜드와 펜실베이니아 남부)에는 이미 빨간 선까지 정착민이 들어섰고, 펜실베이니아 서부는 그 선 너머까지 사람들이 정착했다는 점이 눈에 띈다. 이주 제한선을 넘어서 건설된 요새가 많이 보인다.

은 1765년에 제정된 인지세법(Stamp Act)으로, 이는 식민지에서 발행되는 모든 문서, 즉 신문, 달력, 팸플릿, 증서, 유언장, 면허증 등에 세금을 부과하는 것이었다. 영국 관리는 곧 1763년 이전보다 매년 10배가 넘는 세입을 거두어들이게 되었다.

- 팩스턴 보이스

식민지인이 이 평판 나쁜 일련의 새로운 법을 견뎌내기란 어려운 일이었다. 한 가지 점에서, 식민지인은 런던 정부에 대해 품었던 불만만큼이나 서로에 대해서도 불만을 여전히 가지고 있었다. 예를 들어, 1763년 팩스턴 보이스(Paxton Boys)로 알려진 일군의 펜실베이니아 개척자가 세금 감면과 인디언 방어에 필요한 경비를 요구하며 필라델피아로 몰려갔다. 이때 식민지 의회가 양보하지 않았더라면 유혈 참사를 피할 수 없었을 것이다. 1771년에는 노스캐롤라이나에서 소규모 내란이 일어났다. 캐롤라이나 북부 지역의 농부로 구성된 항의 집단(Regulators)이 무장 조직을 결성해 식민지 총독이 임명한 보안관이 징수하는 높은 세금에 저항했다. 대부분 동부 카운티에서 온 사람으로 구성된 민병대가 이들의 반란을 진압했다.

그러나 식민지인은 그렌빌이 시행한 정책을 계기로 내부 갈등을 극복하고 영국 정부가 시행하는 정책이 모든 식민지인에게 위협이 된다는 사실을 깨닫게 되었다. 그렌빌 정책에 따르자면, 북부의 상인은 상업에 가해진 제약으로, 땅 투기 및 모피 교역에 가해진 서부 진출 금지로, 상품 제조의 기회 제한으로 어려움을 겪을 것이었다. 영국 상인에게 빚을 지고 있는 남부의 농장주는 서부에서 땅투기로 빚을 경감하기가 어려울 전망이었다. 소규모 자영농은 대부 자금원이었던 지폐의 발행 금지로 고통받을 게 뻔했다. 타운 노동자의 경우, 특히 제조업과 화폐 유통에 가해진 제약으로 기회가 줄어들 전망이었다. 모두가 세금 인상으로 고통받을 처지였다.

　대부분의 식민지인은 얼마 안 가 경제적 어려움을 겪지 않고도 이 새로운 영국의 법과 더불어 살아갈 방법을 찾아냈다. 그러나 정치적 불만은 여전했다. 식민지인은 자치 정부를 발전시키며 광범위한 자유를 누리는 데 익숙했다. 그들은 식민지 안에서는 각 식민지 의회만이 유일하게 정부 지출예산을 통제할 수 있다고 믿었다. 그런데 영국 정부는 식민지인에게 직접 세금을 부과함으로써 이러한 식민지 정치권력의 기반을 공격한 셈이었다.

● 계속되는 식민지인의 불만

4
반란의 단서

1760년대 중반 무렵이면 영국과 식민지 모두가 서로의 입장을 굳히기 시작했고, 그 결과 상상했던 것보다 빨리 아메리카 대륙에서 대영제국이 패배하게 될 사건이 전개되었다.

인지세법이 초래한 위기

• 인지세법의 효과

그렌빌은 식민지를 괴롭히고 단결시키는 데 있어서 1765년의 인지세법보다 더 나은 방법을 고안해 내지는 못했을 것이다. 1년 앞서 제정된 설탕법은 뉴잉글랜드의 일부 상인들에게만 영향을 미치는 것이었다. 그러나 인쇄물에 부과되는 세금은 모든 식민지인에게 영향을 미쳤다. 인지세법의 경제적 부담은 비교적 가벼웠다. 그러나 놀라운 것은 이로써 확립될 선례였다. 식민지 무역에 부과된 세금과 관세는 과거에는 항상 상업을 규제하기 위한 수단이었다. 그러나 인지세법은 영국이 식민지 의회의 동의 없이 세입을 증대하려는 시도임이 명백했다.

• '버지니아 결의'

버지니아 하원(House of Burgesses)이 식민지인을 행동하라고 부추길 때까지, 불평 이외에 달리 어떤 행동을 취할 수 있으리라고 믿는 식민지인은 드물었다. 패트릭 헨리(Patrick Henry)는 1765년 5월에 의회에서 극적인 연설을 했는데, 거기에는 만약 현행 정책을 수정하지 않는다면 조지 3세도 이전의 독재자처럼 교수형에 처해질 것이라는 예언과도 같은 내용이 포함되어 있었다. 그의 연설에 큰 충격을 받은 사람들이 "반역이다(Treason)!"라며 경악했다. 그러나 헨리는 다음과 같이 선언하며 일련의 결의안을 제시했다(의회는 그 가운데 몇 개 안을 통과시켰다). 즉, 아메리카인은 영국인과 동일한 권리를 갖고 있으며, 특히 식민지 대표만이 유일하게 식민지인에게 과세할 권리가 있다는 것 그리고 버지니아인은 버지니아 의회의 동의를 받지 않은 세금을 납부해서는 안 되며, 영국 의회가 버지니아인에게 세금을 부과할 권한이 있다고 주장하는 사람은 누구든 식민지의 적으로 간주한다는 등의 내용이었다. 헨리의 결의문은 〈버지니아 결의(Virginia Resolves)〉로 인쇄되었다.

그 무렵 매사추세츠에서는 제임스 오티스(James Otis)가 동료 의원들을 설득해 새로운 과세에 대항하기 위한 식민지 회의를 소집할 것을 촉구했다. 그래서 1765년 10월, 9개 식민지 대표가 뉴욕에서 만나 소위 인지세법 회의(Stamp Act Congress)를 열었다. 여기서 식민지 의회를 통하지 않고서는 합법적으로 과세할 수 없다는 내용의 탄원서를 영국 정부에 보냈다.

한편 1765년 여름에는, 식민지 곳곳에서 군중이 인지세법에 항거해 봉기했다. 이 중 보스턴에서 일어난 봉기가 가장 규모가 컸다. 새로 결성된 자유의 아들(Sons of Liberty)은 인지 취급 관리를 협박하고 인지를 불태웠다. 군중은 식민지 부총독인 토머스 허친슨(Thomas Hutchinson)과 같이 영국 편으로 보이는 귀족을 공격했다(허친슨은 개인적으로 이 법의 통과에 반대했지만, 일단 법이 된 이상 이를 지지해야 할 의무가 있다고 생각하는 사람이었다). 군중들은 허친슨의 아름다운 저택을 약탈했고 거의 다 파괴해버렸다.

• 인지세법 폐지

영국의 후퇴로 마침내 위기는 가라앉았다. 런던 당국은 정치적 항의보다는 경제적 압력에 더 큰 영향을 받았다. 다수의 뉴잉글랜드인이 1764년의 설탕법에 항의해 영국 상품을 구매하지 않았는데, 이제 인지세법으로 식민지에서 영국 상품 불매운동이 확산되었다. 영국 상인들은 식민지 시장의 상실을 우려해 영국 의회에 이 법을 철회하라고 압력을 넣었고, 새 수상인 로킹엄 후작(Marquis of Rockingham)이 이끄는 영국 의회는 1766년 3월 18일, 이 인기없는 법을 철회했다. 한편 새 수상은 강하고 말 많은 반대자를 안심시키기 위해 영국 의회가 '어떠한 경우라도' 식민지에 대해 권한을 지닌다는 점을 확인하는 선언법(Declaratory Act)을 밀어붙였다. 대부분의 식민지인은 인지세법 철회에 기뻐한 나머지 영국 의회의 전면적인 권한 선포에는 그다지 주목하지 않았다.

타운센드 프로그램

로킹엄 정부의 화해 정책은 영국에서 상당한 반대에 부딪혔다. 왕은 이에 로킹엄 내각을 해산하고 나이는 많지만 여전히 강한 채텀 경(Lord Chatham)—아버지(父) 윌리엄 피트(William Pitt)—가 이끄는 새 정부로 대체했다. 채텀 경은 식민지인에게 동조적이었다. 그러나 수상이 된 후 때때로 정신병으로 일할 수 없을 지경이었고, 행정에 관한 실권이 재무상(chancellor of the exchequer)인 찰스 타운센드(Charles Townshend)에게 넘어갔다.

타운센드는 그렌빌 내각 때부터 이어져온 식민지인의 불만을 처리해야 했다. 인지세법이 철회된 후 식민지인의 가장 큰 불만은 1765년의 반란법—또는 숙박법(Quartering Act)이었다. 이 법에 따르면 식민지인은 아메리카에 주둔하고 있는 영국군에게 숙박 및 필요한 물품을 제공해야 했다. 식민지인은 영국군에게 숙박 및 그 외의 물품을 제공하는 것 자체에 반대한다기보다는 영국 정부가 이러한 일을 강요한 데 분개했다. 매사추세츠와 뉴욕 의회는 물품 보급 요구에 대한 표결을 거부하기에 이르렀다.

• 반란법

타운센드는 1767년, 식민지인이 반란법에 따를 때까지 뉴욕 의회를 해산하는 것으로 이에 대응했다. 타운센드는 뉴욕을 선택함으로써 모든 식민지를 한꺼번에 적으로 돌리는 일은 피할 수 있을 것이라고 믿었다. 또한 영국에서 식민지로 수입되는 다양한 상품—흑연, 페인트, 종이, 차—에 타운센드 관세(Townshend Duties)로 알려진 새로운 세금을 부과했다. 타운센드는 이러한 관세가 내부 거래 상품에 부과된 인지세법과는 반대로 해외에서 수입되는 '외래(external)' 상품에 부과되는 것이기 때문에 식민지인도 반대할 수 없을 것이라고 생각했다. 그러나 뉴욕 의회의 권한 정지는 모든 식민지인의 분노를 자아냈다. 그들은 이를 식민지 모든 정부에 대한 공격으로 받아들였기 때문이다. 그리고 어떠한 식민지도 타운센드식의 조심스러운 구분에 동의하지 않았다. 즉, 외래 상품에 부과되는 것이든 내부 거래 상품에 부과되는 것이든 영국이 식민지에 부과하는 세금은 식민지인에게 같은 의미였다.

• 타운센드 관세

타운센드는 또한 식민지에 관세청을 설치했다. 새로운 감독관들은 실제로 보스턴에 본부를 설치하고 그곳에서 밀수를 근절시켰다. 그러나 다른 식민지 항구에서는 밀수업자가 여전히 활발하게 활동

• 영국 상품 수입 반대 운동

했다. 보스턴 상인은 새로운 감독관이 수지맞는 밀무역을 다른 지역으로 돌려버린 것에 분노해 타운센드 관세를 적용받는 영국 상품에 대한 불매운동을 조직하는 데 협조했다. 1768년에는 필라델피아와 뉴욕의 상인도 수입 반대 운동에 동참했다. 나중에는 남부의 상인과 지주도 동참했다. 식민지 전역에서 식민지인이 직접 만든 수직물과 가내 수공업 상품이 갑작스럽게 유행했다.

찰스 타운센드는 1767년 말에 사망했다. 1770년 3월, 새로운 수상이 된 노스 경(Lord North)은 식민지에서 전개되고 있는 영국 상품 불매운동을 중단시키리라는 기대를 안고, 차에 부과된 관세를 제외한 다른 모든 타운센드 관세를 폐지했다.

보스턴 학살

반항적인 보스턴

타운센드 관세가 폐지되었다는 소식이 식민지에 도착하기 전에, 매사추세츠에서 일어난 한 사건이 식민지의 여론을 자극했다. 영국 정부는 보스턴에서 관세 감독관을 괴롭히는 일이 갈수록 심해지자, 이 도시에 영국 정규군 4개 연대를 주둔시켰다. 보수가 매우 적었던 영국 군인은 비번일 때에는 부업을 갖기를 희망했고, 이에 식민지 노동자와 경쟁하게 되었다. 따라서 영국 군인과 식민지 노동자 간에 충돌이 매우 잦았다.

1770년 3월 5일 밤, '자유 소년(liberty boys)'이라는 일군의 부두 노동자가 다른 사람들과 합세해 관세청 보초에게 돌과 눈뭉치를 던지기 시작했다. 영국군 연대의 토머스 프레스턴 대위(Captain Thomas Preston)는 이를 막기 위해 급히 사병을 건물 앞에 일렬로 배치했다. 격투가 벌어졌고 영국군 1명이 땅바닥에 나동그라졌다. 이 와중에 명백하게 몇 명의 영국군 병사가 사람들을 향해 총을 발사했고 5명이 사망했다.

분명히 혼돈과 당황스러움이 빚어낸 이 우울한 사건은, 반항적 지도자들에 의해 곧 '보스턴 학살(Boston Massacre)'이라고 전해졌다. 이 사건은 〈보스턴 거리에서 신에게 호소하는 무고한 피의 외침(*Innocent Blood Crying to God from the Streets of Boston*)〉이라는 널리 유포된 팸플릿처럼 으시시한—그리고 정확하지 않은—기사의 주제가 되었다. 폴 리비어(Paul Revere)의 유명한 판화는 이 사건을 평화로운 군중을 향한 계산된 공격과 같은 학살로 묘사했다. 보스턴 사람으로 구성된 배심원 앞에서 재판 받은 영국 군인들은 단지 과실치사로 유죄 판결을 받고 명목상의 처벌을 받았다. 그러나 식민지에서 발행된 팸플릿과 신문은 그들이 공인된 살인죄를 저질렀다고 확언했다.

보스턴 학살에 대한 공공의 분노를 선동한 사람은 새뮤얼 애덤스(Samuel Adams)였다. 그는 영국이 죄와 부패의 늪지가 되고 있으며 오직 아메리카에만 공공의 가치(public virtue)가 살아남아 있다고 주장했다. 그는 1772년에는 보스턴에 통신 위원회(committee of correspondence)를 창설해 영국에 대한 불만을 공식화할 것을 제안했다. 다른 식민지는 매사추세츠의 지도를 따랐고, 이내 식민지 간의 느슨한 정치 조직망이 결성되었다. 이 조직망은 1770년대 내내 생생한 반항 정신을 그대로 이어나갔다.

• 통신 위원회

"토리파 심판의 날"

일군의 식민지 애국파가 충성파 이웃을 깃대에 매달아 올리고 있다. 이 목판화는 분명하게 희생자를 동정하고 있다. 구경꾼들은 뚱뚱하고, 야비하고, 술에 취해 있는 모습이다. 전쟁 기간 동안 토리파(왕당파)를 조롱하는 일이 종종 일어나기는 했지만, 이보다는 그들의 재산을 몰수하는 경우가 더 많았다.

반란의 철학

보스턴 학살 사건 이후 식민지는 비록 겉으로는 평온을 유지했지만, 1760년대에 조성된 여러 가지 위기 국면으로 말미암아 영국에 대한 이념적 도전이 계속되었고, 식민지의 불만을 공식화할 강력한 기구가 속속 들어섰다. 식민지에서는 점차적으로 한 정치적 견해가 힘을 얻어 결국에는 반란에 정당성을 부여하게 된다.

혁명을 후원하게 될 사상이 곳곳에서 등장했다. 이 중에는 종교적—특히 청교도와 같은—관점 혹은 식민지의 정치적 경험에서 나온 사상도 있었고, 해외에서 수입된 사상도 있었다. 그 가운데 정부에 반대하는 입장을 취하고 있는 사람들의 '급진적' 사상이 가장 중요한 영향을 미쳤다. 여기에는 영국을 독재 국가라고 보는 스코틀랜드의 사상도 포함되어 있었다. 또한 격분한 '지방 휘그파(country Whigs)'도 있었다. 그들은 권력에서 소외되어 있다고 느낀 사람들로, 당대의 체제를 부패하고 억압적인 것으로 보았다. 이같은 영국의 반체제 인사들은 이전 세대의 위대한 철학자들, 특히 존 로크로부터 정부에 대항할 강력한 논거를 끌어냈다.

• 혁명사상의 근원

로크 사상의 중심 논제는 새로운 정부의 형태에 관한 문제였다. 그에 따르면, 인간은 선천적으로 부패하고 이기적이기 때문에 그 안에 존재하는 악으로부터 개개인을 보호하기 위해 정부가 필요하다는 것이었다. 그러나 어떤 정부건 부패하기 쉬운 인간이 운영하기 때문에 권력의 남용을 막을 안전장치가 필요했다. 대부분의 영국인과 식민지인의 눈에는 영국 헌법이야말로 이러한 필요를 충족시키기 위해 고안된 최상의 제도로 보였다. 영국의 정치 제도는 권력을 사회의 3요소인 군주, 귀족, 평민에게 분배함으로써 어떤 개인이나 집단도 견제받지 않는 권한을 행사할 수 없도록 하고 있었다. 그러나 17세기 중반에 이르러 영국과 아메리카의 반체제자는 영국 헌법이 위험에 처했다고 확신하게 되었다. 유일한 권력의 중심―왕과 그의 각료―이 가진 권한이 너무 커져서 효과적으로 견제할 수 없게 되었다는 것이다.

영국에서는 이러한 주장에 대한 공감대가 거의 형성되지 못했다. 영국 헌법은 성문법이 아니었고, 불변의 규칙으로 고정되어 있지도 않았다. 영국 헌법은 '일들이 행해진 방식'에 근거하는 것일 뿐이고, 대부분의 영국민이 그 안에서 일어나는 변화를 기꺼이 수용하고 있었다. 이와는 대조적으로 식민지인은 식민지 특허장에서 얻은 경험을 끌어와 정부의 형태와 권력을 종이 위에 영구적으로 새겨 넣었다. 그들은 헌법이 신축성 있고 가변적인 기본 원리라는 생각에 동의하지 않았던 것이다.

- "대표 없는 과세 없다"

식민지인은 자신들이 동의해야만 과세할 수 있다는 권리도 헌법의 기본 원리 중 하나라고 믿었다. 이 믿음은 점차 "대표 없는 과세 없다(No taxation without representation)"는 구호로 반복되었다. 어떠한 세금이건 본질적으로 식민지인의 동의 없이는 부과될 수 없다는 것이었다.

- '명목상'의 대표와 '실질적인' 대표

그러나 '대표(representation)'에 대한 주장은 영국인에게는 별 의미가 없었다. 영국의 헌법 이론에 따르면, 영국 의회의 의원은 개인이나 특정 지역을 대표하지 않았다. 각 의원은 국가 전체 및 대영제국 전체의 이해관계를 대표했다. 그리하여 영국 의회 안에 대표자를 가지지 못한 자치 지역, 즉 아일랜드 전체와 수천 마일 떨어져 있는 개개의 식민지 모두가 자체의 대표자를 선출하지 않았음에도 런던의 의회에 의해 대표되고 있는 셈이었다. 이것이 바로 '명목상(virtual)'의 대표 이론이었다. 그러나 식민지인은 자체 타운 회의와 식민지 의회의 경험 속에서 '실질적인(actual)' 대표의 존재를 믿었다. 모든 지역사회는 구성원이 선거를 통해 자체의 대표자를 뽑을 자격이 있었다. 영국 의회에는 식민지인이 뽑은 대표자가 없기 때문에 그들은 그곳에서 대표되고 있지 않았다. 식민지인은 식민지 의회가 영국 내에서 영국 의회가 하는 역할과 동일한 역할을 한다고 믿었다. 식민지인의 주장에 따르면, 제국은 일종의 여러 공동체의 연맹으로, 각 공동체에는 자체의 입법 기구가 있고, 왕에 대한 충성으로 결합해 있었다.

이러한 생각은 궁극적인 권력이 어디에 있는가라는 문제에 영국인과 식민지인의 견해가 근본적으로 다름을 보여준 것이었다. 식민지인은 영국 의회가 전체로서 제국을 위해 법을 입안할 권리를 가지나 개개의 식민지를 위한 입법권은 각 식민지 의회에 있다고 주장함으로써, 실제로는 통치권의 분리를 주장한 것이었다. 어떤 문제에 대해서는 영국 의회가 주권을 행사하지만, 그 외 다른 문제에 대해서는 식민지 의회가 주권을 지녀야 한다는 것이다. 그러나 영국인에게 이러한 주장은 불합리한 것이었다. 그들 생각에는, 어떤 정부 체제에도 유일하고 궁극적인 권력이 존재해야 했다. 그들의 관점에서 제국은 분리될 수 없는 단일 단위였기에, 이 속에는 단 하나의 권력만 존재할 수 있었다. 즉, 왕과 의회로 구성된 영국 정부가 제국 내 유일한 권위체였다.

• 주권 논쟁

반항의 장

1770년대 초, 식민지인 사이에서는 영국이 항해 조례를 억압적으로 시행하는 데 대한 분노와 절망이 자라고 있었다. 그러나 이는 식민지의 표면적인 평온함에 가려져 드러나지 않았다. 일반 대중의 분노는 간헐적인 소요로 가시화될 뿐이었다. 한번은 식민지인이 델라웨어 강 하류에서 세금을 실어 가려던 영국의 세입선을 포획하기도 했다. 1772년에는 로드아일랜드의 격분한 식민지인이 영국의 스쿠너 선(schooner) 가스페호(Gaspée)에 불을 질러 침몰시키기도 했다.

식민지인의 저항 정신은 여러 방면에서 자라고 있었다. 그러나 대부분 글과 말로 이를 표현했다. 분개하는 내용의 전단, 팸플릿, 책자가 식민지 전역에 유포되었다. 타운과 도시에서는 사람들이 교회, 학교, 광장, 특히 선술집에 모여 정치를 논했다. 특히 선술집 문화는 혁명의 감성을 기르는 데 중요한 역할을 했다. 물론, 선술집은 술에 대한 요구가 높은 문화에서 술을 마실 수 있는 장소이기에 사람들이 좋아했다. 하지만 사람들이 만나 공개적으로 이야기할 수 있는 몇 안 되는 공공 장소 가운데 하나이기도 했다. 선술집에는 주로 남자가 드나들었고, 그런만큼 정치는 남자의 일로 간주되었다. 선술집 문화 속에서 자연스럽게 남자의 교우 관계와 정치에 관한 대화가 하나로 어우러졌다.

• 선술집의 정치적 중요성

혁명의 기운이 짙어가는 가운데 선술집은 저항 사상의 중심지가 되었다. 그곳에서는 전단과 팸플릿을 나눠 줄 수 있었고, 저항과 시위를 계획하기 위한 모임을 열 수도 있었다. 매사추세츠에서 가장 정교한 선술집 문화가 발달했는데, 아마도 그렇기 때문에 다른 곳보다 빠르게 반항의 정신이 자라날 수 있었을 것이다.

차 사건

1760년대의 혁명 열기를 되살려 낸 것은 결국 영국 의회가 제정한 새로운 법령이었다. 이 법은 차의 판매와 관계가 있었다. 1773년, 영국의 동인도 회사는 영국에서는 팔 수 없는 많은 양의 차를 재고로 안고 있어 파산 직전에 놓였다. 영국 정부는 동인도 회사를 구제하기 위한 노력의 일환으로 1773년에 차 세법(Tea Act)을 통과시켜, 동인도 회사에 정규 세금을 내지 않고도 식민지에 직접 수출할 수 있는 권리를 주었다. 이와 같은 교역에서 전통적으로 중간상인 역할을 해왔던 식민지 상인은 세금을 내야만 했다. 따라서 동인도 회사는 이러한 특권을 지니게 되자 식민지 상인보다 차를 싸게 팔아 식민지의 차 무역을 독점할 수 있었다.

• 차 세법

영향력 있는 식민지 상인이 차 세법에 분노했다. 그들은 동인도 회사의 강력한 독점으로 입지가 약해질 것을 두려워했다. 그러나 더욱 중요한 것은, 이 법으로 대표 없는 과세 문제에 대한 식민지인의 예민한 감정이 되살아났다는 점이다. 이 법으로 차에 새로운 세금이 부과된 것은 아니었다. 그러나 상품에 부과된 본래의 타운센드 관세는 여전히 존속되고 있었다. 동인도 회사는 바로 이 관세를 면제받은 것이다. 노스 경은, 차 세법을 시행하면 중간상인이 사라져 소비자가 낮은 가격으로 차를 공급 받을 수 있을 것이기에 대부분의 식민지인이 이 새로운 법을 환영할 것이라고 예상했다. 그러나 식민지

지도자는 그 법이 실제 식민지 상인에게 헌법에 위배되는 세금을 부과하고 있음을 보여주는 것이라고 주장했다. 식민지인은 차 불매 운동을 벌였다.

> 자유의 딸들

참여하는 사람이 많지 않았던 이전의 저항과는 달리, 차 불매 운동에는 식민지인 대다수가 참여했다. 이 운동으로 식민지인은, 대중 항거 운동이라는 공통의 경험 속에서 뭉치게 되었다. 이 운동이 전개되는 과정에서 특히 중요했던 점은 식민지 여성들의 활동이라고 할 수 있다. 여성들이 이 불매 운동을 이끌었던 것이다. 식민지 여성들은 자유의 딸(Daughters of Liberty)—영국의 정책에 반대한 애국적 여성 단체—을 조직하고 "우리는 자유를 위해 차를 끊겠다"고 선언하기도 했다.

> 보스턴 '차 사건'

식민지의 여러 지도자는, 강력한 대중적 지지 속에서 1773년 마지막 몇 주 동안, 동인도 회사가 식민지 항구에 차를 하역하는 일을 막을 계획을 세웠다. 필라델피아와 뉴욕에서는 식민지인이 동인도 회사 배에서 차를 하역하는 것을 막았고, 찰스턴에서는 사람들이 차를 공공 창고에 저장했다. 보스턴에서는 애국자들이 볼 만한 드라마를 연출했다. 1773년 12월 16일 저녁, 각각 50명으로 구성된 3개 조가 모호크(Mohawk) 인디언으로 가장하고는 3척의 배에 올라 차 상자를 열고 차를 바다로 던져 버렸다. 놀라운 보스턴 '차 사건(tea party)' 소식이 퍼지자 다른 항구에서도 비슷한 저항이 잇달았다.

영국 의회는 1774년에 4개의 법을 제정해 보복했다. 이 일련의 법은 보스턴 항을 폐쇄하는 한편, 매사추세츠 자치 정부의 권한을 철저하게 축소시키고 매사추세츠의 고위 관리가 기소될 경우 다른 식민지나 영국에서 재판 받는 것을 허가하며, 식민지인이 영국 군대에 숙박을 제공해야 한다는 내용이었다. 식민지인에게는 '참을 수 없는 법(Intolerable Acts)'으로 더 잘 알려진 이 '강압적인 법(Coercive Acts)'에 뒤이어 퀘벡 법(Quebec Act)이 제정되었다. 퀘벡 법은 오하이오 강과 미시시피 강 사이의 프랑스인 마을을 포함해 퀘벡의 경계를 확장하고, 로마가톨릭교도에게 정치적 권리를 부여하며 확장된 지역 내 가톨릭 교회의 합법성을 인정한다는 내용이었다. 많은 식민지인은 영국이 자신을 교황의 권위에 복속시키려는 음모를 진행하고 있다며 불안해했다.

매사추세츠는 이 강압적인 법으로 고립되기는커녕 다른 식민지인의 눈에 오히려 순교자처럼 비쳐졌다. 이로써 해안의 남부와 북부 식민지에서는 새로운 저항의 불꽃이 튀었다. 각 식민지 의회는 매사추세츠를 지지하는 일련의 결의안을 통과시켰다. 각 여성 단체가 협력해 영국 상품 불매 운동을 확대하고, 차와 옷감 등 불매 상품의 대체물을 만들었다. 1774년 10월, 51명의 여성이 노스캐롤라이나의 이든턴(Edenton)에서 식민지 의회의 반영(反英) 결의문에 '충실히 따를 것'을 선언하고, '공공의 이익'을 위해 '할 수 있는 모든 것'을 이행할 의무가 있다고 선포하는 동의서에 서명했다.

• 강압적인 법의 결과

5

협력과 전쟁

식민지 지도자들은 1765년부터 대중의 불만을 행동으로 전환하기 위해 다양한 조직을 발전시켰다. 이러한 조직이 오래지 않아 독립 정부의 기반을 형성했다.

새로운 권력의 원천

왕실 정부로부터 식민지인에게로의 권력 이양은 지방 차원에서 시작되었다. 식민지마다 지역 기구가 단순히 권력을 장악하는 것만으로 저항운동에 부응했다. 때때로 전혀 새로운 기구가 등장하기도 했다.

이 새로운 기구 가운데 통신 위원회가 가장 효과적이었다. 버지니아가 처음으로 식민지 간 통신 위원회(intercolonial committees of correspondence)를 설립했고, 이 기구를 통해서 식민지 사이에 지속적인 협력이 가능해졌다. 1774년에 왕실이 임명한 총독이 버지니아 식민지 의회를 해산하자, 의회 잔류파가 윌리엄스버그의 롤리 호텔(Raleigh Tavern)에 모여서 참을 수 없는 법(Intolerable Acts)이 모든 식민지의 자유를 침해했다고 선포하고, 대륙 회의(Continental Congress)의 소집을 요청했다.

1774년 9월, 조지아를 제외한 모든 식민지 대표가 참석한 가운

난치병 치료

보스턴 차 사건의 여파와 대영제국이 식민지인을 벌주기 위해 제정한 강압적인 법에 대한 반응 속에서 제1차 대륙 회의는 그 법이 철회될 때까지 영국 상품을 불매할 것을 요구했다. 이 그림에서는 부유한 버지니아 상인이 수입 금지 합의를 준수한다는 협약에 서명하는 모습이 보인다. 그림 오른쪽 상단에 '난치병 치료'라는 팻말이 붙은 기둥에 송진과 깃털이 매달려 있는 것을 볼 수 있는데, 이는 대안을 제시한 것으로 놀라운 일이 아니다.

● 제1차 대륙 회의

데, 필라델피아에서 제1차 대륙 회의가 개최되었으며 여기에서 5개의 주요 사항이 결정되었다. 첫째, 그들은 영국 정부 주도의 식민지 통합 계획을 거부했다. 둘째, 불만 사항을 비교적 온건하게 표현한 탄원서를 제출했다. 여기에는 왕을 '가장 자비로운 군주'라고 칭하고 있지만, 한편으로는 1763년 이후 제정된 강압적인 법을 모조리 철회할 것을 요구하는 내용이 포함되기도 했다. 셋째, 보스턴의 영국 군대가 공격해올 경우를 대비해 군사적 준비를 제의하는 여러 결의안을 승인했다. 넷째, 영국과의 모든 교역이 중단되기를 희망하는 가운데 영국 상품 불매 운동에 동의했고, 이러한 동의를 실행하기 위해 '대륙 협회(Continental Association)'를 조직했다. 다섯째, 대표자들은 다음 해 봄에 다시 모이기로 약속했다.

런던의 영국 의회는 식민지인을 회유하는 안을 놓고 겨울 내내 논의를 거듭했다. 마침내 1775년 초, 노스 경은 회유 사항(Conciliatory Propositions)으로 알려진 일련의 조치를 승인받았다. 영국 의회는, 영국 의회가 요청하면 식민지가 스스로 세금을 부과하는 방식의 안을 제의했다. 노스 경은 이러한 방법으로, 식민지인 다수의 의견을 대표한다고 여겼던 온건파가 소수의 급진파와 분리되기를 바랐다. 그러나 그의 제안은 너무나 미약하고 너무나 늦어버린 것이었다. 이 제안이 식민지에 도달하기도 전에 이미 전쟁의 첫 번째 총성이 울린 것이다.

렉싱턴과 콩코드

매사추세츠의 농부와 타운의 주민은 몇 달 동안 무기와 탄약을

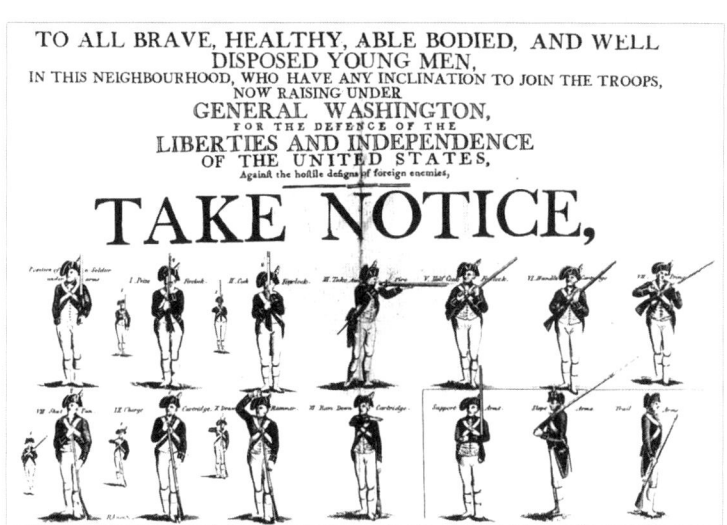

애국적인 군인 모집 포스터

이 포스터는 혁명전쟁을 수행하기 위한 군인들을 모집했던 광고이다. 애국심('미국의 자유와 독립'을 수호하자는 호소)과 허영심('멋진 군복'과 병사들의 인상적인 제식 훈련 모습) 그리고 욕심('1년에 6달러'와 '상여금 12달러'를 제시)에 호소하고 있다. (The Library of Congress)

모아놓고 '민병대원(minutemen)'으로 훈련을 받으면서 소집에 즉각 응할 수 있도록 준비했다. 대륙 회의는 방어전을 위한 준비를 승인했고, 시민병은 보스턴에 있는 영국 정규군이 공격해오기만을 기다렸다.

• 민병대원

보스턴의 영국 주둔군 지휘관 토머스 게이지 장군(General Thomas Gage)은 병력이 너무 적어 증원 부대 없이는 아무것도 할 수 없다고 생각했다. 그는 영국 군대가 보이기도 전에 식민지인은 재빨리 도망쳐버릴 것이라는 신중하지 못한 관리들의 충고를 받아

• 토머스 게이지 장군

들이지 않았다. 그는 렉싱턴(Lexington) 부근에 있다고 알려진 반란 지도자 샘 애덤스(Sam Adams)와 존 핸콕(John Hancock)을 체포하라는 명령을 받았을 때에도 여전히 망설였다. 그러나 민병대가 보스턴에서 18마일 떨어진 콩코드(Concord)에 많은 양의 탄약을 저장하고 있다는 이야기를 듣고는 행동하기로 결정했다. 1775년 4월 18일 밤, 게이지 장군은 1,000명 규모의 분견대를 렉싱턴으로 파견했다. 그는 단지 식민지 주민을 놀라게 해서, 피를 흘리지 않고 불법적인 무기를 탈환하기를 기대했다.

그러나 보스턴의 애국자들은 영국군의 움직임을 가까이에서 주시했다. 그날 밤, 두 명의 기수 윌리엄 도스(William Dawes)와 폴 리비어(Paul Revere)가 마을과 농장에 경고하기 위해 말을 타고 달렸다. 영국군이 다음 날 렉싱턴에 도착했을 때에는 이미 수십 명의 민병대원이 타운의 공유지에서 그들을 기다리고 있었다. 총성이 울렸고 민병대원들이 쓰러졌다. 8명이 죽고 10명이 다쳤다. 콩코드로 진격하던 영국군은 식민지인이 서둘러 대부분의 탄약품을 옮겨놓았음을 알게 되었다. 영국군은 농부들이 나무, 바위, 돌담 뒤에 숨어 총을 쏘는 통에 콩코드에서 보스턴에 이르는 길 내내 진땀을 흘려야 했다. 해가 질 때까지 영국군은 식민지인 희생자의 거의 3배에 달하는 희생자가 발생했다.

• 첫 번째 총성

아메리카인이 후에 '전 세계에 울려 퍼진 총성'이라고 표현한 첫 번째 총성이 울려 퍼졌다. 그러나 누가 먼저 총을 쏘았는가? 렉싱턴의 한 민병대원의 이야기에 의하면, 영국군 지휘관인 토머스 핏케언 소령(Major Thomas Pitcairn)이 도착하자마자 식민지인에게 "반역자들아, 모두 해산하라!"고 외쳤다고 한다. 그러나 식민지인이 이

렉싱턴 전투와 콩코드 전투(1775)

이 지도는 미국 혁명의 첫 번째 전투로 이어진 일련의 우화적인 사건을 보여준다. 1775년 4월 18일 밤, 폴 리비어와 윌리엄 도스는 영국 군대의 진격을 알리기 위해 말을 타고 보스턴에서 주변의 다운으로 향했다. 그 과정에서 리비어는 렉싱턴 서쪽에서 영국 군대에 붙잡혔으나, 도스는 도망쳐 보스턴으로 귀환했다. 다음 날 아침, 영국 군대가 보스턴을 빠져나와 렉싱턴으로 움직였고, 렉싱턴 공유지에서 무장한 민병대와 총격전을 벌였다. 영국 군대는 렉싱턴에서 식민지인을 해산시켰다. 그러나 콩코드로 진군하자마자, 그곳에서 보다 많은 수의 민병대와 마주쳤고, 다시 한 번 충돌했다. 영국군은 보스턴으로 쫓겨갔고, 보스턴에 이르는 길 내내 소총을 든 민병대의 위협을 받았다.

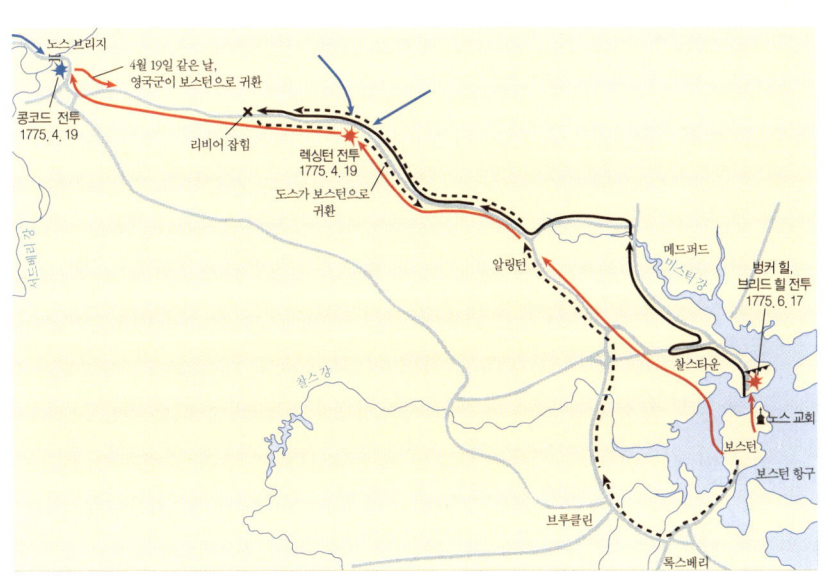

말을 무시하자 그가 군대에 발포 명령을 내렸다는 것이다. 영국군 장교와 병사는 민병대가 먼저 총을 쏘았다고 주장했다. 진실이야 어떻든 간에, 반역자들은 영국 군대측보다 자기편의 이야기를 더 빨리 퍼뜨리는 데 성공했고, 여기에 영국군이 잔악 행위를 저지른 것처럼 이야기를 꾸며 넣었다. 그 결과 수천의 식민지인이 항거를 위해 일어났다.

• 독립 전쟁의 시발점

렉싱턴과 콩코드에서 벌어진 사소한 충돌이 전쟁의 첫 번째 전투였는지 아닌지는 확실하지 않았다. 그러나 당시 사람들이 이를 인식했든 못했든 간에, 독립을 향한 전쟁은 이미 시작되었다.

결론

1763년에 프랑스-인디언 동맹 전쟁이 끝났을 당시, 아메리카 대륙의 영국 식민지인과 대영제국 본토의 관계가 그 어느 때보다 굳게 결속될 것으로 기대한 것은 어쩌면 타당해 보일지 모른다. 그러나 실제로는, 전쟁이 끝나자 영국이 식민지와의 관계에 변화를 주었고, 이로 인해 식민지인은 끝내 영국의 지배에 저항해 독립을 향한 전쟁을 시작하게 되었다. 영국은 이 전쟁을 통해 아메리카 식민지인을 더 강압적으로 지배해야 한다고 결론내렸다. 제국은 이제 더욱 거대해졌고, 더 나은 행정을 필요로 했다. 영국 정부는 전쟁으로 엄청난 부채를 안게 되었고, 전쟁의 최대 수혜자인 식민지인이 이를 갚는 데 일조해야 한다고 생각했다. 그래서 전쟁이 끝나고 10년 이상 식민지인에 대한 지배를 강화하고 그들로부터 돈을 뽑아내는 전략을 하나씩 실행하려고 했다.

식민지인에게 제국의 지배력 강화는 자신들이 전쟁에서 치른 희생에 대한 배신이자 오랫동안 발전시켜 온 자치권에 대한 도전으로 비쳤다. 식민지인은 점차 영국의 정책을 신세계에 독재정치를 수립하려는 음모로 여기게 되었다. 따라서 1760년대와 1770년대를 거치면서 보다 공공연하고 효과적인 저항의 형태를 발달시켰다. 1775년 혁명의 첫 번째 총성이 울릴 즈음에는 영국과 아메리카 식민지는 서로를 매우 다른 사회로 보게 되었다. 도저히 양립할 수 없어 보이던 그 차이로 인해 그들은 전쟁으로 치달았고, 이로써 두 나라 역사의 방향이 바뀌게 되었다.

1775	1776	1777	1778
제2차 대륙 회의/ 워싱턴, 대륙군 지휘	토머스 페인의 《상식》/ 독립선언/트렌턴 전투	'연합 헌장' 채택/ 영국군이 새러토가 전투에서 패배	프랑스-미국 동맹 체결

5장
미국 혁명

영국의 항복

1781년 10월에 그려진 이 그림은, 요크타운에서 영국군이 공식적으로 항복하는 장면을 묘사한 것이다. 그 오른쪽으로 일렬로 늘어선 미국 군대와 거대한 프랑스 함대들이 보인다. 이는 영국이 패배한 이유의 일단을 암시하는 것이기도 하다. 영국군 사령관 콘월리스(Cornwallis)는 이 조인식에 참석하지 않고 대신 부관을 그 자리에 파견했다.

1781	1783	1784	1786	1787
'연합 헌장' 비준/ 콘월리스, 요크타운에서 항복	파리에서 평화 조약 체결	전후 불황 시작	셰이스 반란	북서부 영지법

1775년 4월에 전쟁이 시작된 후 7년 동안, 두 가지 양상의 충돌이 동시에 발생했다. 하나는 영국과의 군사 충돌이었고, 또 하나는 아메리카 식민지 내부의 정치 충돌이었다.

훗날의 전쟁 기준으로 보면, 당시의 군사 충돌은 비교적 사소했다. 그러나 당시의 기준에서는 군대와 군대가 맞섰을 뿐 아니라 민간인이 막강한 외래 병력에 대항해 싸운 매우 비정한 전쟁이었다. 전통적이고 인습적인 전쟁에서 자유를 위한 혁명전쟁이라는 새로운 종류의 투쟁으로 전환됨으로써 미국은 보다 강력한 영국에 맞서 승리할 수 있었다.

동시에 아메리카 식민지인은 이 전쟁이 필연적으로 초래한 커다란 정치 문제와 씨름했다. 처음에는 영국으로부터 독립할 것인지 말 것인지가, 그 다음에는 그들이 선언한 새로운 나라를 어떻게 조직할 것인지가 문제였다.

1
연합국가

일부 식민지인이 오래전부터 영국과 군사 충돌이 일어나리라 예상했음에도 1775년에 실제로 충돌이 일어났을 당시 식민지는 전반적으로 세계에서 가장 강한 군대에 맞설 준비가 되어 있지 않았다.

전쟁 목적의 규명

렉싱턴과 콩코드에서 식민지인과 영국군 사이에 충돌이 있은 지 3주 후, 그때까지 대표를 파견하지 않은 조지아를 제외한 모든 식민지 대표가 참석한 가운데 필라델피아에서 제2차 대륙 회의가 열렸다. 대표들은 여기서 전쟁 지원에 동의했다. 그러나 전쟁의 목적에 대해서는 합의를 보지 못했다. 한 쪽에는 존 애덤스와 그의 사촌 새뮤얼 애덤스, 버지니아의 리처드 헨리 리(Richard Henry Lee) 등이 이끄는, 이미 독립을 선호하는 무리가 있었고, 다른 한 쪽에는 펜실베이니아의 존 디킨슨(John Dickinson)처럼 영국과 조속히 화해하기를 희망하는 온건파가 있었다.

대부분의 식민지인은 처음에는 독립이 아니라 대영제국 내부에서 불만 사항을 시정하기 위해 싸운다고 생각했다. 그러나 전쟁이 일어나고 1년만에 대부분 생각을 바꾸기 시작했다. 전쟁의 대가가 너무도 커 이를 정당화하기에는 전쟁의 초기 목적이 너무 온건해 보

• 전쟁 목적에 대한 서로 다른 시각

이기 시작했던 것이다. 식민지인은 영국이 인디언과 아프리카 흑인 노예, 독일인 용병—증오스러운 '헤세 인(Hessians)'—을 신병으로 모집하자 분노했다. 그리고 영국 정부가 식민지 항구를 봉쇄하고 화해의 노력을 딱 잘라 거부하자 많은 식민지인은 독립이 남아 있는 유일한 선택이라고 결론내렸다.

• 《상식》

1776년 1월에 토머스 페인(Thomas Paine)이 쓴 《상식(*Common Sense*)》이라는 감동적인 팸플릿이 나온 이후, 식민지인의 이러한 생각이 구체화되었다. 페인은 영국에서 아메리카로 이주한 지 2년이 채 안 되는 인물이었다. 그는 영국 의회의 특정 조치에 대한 식민지인의 분노를, 그 자신이 문제의 근원이라고 생각한 영국 헌법 자체로 돌리려고 애썼다. 그는 신민을 잔혹하게 괴롭히는 영국식 정치체제와 완전히 결별하는 것이 아메리카인에게는 하나의 상식이라고 썼다. 《상식》은 발행된 지 수 개월 만에 10만 부 이상 팔려나갔고, 1776년 초 독립에 대한 지지가 급속도로 확산되는 데 일조했다.

독립선언

• 독립선언

한편, 필라델피아의 대륙 회의는 영국과의 완전한 결별을 향해 움직이고 있었다. 여름이 시작되자 대륙 회의는 공식적인 독립선언을 기초할 위원회를 임명했고, 1776년 7월 2일에 다음과 같은 내용의 결의문을 채택했다. "식민지 연합(United Colonies)은 자유롭고 독립된 나라가 되어야 하며, 또한 그렇게 될 권리가 있다. 영국 왕에 대한 모든 의무에서 벗어날 것이고 식민지 연합과 대영제국이 맺고 있던 모든 정치적 관계는 완전히 해체될 것이며, 그렇게 되어야 한다."

이틀 후 7월 4일에는 '독립선언서(Declaration of Independence)' 자체를 승인해 이틀 전에 식민지 대표들이 취했던 행동을 공식적으로 정당화했다.

'독립선언서' 이후 왕성한 정치적 변혁의 시기가 도래했다. 각각의 식민지가 '주(state)'로 개편하기 시작했다[1789년 헌법이 제정되고 중앙정부의 권한이 커질 때까지 주는 주권을 지닌 국가와도 같았다—옮긴이]. 그리고 1781년에는 대부분의 주가 주 헌법을 만들었으나 국가적 차원에서는 그 진행 과정이 불확실했다. 1777년 11월, 대륙 회의는 마침내 통합을 위한 안, 바로 '연합 헌장(Articles of Confederation)'을 채택했다. 이 문서는 이미 운영되고 있는 약하고 권한이 분산된 체제를 재확인하는 것이었다.

• '연합 헌장'

버지니아 대표인 33세의 토머스 제퍼슨(Thomas Jefferson)이 벤저민 프랭클린과 존 애덤스의 도움을 받아 '독립선언서'의 대부분을 기초했다. 이 선언서에는 지난 몇 달 동안 최소한 90가지 다른 형태의 여러 지역의 '독립선언서'들, 즉 해안 주변의 타운 회의, 장인 및 무장 조직, 카운티 관리, 법원 판사, 자유의 아들(Sons of Liberty), 식민지 의회 등에서 선언한 여러 '독립선언서'를 통해 식민지 전역에 유포된 개념이 표현되어 있었다. 제퍼슨은 이러한 여러 문서에서 많은 내용을 빌려왔다.

• 토머스 제퍼슨

완성된 선언서는 크게 두 부분으로 구성되었다. 첫 번째 부분은 친숙한 존 로크의 계약론을 재진술한 것이었다. 즉, 정부는 제퍼슨이 말한 '생명, 자유 그리고 행복 추구'를 보장해주기 위해 수립되었다는 대목이다. 두 번째 부분에는 왕의 죄목을 열거했다. 즉, 왕은 영국 의회의 배후에서 식민지인과 맺은 계약을 위반했고, 그리하여 식민지인에게 충성을 요구할 일체의 권리를 몰수당한다는 내용이었다.

전쟁 동원

전쟁 비용을 대는 일은 매우 힘들었다. 대륙 회의는 권한이 없을 뿐만 아니라, 각각의 주도 일반적으로 주민들에게 세금을 부과할 마음이 별로 없기 때문이었다. 대륙 회의는 그 자체 과세 권한이 없었고, 각 주 정부에 돈을 요구해도 기대한 몫의 일부밖에는 받지 못했다. 대륙 회의는 일반인에게 돈을 빌리는 데에도 성공하지 못했는데, 그것은 공채를 살 여유가 있는 사람이 거의 없었기 때문이다. 결국에는 지폐 발행 외에 다른 대안이 없었다. 대륙 회의는 엄청난 양의 '대륙 통용 지폐'를 발행했고, 각각의 주도 자체적으로 화폐를 발행했다. 그 결과, 당연하게도 엄청난 인플레이션이 발생하자, 대륙 회의는 화폐가 실질적으로 아무런 쓸모가 없음을 알게 되고, 종국에는 다른 나라에서 돈을 빌려야 했다.

1775년 애국주의가 처음으로 고조된 이후, 아주 소수의 사람만이 군대에 자원했다. 각 주는 군인을 모집하기 위해 보조금을 지급하거나 필요한 인원을 강제로 징발해야 했다. 처음에는 각 주마다 민병대원이 있었다. 그러나 대륙 회의는 군대를 중앙에서 통제해야 할 필요성을 느끼고, 조지 워싱턴(George Washington) 장군 휘하에 대륙군(Continental army)을 창설했다. 워싱턴은 이미 상당한 군사적 경험을 쌓았고 일찍부터 독립을 주창한 사람이었다. 그는 거의 모든 애국파(Patriots)의 존경과 신임을 받았다. 1775년 6월, 워싱턴

혁명군 병사

혁명 시기에 아메리카 식민지에서 복무한 프랑스군 장교 쟝 밥티스트 드 베르제(Jean Baptist de Verger)는 자신의 경험을 삽화와 함께 기록했다. 여기에 그는 서로 다른 무기를 들고 있는 4명의 식민지 병사, 즉 가벼운 라이플총을 든 흑인 보병, 구식 소총병, 라이플총을 든 병사, 포병을 묘사했다.

이 새 군대의 지휘봉을 잡았다. 그는 프랑스에서 온 라파예트 후작(Marquis de Lafayette)과 프러시아의 폰 슈토이벤 남작(Baron von Steuben)같은 외국 출신 군사 전문가의 도움을 받아, 세상에서 가장 막강한 군사력을 가진 나라에 대항해 그들을 이겨 낼 힘을 길렀다. 이보다 더 중요한 점은, 워싱턴의 끈기와 용기, 대의를 향한 헌신이 군대와 민간인에게 단결할 수 있는 불변의 상징이 되었다는 사실이다.

〈과거를 논하며〉

미국 혁명

　미국 혁명의 기원에 관해서는 오래전부터 논쟁이 계속되어 왔는데, 여기에는 으레 두 가지 유파의 해석이 있다. 하나는 혁명을 주로 정치적이고 사상적인 사건으로 보는 견해이며, 다른 하나는 혁명을 사회적이고 경제적인 현상으로 보는 견해다.

　혁명 세대는 이 갈등을 이상을 위한 투쟁으로 묘사했고, 이러한 해석이 19세기 내내 우세했다. 그러나 20세기 초, 혁신주의 시기의 개혁적 흐름에 영향 받은 역사가들은 사회·경제적 요인이 저항을 불러일으키는 데 기여했다고 지적하기 시작했다. 예를 들어, 칼 베이커(Carl Baker)는 뉴욕에 관한 1909년의 연구에서 다음과 같은 두 가지 문제가 혁명을 구체화했다고 서술했다. "첫째는 자치에 관한 문제였고, 두 번째는 누가 지배할 것이냐의 문제였다." 식민지인은 영국인과 싸웠을 뿐만 아니라, 급진파와 보수파 간의 힘 겨루기, 곧 일종의 내전(civil war)을 치렀다는 것이다.

　다른 '혁신주의' 사가는 베이커의 논제를 더욱 정교화했다. 프랭클린 제임슨(J. Franklin Jameson)은 1926년에 쓴 글에서 "여러 가지 경제적 욕망, 여러 사회적 갈망이 정치투쟁으로 분출되었고, 이 분출된 힘 때문에 사회의 여러 분야가 심대하게 변화했다"고 주장했다. 그리고 아서 슐레진저(Arthur M. Schlesinger)는 1917년에 출간한 책에서, 식민지 상인이 제약 많은 영국의 중상주의 정책을 피하기 위해 1760년대와 1770년대에 식민지인의 저항을 이끌어냈다고 주장했다.

　1950년대에 들어 새로운 학파가 등장해 이념의 역할을 재강조하는 한편, 경제적 이해관계의 중요성을 깎아내렸다. 1955년 로버트 브라운(Robert E. Brown)과 1956년 에드먼드 모건(Edmund S. Morgan)은 18세기에는 대부분의 미국인이 공통된 정치 원리들을 공유했고, 혁신주의자들이 말한 사회적·경제적 갈등은 그리 격심한 것이 아니었다고 주장했다.

그들에 따르면, 혁명이라는 수사는 선동이 아니라 식민지인의 사상을 진정으로 반영한 것이었다. 버나드 베일린(Bernard Bailyn)은 《미국 혁명의 사상적 기원(The Ideological Origins of the American Revolution)》(1967)에서 혁명의 저변에 깔려 있는 복잡한 사상적 기원을 논증했고, 이같이 신중하게 형성된 정치적 입지는 경제적 이해관계를 위한 위장이 아니라 권리와 권력에 관한 확신에 깊이 뿌리내린 진정한 사상이라고 주장했다. 그의 설명에 따르면 혁명은 "사회 또는 경제조직의 변화를 강요하기 시작한 사회집단 간의 갈등이 아니라, 무엇보다도 사상적·법적·정치적인 투쟁"이었다.

1960년대 말에는 신좌파의 영향을 받은 신세대 역사가들이 다시 한 번 경제적 해석을 시도하는데, 그들은 식민지의 사회·경제적 긴장이 혁명적 투쟁을 조성했다고 주장했다. 역사가들은 식민지 도시 군중의 행위, 식민지 상인에게 가해진 경제적 압력, 식민지 도시의 경제적 곤궁 심화, 식민지 사회 및 문화의 성격 변화 등이 혁명의 중요한 전제조건이 되었다고 지적했다. 게리 내시(Gary Nash)는 경제적 이해관계에 대한 강조와 사상의 역할을 조화시키려고 하면서 양자가 서로 양립할 수 없는 것이 아니라고 강조했다. 그는 "모든 사람은 경제적 이해와 더불어 사상을 지니고 있다"고 주장하며, 양자 간의 관계를 탐구하는 것이야말로 역사가가 양자를 이해하는 관건임을 강조했다. 또한 린다 커버(Linda Kerber)를 비롯한 다른 역사가는 새로운 사회적 해석을 제시하면서 전에는 혁명적 투쟁을 설명하는 데 도외시되었던 노동자, 노예, 여성, 원주민, 여타 다른 집단의 경험에 점점 더 많은 관심을 기울였다.

마지막으로 고든 우드(Gordon Wood)는 《미국 혁명의 급진주의(The Radicalism of the American Revolution)》(1992)에서 한때는 유력했으나 근자에는 주목받지 못한 사상의 중요성을 다시 상기시켰다. 그에 따르면, 혁명은 오랫동안 식민지 사회의 특성으로 간주되어온 복종, 가부장 제도, 전통적인 성 역할 등의 붕괴를 가져온, 정말이지 급진적인 사건이었다. 그는 혁명이 계급 간 갈등으로 초래된 것은 아니지만 미국 사회에 근본적이고 과격한 영향을 미쳤다고 주장했다.

2

독립을 위한 전쟁

독립 전쟁이 시작되었을 당시에는 영국이 전적으로 유리해 보였다. 영국은 세계에서 가장 강력한 해군과 군사 장비를 갖추었으며, 제국으로서 자원이 있었고, 일관된 지휘 체계를 형성하고 있었다. 그러나 미국 역시 유리한 점이 있었다. 미국인은 자기 땅에서 싸우고 있었던 것이다. 따라서 그들은 영국인보다 전쟁에 더 전념했다. 게다가 1777년에 들어서면서 상당한 해외 원조도 받았다.

그러나 미국의 승리는, 이 전쟁에서 승리할 수 있었던 영국이 전쟁 초반에 여러 가지 실수와 계산 착오를 범한 때문이었다. 그리고 결국 영국으로서는 막강한 군사력에도 세 가지 국면을 거치면서 이길 수 없는 새로운 종류의 전쟁으로 전환된 결과이기도 했다.

첫 번째 국면: 뉴잉글랜드

● 벙커힐 전투

1775년 봄부터 1776년 봄까지, 전쟁 첫 해 동안에 영국 당국은 실제로 전쟁을 치르고 있다고는 생각하지 않았다. 단지 영국 군대가 보스턴 주변의 말썽 많은 지역에서 국지적인 반란을 진압하는 중이라고 생각했다. 4월에 렉싱턴과 콩코드에서 영국군이 철수한 후, 식민지 군대는 보스턴에서 영국 군대를 포위하여 공격했다. 애국파들은 1775년 6월 17일에 치른 벙커힐 전투(Battle of Bunker Hill)—실제로는 브리드힐(Breed's Hill)에서 싸웠다—에서 많은 사상자를 내

북부의 혁명전쟁(1775~1776)

보스턴과 그 주변에서 초기에 몇 번의 전투를 치른 이후, 영국 군대는 잠시 캐나다 핼리팩스(Halifax)에서 머문 뒤 매사추세츠를 떠나 남쪽, 뉴욕으로 이동했다. 그러는 사이 미국 군대는 몬트리올과 퀘벡에 자리한 영국 군대의 거점을 공략하기 위해 북쪽으로 이동했지만 성공하지 못했다.

고 철수했다. 그러나 영국 측에는 더 많은 사상자가 발생했고, 포위 공격은 계속되었다. 그러던 1776년 초, 영국은 결국 보스턴이 싸우기에 부적합한 곳이라고 결론내렸다. 이곳은 아메리카에서 영국에 가장 반감을 많이 가진 지역이었고, 고립되거나 포위되기 쉬워 전략

상 방어하기가 어려운 지역이었다. 따라서 1776년 3월 17일, 영국군은 수백 명의 충성파(Loyalist) 망명자와 함께 보스턴을 떠나 노바스코샤의 핼리팩스(Halifax)로 향했다.

• 캐나다 공격

그러는 사이 남부의 애국파 무리가 1776년 2월 27일, 노스캐롤라이나의 무어 크리크 다리(Moore's Creek Bridge)에서 여전히 영국과 그 왕에게 충성하는 미국인 충성파의 반란을 진압했다. 그리고 미국인은 북쪽으로 캐나다를 공격하기 시작했다. 베네딕트 아놀드(Benedict Arnold) 장군과 리처드 몽고메리(Richard Montgomery) 장군은 1775년 말과 1776년 초에 퀘벡을 위협했으나 실패했다. 이 도시 공격 중에 몽고메리는 전사했고 아놀드는 부상당했다.

1776년 봄 무렵에는 영국인도 이 전쟁이 국지적인 충돌이 아님을 확실히 알게 되었다. 미국인의 캐나다 공격, 남부의 반란, 점차 가시화되고 있는 식민지의 통합 움직임, 이 모든 것이 영국에게는 훨씬 더 큰 규모의 전투를 준비해야 함을 시사하고 있었다.

두 번째 국면 : 대서양 중부 지역

영국이 전쟁에서 승산이 가장 컸던 때는 1776년부터 1778년 초까지 계속된 전쟁의 두 번째 국면에서였다. 실제로 큰 실수와 불운만 없었더라면, 이때 반란을 진압할 수 있었다.

• 윌리엄 하우 장군

영국군은 보스턴에서 패퇴한 후 신속하게 재조직되었다. 1776년 여름 동안, 수백 척의 영국 함대와 3만 2,000명의 병사가 윌리엄 하우(William Howe) 장군의 지휘하에 뉴욕에 도착했다. 하우 장군은 대륙 회의에 왕에게 항복하고 사면을 받을 것인지 아니면 압도적으로 우위에 있는 영국군에 대항해 전쟁을 수행할 것인지 둘 중 하나를 선택하라고 제의했다. 워싱턴이 하우의 막강한 군대에 대항하기 위해 동원할 수 있는 병사는 기껏해야 1만 9,000명 정도에 지나지 않았고, 그나마 해군은 존재하지도 않았다. 그러나 식민지인은 하우의 제의를 거절했다. 이에 영국군은 애국파 병력을 롱아일랜드 밖으로 밀어붙여 맨해튼(Manhattan)을 포기하도록 만들었으며, 그런 다음 서서히 뉴저지 평야를 가로지르고, 델라웨어 강을 넘어 펜실베이니아로 몰아냈다.

> 트렌턴과 프린스턴

영국군은 겨울 동안 뉴저지 북중부 델라웨어 강 인근 트렌턴(Trenton)에 있는 독일인 용병 헤세인(Hessians)의 전초기지에서 주둔했다. 그러나 워싱턴은 가만히 앉아 있지 않았다. 1776년 크리스마스 날 밤, 대담하게도 얼어붙은 델라웨어 강을 건너 헤세인을 놀라 흩어지도록 만들어, 트렌턴을 점령했다. 그런 뒤 프린스턴으로 진격해 그곳 대학에 본부를 두고 있던 영국 군대를 몰아냈다. 그러나 워싱턴은 프린스턴도 트렌턴도 고수할 수 없었다. 결국 모리스타운(Morristown) 인근 언덕으로 피신해 남은 겨울을 났다. 이렇게 식민지인이 두 번의 소규모 전투에서 승리를 거두고 주력부대가 아직 건재한 채로 1776년의 전투는 막을 내렸다.

영국군은 1777년에 치를 전투에 대비해 미국을 양 방향에서 공략할 전략을 구상했다. 그 전략에 따르면, 하우는 뉴욕에서 위로 허드슨 강을 따라 올버니로 진격하고, 다른 부대는 캐나다에서 아래쪽으로 진격해 하우의 부대와 합류하게 되어 있었다. 북쪽 부대의 지휘관 존 버고인(John Burgoyne)은 부대를 두 갈래로 나누어 모호크 강과 허드슨 강 상류 양쪽에서 남쪽으로 올버니에 접근하기 위한 공략을 시작했다. 그러나 하우는 계획을 실행에 옮기는 과정에서 자신이 맡은 계획 일부를 포기했다. 버고인을 맞으러 북쪽으로 이동하는 대신, 남쪽으로 내려가 필라델피아를 공격했다. 반란의 중심 도시를 포위하면 전쟁이 급속히 종결될 것이라고 기대했기 때문이다. 필라델피아는 별 저항없이 하우의 수중에 떨어졌고, 대륙 회의는 펜실베이니아의 요크로 피신했다. 10월 4일 애국파가 필라델피아 바로 외곽에 있는 저먼타운(Germantown)에서 영국군을 공격했으나 실패했고, 이후 워싱턴은 퍼지 계곡(Valley Forge)에서 남은 겨울 동안 주둔했다.

하우가 필라델피아로 이동하자, 버고인은 북쪽에서 홀로 전쟁을 치러야 했다. 버고인은 배리 세인트 레저 대령(Colonel Barry St. Leger)을 세인트로렌스(St. Lawrence) 강을 따라 온타리오 호(Lake Ontario)로 향하도록 했다. 버고인 자신은 허드슨 계곡 상류로 곧바로 진격해 내려가 쉽게 타이콘데로가 요새(Fort Ticonderoga)를 점령했다.

● 새러토가 전투 승리

그러나 곧 두 차례의 큰 패배를 경험했다. 8월 6일 뉴욕의 오리스카니(Oriskany)에서 애국파가 인디언 부대 및 레저 지휘하의 토리파(Tories)를 쫓아낸 것이 그 첫 번째 패배이다. 그 때문에 베네딕트 아놀드는 모호크 계곡을 차단해 레저의 진군을 막을 수 있었다. 두 번째는, 8월 16일에 뉴잉글랜드 민병대가 버몬트(Vermont)의 베닝턴(Bennington)에서 버고인이 보급품을 구하라고 보낸 분견대를 혼내준 일이다. 버고인은 물자가 부족하고, 모든 지원이 차단된 상태에서 몇 차례 전투 끝에 큰 희생을 치르고는 새러토가(Saratoga)로 철군했다. 그러나 이곳에서 호레이쇼 게이츠(Horatio Gates) 장

중부 식민지의 혁명전쟁(1776~1778)

이 세 지도는 1776년부터 1778년 사이에 중부 식민지—뉴욕, 뉴저지, 펜실베이니아—에서 벌어졌던 주요 전투를 보여주고 있다. 왼편의 큰 지도에는 두 갈래로 진행된 영국의 전략이 드러나 있다. 한 갈래는 캐나다에서 남쪽으로 허드슨 계곡으로 이동하고 있고, 다른 한 갈래는 윌리엄 하우 장군 휘하 부대로, 뉴욕에서 나와 이동하고 있다. 이는 두 부대 사이에 식민지 군대를 가두려는 전략이었다. 오른 편 두 개의 작은 지도는 몇몇 주요 전투를 보다 상세하게 보여준다. 위쪽 지도는 새러토가에서 식민지군이 거둔 놀라운 승리를 나타내고, 아래쪽 지도는 1777년과 1778년에 뉴욕과 필라델피아 사이에서 벌어진 일진일퇴의 전투 양상을 보여준다.

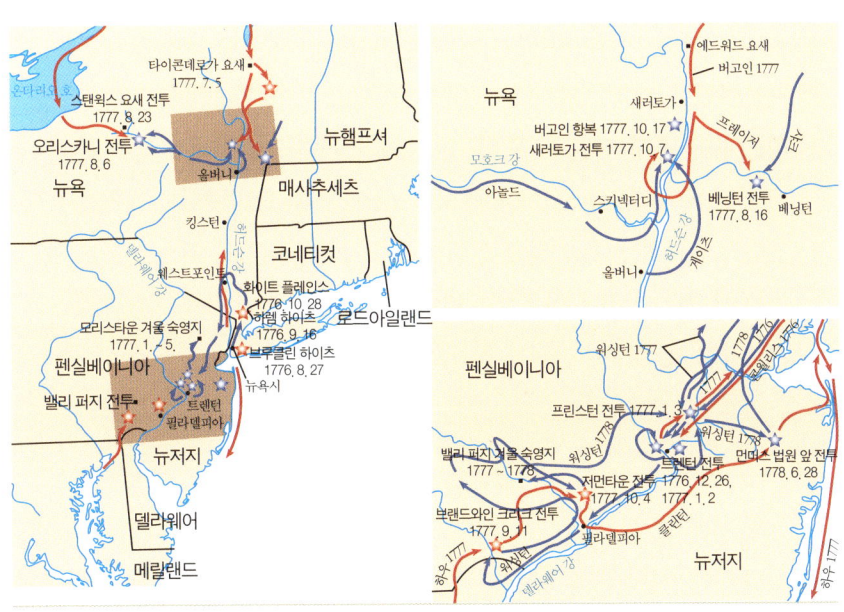

군에게 포위되었고, 1777년 10월 17일에 마침내 항복했다.

뉴욕 북부에서 치른 전투는 영국군의 패배였을 뿐만 아니라, 여러 이로쿼이 연맹 지도자의 야심찬 노력이 저지당한 것이기도 했다. 이로쿼이 연맹은 1776년에 독립 전쟁에 대해 중립을 선언했지만, 연맹에 소속된 일부 인디언이 영국과 동맹을 맺었던 것이다. 그들 중에는 모호크족 남매 조셉 브란트(Joseph Brant)와 메리 브란트(Mary Brant)도 있었다. 이 동맹은 이미 약해진 연맹을 더욱 분열시키는 불운을 가져왔다. 이로쿼이 연맹 중에서 오직 세 부족(모호크족, 세네카족, 카유가족)만이 영국을 지지하는 브란트 남매를 따른 때문이었다. 오리스카니에서 패배하고 1년 후, 이로쿼이 인디언 병력은 뉴욕 북부 백인 거주지를 몇 차례 습격하는 과정에서 영국 측에 가담했다. 존 설리번(John Sullivan) 장군 휘하의 애국파 병력은 잔인하게 보복했다. 그들은 인디언 거주지를 파괴하는 것으로 분노를 쏟아냈던 것이다. 이에 이로쿼이 인디언 대부분이 북쪽 캐나다로 도망갔고, 상당수가 다시는 돌아오지 않았다.

해외 원조의 확보

식민지 지도자들은 해외의 도움 없이는 승리할 수 없음을 알아차렸다. 그리고 가장 유력한 동맹은 프랑스임을 깨달았다. 영국이 제국의 결정적인 부분을 상실하게 될 경우 프랑스는 많은 것을 얻을 수 있을 것이라고 믿었다. 처음에 프랑스는 미국에 아주 긴급한 물자를 공급했지만, 공식적으로 이 새로운 국가를 승인하는 것은 꺼려했다. 독립선언 이후 벤저민 프랭클린(Benjamin Franklin)이 직접

원조와 외교적 승인을 구하기 위해 프랑스로 갔다. 프랭클린은 프랑스인에게 영웅 대접을 받았으나, 프랑스 외무상 베르젠 백작(Count de Vergennes)은 미국이 승산이 있다고 믿을 만한 증거를 원했다. 프랭클린은 새러토가에서 영국군이 패배한 사실이 그 증거가 될 것이라고 믿고 제출했다.

1777년 12월 초, 새러토가 소식이 런던과 파리에 전해지자, 충격을 받은 노스 경은 또 다른 평화안을 제안했다. 식민지인이 전쟁을 그만두기만 한다면 제국 내에서 아메리카 식민지인에게 완전한 자치를 허용하겠다는 내용이었다. 베르젠은 미국인이 이 제의를 받아들여 프랑스가 영국을 약화시킬 기회를 잃어버리지나 않을까 걱정했다. 1778년 2월 6일, 베르젠은 프랭클린의 격려에 힘입어 미국을 공식적으로 주권국가로 인정하고 미국에 대한 군사원조를 확대할 것을 약속했다.

• 프랑스의 외교적 승인

프랑스의 결정에 따라 이 전쟁은 국제전으로 확대되었다. 그 후 수년 동안 프랑스와 스페인, 네덜란드가 영국에 맞섰다. 따라서 영국은 미국과의 전쟁에 총력을 기울일 수 없었다. 프랑스는 미국에게 가장 중요한 동맹국이었다. 프랑스는 신생국에게 돈과 군수품을 조달해주었고, 이 혁명전쟁의 마지막 국면에서 승리를 위해 절대 없어서는 안 될 해군과 원정군을 제공했다.

마지막 국면: 남부

새러토가에서의 승리와 프랑스의 개입으로 전쟁의 국면이 전환되었다. 영국은 식민지 군대에 대항해 전면전을 치르기보다는 이제

> 영국의
> 남부 전략

식민지인 가운데 아직도 영국 왕에게 충성을 바치는 사람들의 지지를 얻어내려고 애썼다. 충성파 정서가 강한 지역인 데다가 노예의 합류를 기대하여 영국은 남부로 관심을 돌렸다.

새 전략은 비참하게 실패했다. 영국군은 1778년부터 1781년까지 3년 동안 남부를 가로지르며 이동했다. 그러나 그들은 충성파 정서를 과대평가했고, 그곳에서 부닥치게 될 병참 문제를 과소평가했다. 애국파 병력은 이 지역 전체를 마음대로 오가며 시민과 어울렸기 때문에, 영국인은 적과 친구를 구분하기 어려웠다. 반면 영국인은 적지에 투입된 군대가 겪을 수 있는 불리한 상황을 모두 다 겪었다.

> 남부의
> '혁명' 전투

바로 이 국면에서 전쟁은 '혁명화'되었다. 새로운 종류의 전투가 도입되었을 뿐만 아니라, 이로 인해 많은 사람이 전쟁에 동원되어 정치화되었기 때문이다. 이전에는 고립되었던 지역으로까지 전쟁이 확대되면서, 좋든 싫든 많은 민간인이 전쟁에 연루되었고 그에 따라 미국의 정치 기후도 어느 때보다 뜨겁게 달구어졌다. 그리고 독립에 대한 지지가 사그러들기는커녕 오히려 더욱 커졌던 것이다.

북부의 전투는 교착상태에 빠졌다. 1778년 5월, 헨리 클린턴 경(Sir Henry Clinton)이 실패한 윌리엄 하우를 대신하고 하우의 부대를 필라델피아에서 뉴욕으로 후퇴시켰다. 영국군은 이곳에서 1년 이상 주둔했다. 그러는 동안 조지 로저스 클라크(George Rogers Clark)가 애국파 원정대를 이끌고 애팔래치아 산맥을 넘어 영국인과 인디언에게서 일리노이 지역의 여러 정착지를 탈환했다. 그러나 전반적으로 1778년 이후 북부에서는 비교적 군사적 충돌이 적었다. 그러나 심각한 배신행위가 있었다. 1780년 가을, 식민지 군대는 베네딕트 아놀드 장군 측의 배신이 드러나 커다란 충격을 받았다. 아놀드는 미국에 승산이 없다고 판단하고 영국 측 대리인과 함께 허드슨 강가 웨스트포인트(West Point)에 있는 애국파 거점을 침공할 음모를 꾸몄다. 이 음모가 발각되어 실패하자 아놀드는 영국군 진영으로 도망가서 전쟁이 끝날 때까지 그곳에 머물렀다.

영국군은 이 기간에 상당히 중요한 승리를 거두었다. 1778년 12월 29일에 조지아의 서배너(Savannah)를 점령했으며, 1780년 5월 12일에는 사우스캐롤라이나의 찰스턴 항구를 점령하고 내륙으로 진출했다. 그러나 영국군은 상투적인 재래식 전투에서는 이렇듯 승리할 수 있었지만, 끊임없이 애국파 게릴라의 공격에 시달렸다. 게릴라는 토머스 섬터(Thomas Sumter), 앤드류 피켄스(Andrew Pickens), '늪 지대의 여우'로 소문난 프랜시스 마리온(Francis Marion) 등 지략이 뛰어난 싸움꾼이 이끌고 있었다. 헨리 클린턴 경이 남부 주둔 영국군 지휘관으로 선택한 콘월리스 경(Lord Cornwallis)은 사우스캐롤라이나의 캠던(Camden)으로 침투해 1780년 8월 16일, 호레이쇼 게이츠 휘하의 애국파 군대를 섬멸했다. 대륙 회의는 게이츠를 소환하고, 그 대신 워싱턴으로 대체해서 너대니얼 그린(Nathanael Greene)을 함께 보냈다. 그린은 당시 식민지 군대에서 가장 유능한 장군 가운데 한 사람이었다.

그린이 남부에 도착하기도 전에, 전쟁의 형세는 이미 콘월리스에게 등을 돌리고 있었다. 1780년 10월 7일, 사우스캐롤라이나와 노스캐롤라이나 경계 부근에 있는 킹스 산에서 일단의 애국파 소총병(riflemen)이 숲 속에서 뛰어나와 뉴욕과 사우스캐롤라이나에서 온 토리파를 습격했다. 여기서 1,100명에 달하는 토리파가 죽거나 다치거나 포로로 잡혔는데, 이들은 콘월리스의 지원군이었다. 전장에

• 길포드 코트 하우스 전투

도착한 그린은, 전면적이고 통상적인 전투는 피하면서 식민지군을 기동력 있는 파견 부대로 나누어 콘월리스를 혼란시키고 그의 화를 돋우었다. 1781년 1월 17일, 콘월리스는 카우펜스(Cowpens)에서 한 파견 부대에 의해 '아주 뜻밖에 심한 타격'을 입었음을 인정했다. 지원병을 얻은 그린은 마침내 모든 군사력을 동원해 노스캐롤라이나의 길포드 코트 하우스(Gilford Court House)에서 영국군과 접전할 작전을 개시했다. 그린은 1781년 3월 15일, 그곳에서 대격전을 벌인 후 전장에서 물러났지만, 콘월리스는 이때 너무나 많은 병력을 잃어 캐롤라이나 지역에서는 전투를 포기하기로 결정했다. 대신 버지니아 내륙을 교란시킬 목적으로 북쪽으로 이동했다. 그러나 남부 병력이 무너질 것을 염려한 클린턴은 콘월리스에게 요크타운에서 방어 태세를 갖추라고 명령했다.

• 요크타운 전투

이때 식민지군과 프랑스군이 갑작스럽게 요크타운으로 내려왔다. 워싱턴과 로샹보 백작(Count de Rochambeau)은 버지니아에 있는 라파예트 후작(Marquis de Lafayette)과 합류하기 위해 프랑스-식민지 연합 부대를 뉴욕에서 요크타운 쪽으로 행군시켰다. 한편 그라스 장군(Admiral de Grasse)은 프랑스 함대와 지원부대를 이끌고 체사피크 만 위쪽 요크 강으로 향했다. 이런 연합 작전으로 콘월리스는 바다와 육지 양쪽에서 포위되었다. 콘월리스는 몇 번 저항을 시도하다가 1781년 10월 17일에 항복했고, 이틀 후에는 7,000명이 넘는 자신의 부대를 모두 넘겨주었다.

남부의 혁명전쟁(1778~1781)

미국 혁명전쟁의 마지막 국면은 주로 남부에서 전개되었다. 영국은 이 지역이 영국군에 보다 우호적이라고 생각했다. 이 지도는 당시 영국군과 식민지군 사이의 산발적인 전투를 보여준다. 하지만 어느 것도 결정적이지는 않았다. 또한 체사피크 만과 제임스 강 주변에서 일어났던 혁명의 마지막 장도 이 지도에 드러나 있다.

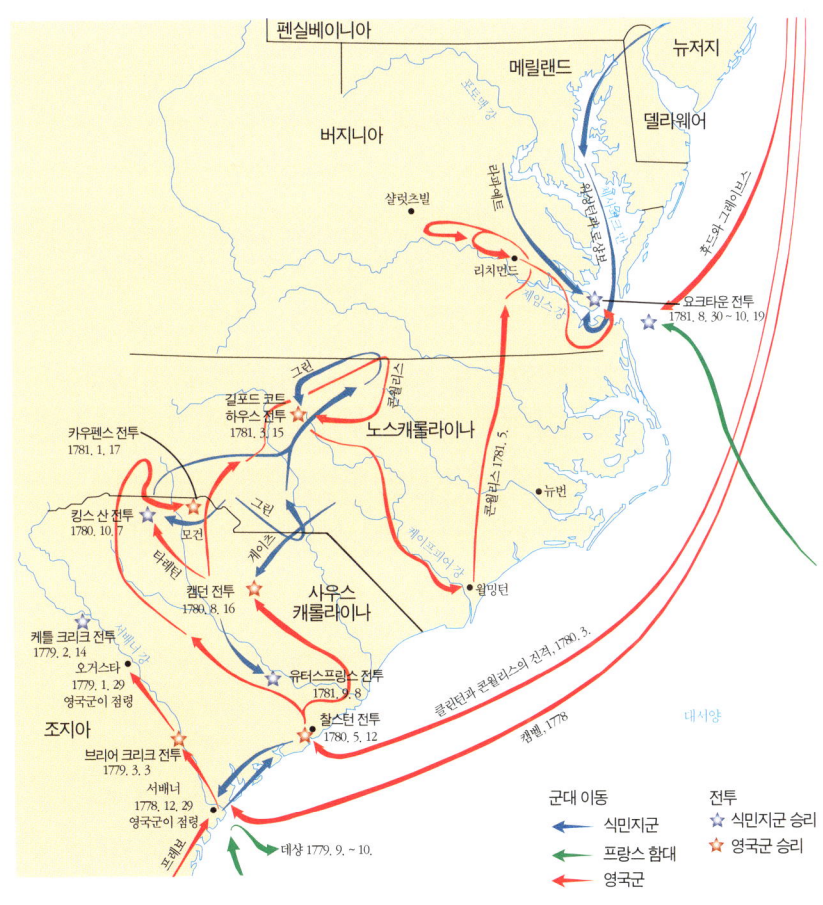

평화의 달성

콘월리스가 패하자, 영국 내에서는 계속적인 전쟁 수행에 대해 항의의 목소리가 제기되었다. 노스 경은 수상 자리를 내놓고 셸번 경(Lord Shelburne)이 정치적 소용돌이 속에서 그 자리를 이어받았으며, 영국 밀사는 프랑스에 있는 아메리카 식민지의 외교 대표와 비공식적으로 접촉하기 위해 프랑스로 향했다. 벤저민 프랭클린, 존 애덤스, 존 제이(John Jay) 세 사람이 당시 프랑스 주재 주요 식민지의 외교 대표였다.

• 프랭클린의 능숙한 외교

이 세 사람은 영국과 협상시 프랑스와 협력하라는 지시를 받은 상태였다. 그러나 프랑스 외무상 베르젠은 영국이 프랑스의 동맹국인 스페인에 지브롤터(Gibraltar)를 돌려주지 않는다면 영국과의 어떤 전쟁 협정에도 동의할 수 없다고 고집했다. 영국이 스페인에게 지브롤터를 즉시 반환하리라는 전망은 없었고, 식민지인은 프랑스와 맺은 동맹 때문에 전쟁을 끝내지 못할지도 모른다는 두려움을 느끼기 시작했다. 그리하여 프랭클린과 애덤스, 제이는 베르젠에게 알리지 않고 자기들끼리 일을 진행시켰다. 그들은 영국과의 예비 조약을 기초했고, 1782년 11월 30일에 이 조약에 서명했다. 한편, 프랭클린은 베르젠을 능숙하게 회유해 프랑스-미국 동맹에 균열이 생기지 않도록 만들었다.

1783년 9월 3일, 최종 조약이 체결되었다. 이는 전반적으로 미국에 매우 유리한 조약이었다. 이 조약으로 미국은 독립을 명확하게 인정받았을 뿐 아니라, 약간 애매한 부분이 있기는 하지만 캐나다 남쪽 국경에서 플로리다 북쪽 국경, 그리고 대서양에서 미시시피 강에 이르는 방대한 땅을 영토로 확보했다. 영국의 마지막 병력이 뉴욕에서 배를 타고 출항했을 때, 미국인으로서는 축하할 이유가 충분했다.

〈세계 속의 미국〉
혁명의 시대

　미국 혁명은 제국주의 영국과 북아메리카 대서양 연안의 영국 식민지 사이에 불거진 특정한 긴장과 갈등의 결과였다. 그러나 이는 18세기 마지막 10년과 19세기 첫 10년간에 세계로 확산된, 역사가들이 소위 '혁명의 시대'라 부르게 된 시기의 일부이자, 동시에 그 원인이기도 했다.
　구체제 및 정권의 전복과 새로운 체제의 건설이라는 혁명의 현대적 개념은 상당 부분 계몽사상의 산물이었다. 계몽사상에는 영국의 철학자 존 로크(John Locke)가 주창한 국민주권이라는 개념이 있다. 이에 따르면, 정치권력은 신이 준 왕권이나 세습 귀족의 권한이 아니라 피지배자의 동의에서 나온다. 이와 관련된 계몽사상으로 개인의 자유라는 개념이 있는데, 이는 정부가 사람들의 행동과 말, 사고까지도 통제할 권한이 있다는 전통적인 믿음에 대한 도전이었다. 18세기에 개인의 자유를 옹호한 사상가들은—프랑스의 철학자 볼테르(Voltaire)도 그중 한 사람이었다—국가의 지배적인 종교나 공식적인 종교를 믿지 않는 사람에 대한 차별을 종식시킨 종교적 관용 그리고 생각 및 표현의 자유를 주창했다. 계몽사상은 또한 모든 사람이 정치적으로, 법적으로 평등하다는 생각을 확산시켰으며, 그럼으로써 귀족과 엘리트의 특권을 없애고 참정권을 확대하는 데 기여했다. 스위스계 프랑스 이론가인 장 자크 루소(Jean Jacques Rousseau)는 이 새로운 평등 개념을 정립하는 데 일조했다. 이러한 계몽사상이 어우러져 전파됨으로써 서구의 많은 지역과, 결국 그 너머 다른 지역에서도 기존 사회질서에 도전할 기반이 형성되었다.
　미국 혁명이야말로 계몽사상에 부응하여 기존 질서에 대항해 일으킨 최초이자 가장 영향력이 큰 반란이었다. 그리고 마음에 안 드는 정권에 반대할 방법을 찾던 다른 나라 사람에게도 영감을 준 사건이었다. 미국 혁명이 시작되고 10년이 조금 지난 1789년에는 프랑스에서 혁명이 시작되었다. 처음에는 왕에 대항해 의회가 반란을 일으켰으나, 이내 기존 권위에 대한 일련의 과격한 항거로 발전했다. 군주제가 폐지—1793년에 왕과 왕비가 공개 처형되었다—되고 가톨릭 교회의 권위도 크게 약화됐으며, 혁명으로 야기된 혼란이 절정에 달했던 자코뱅 시대(Jacobin period, 1793~1794)에는 4만 명 이상이 혁명의 적으로 의심받아 처형당하고 수십만 명이 투옥되었다. 젊은 장교 나폴레옹 보나파르트(Napoleon Bonaparte)가 정권을 잡고 새로운 프랑스 제국을 건설하기 시작한 1799년에야 혁명의 급진적인 국면이 막을 내렸다. 그러나 왕과 귀족이라는 프랑스의 구체제(ancien regime)는 결코 완전하게 부활하지 못했다.

프랑스 혁명과 미국 혁명 모두 대서양 세계의 다른 지역에서 일어난 반란에 영감을 불어넣었다. 1791년에는 아이티(Haiti)에서 대규모 노예 반란이 일어났는데, 곧 10만 명 이상이 반란군에 가세했다. 노예군은 아이티섬에 정착한 백인뿐만 아니라 반란을 진압하기 위해 파견된 프랑스 군의 대와도 싸워 이겼다. 반란군은 투생 루베르튀르(Toussaint L'ouverture) 지도하에 독립을 위해 투쟁하기 시작했으며, 투생이 죽고 몇 달 후인 1804년 1월 1일에 아이티는 독립국이 되었다.

혁명사상은 이후 아메리카 대륙의 스페인과 포르투갈 식민지로 번졌다. 특히 아메리카에서 태어난 유럽인의 후손인 소위 크레올(creoles) 사이에 널리 확산되었다. 크레올은 18세기 후반에 스페인과 포르투갈이 파견한 식민지 관리의 권위에 항거하기 시작했다. 그리고 자기 땅을 다스리는 데 있어 더욱 큰 발언권을 요구했다. 1807년에는 나폴레옹의 군대가 스페인과 포르투갈을 침공했고, 이에 따라 아메리카 식민지에 대한 유럽 정권의 지배력이 약화되었다. 이후 몇 년간 혁명이 라틴아메리카 대부분의 지역을 휩쓸면서 신세계 전역에 여러 신생 독립국이 들어섰다. 1821년에 멕시코가 독립했고, 한때 멕시코의 일부였던 중미 지역(과테말라, 엘살바도르, 온두라스, 니카라과, 코스타리카)은 3년 후에 독립을 쟁취했다. 시몬 볼리바르(Simón Volívar)는 조지 워싱턴의 노력을 본떠 거대한 혁명을 주도했는데, 이로써 1822년에 브라질이 독립을 쟁취했다. 볼리바르는 베네수엘라, 에콰도르, 페루 지역에서도 독립 투쟁을 이끌었고, 이 세 나라 모두 1820년대에 독립했다. 동시에 그리스 애국자들은 다른 나라 독립운동의 예를 따라서 오토만 제국으로부터 독립을 쟁취하기 위한 운동을 전개해 결국 1830년에 목적을 이루었다.

 혁명의 시대에는 여러 신생 독립국가가 탄생했다. 그러나 이때 탄생한 여러 나라가 모두 국민주권주의, 개인의 자유, 정치적 평등을 확립하는 데 성공하지는 못했다. 미국과 라틴아메리카 여러 지역에서는 노예제도가 존속했다. 프랑스, 멕시코, 브라질 등지에는 새로운 형태의 귀족제, 심지어 군주제가 등장했다. 혁명의 시대에 새로운 권리를 희망했던 여성은 법적인 또는 정치적인 권한을 거의 획득하지 못했다. 그러나 혁명의 시대에 서구 세계에 소개된 사상은 19세기 내내 그리고 그 이후에도 계속해서 여러 나라의 역사를 결정지었다.

3

전쟁과 사회

역사가들은 미국 혁명의 성격이 정치적이고 동시에 사회적 인지를 규정하는 문제 때문에 오랫동안 논쟁해왔다. 그러나 전쟁을 시작하고 수행한 사람들의 의도가 무엇이건 간에, 이 전쟁은 미국 사회의 성격에 중요한 영향을 미쳤다.

충성파와 소수자

혁명이 일어나는 동안 얼마나 많은 아메리카 식민지인이 영국에 충성했는지에 대한 추정치는 연구자마다 서로 다르다. 그러나 최소한 백인 인구의 5분의 1(어떤 추정에 따르면 3분의 1)에 이를 정도로 많았던 것만은 분명하다. 이 중에는 제국 정부의 관리도 있고, 제국 체제와 긴밀한 연관을 맺고 있던 무역상도 있었다. 또한 비교적 고립되어 있었던 탓으로 전통적인 충성심을 그대로 지닌 사람도 있고, 영국이 이길 것으로 예상하여 단순히 승자에게 잘 보이려고 한 사람도 있었다.

전쟁을 하는 동안 대부분의 충성파가 자기 지역의 애국파에게 쫓겨다녔고, 입법 및 사법적 조치로 고통받았다. 10만 명에 이르는 충성파가 이 나라를 떠났다. 여력이 있는 사람은 영국으로 이주하고 다른 사람은 캐나다로 이주해 퀘벡 지역에 최초로 영어를 사용하는 사회를 건설했다. 일부는 전쟁이 끝난 후 미국으로 돌아와 가까스로

• 충성파의 입지

미국 생활에 재진입했다.

전쟁으로 세가 약화된 집단은 비단 충성파뿐만이 아니었다. 대부분이 충성파인 영국 국교회는 버지니아와 메릴랜드에서 공식 종교로서의 지위를 상실했다. 전쟁이 끝날 무렵에는 많은 국교회 교구가 성직자를 더 이상 구할 수 없는 처지에 놓였다. 퀘이커 교도 역시 쇠퇴했는데, 그들은 평화주의자로서 전쟁을 거부했지만 이로써 인기를 잃고 말았다.

그러나 다른 프로테스탄트 교파들은 교세가 더욱 확장되었다. 감리교와 회중교, 침례교는 애국파와 성공적으로 연합했다. 그리고 전쟁 기간 동안 대부분의 가톨릭교도가 애국파를 지지해, 가톨릭교는 인기 있는 종교가 되었다. 바티칸 교황청은 평화조약이 체결된 직후 미국에 가톨릭 서열 제도를 도입했고, 1789년에는 첫 번째 추기경을 파견했다.

전쟁과 노예제도

전쟁은 미국의 소수자 가운데 가장 많은 비율을 차지하는 아프리카계 흑인에게도 제한적이기는 하지만 심오하고도 중대한 영향을 미쳤다. 일부 흑인에게는 전쟁이 자유를 의미했다. 영국군이 미국의 전세를 교란시키고 약화시키려는 목적에서 수많은 노예가 미국을 떠나도록 도왔기 때문이다. 예를 들어, 사우스캐롤라이나에서는 노예 인구의 거의 3분의 1이 이 시기에 도망쳤다.

다른 흑인들에게도 미국 혁명은, 자유가 현실화되지는 못했지만, 그와 같은 개념을 접하는 계기로 작용했다. 대다수의 흑인이 글을

• 자유사상의 유포

읽지 못했지만, 타운이나 도시는 물론이고 심지어 플랜테이션에도 자유라는 새로운 사상이 유포되어 이 사상을 접하지 못한 흑인을 찾아보기 힘들 정도였다. 그리고 일부 지역에서는 혁명적인 사상을 접한 노예가 백인의 지배에 공개적으로 저항하기도 했다. 사우스캐롤라이나의 찰스턴에서 자유 흑인인 토머스 제레미아(Thomas Jeremiah)가 노예 반란을 획책하려다 백인에게 발각되어 처형당한 것이 그 한 예다.

노예주는 노예를 해방시키려는 영국의 노력에 반기를 들었다. 그러나 혁명 그 자체가 노예 반란을 조장할지도 모른다고 두려워하기도 했다. 혁명의 이상에 물든 남부 백인들이 종종 노예제도에 도전하기도 했지만(버지니아와 메릴랜드에서는 노예주가 원한다면 자기 노예를 '석방'해도 된다는 법을 제정하기도 했다), 대부분의 백인은 여전히 노예제도를 지지했다. 남부 지역의 교회 가운데 잠시나마 노예제도에 반대하는 목소리를 낸 교회도 있었지만, 이내 북부의 반노예 사상을 거부하면서 백인 우월주의 이념을 강화하는 활동을 재개했다.

이와는 대조적으로 북부에서는 혁명의 정서와 복음주의 기독교 열기가 혼합되어 노예제도에 반대하는 정서가 전 지역으로 널리 확산되었다. 그 첫 번째 공격 대상은 노예무역이었다. 일부 주(펜실베이니아, 로드아일랜드, 코네티컷 등)에서는 노예무역이 금지되었다. 다음 공격 대상은 노예주가 노예 해방을 금지하는 주 법률이었다. 퀘이커 교도를 비롯한 노예제도에 반대하는 운동가는, 북부의 모든 주, 심지어 켄터키와 테네시에서도 혁명이 끝나기 전에 법적인 해방 증서를 승인하는 법안을 마련하도록 압력을 가하는 데 성공했다. 마지막 단계는 노예해방이었다. 1780년에 펜실베이니아가 처음으로 노예제도가 위법임을 선언했다. 이는 노예제도를 맹렬하게 반대한 퀘이커 교도의 영향 때문이기도 했다. 북부에서는 뉴욕과 뉴저지를 제외한 모든 주가 혁명이 끝나기 전에 차례로 노예제도를 폐지했다. 뉴욕은 1799년에, 뉴저지는 1804년에 그 뒤를 따랐다.

• 자유와 노예제도 간의 긴장

혁명으로 인해 자유와 노예제도에 대한 국가의 이질적인 책임 사이에 갈등이 계속되었다. 오늘날 우리가 보기에, 심지어 혁명기의 일부사람이 보기에도 자유와 노예제도가 양립할 수 없음은 너무도 분명하다. 그러나 18세기 미국의 백인, 특히 남부의 백인에게는 그게 그렇게 분명하지가 않았다. 많은 남부 백인은 실제로 흑인을 노예로 만드는 것이 백인이 자유를 보장받는 최선의 방법이라고 생각했다. 그들이 보기에는, 흑인은 열등하고 시민으로서 적합하지 않은 존재였다. 그리고 남부에 노예가 없다면 노예와 비슷한 백인 노동력으로 보충해야 할 것이고, 그 결과 불평등이 야기되어 자유가 위협받을지도 모른다고 우려했다. 미국 혁명이 지닌 모순 가운데 하나는 미국의 백인이 이렇게 한편으로는 자유를 지키고 다른 한편으로는 노예제도를 보존하기 위해 싸웠다는 점이다.

원주민과 혁명

인디언은 미국 혁명을 상당히 불확실한 것으로 보았다. 대부분의 인디언 부족이 결국에는 전쟁에 관여하지 않기로 결정했다. 그러나 많은 인디언은 혁명의 결과를 우려했다. 그동안 어느 정도 신뢰를 쌓아 온 집단, 즉 백인 정착지가 인디언의 땅으로 확장되는 것을 제한하려고 한 영국인이, 혁명으로 인해 인디언에 대해 언제나 적대시했던 집단, 즉 자기들 땅으로 확장에 앞장선 식민지 애국파에게 지배권을 넘겨주게 될지도 모른다고 생각했던 것이다. 따라서 일부 인디언은 영국 편에 서기로 했다. 그러나 대다수는 전쟁을 백인을 공격할 기회로 이용했다.

1776년 여름에는 캐롤라이나 서부와 버지니아에서 드래깅 카누(Dragging Canoe) 추장이 이끄는 체로키(Cherokee) 인디언이 변경의 백인 정착지를 여러 차례 공격했다. 이에 애국파 민병대가 많은 병력을 동원해 보복했다. 그 결과 체로키 땅은 황폐해졌고 추장과 그의 부하들은 서쪽으로 테네시 강을 넘어 도주했다. 뒤에 남은 체로키 인디언은 더 많은 땅을 포기하는 새 조약에 동의했다. 일부 이로쿼이 인디언은 오리스카니에서의 패배에도 불구하고 서부에서 백인 식민지인과 싸움을 계속했는데, 그 결과 뉴욕과 펜실베이니아 지역의 방대한 농경지가 파괴됐다. 인디언은 비록 식민지군의 보복으로 엄청난 손실을 입었지만, 전쟁 기간 내내 공격을 멈추지 않았다.

그러나 인디언은 결국 혁명으로 인해 여러 가지로 어려운 처지에 놓였다. 애국파가 승리하면서 백인은 서부 땅을 점점 더 많이 요구해왔다. 다수의 백인이 모호크족과 같이 영국을 지원한 인디언 부족에게 분개하면서 피정복민으로 다룰 것을 주장했다. 그러나 혁명을 치르는 동안 인디언에게 온정적인 시각을 가지게 된 사람도 있었다. 예를 들어, 토머스 제퍼슨은 인디언을 '고상한 야만인(noble savages)'으로 보게 되었다. 즉, 현재는 미개한 상태에 있지만 백인 사회의 규범을 기꺼이 받아들이기만 한다면 구원받을 수 있는 야만인이라는 의미였다.

• 아메리카 원주민 세력의 약화

여성의 권한과 역할

• 여성의 새로운 역할

　오랫동안 진행된 독립 전쟁은 아메리카 식민지의 여성에게도 심대한 영향을 미쳤다. 아주 많은 남성이 애국파 군인으로서 전장으로 떠나자, 여성은 농사와 사업을 책임지게 되었다. 이런 일을 훌륭하게 해낸 여성도 종종 있었으나 미숙한 경험과 인플레이션, 남성 노동력의 부족 또는 적군의 위협 때문에 많은 경우 실패했다. 남편이나 아버지가 전장으로 불려나간 여성 중에는 의지할 농토나 가게조차 없는 여성도 있었다. 이런 가난한 여성은 도시와 타운에 특히 많았는데, 가끔씩 물가 인상에 항의하거나 폭동을 일으키고 음식을 약탈하기도 했다. 또한 음식과 집을 내놓으라는 영국 주둔군을 공격하는 경우도 있었다.

　남성이 전장으로 불려갔을 때 모든 여성이 뒤로 물러나 있던 것은 아니다. 상당수의 여성이 남성 친지와 더불어 애국파 군대의 진영에 합류했다. 이들 여성 '병영 보조원(camp followers)'은 군대 도덕을 고양시켰고 요리와 세탁, 간호 등의 필수적인 일을 자원해서 맡았다. 군대 막사의 거친 환경 속에서 전통적인 성 구별은 유지되기 어려웠다. 상당수의 여성이 간헐적이긴 하지만 전투에도 참여했다. 또한 전투를 위해 남성으로 위장한 소수의 여성도 있었다.

　혁명으로 인해 자유와 '인간의 권리'가 강조되면서 일부 여성은 사회적 지위에 대해 의문을 품게 되었다. 1776년, 애비게일 애덤스(Abigail Adams)는 남편 존 애덤스(John Adams)에게 보낸 편지에서, "그런데, 당신이 앞으로 만들게 될 새로운 법에서는 여성을 기억하고 선조보다 여성에게 더욱 너그럽고 호의적이기를 바랍니다"

라고 썼다. 애비게일 애덤스는 권력 남용적이고 독재적인 남자로부터 단순히 여성을 보호할 방법을 요청한 것이었다. 그리고 이보다 더 나아간 소수의 여성도 있었다. 18세기 말, 유명한 평론가 중 한 사람인 주디스 사전트 머리(Judith Sargent Murray)는, 1779년에 여성의 정신은 남성 못지않게 건전하므로 소녀도 소년처럼 교육받을 자격이 있다고 기술했다.

그러나 결과적으로 변한 것은 별로 없었다. 영국의 관습법에서 미혼 여성은 어느 정도 법적 권리가 있었지만 기혼 여성은 실질적으로 아무런 권리가 없었다. 그들이 소유하고 벌어들인 모든 것은 남편에게 속했다. 소유권이 없었으므로 혼자서는 어떠한 법적 처리도 할 수 없었다. 투표권도 없었고 자식에 대해서도 법적인 권리가 없었으며, 이혼을 제기할 수도 없었다. 이혼 요구 역시 거의 전적으로 남성에게만 허용된 권리였다. 혁명 후 몇몇 주에서 여자의 이혼 문제가 조금 쉬워지기는 했지만, 그밖에는 진전된 게 별로 없었다. 오히려 아내가 남편 재산에서 결혼 지참금을 돌려받을 권리마저 없다는 등의 퇴보도 있었다. 다시 말해서, 혁명은 가부장적인 법체계를 조금도 건드리지 않았던 것이다. 오히려 여러 면에서 이를 재확인하고 강화했다.

• 가부장 제도의 강화

그러나 남녀 모두가 혁명전쟁을 거치면서 가정과 사회에 대한 여성의 기여도를 재평가하게 되었다. 신생 공화국이 문화적 정체성(identity)을 찾아나가는 가운데 어머니로서 여성의 역할에 보다 높은 가치가 부여되었다. 많은 미국인이 이 새로운 나라에서 자유의 원리에 젖어든 새로운 종류의 시민이 성장하고 있음을 믿고 싶어했다. 따라서 어머니는 이제 자식에게 공화국 시민이 지녀야 할 덕목을 가르치는 특별히 중요한 과제를 맡게 되었다.

전시경제

• 새로운
무역 패턴

혁명은 미국의 경제구조에도 중대한 변화를 가져왔다. 영국의 제국 체제에 한 세기 이상을 의존해오던 아메리카 식민지의 상업이 갑작스럽게 독립하게 되었던 것이다. 더 이상 영국 배가 미국 상선을 보호해주지 않고 오히려 바다에서 쫓아내려고 했다. 대영제국의 항구는 미국과의 교역을 중단했다. 그러나 이와 같은 전통적 경제 양식의 붕괴는, 길게 보면 미국 경제를 강화시켰다. 뉴잉글랜드를 비롯한 미국의 진취적인 상인은 카리브 해와 남아메리카에서 새로운 거래처를 개발하기 시작했다. 1780년대 중반 무렵이면 미국 상인은 아시아와도 중요한 교역을 발전시켜 나갔다.

영국 물품의 수입이 차단되자, 미국 전역에서 일부 필수품을 국내에서 제조하려는 노력이 필사적으로 전개되었다. 산업의 확장이 크게 뒤따르지는 않았지만, 이로써 생산이 어느 정도 증가하고 기대치는 훨씬 더 높아졌다. 각 주(State) 사이의 교역 또한 상당한 규모로 늘어났다.

4
주 정부의 창설

아메리카 식민지인은 독립을 쟁취하기 위해 전장에서 싸우는 한편, 그들이 비난해 온 영국식 체제를 대신할 새로운 정부 기구를 창설하기 위해 노력했다.

공화주의에 대한 가설

미국인이 새로운 정부 수립에 착수하면서 유일하게 합의한 것이 있다면, 바로 공화주의 정부여야 한다는 것이다. 그들에게 공화정체란 모든 권력이 왕과 같은 지고의 권위에서 나오는 것이 아니라 국민으로부터 나오는 정치체제를 의미했다. 따라서 정부의 성공 여부는 그 시민의 성격 여하에 달려 있었다. 국민이 시민적 도덕(civic virtue)으로 충만한 건전하고 독립적인 재산 소유자들로 구성된다면 그 공화국은 존속할 수 있을 것이고, 소수의 막강한 귀족과 대다수의 독립적이지 못한 노동자로 구성된다면 그 공화국은 위험에 빠질 것이다. 그러므로 처음부터 소규모의 부동산 소유자(freeholder : 독립적인 자영농)가 미국 정치 이념의 근간이었다.

미국 정치 이념의 또 다른 근간은 평등 개념이었다. "모든 사람은 평등하게 태어났다"는 독립선언서의 문구가 이 이념을 가장 잘 표현하고 있다. 개인은 태어날 때의 신분이 아니라 타고난 재능과 에너지에 따라 사회에서 자기 역할이 결정된다는 것이다. 다른 사람보

• 평등의 수사학

다 재산이 많고 권력이 큰 사람은 불가피하게 있게 마련이다. 그러나 성공하려면 노력해야 한다. 조건은 같을 수 없어도 기회는 균등해야 하는 것이다.

· 불평등한 현실

물론 현실적으로 미국은, 모든 시민이 독립적인 재산 소유자로 구성된 나라는 아니었다. 처음부터 독립적이지 못한 백인 및 흑인 노동력이 꽤 많이 존재했다. 미국 여성은 여전히 정치적으로나 경제적으로 종속적이었다. 원주민은 체계적으로 착취당하고 추방당했다. 완전한 기회의 평등이란 존재하지도 않았다. 다만 미국 사회는 대부분의 유럽 나라보다 열려 있고 유동적이었다. 그러나 태어날 때의 신분은 언제나 성공의 결정적인 관건이었다.

그럼에도 미국인들은 공화주의의 가설을 채택하는 데에 강력하고 심지어 혁명적인 이념을 받아들여, 정부 조직에 대한 그들의 실험은 이후 다른 많은 나라의 모델이 되었다.

첫 번째 주 헌법

코네티컷과 로드아일랜드 두 주에는 이름을 제외하면 이미 모든 면에서 공화적인 정부가 있었다. 두 주는 특허장에서 단순히 영국과 왕에 대한 언급만을 삭제하고 이를 헌법으로 채택했다. 그러나 다른 11개 주는 새로운 문서를 작성했다.

· 행정부 권한 제한

가장 첫 번째이자 가장 기본적으로 내린 결정은, 헌법이 성문법이어야 한다는 것이었다. 미국인은 성문화되어 있지 않은 영국 헌법의 모호함이 부정부패를 양산한다고 믿었기 때문이다. 두 번째로 내린 결정은 행정부의 권한이 제한되어야 한다는 점이었다. 미국인은 영국의 행정부가 너무나 비대해졌다고 생각했던 것이다. 펜실베이니아는 행정부를 모두 없애버렸다. 대부분의 다른 주도 주지사(governor)의 관직 임명권을 제한하는 조항을 집어넣어서 주지사가 법안에 거부할 수 있는 권한을 축소하거나 아예 없애고, 주지사가 입법부를 해산하지 못하도록 만들었다. 더욱 중요한 것은, 모든 주가 주지사나 다른 행정부 관리에 대해 입법부에서 의석을 차지하지 못하게 함으로써, 영국과는 달리 정부의 두 기관이 전적으로 분립되도록 보장했다는 점이다.

그러나 새로 제정된 각 주의 헌법은 대부분 직접민주제를 채택하지는 않았다. 조지아와 펜실베이니아에서는 입법부를 단원으로 구성했다. 그러나 나머지 주는 모두 상원과 하원 양원으로 입법부를 구성하고, 대개 상원이 사회의 '상류층(higher orders)'을 대표하도록 했다. 또한 모든 주가 일정 규모의 재산을 소유한 사람에게만 투표권을 부여했는데, 요구하는 재산의 규모는 주마다 달라서 어떤 주는 상당히 높았고 어떤 주는 낮았다.

주 정부의 변화

1770년대 말경이 되면, 새로 구성되어 불안정한 주 정부를 우려하는 미국인이 점점 많아졌다. 많은 사람이 주 정부가 너무 민주적이어서 문제라고 생각했기 때문에 대부분의 주는 주민의 권한을 제한하는 방향으로 각각의 헌법을 수정하기 시작했다. 매사추세츠가 이 새로운 걱정을 해결하는 데 앞장섰다. 매사추세츠는 1780년까지 기다렸다가 주 헌법을 비준하면서 주 정부 형성과 관련된 부분에 이 변화된 생각을 반영했다.

매사추세츠주 헌법

매사추세츠 주 헌법과 이후 다른 각각의 주가 채택한 헌법은 특히 두 가지 면에서 이전 헌법과 달랐다. 하나는 헌법 그 자체를 기술하는 과정에 관한 것이었다. 초기 헌법은 각 주 입법 기구가 제정한 것인데, 따라서 입법부에 의해 쉽게 수정되거나 잘 지켜지지 않았다. 매사추세츠는 오직 헌법을 제정하려는 목적으로 소집되는 특별 의회, 즉 제헌 회의(constitutional convention)를 창설했다.

두 번째 변화는 행정부 권한의 증대였다. 1780년에 채택된 매사추세츠 헌법은 주지사에게 어떤 주보다도 강한 권한을 부여했다. 주지사는 주민이 직접 선출하며, 고정된 월급을 받고—다시 말해서 매년 봉급 책정 때마다 입법부의 선의에 기대지 않아도 되고—상당한 임명권을 행사하며, 입법부의 법안을 거부할 수 있게 되었다. 다른 주도 매사추세츠의 예를 따랐다. 상원의 힘이 미약하거나 상원이 아예 존재하지도 않았던 주는 상원을 강화하거나 만들었다. 그리고 대부분의 주가 주지사의 권한을 강화했다. 처음에는 행정부가 없었던 펜실베이니아도 강력한 행정부를 창설했다. 1780년대 말이면, 거의 모든 주가 안정된 정부를 만들려는 노력의 일환으로 주 헌법을 수정하거나 전적으로 새로운 헌법을 제정했다.

종교적 관용과 노예제도

종교 자유법

대부분의 미국인은 여전히 정부에서 종교가 어느 정도 역할을 해야 한다고 믿었으나, 어떤 특정 종파에 특권을 주는 것은 원하지 않았다. 한때 교회가 누렸던 특권은 대부분 사라졌다. 버지니아는

1786년에 토머스 제퍼슨이 작성한 종교 자유법(Statute of Religious Liberty)을 법제화하고 교회와 정부를 완전히 분리했다.

풀기 어려운 문제는 노예제도였다. 노예제도가 이미 약화된 곳— 노예가 많지 않았던 뉴잉글랜드와, 퀘이커 교도가 노예제도를 반대했던 펜실베이니아—에서는 노예제도가 아예 폐지되었다. 심지어 남부에서도 노예제도를 수정하거나 아예 폐지해야 한다는 압력이 제기되었다. 사우스캐롤라이나와 조지아를 제외한 모든 남부 주가 더 이상의 노예 수입을 금지했다. 사우스캐롤라이나도 전쟁중에는 노예무역을 금했다. 버지니아에서도 노예해방을 고무하는 법을 통과시켰다.

그럼에도 노예제도는 모든 남부 주와 변경 주에서 여전히 살아남았다. 여기에는 몇 가지 이유가 있었다. 우선 백인은 흑인이 열등한 존재라고 믿었고 많은 남부 백인이 이미 노예에 엄청나게 많은 돈을 투자한 상태였으며, 워싱턴과 제퍼슨처럼 노예제도가 도덕적이지 못하다는 생각을 가진 사람조차 이에 대해 어떤 대안을 제시하지 못했기 때문이다. 노예제도가 폐지된다면 미국의 흑인은 어떻게 될 것인가? 흑인이 백인 사회로 동등하게 편입될 것으로 믿는 백인은 거의 없었다.

● 노예제도가 존속한 이유

5

중앙정부에 대한 모색

미국인은 중앙정부의 구성보다는 주 정부 구성에 훨씬 빨리 동의했다. 처음에는 대부분이 중앙정부는 비교적 미약한 채로 있는 가운데, 각 주 정부가 실질적인 통치권을 행사해야 한다고 생각했다. '연합 헌장(Articles of Confederation)'은 이러한 생각에 부응한 것이다.

연합정부

> 중앙정부의
> 권력 제한

대륙 회의가 1777년에 채택한 '연합 헌장'에는, 이미 존재하고 있는 정부와 거의 같은 형태의 중앙정부가 제시되어 있었다. 대륙 회의는 여전히 국가적 권위를 지닌—실제로 유일한—중앙 기구로서, 전쟁을 수행하고 외교 관계를 맺고 화폐를 발행하고 돈을 빌리고 예산을 배정하는 권한을 가졌다. 그러나 무역을 규제하고 군대를 징집하며 국민에게 직접 세금을 부과할 권한은 없었다. 군대와 세금에 관해서는 주 의회에 정식으로 요청해야 했고 주 의회는 이를 거부할 수 있었으며, 실제로 종종 그랬다. 행정부가 따로 없었으며, '미국의 대통령'은 회의 회기 중에 단순히 사회를 보는 관리에 불과했다. 회의에서 각 주는 1표씩 행사할 수 있으며, 중요한 사항을 결정할 때에는 최소한 9개 주 이상의 승인이 필요했다. '연합 헌장'을 수정할 경우에는 13개 주가 모두 승인해야 했다.

그러나 13개 주 모두의 승인이 필요한 '연합 헌장' 비준 과정에서, 이 헌장에 대해 광범위한 이견이 존재한다는 사실이 드러났다. 작은 주는 큰 주와 동등한 의석 수를 요구했고, 큰 주는 인구에 비례한 의석 수를 요구했다. 이 문제에 대해서는 작은 주의 요구를 수용하는 것으로 결론이 났다. 더욱 중요한 것은, 서부의 땅을 요구하는 주는 이 땅을 자체적으로 소유하기를 원했고, 나머지 주는 이 영토를 연합정부에 넘길 것을 요구했다는 점이다. 뉴욕과 버지니아가 서부에 대한 권리를 포기하고 나서야 비로소 '연합 헌장'이 승인되었다. 헌장은 1781년부터 효력을 발생했다.

연합정부는 1781년부터 1789년까지 존속했다. 이 연합정부는 완전한 실패는 아니었으나, 성공과는 거리가 멀었다. 연합정부는 각 주 사이의 문제를 처리하거나 정부의 의지를 각 주에 관철시킬 만한 권한을 갖지 못했기 때문이다.

외교적 실패

영국은 1783년에 맺은 평화조약에서 미국 영토로부터 철수하기로 약속했다. 그러나 영국군은 미국 내 오대호 주변에 있는 변경 지역에 여전히 주둔했고, 영국군이 징발해 간 노예에 대해 노예주에게 변상해주기로 한 약속 또한 지키지 않았다. 신생국가의 북동부 국경 그리고 플로리다와 미국 간 국경 지대를 둘러싸고 몇 차례 분쟁이 일어나기도 했다. 미국의 교역도 대부분 대영제국 내에서 행해지고 있었는데, 미국인은 영국의 시장을 최대한으로 이용하기를 원했으나 영국은 이를 엄격하게 규제했다.

전후 영국과의 마찰

1784년, 의회는 이러한 문제들을 풀기 위해 존 애덤스를 런던에 공사로 파견했다. 그러나 애덤스는 아무런 성과도 거두지 못했다. 영국으로서는 애덤스가 한 나라를 대표해 온 것인지 13개의 다른 나라를 대표하는 것인지 확신할 수 없었다. 1780년대 내내 영국 정부는 미국의 수도로 외교사절을 보내는 것조차 꺼려했다.

● 외교정책을 둘러싼 지역적 차이

1786년에는 연합정부의 외교관이 스페인과의 조약에 합의했다. 스페인이 플로리다 국경에 관한 미국의 해석을 수용하는 대신에 미국은 북아메리카의 스페인 소유지를 인정하고 미시시피 강에서 미국 배가 운항할 수 있는 권리를 20년으로 제한한다는 데 동의했다. 그러나 남부 주는 미시시피 강 운항권을 포기했다는 항목에 화가 나 조약의 비준을 막았다.

연합정부와 북서부

연합정부가 거둔 가장 중요한 성과라고 한다면, 서부 영토를 둘러싼 논쟁을 해결한 것을 들 수 있겠다. 연합정부는 신생국의 정치 구조 안에 이 영역을 편입시키는 방법을 찾아야 했다. 이 지역에 토지를 가지고 있던 여러 주가 1781년에 중앙정부에 그들의 권한을 양도하기 시작했고, 1784년 무렵에는 의회가 이 지역을 국유화하는 정책을 마련하기 시작했을 정도로 연합정부는 넓은 땅을 관할했다.

● 1784년 및 1785년의 북서부 조례

1784년, 의회는 토머스 제퍼슨의 제안에 기초해 조례를 마련했는데, 이 조례에 따르면 서부 영토는 10개의 자치 구역으로 나뉘며, 구역 인구가 당시 가장 작은 주의 자유민 수와 같아질 경우에는 의회에 주로 승격 시켜줄 것을 청원할 수 있었다. 의회는 1785년에도 조례를 제정해 서부 영토를 조사하고 매각할 수 있는 체계를 만들었다. 오하이오 강 북쪽의 영토를 조사해 이 지역을 반듯한 직사각형의 타운 단위(township)로 나누어 표시하고, 각각의 타운을 36개의 똑같은 크기의 섹션(section)으로 나누었다. 이 중에서 4개의 섹션은 공유지로 남겨놓고, 다른 섹션은 판매할 수 있도록 했으며, 그중 한 섹션의 판매 수익은 공립학교 설립 지원금으로 쓰도록 했다.

향후 연방정부의 모든 토지 정책과 주 및 지방 차원의 다른 여러 토지 계획에도 북서부 영토에 적용한 직사각형 격자 모형이 모델이 되었다. 또한 미국 여러 도시가 도시 구획을 할 때에도 격자 모형을 채택했다. 이 모형은 여러 가지 이점이 있었다. 이 모형을 채택함으로써 기존의 비공식적인 토지 체제가 낳은 소유지 경계의 불분명함이 일소되었고, 토지 소유가 간단하고 명료해져 서부 개발이 촉진되었다. 그러나 한편으로는 각 농가가 이웃과 멀리 떨어져 산재해 있는 정착 형태가 조장되어 공동체 형성이 어려워지기도 했다. 그러나 그 결과야 어떻든 간에, 1785년의 조례는 미국 지형에 극적이고도 지울 수 없는 흔적을 남겼다.

초기의 조례는 땅 투자가에게 매우 유리하나 일반 정착민에게는 그렇지가 않았다. 일반 정착민은 땅값을 감당할 수 없었기 때문이다. 게다가 의회가 다른 사람에게는 기회를 주지 않은 채 가장 좋은 땅 대부분을 오하이오 회사와 사이오토(Scioto) 회사에 팔아버려 문제를 복잡하게 만들었다. 의회는 이와 같은 정책에 비판의 화살이 날아들자, 1787년에 서부 정착에 관한 또 다른 법안을 통과시켰다.

• 북서부 영지법

1785년 조례에 따른 토지조사

이 1785년 조례에서 대륙 회의는 토지 조사 및 서부 영토 매각과 관련해 새로운 체계를 구축했다. 아래 지도는 오하이오 지역을 어떻게 나누었는가를 보여준다. 이 지역에 적용된 기하학적인 격자 모형에 주목하라. 왼쪽 큰 지도에 보이는 각각의 직사각형은 오른쪽 지도에 보이는 것처럼 36개의 섹션으로 나뉘어져 있다.

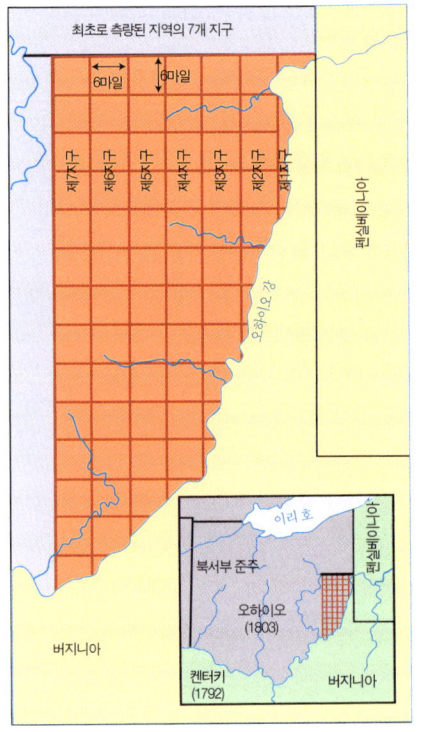

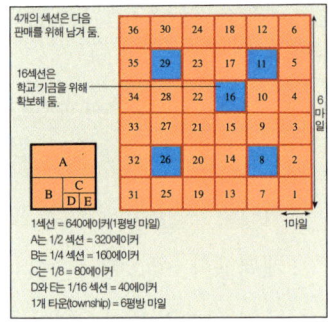

이 법안은 '북서부 영토령(Northwest Ordinance)'으로 알려지게 되었다. 1787년에 제정된 이 조례로 1784년에 획정된 10개 구역이 철회되고, 오하이오 강 북쪽 영토는 단일한 북서부 준주(Northwest Territory)가 되었다. 이 지역은 뒤에 3개 또는 5개의 준주로 나뉘어지기도 하고, 인구가 최소 6만 명에 이르면 주로 승격될 수 있었다. 또한 이 조례에 따르면, 북서부 준주에서는 종교의 자유가 보장되고 배심원 앞에서 재판을 받을 권리가 있으며, 전 지역에서 노예제도가 금지되었다.

의회는 오하이오 강 남쪽 서부 영토에는 그다지 관심을 기울이지 않았다. 따라서 켄터키와 테네시가 된 지역이 1770년대 말에 노예제도를 유지하면서 급속하게 발전했고, 1780년대에는 정부를 형성해 주로 승격시켜줄 것을 요청하기 시작했다. 그러나 연합정부의 의회는 이 지역의 상반된 요구를 결코 성공적으로 해결해줄 수 없었다.

인디언과 서부 영토

연합정부의 토지 정책은 백인들의 북서부 정착에 질서와 안정을 가져왔다. 그러나 이는 서류상의 결과일 뿐, 실제로 질서와 안정이 자리잡는 데에는 큰 희생과 오랜 시간이 필요했다. 왜냐하면, 북서부 대부분의 지역에서 인디언이 소유권을 주장했기 때문이다. 의회는 1784년과 1785년 그리고 1786년에 연이어 이 문제를 풀려고 시도했다. 의회는 이로쿼이 인디언, 촉토(Choctaw) 인디언, 치카소(Chickasaw) 인디언, 그리고 체로키(Cherokee) 인디언 지도자를 설득해 그 땅을 미국에 양도하는 조약에 서명하게 했다. 그러나 이 조약은 지켜지지 않았다. 1786년에는 이로쿼이 연맹의 추장단이 2년 전에 서명한 조약을 철회했다. 다른 부족은 자신에게 영향을 미칠 이 조약을 사실 받아들인 적도 없었고, 여전히 자기네 영토로 이주해 들어오는 백인과 맞섰다.

• 폴른 팀버스 전투

북서부 지역에서는 백인과 인디언 간에 싸움이 계속되어 1790년대 초에는 절정에 달했다. 1790년과 다시 1791년에, 유명한 전사, 작은 거북(Little Turtle)이 이끄는 마이애미(Miami) 부족이 미합중국 군대에 맞서서 두 번의 중요한 전투를 치러 승리했다. 1791년 11월 4일에 벌어진 두 번째 전투에서는 워배시(Wabash) 강가에서 630명의 미국인이 전사했다. 정착을 둘러싼 협상 노력도 실패로 돌아갔다. 백인이 오하이오 강 서쪽으로 들어오는 것을 금하지 않는 한, 어떤 협상도 할 수 없다며 마이애미족이 고집을 부렸기 때문이다. 1794년에 앤서니 웨인(Anthony Wayne) 장군이 오하이오 계곡으로 4,000명의 병사들을 이끌고 가 폴른 팀버스(Fallen Timbers) 전투에서 인디언을 누르고 난 후에야 비로소 협상이 재개되었다.

1년 후에는 마이애미 인디언이 그린빌 조약(Treaty of Greenville)에 서명했다. 그동안 어떻게든 보유해왔던 영토에 대해서는 마이애미 족의 권리를 공식적으로 인정한다는 조건으로, 미국에 상당한 면적을 새 영토로 양도했다. 이 조약은 처음으로 새 연방 정부가 인디언 부족의 통치권을 인정한 것이었다. 이것으로, 인디언 영토는 인디언 부족에 의해서만 양도될 수 있음이 재확인되었다. 그러나 이렇게 어렵게 얻어낸 확약도, 백인의 서부 팽창 압력을 막아내는 데에는 허약하기 짝이 없는 보호 장치임이 드러났다.

부채, 세금, 그리고 대니얼 셰이스

1784년부터 1787년까지 전후 경기 불황이 계속되면서 미국의 고질적인 불충분한 화폐 공급 문제가 더욱 가중되었다. 이 문제는 특히 채무자에게 더욱 무겁게 느껴졌다. 연합정부 자체도 독립 전쟁을 치르며 엄청난 양의 부채를 안게 되었으나 이를 지불할 수단이 없었다. 전쟁 중에 발행한 공채 또한 상환해야 할 시기가 다가왔다. 연합정부는 혁명전쟁에 참전한 병사뿐만 아니라 해외에도 상당한 빚을 지고 있었다. 그러나 연합정부는 세금을 징수할 권한이 없었다. 각 주에 청구만 할 수 있을 뿐이었다. 그나마도 청구액의 약 6분 1 정도밖에 받지 못했다. 이 허약한 신생국은 의무를 이행할 수 없는 냉혹한 상황에 부딪쳤다.

· 재정 위기

이러한 놀라운 상황에서 향후 수십 년간 공화국 형성에 결정적인 역할을 해낼 일단의 지도자가 등장했다. 연합정부의 재무부 수장 로버트 모리스(Robert Morris)와 모리스의 신임을 받는 젊은 알렉산더 해밀턴(Alexander Hamilton), 버지니아의 제임스 매디슨(James Madison)을 비롯한 사람들이 소위 '대륙 수입 관세(continental impost)'를 요구했다. 즉, 의회가 미국으로 수입되는 물품에 5퍼센트의 관세를 매겨 이 돈을 부채를 상환하는 데 쓰자는 것이었다. 그러나 이 계획으로 행여 필라델피아의 모리스와 그의 친구들 손에 너무 많은 경제적 권한이 집중되지나 않을까 우려한 사람이 많아서 의회는 1781년에도, 1783년에도 이 관세안을 승인하는 데 실패했다.

· '대륙 수입 관세' 거부

주 정부 역시 전쟁 부채를 가졌고, 대개는 세금을 올려서 부채를 갚았다. 그러나 이미 빚더미에 올라 앉은 가난한 농부는 이러한 정

대니얼 셰이스(Daniel Shays)와 잡 셰턱(Job Shattuck)

셰이스와 셰턱은 1786년 채무 경감을 요구하는 가난한 매사추세츠 농부들의 봉기를 주도한 인물이다. 셰턱은 동쪽에서 봉기를 이끌었으나 11월 30일에 체포돼 봉기에 실패했다. 셰이스는 서쪽에서 반란을 조직했는데, 이 반란은 1787년 2월에 주 민병대가 반란군을 해산시킬 때까지 계속되었다. 다음 해 주 정부는 셰이스를 사면하고, 그 이전에 의회는 이미 가난한 농부의 부채를 경감해주었다. 이 그림은 1787년에 출판된 보스턴 연감에 실린 것으로, 반란을 비판하는 설명의 일부다.

책이 불공평하다고 생각했다. 그들은 주 정부가 화폐를 발행해 화폐 공급을 늘려서 자신의 부담을 덜어주어야 한다고 했다. 특히 뉴잉글랜드 농부의 불만이 높았다. 그들은 주 정부가 보스턴을 비롯한 여러 타운의 부유한 채권자를 더 부자로 만들기 위해 농민을 쥐어짠다고 생각했다.

1780년대 후반 내내 뉴잉글랜드 곳곳에서 불만에 가득 찬 농부들이 봉기했다. 매사추세츠의 코네티컷 계곡과 버크셔힐(Berkshire Hill)에서 불만에 찬 사람들이 대륙군 대령이었던 대니얼 셰이스(Daniel Shays) 아래 모여들었다. 셰이스는 지폐 발행과 세금 경감, 채무 지불 연기, 채무로 인한 수감 폐지를 포함한 일련의 요구 사항을 제시했다. 1786년 여름 내내 셰이스파는 공적이든 사적이든 빚 회수를 막는 데 노력을 집중했다. 그리고 법원이 개정되고 보안관이 몰수한 재산을 파는 것을 막기 위해 무력을 사용했다. 보스턴에서는 의회 의원들이 셰이스 일당을 반역자이자 배신자라고 비난했다. 겨울이 오자 반란자들은 병기고에서 무기를 탈취할 목적으로 스프링필드(Springfield)로 진격했다. 그러자 주 민병대가 이들과 대치하기 위해 보스턴을 출발했다. 1787년 1월, 민병대는 셰이스의 반란군을 맞아 그의 오합지졸 군대를 해산시켰다.

셰이스 반란(Shays's Rebellion)은 군사 계획으로서는 실패였다. 그러나 이 반란으로 인해 불만이 컸던 농부에게 약간의 혜택이 돌아갔다. 셰이스와 그의 참모는 처음에 사형을 언도받았으나 후에 사면되고, 매사추세츠는 반란자들에게 세금을 조금 경감해주고 부채 상환 기간을 연장해주었다. 그러나 이게 다가 아니었다. 이 반란은 미국의 미래라는 견지에서 볼 때, 보다 중요한 결과를 낳았다고 할 수 있다. 이 반란으로 국가 차원의 새로운 헌법을 마련하려는 움직임이 급물살을 타게 되었기 때문이다.

• 셰이스 반란의 결과

결론

　1775년 뉴잉글랜드의 한 마을에서 사소한 전투를 치르면서부터 1781년 요크타운에서 역사적인 항복을 받아낼 때까지, 미국인은 세계 최대의 군사 강국에 대항해 대대적이고도 끔찍한 전쟁을 치렀다. 1775년에는 급조된 식민지 군대가 대영제국의 육해군을 견뎌내리라고 아무도 예상하지 못했다. 그러나 행운과 현명함, 결단력, 영국의 값비싼 실수 그리고 적절한 시기에 받은 해외 원조 등이 어우러져, 미국인은 자기 땅에서 전개된 싸움의 이점을 최대한 이용해 영국의 계획을 수포로 만들 수 있었다.

　이 전쟁은 단순히 역사적인 군사 접전만이 아니었다. 이는 거대한 정치적 사건이기도 했다. 이 전쟁으로 식민지가 하나로 묶이고 조직되어, 독립을 선언했던 것이다. 그런 가운데 식민지인은 일련의 원칙을 고수하기 위해서가 아니라, 지금 막 비상을 시작한 나라를 방어하기 위해 보다 큰 결의를 가지고 싸웠다. 전쟁이 끝날 무렵, 그들은 주뿐만 아니라 국가 차원에서 새로운 정부를 수립했고, 이 새로운 정부 형태를 실험하기 시작했다.

　미국 사회 역시 이 전쟁으로 지대한 영향을 받았다. 기존 사회질서가 뒤흔들리고 여성은 자신의 사회적 지위에 대해 의문을 제기했으며, 과거에는 엄격하게 계급적이었던 사회 전체에 자유와 해방이라는 개념이 유포되었다. 심지어 아프리카 흑인 노예조차 혁명의 이념을 받아들였다. 하지만 이들이 그 이념을 내세울 만한 위치에 이르기까지는 이후로도 수많은 세월이 걸렸다.

　독립 전쟁에서 승리함으로써 이 신생국가는 여러 문제를 해결할 수 있었던 반면, 또 다른 문제를 안게 되었다. 미합중국은 인디언 부족이나 나라의 남쪽 및 북쪽에 이웃한 지역과 어떤 관계를 수립해나갈 것인가, 서부 영토는 어떻게 분배해야 하고, 노예제도는 또 어떻게 처리할 것인가, 미국이 추구해온 자유와 미국에 필요한 질서는 어떻게 균형을 맞추어나갈 것인가, 하는 문제가 새로이 들어선 중앙정부를 수립 첫해부터 괴롭히기 시작했다.

1786	1787	1787~1788	1789	1791	1792
애나폴리스 회의	제헌 회의, 미국 헌법 제정	각 주가 미국 헌법 비준	워싱턴, 미국의 초대 대통령에 취임/권리장전/프랑스 혁명/법원조직법	제1차 미국 은행	워싱턴, 대통령에 재선

6장
미국 헌법과 새로운 공화국

미국의 별

프레더릭 켐멜마이어(Frederick Kemmelmeyer)가 1790년대에 조지 워싱턴에게 존경을 표하며 그린 그림이다. 이 그림은 신생 공화국 미국을 도상학적으로 설명하려고 했던 여러 예술가가 기울인 많은 노력의 결실 가운데 하나다.

1793	1794	1795	1796	1797	1798~1799	1800
제닛(Genet) 사건	위스키 반란/제이 조약	핑크니 조약	존 애덤스, 대통령에 당선	XYZ 사건/외국인법 및 선동 방지법	프랑스와 준(準)전쟁/버지니아-켄터키 결의안	제퍼슨, 대통령에 당선

1780년대 말에 이르러 많은 미국인은 연합정부에 더욱 불만을 가지게 되었다. 그들은 연합정부가 각 주(州) 사이의 갈등 때문에 여러 가지 경제문제를 효과적으로 처리할 수 없으며, 셰이스 반란에 놀라울 정도로 무기력하게 대응했다고 생각했다. 10여 년 전, 미국인은 강력한 중앙정부의 건설을 의도적으로 회피했다. 그러나 이제는 중앙정부의 건설을 다시 고려하게 되었다. 1787년, 미국은 새로운 헌법을 제정하고 독립적인 3개 부로 구성된, 더욱 강력한 정부를 조직했다. 그러나 미국이 헌법을 채택했다고 해서 공화국 건설이 완결된 것은 아니었다. 미국 헌법이 거의 완벽한 문서라는 데에는 대부분의 미국인이 동의했지만, 그 문서가 무엇을 의미하는가에 대해서는 의견이 분분했기 때문이다.

1
새로운 정부 구성

1780년대 중반에 접어들면서 연합 의회는 인기도 떨어지고 영향력도 저하되어 누구도 거들떠보지 않는 물건처럼 되어버렸다. 1783년에는 연합 의회 의원들이 밀린 봉급을 요구하는 퇴역 군인들을 피해 몰래 필라델피아를 빠져나왔다. 연합 의회는 뉴저지의 프린스턴으로 잠시 피해 있다가 애나폴리스로 옮겼고, 1785년에 뉴욕에 자리 잡았다. 의원들은 종종 무서워 떨었다. 연합 의회는 혁명전쟁을 종식시키기 위해 영국과의 조약을 비준하는 데 필요한 정족수를 채우는 일만으로도 많은 어려움을 겪어야 했다.

개혁의 주창자들

1780년대에는 국민 가운데 가장 부유하고 사회적으로도 가장 힘 있는 일부 집단이 보다 강력한 중앙정부를 요구하기 시작했다. 1786년 무렵이면 이러한 요구가 너무나도 강력해져서 기존 체제의 옹호자조차 연합정부의 가장 약한 부분, 즉 과세권의 결여라는 부분을 강화시킬 필요가 있다는 데에 결국 동의하게 되었다.

강력한 중앙정부를 주창하는 사람 가운데 가장 지략이 뛰어난 사람은 알렉산더 해밀턴(Alexander Hamilton)이었다. 그는 서인도 제도에서 스코틀랜드 상인의 사생아로 태어나 뉴욕의 법률가로 성공한 사람이었다. 해밀턴은 이제 '연합 헌장'을 철저히 검토할 수

• 알렉산더 해밀턴

있는 전국적인 회의를 요구했다. 그는 버지니아 출신의 제임스 매디슨(James Madison)을 정치적 동지로 삼았는데, 매디슨은 버지니아 주 의회를 설득해 주간 통상 회의를 개최하게 한 사람이었다. 1786년, 5개 주만이 메릴랜드의 애나폴리스에서 개최된 회의에 대표를 파견했다. 애나폴리스 회의에서는 뉴욕 대표 해밀턴이 기초한 제안이 채택되었다. 그 제안이란, 다음 해 필라델피아에서 모든 주 대표들이 참석한 가운데 회의를 개최하자는 것이었다.

애초에는 누구도 애나폴리스 회의보다 필라델피아 회의에 더 많은 대표가 참석할 것이라고 전혀 상상하지 못했다. 그러던 1787년 초, 셰이스 반란 소식이 전국에 퍼져 무관심하던 많은 지도자의 경각심을 일깨웠다. 무엇보다도 중요한 것은 이 반란으로 조지 워싱턴이 제헌 회의(Constitutional Convention)에 참석하기 위해 필라델피아에 가기로 결심했다는 점이다. 회의는 그의 지지로 폭넓은 신뢰를 확보하는 데 성공했다.

제헌 회의의 분열

● '건국의 아버지'

1787년 5월, 로드아일랜드를 제외한 모든 주의 대표자 55명이 모여 그해 9월까지 필라델피아 주 의사당에서 개최된 회의에 한 회기(session) 이상 참석했다. 후에 잘 알려진 바와 같이 이들 '건국의 아버지(Founding Fathers)'는 비교적 젊은 사람으로 평균연령이 44세였다. 이들 모두 당시의 기준에서 보면 상당한 교육을 받은 사람이자, 대부분이 부유한 재산가였다. 그중에는 어떤 대표가 지적했던 바와 같이 이른바 민주주의의 '소란과 어리석음'을 두려워하는 사

마운트버넌의 조지 워싱턴

조지 워싱턴이 대통령으로서 첫 임기를 수행 중이던 1790년, 한 이름 모를 민속 화가가 버지니아 주 마운트버넌에 있는 워싱턴의 자택을 그렸다. 제복을 입은 워싱턴이 가족들과 함께 잔디 위에 서 있다. 워싱턴은 1797년 퇴임한 뒤 기꺼이 자신의 플랜테이션으로 돌아와 1799년 사망할 때까지 2년간 '농사와 전원생활'을 즐겼다. 또한 미국 전역과 유럽에서 끊임없이 찾아오는 손님들을 맞아 환대했다.

람도 많았다. 그러나 모두가 독립 전쟁 시기에 경험한 중앙집권화된 권력에 대한 공포를 잊지 않고 있었다.

제헌 회의는 회기를 관장하고 사회를 보는 의장으로서 워싱턴을 만장일치로 선출하고, 회의 내용과 의사일정을 일반 대중과 언론에 공개하지 않기로 했다. 그러고 나서, 각 주 대표는 한 표씩 행사할 수 있으며, 주요 사안은 연합 의회에서와 마찬가지로 만장일치가 아니라 다수결에 따라 결정하기로 했다. 거의 모든 대표가 미국이 보다 강력한 중앙정부를 필요로 한다는 데에 의견 일치를 보았다. 그러나 더 이상의 의견 일치란 없었다.

- 매디슨의 버지니아안

인구가 가장 많은 버지니아 주는 36살의 제임스 매디슨을 중심으로 준비를 잘 갖춘 대표단을 필라델피아 회의에 파견했다. 매디슨은 새로운 '중앙(national)' 정부에 대한 세밀한 계획안을 구상하고 있었다. 버지니아의 에드먼드 랜돌프(Edmund Randolph)가 "중앙정부는 최고의 입법부, 행정부, 사법부로 구성해 설치해야 한다"고 결의안을 제안해 토론의 포문을 연 그 순간, 버지니아안(Virginia Plan)이 사실상 제헌 회의의 의제를 결정한 것이나 다름없었다. 이 결의안은 매우 간략한 설명이지만, 기존의 연합정부와는 매우 다른 성격의 정부를 요구하는 것이었다. 그러나 대표들은 간단한 토론을 거쳐 결의안을 승인한 후 보다 근본적인 개혁에 전념했다.

매디슨이 제출한 버지니아안의 세부 사항에 대해서는 의견이 거의 일치하지 않았다. 매디슨은 버지니아안에서 양원으로 구성되는 의회를 주장했다. 하원의 경우 각 주는 인구에 비례해 의석이 배정되며, 상원 의원은 엄격한 대표 선출 체계 없이 하원이 선출하자는 것이었다. 따라서 작은 주의 경우, 상원에서 단 한 석도 갖지 못하는 일이 발생할 수 있었다.

- 뉴저지안

작은 주 대표는 즉각적으로 버지니아안에 반발했다. 뉴저지 대표 윌리엄 패터슨(William Paterson)은 그 대안으로 현행 연합 체제의 핵심을 계속 유지하자는 내용의 뉴저지안(New Jersey Plan)을 제시했다. 이 안은 각 주가 동등한 대표권을 갖는 현행 연합정부의 일원

제 입법부를 계속 유지하되, 연합 의회에 통상을 규제하고 과세할 수 있는 권한을 부여하자는 내용이었다. 회의는 패터슨의 제안을 거부했으나, 버지니아안 지지자들은 작은 주에 어느 정도 양보하지 않으면 안 된다는 것을 깨달았다. 그래서 그들은 각 주 의회에서 상원 의원을 선출하자는 데 동의했다.

많은 문제가 여전히 해결되지 않은 채 남아 있었다. 가장 중요한 문제 가운데 하나는 노예제 문제였다. 회의가 열리는 동안 노예제 폐지에 대해서는 진지한 논의가 없었다. 그러나 그것과 관련된 다른 쟁점은 격렬히 논의되었다. 의회의 대표 수를 결정하는 데에 노예를 인구의 일부로 계상해야 하는가, 혹은 대표를 선출할 수 없는 재산으로 간주해야 하는가인데, 노예가 많은 주의 대표는 두 가지 방법 모두가 채택되기를 원했다. 즉, 대표 수를 결정할 때에는 노예를 사람으로 간주하되, 새 정부가 인구 수에 근거해 주에 과세할 때에는 노예를 재산으로 간주해야 한다고 주장했다. 그러나 노예제가 폐지되었거나 곧 폐지될 것으로 예상되는 주 대표는, 과세를 계상할 때에는 인구 수에 노예를 포함해야 하지만, 대표 수를 결정할 때에는 인구 수에서 제외해야 한다고 주장했다.

타협

대표들은 몇 주에 걸쳐 논쟁을 벌였다. 6월 말에는 더위가 심해지고 오랜 논쟁으로 감정이 불편한 상태로 치솟았기 때문에 회의는 와해의 위기에 놓인 듯 보였다. 그러나 대표들은 포기하지 않았다. 마침내 7월 2일, 회의는 벤저민 프랭클린을 의장으로 각 주당 1명의

• 대타협

대표로 '대위원회(grand committee)'를 구성해, 이 위원회가 '대타협(Great Compromise)'의 기초가 될 제안을 마련했다. 이 제안에 따르면, 의회는 양원으로 구성되고, 각 주는 하원에서 인구 수에 근거해 의석을 배정받으며, 대표와 직접세의 근거를 결정할 때에는 노예 한 사람 당 자유인의 5분의 3으로 계산하게 되었다. 그리고 상원에서 각 주는 동등하게 두 명의 의원으로 대표되었다. 1787년 7월 16일, 제헌 회의는 투표를 거쳐 이 타협안을 채택했다.

• 해결되지 않은 논제

회의는 이후 몇 주 동안 또 다른 중요한 타협을 이끌어냈다. 남부 주 대표는 새 정부가 노예제 문제에 개입하지나 않을까 염려했는데, 회의는 이들을 달래기 위해 새 정부가 20년간 노예무역을 금지하지 못한다는 데 동의했다.

중요하지만 거론조차 되지 않은 문제도 있었다. 그중에서 가장 중요한 것은 중앙정부의 권한을 제한하는 개인적 권리에 관한 항목이 없다는 점이었다. 매디슨은 국민의 기본권을 명기하는 것은 사실상 그 권리를 제한하는 것과 다름없다고 주장하면서 기본권을 천명하자는 생각에 반대했다. 그러나 다른 대표는 헌법적 보장이 없다면 새 정부가 권력을 남용할 수도 있을 것이라고 우려했다.

1787년의 헌법

많은 사람이 미국 헌법의 제정에 공헌했다. 하지만 이 과정에서 가장 중요한 역할을 한 사람은 제임스 매디슨이었다. 매디슨은 버지니아안을 안출(案出)했으며 미국 헌법의 초안을 대부분 작성했다. 그러나 그의 가장 중요한 업적은 두 가지 중요한 철학적 문제, 즉 주권 문제와 권력 제한의 문제를 해결하는 데 일조했다는 점이다.

어떻게 중앙정부와 각각의 주 정부가 동시에 주권을 행사할 것인가? 최종적인 주권은 어디에 있는가? 매디슨과 동시대인은, 주 정부든 중앙정부든 간에, 모든 권력은 궁극적으로 국민으로부터 나온다고 결론지었다. 따라서 연방정부도 주 정부도 진정한 의미에서 주권은 없다. 모든 정부는 아래로부터 권위를 부여받는다. 이렇게 주권 문제에 관한 결의안을 채택함으로써 미국 헌법의 독특한 특징 가운데 하나가 실현되었다. 즉, 중앙정부와 주 정부 간 권력 분할이 가능해진 것이다. 미국 헌법과 이에 근거해 수립된 정부가 이제 미국 '최고의 법'이 되었다. 그러나 동시에 미국 헌법은 각 주에 중요한 권한을 유보하였다.

• 국민주권

미국 헌법은 주권 문제뿐 아니라 중앙집권적 권위의 문제에 대해서도 독특한 해결책을 제시했다. 대부분의 미국인은 프랑스의 철학자 몽테스키외(Baron de Montesquieu)의 사상에 영향받아, 정부를 국민과 가까이 두는 것이 독재정치를 피하는 가장 좋은 방법이라고 믿어왔다. 규모가 큰 국가는 통치자가 대부분의 국민과 멀리 떨어져 있어 국민이 통치자를 통제할 수 있는 아무런 방법이 없기 때문에 부패와 압제가 양산된다고 생각했다.

그러나 매디슨은 규모가 작은 공화국보다는 오히려 거대 공화국에서 독재정치가 이뤄질 가능성이 훨씬 적다며 이러한 가정을 부정했다. 왜냐하면 어떠한 단일 집단도 거대 공화국을 지배할 수는 없기 때문이다. 권력 분산이라는 개념, 즉 다양한 권력 중심이 '상호 견제하며' 어떤 단일한 전제적 권위의 출현도 억제한다는 이런 개념은, 연방정부의 내적 구조를 구체화하는 데에도 기여했다. 미국 헌

• "견제와 균형"

법의 가장 독특한 특징은, 정부 안에서의 '권력분립', 즉 입법부·행정부·사법부 사이의 '견제와 균형'의 원리를 창안했다는 점이다. 정부 구조 안에서 이 세 권력은 서로 끊임없이 경쟁하게 된다. 연방의회는 상호 견제하는 두 의원(議院)이 있으므로 어떤 법안이 통과되기 위해서는 양원이 상호 동의해야 하며, 대통령은 의회가 통과시킨 법안을 거부할 권한이 있다. 또한 연방 법원의 판사는 종신으로 복무하기 때문에 연방 법원은 행정부와 입법부 모두로부터 보호된다.

이러한 정부의 '연방' 구조는 영국에서 출현한 것과 같은 전제정치로부터 미국을 보호하도록 고안된 것이다. 그리고 동시에 다른 종류의 전제정치, 즉 국민의 독재로부터 미국을 보호하도록 고안된 것이기도 하다. 미 헌법을 고안한 사람 대부분은, 어떤 나라가 무절제한 민의의 행사로부터 스스로를 보호할 수 없다면 셰이스 반란은 앞으로 일어날 수많은 반란 중 하나에 불과할 것이라고 생각했다. 따라서 새로운 통치 구조에서는, 국민들이 오로지 하원 의원만을 직접 선출하게 될 것이었다. 1787년 9월 17일, 39명의 대표가 이 헌법에 서명했다.

2

헌법의 채택과 개정

필라델피아에 모인 대표는 연합 의회와 각 주에서 보낸 지침을 무시하고 월권 행위를 했다. 그들은 '연합 헌장'의 조문을 간단히 수정하는 대신, 완전히 다른 형태의 정부안을 만들어냈던 것이다. 그리고 모든 주 의회의 만장일치를 요구하는 '연합 헌장'의 규정대로라면 새로운 미국 헌법이 비준되지 않을 것이라고 생각하고, 규정을 바꿔 13개 주 가운데 9개 주가 헌법을 비준하면 새 정부가 성립될 수 있어야 하며 미국 헌법을 비준하기 위해서는 주 의회(state legislatures)가 아니라 헌법을 비준할 주 회의(state conventions)를 소집해야 한다고 권고했다.

연방주의자와 반연방주의자

뉴욕의 연합 의회는 제헌 회의의 성과를 수용하고, 헌법 비준을 위해 미국 헌법을 각 주에 제출했다. 로드아일랜드를 제외한 모든 주 의회가 비준 회의 구성을 위해 대표를 선출했으며, 대부분의 비준 회의는 1788년 초에 개회되었다. 그러나 비준 회의가 개회되기도 전에 새로운 헌법을 둘러싸고 전국적으로 논쟁이 벌어졌다.

미국 헌법을 지지하는 사람들은 여러 면에서 유리한 점이 있었다. 그들은 미국 헌법에 반대하는 사람들보다 조직적이고, 미국에서 가장 저명한 두 인물, 즉 프랭클린과 워싱턴의 지지를 받았다. 또한 자신들에게 유리한 매력적인 명칭을 선점했다. 바로 '연방주의자

《연방주의자 논고》

(Federalist)'였다. 이 용어는 중앙집권을 반대한 사람들이 한때 자신들을 일컬었던 말로, 미국 헌법을 지지하는 사람들이 실제보다 '중앙집권적' 정부에 관심을 덜 기울이고 있는 것처럼 보이게 했다. 당대에 가장 능력 있는 정치 철학자, 즉 알렉산더 해밀턴, 제임스 매디슨, 존 제이(John Jay)도 연방주의자를 지지했다. 이들은 '푸블리우스(Publius)'라는 공동의 필명으로 미국 헌법의 의미와 장점을 설명하는 일련의 평론을 신문에 게재했다. 이 글은 전국적으로 광범위하게 신문에 실렸고, 후에 책으로 출판되어 오늘날 《연방주의자 논고(The Federalist Papers)》로 알려져 있다.

• 반연방주의자들

연방주의자는 비판자를 '반연방주의자'라 불러, 연방파에 반대하는 것 외에는 어떤 내용도 제시한 바 없음을 적시하려고 했다. 그러나 사실 반연방주의자 가운데에도 패트릭 헨리(Patrick Henry)나 새뮤얼 애덤스(Samuel Adams)와 같은 미국 혁명의 뛰어난 지도자도 있었다. 그들은 진지하고 날카로운 주장을 펼쳤다. 그리고 자신이야말로 미국 혁명이 내세운 진정한 이념의 수호자라고 보았다. 그들은 헌법이 미국 혁명의 진정한 이념을 파괴할 것이라고 믿었다. 즉, 헌법은 세금을 인상하고 각 주의 권력을 위축시키며, 전제적인 권력을 휘두르고 일반 국민보다 '명문가 출신'을 우대하는 동시에 개인의 자유를 말살할 것이라고 주장했다. 그들의 가장 큰 불만은 헌법에 기본권 조항이 결여되어 있다는 점이었다. 반연방주의자는 국민의 권리를 일일이 열거해야만 헌법이 이를 보장해줄 수 있다는 확신을 가질 수 있다고 주장했다.

반연방주의자의 노력에도 각 주 비준 회의는 1787년과 1788년 사이의 겨울에 신속하게 헌법을 비준해나갔다. 델라웨어 주 비준 회의

미 헌법 제정 축하연

이러한 축하연은 아마도 미국 헌법이 심한 반대에 부딪쳤기 때문에 마련된 자리였을 것이다. 즉, 미국 헌법 옹호자는 미국 헌법의 정당성을 강화하기 위한 노력의 일환으로 헌법 비준시 이런 화려한 축하연을 마련했던 것이다. 1788년, 미국 헌법 옹호자는 월스트리트를 가로지르는 화려한 퍼레이드를 조직했으며, 이 그림에 묘사된 것처럼 ('미국 함선'으로 지칭된) 바퀴 달린 배가 퍼레이드에 동참했다. 선박의 아래쪽에 두른 띠에는 알렉산더 해밀턴의 이름이 쓰여 있는데, 해밀턴은 뉴욕 주의 핵심적인 미국 헌법 옹호자였다.

가 가장 먼저 비준을 가결했다. 뉴저지와 조지아 비준 회의도 델라웨어와 마찬가지로 만장일치로 헌법을 비준했다. 뉴햄프셔는 1788년 6월에 헌법을 비준했는데, 이는 9번째였다. 미국 헌법은 이제 이론적으로는 효력을 발휘할 수 있었다. 그러나 새 연방정부는 버지니아 주와 뉴욕 주 없이는 성공을 바랄 수 없었다. 버지니아와 뉴욕 주의 비준 회의는 의견이 거의 양분되어 있었다. 그러나 6월 말, 기본권 조항이 헌법에 수정 조항의 형태로 첨가된다는 전제에서 버지니아가 먼저, 그리고 뉴욕이 가까스로 헌법 비준에 동의했다. 노스캐롤라이나 비준 회의는 결정을 미룬 채 헌법 수정 문제가 어떻게 진행되어가는지 관망했으며, 로드아일랜드는 비준을 고려조차 하지 않았다.

헌법 구조의 완성

 1789년 초 몇 달 동안, 미국 헌법에 따라 첫 선거를 치렀다. 누가 제1대 대통령이 될 것인가에 대해서는 추호의 의심도 없었다. 조지 워싱턴이 제헌 회의 의장을 역임한 데다 많은 사람들은 새 정부 역시 그가 이끌어나가리라 예상했고, 단지 그 이유만으로 비준을 지지했던 것이다. 워싱턴은 선거인단의 만장일치로 대통령에 당선되었다. 연방주의자의 지도자 존 애덤스는 부통령이 되었다. 워싱턴은 버지니아의 마운트버넌에 있는 저택에서 출발해, 가는 길마다 공들여 준비한 축하연에 참석하면서 뉴욕에 도착해, 1789년 4월 30일 대통령에 취임했다.

• 권리장전

 제1차 연방의회는 여러 면에서 거의 제헌 회의의 연장선상에 있었다. 제1차 연방의회의 가장 중요한 업무는 기본권에 관한 조항을 초안하는 일이었다. 1789년 초 매디슨은, 새 정부에 반대하는 사람들에게 정부의 정당성을 인정받기 위해서는 몇 가지 기본권 조항이 반드시 필요하다는 사실을 수긍하기에 이르렀다. 1789년 9월 25일, 연방의회는 12항목의 수정 조항을 승인했으며, 1791년 말에는 각 주가 그중 10개 조항을 비준했다. 미국 헌법에 처음으로 첨가된 이 10개의 수정 조항은 '권리장전(Bill of Rights)'으로 알려졌다. 그중

9개 항은 특정의 기본권, 즉 종교·연설·출판의 자유, 자의적 체포로부터의 면제, 배심원 앞에서 재판받을 권리 등을 침해하지 못하도록 함으로써 연방의회의 한계를 정했다. 수정 조항 제10조는 연방정부에 위임되었거나 각 주와 국민에게 특별히 금지된 권한을 제외하고는 각 주와 국민이 모든 권한을 가진다는 내용이었다.

연방 사법부와 관련해서 헌법은 단지 "미국의 사법권은 하나의 연방 대법원 그리고 연방의회가 때때로 제정하고 설립하는 하급 법원에 있다"고 규정했을 뿐이다. 연방 대법원의 판사 수와 하급법원의 종류를 결정하는 문제는 연방의회에 위임됐다. 연방의회는 1789년에 법원조직법(Judiciary Act)을 제정해 연방 대법원을 6명의 판사로 구성하고, 하급 지방 법원과 상소 법원(court of appeal)의 체계를 갖추도록 규정했다. 또한 주 법률(state laws)의 합헌성과 관련한 사건에 대해서는 연방 대법원에 최종적인 결정권을 부여했다.

미국 헌법은 행정 부처에 대해 간접적으로나마 언급하기는 했으나, 어떤 부처를 두어야 한다거나 몇 개 부처를 두어야 하는지에 대해서는 구체적으로 명시하지 않았다. 제1차 연방의회의 결의를 통해 3개 부처, 즉 국무부, 재무부, 육군부가 설립되고 법무 장관직과 체신 장관직이 설치되었다. 워싱턴은 뉴욕 주 출신의 알렉산더 해밀턴을 재무 장관에 임명했다. 그리고 육군부 장관으로는 매사추세츠 주 출신의 연방주의자 헨리 녹스(Henry Knox) 장군을, 법무 장관으로는 버지니아 주 출신의 에드먼드 랜돌프를 지명했다. 또한 국무 장관으로 또 한 명의 버지니아 출신인 토머스 제퍼슨을 선택했다.

• 행정부처 설치

3

연방파와 공화파

미국 헌법 제정자는 일련의 타협을 통해 많은 논쟁을 해결했다. 그러나 타협의 내용은 애매모호했고, 그 결과 의견 차이가 계속 남아 새 정부를 괴롭혔다.

미국 헌법을 둘러싼 논쟁의 핵심에 자리 잡은 근본적인 철학적 차이가 1790년대에도 논쟁의 핵심에 자리했다. 한쪽에는 미국인이 강력한 중앙정부를 요구한다고 생각하는 힘있는 집단이 있었다. 그들은 중앙집권적 권위와 정교한 상업 경제를 갖춘 진정한 국민국가가 되는 것이 미국의 사명이라고 믿었다. 다른 한쪽에는 보다 온건한 중앙정부를 지향하는 집단이 있었다. 그들은 미국이 고도의 상업화나 도시화를 열망해서는 안 되며, 농본적이며 전원적 상태로 유지되어야 한다고 생각했다. 중앙집권의 주창자는 연방파로 알려졌고 알렉산더 해밀턴의 지도력에 끌렸다. 그 반대자는 공화파라는 명칭을 얻었고 토머스 제퍼슨과 제임스 매디슨의 지도 아래 결집했다.

해밀턴과 연방파

• 해밀턴의 부채 정책

연방파는 12년간 새 정부를 확고하게 장악했다. 이는 부분적으로 조지 워싱턴 자신이 대통령으로서 항상 강력한 연방정부를 추구했고, 강력한 정부를 만들려는 사람들에게 어떤 제지도 하지 않았기 때문이다. 그러나 워싱턴은, 대통령이란 정치 논쟁에서 한 걸음 떨어져 있어야 한다고 믿었기에 연방의회의 정치 토론에 어떤 형태로든 개입하지 않으려 했다. 그 결과, 알렉산더 해밀턴이 워싱턴 행정부의 가장 주도적인 인물로 부상했다. 해밀턴은 당시의 국가 지도자 가운데 정치 철학적으로 가장 귀족적인 인물이었다. 그는 효율적이고 안정된 정부를 이루려면 엘리트 지배계급이 필요하다고 믿었다. 그리하여 새 정부는 부유하고 유력한 집단의 지지를 얻어야 하며, 그러기 위해서는 엘리트가 새 정부의 성공에 연계되도록 해야 했다. 따라서 해밀턴은 기존의 정부 부채를 "장기 공채화해야" 한다고 제안했다. 즉, 독립 혁명 시기나 그 이후에 연합 의회가 발행한 여러 가지 채권 증서를 모아 수익 채권으로 전환시켜야 한다는 것이었다─당시 채권 증서는 대부분 부유한 투자가의 수중에 들어가 있었다. 그리고 각 주의 채권 증서 소지자에게 중앙정부로부터 언젠가는 부채를 상환받을 수 있을 것이라는 기대를 갖도록 하려면, 독립 전쟁 기간에 각 주가 진 부채를 중앙정부가 떠안아야 한다고 주장하기도 했다. 그는 새로운 채권을 발행해 기존의 채권을 상환함으로써 영구적인 연방 부채를 창출하려고 했다. 그렇게 되면 새로운 연방정부에 돈을 빌려준 부유한 계급이 언제나 새 정부의 존속을 바라게 될 것이라고 믿었다.

　해밀턴은 중앙은행도 창설하려고 했다. 중앙은행을 설립하면, 기업에 대출을 제공하고 통화를 발행할 수 있을 뿐만 아니라, 정부의 연방 재원 예치금을 안전하게 보관하는 장소가 제공되는 셈이다. 또한 수세(收稅)와 정부 지출의 지불을 용이하게 할 뿐만 아니라 소규모 유약한 미국의 금융 체계에 안정적인 중심축으로 기능하게 된다는 이점도 있었다. 그리고 중앙은행은 연방정부가 설립하지만, 은행 자본의 상당부분은 개인투자가에게서 나오게 되기 때문이었다.

　연방정부는 부채의 투자와 인수를 위해 새로운 세원을 필요로 했

- '제조업 분야 보고서'

다. 해밀턴은 공유지 판매로 예상되는 수입금 외에 보충적으로 두 종류의 과세를 주장했다. 하나는 주류에 부과하는 소비세로서 이 세금은 옥수수와 호밀의 수확물 일부를 위스키로 변형시켜 판매해왔던 서부 벽지의 증류업자, 즉 소규모 자작농에게 큰 부담이 될 수 있었다. 다른 하나는 수입관세였는데, 해밀턴은 이것이 세입을 올리는 방법일 뿐만 아니라 국내 산업을 외국 경쟁 산업으로부터 보호할 수 있는 방법이라고 생각했다. 해밀턴은 그 유명한 1791년의 '제조업 분야 보고서(Report on Manufactures)'에서 국내 산업 성장을 촉진할 계획의 밑그림을 제시했고, 건전한 제조업 분야를 중심으로 하는 사회의 장점에 대해 열변을 토했다.

간단히 말하면, 연방파가 제시한 것은 안정된 새 정부의 비전 그 이상이었다. 미국이 어떤 나라가 되어야 하는지의 문제, 즉 부유하고 계몽된 지배계급, 활기 넘치고 독립적인 상업 경제, 그리고 제조업이 번창하는 그런 국가 비전을 제시했던 것이다.

연방주의적 프로그램의 제정

- 공채 투자 법안에 대한 반대

거의 대부분의 연방 의원들은 정부 부채의 장기 공채화에 대해서는 해밀턴의 제안을 지지했다. 그러나 1대 1로 이전의 채권 증서를 새로운 수익 채권으로 교환하자는 제안에 대해서는 많은 의원이 반대했다. 채권 원소유자 가운데 상당수의 사람이 1780년대의 경제 불황 속에서 채권을 투기업자에게 팔 수밖에 없었는데, 당시 투기업자는 이 채권을 액면가보다 훨씬 낮은 액수로 구입했다. 버지니아 주 의원 제임스 매디슨은 원소유자와 투기업자를 구분해 새 채권을 발행해주는 안을 주장했다. 그러나 해밀턴의 안을 지지하는 의원은 정부의 명예를 지키려면 누가 채권을 소유하고 있던 간에 전에 했던 정부의 약속을 그대로 이행해야 한다고 역설했다. 연방의회는 결국 해밀턴이 바라던 공채 투자 법안(funding bill)을 통과시켰다.

연방정부가 주 부채를 인수한다는 해밀턴의 제안은 보다 심각한 어려움에 부딪혔다. 반대자들은 만약 연방정부가 주 정부의 부채를 떠맡게 된다면, 부채를 적게 지고 있는 주가 많이 지고 있는 주를 위해 세금을 내야 하는 결과가 초래될 것이라고 했다. 예를 들면, 매사추세츠 주는 버지니아 주보다 훨씬 많은 부채를 안고 있었다. 해밀턴과 그 지지자가 부채 인수 법안(assumption bill)을 통과시키기 위해서는 버지니아인과 타협하는 수밖에 없었다.

협상은 수도의 위치와 연계해 진행되었다. 버지니아인은 수도를 남부, 즉 버지니아와 가까운 곳에 두려고 했다. 해밀턴과 제퍼슨이 만나 버지니아가 부채 인수 법안에 표를 던지는 대가로 수도를 남부에 설치하는 데 북부가 협력하기로 합의했다. 이 타협으로 메릴랜드와 버지니아를 가르는 포토맥 강둑, 조지 워싱턴이 선택한 지역에 새로운 수도를 건설하기로 했다.

• 수도 설립에 대한 타협

해밀턴의 미국 은행 법안은 가장 격렬한 논쟁을 불러일으켰다. 매디슨, 제퍼슨, 랜돌프 등이 미국 헌법에는 중앙은행에 대해 아무런 규정도 없기 때문에 연방의회는 어떤 은행도 설립할 권한이 없다고 주장했다. 그러나 이러한 반론에도 연방의회는 해밀턴의 법안에 동의하고 워싱턴이 서명했다. 그리하여 1791년, 미국 은행(Bank of the United States)이 업무를 개시하게 되었다.

해밀턴은 소비세에 관해서도 자신의 주장대로 일을 추진했다(이

것은 나중에 농민의 항의에 따라 소규모 주류 증류업자의 부담을 경감시키기 위해 다소간 수정을 했다). 또한 해밀턴은 자기가 희망했던 고도의 보호적 성격을 띠는 관세법을 통과시키는 데는 실패했지만, 어쨌든 1792년에 관세법이 통과됨으로써 관세율이 어느 정도 인상되었다.

• 해밀턴의 계획을 둘러싼 분열

법안이 일단 통과되자 제조업자와 채권자 및 다른 영향력 있는 여러 집단이 해밀턴의 경제 계획을 확고히 지지하게 되었다. 그러나 해밀턴의 경제 계획에 불만을 가진 사람도 많았다. 소규모 자작농은 지나친 세금 부담을 떠안게 되었다고 불만을 터뜨렸다. 이들을 비롯한 많은 사람이 연방주의자의 경제 계획에 대해, 국민의 이익이 아니라 소수, 즉 부유한 엘리트의 이익을 대변하는 것이라고 주장하기 시작했다. 이러한 정서 속에서 조직적인 정치적 반대가 일어났다.

공화파의 반대

연방헌법에는 정당에 대해서는 아무런 언급도 없었다. 대부분의 헌법 제정자는, 정당을 조직하는 것은 위험한 일이며 따라서 피해야 한다고 생각했다. 특정 문제에 대한 의견 차이는 불가피하지만, 의견 차이가 존재한다고 해서 영속적인 파벌을 형성할 필요는 없으며 그래서도 안 된다고 생각했기 때문이다.

• 연방파의 설립

그러나 미국 헌법이 비준되고 몇 년이 지나지 않아, 매디슨을 비롯한 여러 사람은 해밀턴과 그의 지지자를 위험하고 이기적인 당파라고 확신하게 되었다. 연방파는 직권을 이용해 지지자의 이익을 도모하고 새로운 지지자를 규합했다. 그리하여 반대자는 연방파가 18

세기 초 부패한 영국 정부와 똑같은 일을 자행하고 있다는 생각을 하기에 이르렀다.

비판자의 눈에는 연방파가 위협적이고 억압적인 권력 구조를 조장하고 있는 것으로 비쳤다. 따라서 격렬한 반대파를 조직하는 것 이외에 다른 대안이 없었다. 그 결과 또 하나의 정치조직이 등장했는데, 그 조직의 구성원들은 '공화파(Republicans)'라고 자칭했다―이 최초의 공화파는 1850년대에 출현한 오늘날의 공화당(Republican Party)과는 제도적으로 관련이 없다. 1790년대 말, 공화파는 당파적인 영향력을 행사할 수단을 강구하는 데서 연방파를 훨씬 앞섰다. 그들은 모든 주에서 위원회와 협회, 중진 회의(caucus)를 조직했다. 그리고 지방 선거와 주 선거에 영향력을 발휘하기 위해 결속을 다졌다. 그러나 연방파나 공화파 모두 정당으로서 역할하고 있다는 사실을 인정하지 않았으며, 다른 정파가 존재할 권리도 인정하지 않았다. 역사가들은 이러한 파당주의의 제도화를 '제1차 정당 체제(first party system)'로 간주한다.

· 공화파의 설립

처음부터, 공화파 가운데 가장 뛰어난 인물은 토머스 제퍼슨과 제임스 매디슨이었다. 제퍼슨은 공화파의 대의를 가장 잘 대변한 인물로서, 대부분의 시민이 자기 땅에서 농사짓는 농본주의적 공화국을 비전으로 제시했다. 그렇다고 해서 상업 행위나 산업 행위를 경멸한 것은 아니었다. 그러나 국가가 지나치게 도시화되거나 산업화되는 것은 경계해야 한다고 믿었다.

연방파나 공화파 모두 지역과 계층을 아우르며 지지자를 확보하고 있었지만, 지역적, 경제적으로는 차이가 있었다. 연방파는 북동부의 상업 중심지와 찰스턴 같은 남부의 항구도시에 가장 많이 몰려

· 지역적 차이와 경제적 차이

있었다. 반면에 공화파는 남부와 서부의 농촌 지역에 가장 많이 산재해 있었다. 무엇보다 프랑스 혁명의 상황 전개에 대한 반응에서 둘 사이의 철학적 차이가 가장 두드러졌다. 1790년대에 혁명이 과격화되자 연방파는 공포를 드러냈다. 그러나 공화파는 프랑스 혁명을 통해 민주주의적이고 반귀족주의적 정신이 분출되고 있다며 이를 열렬히 찬양했다.

1792년 두 번째 대통령 선거를 치를 시기가 다가오자, 제퍼슨과 해밀턴은 워싱턴에게 재출마를 권했고 워싱턴은 마지못해 수락했다. 두 정파가 다 워싱턴에게 존경을 표하기는 했지만, 실제로 워싱턴 자신은 공화파보다는 연방파에 더욱 공감했다.

4
국가주권의 옹호

연방파는 기존의 미국 연합이 대체로 실패했던 두 분야, 즉 서부 개척과 외교 분야에서 효과적으로 대처함으로써 입지를 공고히 다졌다.

서부의 확보

기존의 연합 의회는 북서부 영지법(Northwest Ordinance)이 있는 데도, 서부 지역을 중앙정부에 확고히 결합시키는 데 실패했다. 매사추세츠 서부 지역 농민은 반란을 일으키고 버몬트와 켄터키, 테네시의 정착민은 비록 미수에 그치고 말지만 연합으로부터 분리를 시도하기도 했다. 그리고 미국 헌법 아래 수립된 새 정부도 처음에는 이와 유사한 문제에 부딪히게 되었다.

1794년, 펜실베이니아 서부 지역 농민이 연방정부의 권위에 도전했다. 그들은 새로운 위스키 소비세의 납부를 거부하고 그 지역의 징세관을 위협했다. 그러나 연방정부는 이른바 위스키 반란(Whisky Rebellion)의 처리 문제를 펜실베이니아 주 당국에 전적으로 의존하지 않았다. 워싱턴은 해밀턴의 요구로 3개 주에 민병대를 요청해 약 1만 5,000명의 군대를 모아 직접 펜실베이니아까지 군대와 동행했다. 민병대가 도착하자 반란은 이내 진압되었다.

• 위스키 반란

위스키 반란에 대한 논평

토머스 제퍼슨을 비롯한 공화파는 이따금 벌어지는 민중 봉기를 환영한다고 했지만, 연방파는 매사추세츠 주에서 발생한 셰이스 반란 그리고 후에 펜실베이니아 주에서 벌어진 위스키 반란 같은 폭동에 대해 공포심을 가지고 있었다. 위의 친연방파 삽화는 럼주 술통 2개를 몰수한 징세원을 쫓아가 결국 목을 매단 마귀로 반란자를 묘사하고 있다.

연방정부는 위스키 반란자를 위협해 충성 서약을 받아냈다. 또한 서부 지역을 연방의 일원으로서 새로운 주로 받아들여 다른 서부인의 충성도 확보했다. 최초의 13개 식민지 가운데 마지막 두 개 식민지는 '권리장전'이 일단 미국 헌법에 수정 조항으로 추가되자 연방에 가입했다. 즉, 노스캐롤라이나는 1789년에, 로드아일랜드는 1790년에 가입했다. 1791년에는 뉴욕과 뉴햄프셔가 버몬트 지역에 대한 권리 주장을 철회하는 데 동의한 이후, 버몬트가 14번째 주로 연방에 가입했다. 다음 차례는 켄터키였다. 1792년에 버지니아가 그 지역에 대한 권리 주장을 철회한 후, 켄터키가 연방에 가입했다. 1796년에는 노스캐롤라이나가 인접한 서쪽 지역을 연방에 양도함으로써 테네시가 연방의 한 주가 되었다.

새 연방정부는 북서부와 남서부의 멀리 떨어진 지역에서 한층 더 커다란 도전에 부딪혔다. 앞서 1784년과 1787년 사이에 백인의 서부 정착 조건을 규정한 여러 조례는 인디언 부족과 일련의 경계선 분쟁을 초래했다. 새 정부가 들어선 후에도 이러한 분쟁은 거의 10년 동안 끊임없이 계속되었다.

이러한 분쟁으로 미국 헌법이 해결할 수 없는 또 다른 문제가 드러났다. 바로 새로운 연방 구조 안에 존재하는 여러 인디언 부족국가(Indian nations)의 지위에 관한 문제였다. 미국 헌법에 따르면, 연방의회는 "인디언 부족(tribes)과의 … 통상을 규제"할 수 있는 권한이 있었고, 새 정부는 연합정부가 체결한 조약을 존중할 의무가 있었다. 연합정부가 맺은 조약은 대부분 인디언 부족과 맺은 것이었다. 그러나 어느 것에도 미국 내에 있는 인디언 혹은 인디언 부족국가의 정확한 법적 지위가 명시되지 않았다. 인디언 부족은 새 정부

인디언의 모호한 지위

에 직접적인 대표도 두지 않았다. 무엇보다도 미국 헌법에는 주요 쟁점, 즉 토지에 대한 언급이 없었다. 여러 인디언 부족은 미국 영토 안에 살고 있었으나, 자기 땅에 대해 어느 정도의 주권을 보유하고 있다는 것을 주장했다(그리고 백인 정부도 때때로 이를 인정한 바 있다). 그러나 미국 헌법에도, 관습법(common law)에도 '국가 안의 국가'의 권리 혹은 부족 주권(tribal sovereignty)의 정확한 성격에 대해 명확한 지침이 없었던 것이다.

중립 유지

1789년 혁명 이후 프랑스 신정부가 들어서고, 1793년에 영국과 전쟁에 돌입하자, 영미 간에 새로운 위기가 조성되었다. 대통령과 연방의회 모두 이 전쟁에 중립을 선언하고 여러 조치를 취해나갔다. 그러나 미국은 중립 선언으로 매우 가혹한 시련을 겪었다.

1794년 초, 영국 해군이 프랑스령 서인도제도에서 무역에 종사하던 수백 척의 미국 선박을 나포했다. 해밀턴으로서는 관심을 쏟지 않을 수 없었다. 전쟁은 곧 영국산 제품 수입의 중단을 의미하는 것이었는데, 해밀턴이 구축한 재정 체계를 유지하기 위한 세입의 대부분이 수입관세와 관련되어 있었던 것이다. 해밀턴을 비롯한 연방파는 위기를 타개하기 위한 해결책을 모색했다. 그러나 국무부를 신뢰할 수 없었다. 국무부는 열렬한 친프랑스적 인물인 에드먼드 랜돌프가 장악하고 있었기 때문이다. 그리하여 워싱턴을 설득해 영국에 특사를 파견하고 해결책을 협의하도록 했다. 연방 대법원장 존 제이가 특사로 임명되었다. 제이는 최근 영국이 미국 선박에 가한 공격 행위에 대해 보상을 확약받고, 미국의 변경에 주둔하고 있는 영국 군대의 철수를 요구하며, 영국과의 통상조약에 대해 협의할 것을 지시받았다.

1794년, 제이는 영국과 오랜 시간 협의 끝에 복잡한 내용의 조약을 체결했으나, 일련의 목적을 성취하는 데는 실패했다. 그러나 이 조약으로 영국과의 갈등이 해소되어 전쟁을 피할 수 있는 길이 열렸다. 이 조약으로 미국은 아메리카 대륙 북서부 전 지역에 대한 통치권을 분명하게 인정받았으며, 무역상 중요한 국가와 만족할 만한 적정선에서 통상 관계를 맺을 수 있게 되었다. 그런데도 조약 내용이 미국에 알려지자 거센 비판이 쏟아졌다. 조약 내용에 반대하는 사람은 조약을 파기하기 위해 상원에서 여러모로 노력을 기울였다. 그러나 상원은 결국 조약을 비준했는데, 이것이 곧 제이 조약(Jay's Treaty)이다.

• 제이 조약

제이 조약으로 미국과 스페인 사이의 주요 갈등도 타개할 수 있는 길이 열렸다. 1795년 토머스 핑크니(Thomas Pinckney)가 협상하고 조인한 핑크니 조약에 따라, 스페인은 미국이 미시시피 강 어귀까지 배를 운항할 수 있으며, 먼 바다를 항해하는 선박에 재선적할 물품을 뉴올리언스에 적재해놓을 수 있는 권리를 인정해주었던 것이다. 또한 위도 31도를 따라 플로리다의 북방 국경선을 확정하는 데 동의하고, 플로리다에 있는 인디언이 국경을 넘어 미국을 습격하는 것을 방지하도록 플로리다 식민 당국에 명령을 하달하기도 했다.

• 핑크니 조약

5

연방파의 몰락

건실한 공화국에는 조직화된 정당이 존재하지 않는다는 것이 1790년대의 일반적인 생각이었다. 때문에 연방파는 강력하면서 명백히 영구적인 반대 세력으로서 공화파가 등장하자, 이들을 국가의 안정에 대한 심각한 위협으로 생각했다. 그래서 1790년대에 국제적 위기에 봉착했을 때 정부는 이 '비합법적인' 반대 세력을 강제로라도 제거해야 한다는 강한 유혹을 느끼게 되었다.

1796년 대통령 선거

• 존 애덤스의 당선

1796년, 이미 두 번의 임기를 마친 조지 워싱턴은 다음 대통령 선거에 출마하지 않기로 결정했다. 다음 선거에서는 제퍼슨이 공화파의 가장 확실한 대통령 후보였다. 그러나 연방파는 후보 선택에 어려움을 겪었다. 해밀턴은 정적이 너무나 많아 신뢰할 만한 대통령 후보가 될 수 없었다. 반면 존 애덤스 부통령은 논쟁거리가 될 만한 연방파의 업적에 아무런 관련성이 없었기 때문에, 연방의회 내 연방파 중진 회의에서 결국 대통령 후보자로 지명되었다.

여전히 연방파는 정치권력을 장악한 지배 정당이었다. 그러나 워싱턴이 중재하지 않았더라면, 연방파는 격렬한 파당적 경쟁의 희생물이 되었을 것이다. 애덤스는 선거인단 투표에서 단지 3표를 더 얻어 가까스로 제퍼슨을 눌렀고, 분열된 당의 수장으로서 대통령직을 차지했기에 강한 반대에 직면해야 했다. 부통령직은 선거에서 차석을 차지한 제퍼슨이 인수했다(1804년 수정 조항 제12조가 채택된 이후에야 선거인단이 대통령과 부통령을 따로 선출하게 되었다).

프랑스와의 준(準)전쟁

영국 및 스페인과 미국의 관계는 제이 조약과 핑크니 조약의 체결로 개선되었다. 그러나 혁명 와중에 있던 프랑스와의 관계는 급속도로 악화되었다. 프랑스 함대가 공해상에서 미국 선박을 나포하는가 하면, 찰스 코티스워스 핑크니(Charles Cotesworth Pinckney)가 파리에 도착했으나 프랑스 정부는 그를 미국의 신임 공사로 인정하려 하지 않았다. 이에 애덤스는 관계 개선 노력의 일환으로, 초당적인 협상 위원회를 구성해 프랑스로 파견했다. 1797년 위원들이 파리에 도착했는데, 프랑스 외무장관 탈레랑 공(Prince Talleyrand)이 보낸 3명의 협상 대표는 협상에 들어가기도 전에 프랑스에 대한 차관과 관리에 대한 뇌물을 요구했다. 협상 위원 핑크니는 "안 됩니다. 안 됩니다. 6펜스도 줄 수 없습니다"라고 응수했다.

이 사건을 보고받은 애덤스는 즉각 의회에 전쟁 준비를 서두르라는 메시지를 보냈다. 애덤스는 의회에 보고서를 전달하기 전, 3명의 프랑스 측 협상 대표 이름을 삭제하고 단지 익명의 X, Y, Z로 적었다. 협상 위원 보고서가 일반인에게 공개되자 이른바 'XYZ 사건'으로 신속하게 알려졌고, 국민들은 프랑스의 행위에 분노하며 연방파의 대응에 강력한 지지를 보냈다. 1798년에서 1799년까지 거의 2년 동안, 미국은 프랑스와 선전포고 없는 전쟁을 치렀다.

• XYZ 사건

• 준(準)전쟁

애덤스는 의회를 설득해 프랑스와 모든 무역을 중단하고 1778년의 조약을 폐기했으며, 미국 군함이 공해상에서 프랑스의 무장 선박을 포획할 수 있도록 했다. 1798년에는 연방의회가 해군부를 창설했다. 해군은 이내 여러 번 교전을 벌여 총 85척의 프랑스 선박을 포획하는 성과를 올렸다. 또한 미국은 영국과 긴밀한 공조 관계를 형성했다. 이에 프랑스가 미국을 회유하기 시작했다. 1800년에는 애덤스가 파리에 또 다른 협상 위원회를 파견했고, 당시 '제1총통'으로서 나폴레옹 보나파르트가 장악한 새로운 프랑스 정부는 미국과의 조약 체결에 동의했다. 이로써 기존의 1778년 조약이 파기되고 프랑스와 미국 사이에 새로운 통상협정이 체결되었으며, 그 결과 '준(準)전쟁'은 무리 없이 평화롭게 끝났다.

억압과 저항

연방파는 프랑스와의 갈등 덕에 1798년, 연방의회에서 더욱 많은 의석을 확보했다. 그들은 공화파의 입을 틀어막을 수단을 강구하기 시작했고, 결국 미국사에서 가장 많은 논쟁을 불러일으킨 법률, 즉 외국인법과 선동 방지법(Alien and Sedition Acts)을 제정했다.

• 외국인법과 선동 방지법

외국인법은 미국 시민이 되려는 외국인에게 새로운 장애가 되고, 외국인과의 문제를 처리하는 데 있어 대통령에게 강한 권한을 부여했다. 선동 방지법은 연방정부에 대항하는 '선동'에 가담한 사람을 기소할 수 있는 권한을 연방정부에 부여한 것이다. 이론적으로는 중상 비방하는 행위나 반역 행위만을 기소할 수 있었지만, 그러한 행위 자체에 대해서는 명확하게 정의하지 않았기 때문에 사실상 연방정부에 반대하면 어떠한 경우든 억압할 수 있는 권한을 부여한 셈이었다. 공화파는 이 새로운 법을, 자신들을 파괴시키려는 연방파의 정치 공작으로 해석했다.

애덤스 대통령은 새 법률에 서명했으나 시행에는 신중을 기했다. 그는 어떤 외국인도 국외로 추방하지 않았고, 연방정부가 공화파에 대해 포괄적인 공세를 취하는 것도 막았다. 외국인법은 이민을 억제했고, 이미 들어와 있는 외국인은 미국을 떠나도록 만들었다. 그리고 애덤스 행정부는 선동 방지법을 이용해 10명을 체포·기소했는데, 기소된 사람은 대부분 공화파 신문 편집인으로서 죄라고는 정부 내에 있는 연방파 관료를 비판한 것뿐이었다.

공화파 지도자는 외국인법과 선동 방지법을 무효화할 수 있는 방법을 찾기 시작했다. 그중에는 각 주 의회의 도움을 기대한 이들도 있었는데, 이들은 1798년과 1799년에 연이어 두 개의 결의안을 작성하거나 기초해 연방정부에 대항하는 각 주의 행동을 정당화하기 위한 이론을 발전시켰다. 그 하나는 제퍼슨이 익명으로 작성한 것으로 켄터키 주 의회에서 채택되었으며, 다른 하나는 매디슨이 초안한 것으로 버지니아 주 의회가 승인했다. 버지니아-켄터키 결의안(Virginia and Kentucky Resolutions)으로 알려진 이 결의안은, 존 로크의 사상과 미국 헌법 수정 조항 제10조의 이념을 원용해, 연방정부는 각 주의 '계약(compact)'에 의해 수립되었으며 위임받은 일정한 권한만 갖는다고 주장했다. 계약의 당사자인 각 주는, 연방정부가 주어진 권한을 넘어 월권행위를 한다고 판단될 때에는 언제든지 해당 연방법을 '무효화할 수 있는' 권한을 갖고 있다는 것이다.

공화파는 연방법의 무효화라는 개념에 대해서는 폭넓은 지지를

• 버지니아-켄터키 결의안

1798년에 발생한 연방 의원의 싸움

이 삽화는 버몬트 주 출신의 공화파 하원 의원 매슈 라이언과 코네티컷 주 출신의 연방파 하원 의원 로저 그리스월드가 연방의회 의사당에서 벌인 싸움을 희화화한 것이다. 그리스월드(오른쪽)는 지팡이로 라이언을 공격했고 라이언(왼쪽)은 화로 집게로 응수했다.

확보하지 못했지만, 연방파와의 논쟁을 국가 위기의 수준으로까지 끌고가는 데에는 성공했다. 1790년대 말에는, 미국 전역이 열정적인 정치 논쟁으로 들끓었다. 주 의회는 때로 전쟁터를 방불케 했고, 연방의회조차 극단적인 의견 차이로 홍역을 치러야 했다. 당시 하원에서 일어난 유명한 사건이 있다. 코네티컷 주 출신의 연방파 로저 그리스월드의 모욕적인 언동에 버몬트 주 출신의 공화파 매슈 라이언이 그리스월드의 눈에 침을 뱉었다. 이에 그리스월드가 지팡이로 라이언을 강타했고, 라이언은 화로 집게로 반격했다. 그리고 이내 뒤엉켜 바닥에 뒹굴면서 싸웠다.

1800년의 '혁명'

 1800년 대통령 선거는 이러한 격렬한 논쟁 속에서 치러졌다. 대통령 후보는 4년 전과 똑같았다. 애덤스가 연방파의 후보, 제퍼슨이 공화파의 후보였다. 그러나 1800년 선거전은 앞서 치른 선거전과 매우 달랐다. 애덤스와 제퍼슨은 적절한 위엄을 갖추어 행동했으나, 양측 지지자는 거리낌없이 행동했다. 연방파는 제퍼슨이 매우 위험하고 급진적인 인물이며, 제퍼슨 추종자가 권력을 장악하면 프랑스 혁명과 비견될 만한 공포정치가 실시될 것이라고 흑색선전을 일삼았다. 공화파는 애덤스를 왕정 복귀 음모를 획책하는 압제자로 묘사하면서, 연방파가 인간의 자유를 파괴하고 국민을 노예 상태로 몰아가려 한다고 비난했다. 선거전은 우열을 가릴 수 없이 팽팽했고 결전은 뉴욕에서 벌어졌다. 뉴욕에서 아론 버어(Aaron Burr)는 독립전쟁에 참전한 군인 조직인 태머니 협회(Tammany Society)까지 동원해 공화파 정치조직으로 활용했다. 공화파는 태머니 협회의 도움에 힘입어 뉴욕 시와 그 주를 석권했다. 언뜻보기에 제퍼슨이 승리할 것으로 보였다.

 그러나 상황이 복잡하게 전개되면서 공화파의 승리를 위협했다. 연방 헌법에 따르면, 선거인단의 각 선거인은 "두 사람에게 표를 던질" 수 있는데, 한 표는 자기 정당의 대통령 후보에게 던지고 다른 한 표는 부통령을 위해 사용하는 것이 정상적인 관례였다. 공화파는 동점이 되는 것을 방지하기 위해 한 선거인에게 공화파의 부통령 후보 버어에게 투표하지 말라고 귀띔했다. 그러나 계표 결과, 제퍼슨과 버어가 각각 73표를 얻어 동률을 기록했다. 어떤 후보도 과반수

• 1800년 선거

를 차지하지 못했으므로 하원이 그 두 후보, 즉 제퍼슨과 버어 가운데 한 명을 선택해야 했다. 각 주가 1표씩을 행사하게 되었다.

1800년 선거 결과 새로이 구성된 연방의회는 공화파가 다수 의석을 확보했으나 대통령 취임 전에는 소집될 수 없었다. 따라서 누구를 대통령으로 선택할 것인가의 문제는 연방파가 다수를 점하고 있던 기존 연방의회의 결정 사항이었다. 오랜 교착 상태가 흐른 후, 마침내 몇몇 연방파 지도자는, 버어라는 인물이 신뢰성에 문제가 있기 때문에 대통령직을 맡길 수 없는 사람이라고 판단하기에 이르렀다. 결국 제36차 투표에서 제퍼슨이 대통령으로 당선되었다.

• 1801년의 법원조직법

1800년 선거 이후, 연방정부의 3개 부처 가운데 사법부만이 유일하게 연방파의 수중에 남았다. 애덤스 행정부는 남은 임기 몇 달 동안 연방파의 사법부 장악을 공고히 하기 위해 조치를 강구했다. 연방파는 1801년에 법원조직법을 통과시켜 연방 대법원의 대법관 수에서 1명을 줄였다. 그러나 전체 연방 법원 판사 수는 대폭 확대했다. 애덤스는 새로이 설치된 판사 자리에 연방파 인사를 서둘러 앉혔다. 또한 연방파 지도자인 존 마셜(John Marshall)을 연방 대법원장에 임명했다. 마셜은 34년 동안 그 자리를 보유했다. 실제로 애덤스는 신임 판사 임명장에 서명하기 위해 임기 마지막 날 자정까지 청사에 머물렀다는 비난을 받았다. 당시 공직 임명자는 '심야의 피임명자(midnight appointment)'라고 알려졌다.

그렇지만 공화파는 자기들의 승리를 거의 완벽한 것으로 받아들였다. 그들은 미국이 폭정에서 구원되었다고 확신했다. 공화파가 생각했던 연방파 패배의 역사적 중요성과 공화파의 미래에 대한 낙관적 전망은, 제퍼슨이 후에 자신의 당선 의미를 설명하는 데 사용하곤 하던 관용어에 잘 표현되어 있다. 제퍼슨은 이를 '1800년 혁명'이라고 불렀던 것이다.

결론

　1787년, 미국 헌법을 제정한 일은 미국 역사에서 단일한 정치 사건으로는 가장 중요한 사건이다. 권위가 분산되는 '연방' 체제, 즉 연방정부와 주 정부 간의 권력 분산 및 행정부·입법부·사법부 간의 권력분립이라는 체제를 창안하면서, 신생 국가 미국은 권력의 집중과 전제 권력에 대해 공포를 느끼고 있으면서도 효율적인 중앙정부의 필요성을 가늠하려고 노력했다. 제헌 회의에 참여한 대표들은 타협을 이끌어냄으로써 견실한 정치제도에 깊은 열정을 지니고 있음을 보여주었다. 그러나 이 같은 타협으로 새로운 민주주의의 이상에 대한 가장 치명적인 도전이 될 노예제는 아무런 조치 없이 그대로 유지되었다.

　헌법을 작성하고 비준함으로써 새로운 공화국 수립과 관련된 일부 정치적 문제가 해결되었다. 헌법에 따라 구성된 새 정부는 첫 12년 동안 그 밖의 정치적 문제를 해결했다. 그러나 1800년까지도 미국의 미래에 대한 근본적인 이견이 해소되지 않은 채 남아 결국 정계에 심각한 분열과 갈등을 조장했다. 그해 토머스 제퍼슨이 미국의 대통령으로 당선됨으로써, 미국의 공적 역사에서 새로운 장이 열렸다. 그러나 이는 또한 적어도 일시적으로는 첨예하고도 야만적인 정치 갈등이 이어지면서 미국의 미래가 위협받는 것처럼 보였다.

1793	1800	1801	1803	1804~1806	1804	1807
엘리 휘트니(Eli Whiteney), 조면기 '코튼 진(cotton gin)' 발명	워싱턴 D.C.로 수도 이전	제2차 대각성 운동 시작/마셜이 연방 대법원장에 취임	루이지애나 매입/마버리 대 매디슨 사건	루이스와 클라크의 탐험	제퍼슨, 대통령에 재선	출항 금지법 (Embargo)

7장
제퍼슨 시대

루이스와 클라크의 일지

이 지도는 탐험가 메리웨더 루이스(Meriwether Lewis)와 윌리엄 클라크(William Clark)가 미국이 루이지애나 구매로 획득한 지역과 그 너머 지역을 탐사하며 작성한 일지에서 발췌한 것으로, 그들이 직접 관찰한 지역을 묘사한 지도다.

1808	1809	1810	1811	1812	1814	1815
매디슨, 대통령에 당선	통상 금지법/ 테컴서 연합 결성	메이컨 법안 제2조항	티피카누 전투	미국이 대영제국에 선전포고/매디슨, 대통령에 재선	하트퍼드 회의/겐트 조약	뉴올리언스 전투

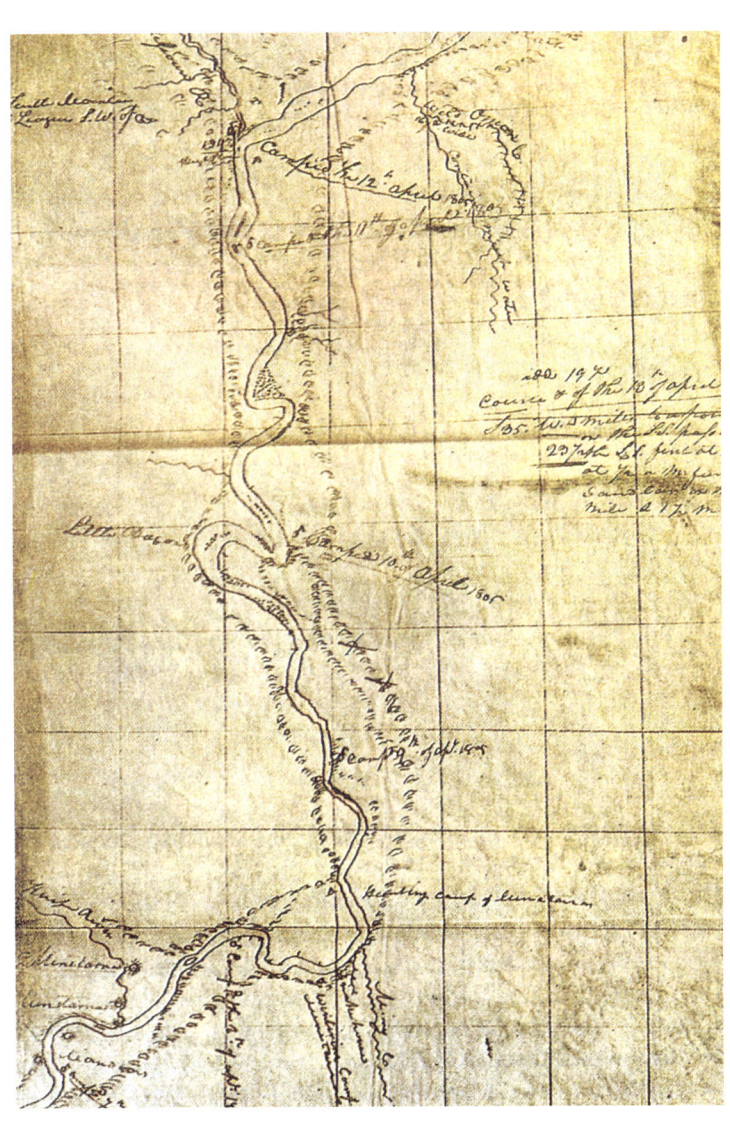

1801년, 토머스 제퍼슨과 그의 추종자들은 중앙정부의 권력을 장악했다. 그들이 추구하는 미국의 미래는 참으로 독특했다. 그들은 착실하고 독립적인 자영농이 자유로이 행복을 영위하는 사회를 선호했다. 거기에는 유럽식 공장도, 산업도시도, 도시의 폭도도 없었다. 그들은 또한 지방주의와 공화주의적 단순성을 찬양했다. 무엇보다도 엄격하게 권력이 제한된 작은 연방정부를 추구했던 것이다.

그러나 계획한 대로 실현된 것은 거의 없었다. 그들이 권력을 장악하고 있는 동안, 이 신생 공화국은 그들의 구상을 무용지물로 만드는 방향으로 발전했기 때문이다. 미국 경제는 다양하고 복잡해지면서 단순한 농본주의 사회라는 이상을 유지할 수 없었다. 미국의 문화 생활은 활발하고 야심찬 국민주의에 의해 지배되었다. 동시에 제퍼슨 자신도 때로 연방정부의 권력을 강력하게 행사하고 미국 역사상 한번에 영토를 가장 크게 확장시킨 정책을 추진함으로써 이 같은 변화에 기여했다.

1

문화 국민주의의 등장

19세기 초 미국의 문화생활은 여러 면에서 공화파의 이상을 반영했다. 교육의 기회가 증대하고 문학 및 예술 활동이 유럽의 영향에서 벗어나기 시작했으며, 종교는 확산되고 있던 계몽사상의 합리주의에 맞춰 변화했다. 그러나 다른 측면에서 보면, 미국의 새로운 문화는 공화파의 이상에 심각한 이의를 제기하는 결과를 가져왔다.

교육 및 문학의 국민주의

공화파가 꿈꾸는 미국의 미래는 덕성스럽고 계몽된 시민으로 구성된 국가라는 개념이 핵심이었다. 따라서 공화파는 모든 남성 시민이 무료로 교육받을 수 있도록 전국적으로 공립학교 체제를 갖추어야 한다고 생각했다. 그러나 이러한 희망은 이루어지지 않았다. 교육은 주로 사립 기관에 맡겨졌고, 주로 이들 기관에 수업료를 지불할 수 있는 사람에게 교육의 기회가 주어졌다. 대서양 남부와 중부 주에서는 종교 단체가 운영하는 학교가 대다수를 차지했다. 뉴잉글랜드 지역에서는 세속인이 사립학교를 설립하는 경우가 더 많았다. 이 지역 사립학교는 대개 필립스 가문이 1778년에 매사추세츠의 앤도버(Andover)에 설립한 학교와 3년 후 뉴햄프셔의 엑서터(Exeter)에 설립한 학교를 모델로 삼았다. 많은 학교가 겉으로 보기에도 확

• 덕성스러운 시민의 중요성

연히 귀족적이었다. 가난한 사람에게 교육의 기회를 제공하는 학교는 극소수에 지나지 않았다. 그러나 그 경우에도 모든 학생에게 숙박 시설을 제공할 경제적 여유는 없었으며, 제공하는 교육 수준 역시 한층 부유한 가정의 학생이 제공받는 교육 수준에 비하면 확실히 열악했다.

뉴잉글랜드 학교와 같은 사립 중등학교는 일반적으로 남학생만 받아들였고, 공립학교조차 많은 학교가 여학생의 입학을 금지했다. 그러나 18세기 말과 19세기 초, 여성 교육 분야에 몇몇 중요한 발전이 이루어졌다. 미국인은 다음 세대의 교육을 담당할 '공화주의적인 덕성을 가진 어머니(republican mother)'에 높은 가치를 부여하면서, 배우지 못한 어머니가 어떻게 자녀를 계몽시킬 수 있는가 하는 질문을 던지기 시작했다. 이러한 관심에 힘입어 여학교의 설립이 전국적으로 가속화되었다(대개 부유한 가문의 딸을 대상으로 했다). 1789년, 매사추세츠 주는 모든 공립학교에 남성뿐 아니라 여성도 입학시켜 가르치게 했다. 전부는 아니지만 다른 여러 주도 곧 매사추세츠 주의 모범을 따랐다.

• 주디스 사전트 머리

일부 여성은 보다 많은 것을 요구했다. 1784년, 주디스 사전트 머리(Judith Sargent Murray)는 여성의 교육받을 권리를 주장하는 글을 발표했다. 머리는 여기서 남성과 여성은 지적으로 평등하고 잠재력 역시 다를 바 없다고 주장했다. 따라서 여성도 남성과 동일하게 교육받을 수 있어야 하고, 더욱이 스스로의 힘으로 생계를 꾸리는 한편, 남편과 가족의 테두리에서 벗어나 사회에서 자기 역할을 할 기회를 가져야 한다고 주장했다. 이러한 머리의 생각은 당시 별다른 지지를 얻지 못했다.

펜실베이니아 병원

18세기와 19세기에는 계몽주의 사상이 미국 문화 전반에 확산되었다. 개인은 모두 신성한 존재이며 가장 비참한 상황에서조차 구제받을 만한 존재라는 믿음이 자라나면서 빈자와 병자, 일탈자를 구제하기 위한 환경을 갖춘 병원 및 보호시설—펜실베이니아에 자리한 이런 시설과 같은—이 생기기 시작했다.

제퍼슨과 그 추종자는 아메리카 원주민을 미개하지만 문명화시킬 수는 있는 '고상한 야만인(noble savages)'으로 여겨서 백인 문화 속에서 인디언을 교육한다면 그들 역시 '향상될' 것이라고 생각했다. 아메리카 원주민을 대상으로 하는 가운데서 선교사와 선교 학교(mission school)가 급격히 늘었다. 그러나 아프리카 흑인 노예를 대상으로 하는 교육은 이와 비교할 만한 것이 전혀 없었다.

고등교육도 이와 유사하게 공화주의자의 이상에서 벗어나 있었다. 미국의 대학(college) 및 대학교(university) 수가 많이 증가해,

• 고등교육

독립 전쟁기에는 9개교이던 것이 1800년에는 22개교로 늘었다. 그러나 어떤 신설 학교도 진정한 의미에서 본다면 공립학교가 아니었다. 주립 대학교조차 살아남기 위해서는 등록금과 개인 기부에 의존할 수밖에 없었다. 대학 교육을 접해본 사람은 인구 1,000명당 백인 남성 1명을 넘지 않았으며―여성이나 흑인 혹은 인디언이 실제로 대학 교육을 접한 경우는 전혀 없었다―, 대학교에 입학한 극소수의 사람은 거의 예외 없이 유복하고 재산이 많은 가문의 출신이었다.

의학과 과학

19세기 초에는 의학과 과학이 별반 연관성이 없었다. 그러나 많은 내과 의사는 둘 사이의 연관성을 강화하려고 열심히 노력했다. 펜실베이니아 대학교가 19세기 초에 미국 최초로 의학부를 신설했으나, 대부분의 의사는 기존 개업의와 함께 일하면서 의학을 공부했다. 의사 가운데는 새로운 과학적 방법을 치료에 적용하려고 한 사람도 있었으나, 이 과정에서 오랜 편견이나 미신과 싸워야 했다. 예를 들면, 해부학을 가르치려고 했던 의사는 연구 과정에 필요한 시체 해부 때문에 일반인의 강력한 반발에 부딪혀야 했다. 각 자치단체의 당국은 실질적으로 의학에 대한 이해가 없었고, 때로 많은 이의 목숨을 앗아가는 심각한 전염병이 돌아도 어떤 조치를 취해야 할지 몰랐다. 적절한 공중위생 프로그램이 없어 많은 질병이 발생한다는 경고에도 태만하게 대처했다.

환자 개인은 종종 자신의 병보다 의사를 더 두려워했다. 과학적인 의료를 주장하는 사람조차 가끔 효과도 없고 위험한 치료법을 시술했기 때문이다. 1799년, 조지 워싱턴의 죽음도 아마 대수롭지 않은 지병인 인후부 감염의 결과라기보다는 방혈(放血)과 하제(下劑)를 처방한 의사의 치료 때문이었을 것이다.

의료 전문직 종사자는 '과학적' 방법에 새로이 몰두하고 이를 활용함으로써 전통적으로 자신의 영역 밖에 있던 치료 분야로 영향력을 확대하는 것을 정당화했다. 예를 들면, 출산은 대개 여성 산파의 몫이었는데, 19세기 초에는 의사도 출산을 진료에 포함하기 시작했다. 이러한 변화의 결과, 여성이 의료계로 진출할 기회가 줄어들었으며, 산파 대신 의료비가 비싼 의사를 부를 수 없었던 가난한 산모는 출산 관리에 어려움을 겪게 되었다.

• 산파의 쇠퇴

신생국의 문화적 열망

많은 미국인이 유럽의 위대한 업적에 버금가는 미국의 문학 및 예술 활동을 꿈꾸었다. 1772년의 〈떠오르는 미국의 영광을 노래한 시(Poem on the Rising Glory of America)〉는 미국이 '제국의 자리'와 문명의 '마지막 무대'를 차지하게 될 운명이라고 예견했다. 코네티컷 주의 교장이자 법률가였던 노어 웹스터(Noah Webster, 널리 애용되고 있는 미국 영어 사전의 저자)는, 이러한 정서를 반복하면서 학생을 국민주의자로 훈육해야 한다고 주장했다. 웹스터는 "학생은 입을 열자마자 조국의 역사를 암송할 수 있어야 하며, 자유와 혁명을 수놓은 뛰어난 영웅과 정치인을 찬양할 수 있어야 한다"고 썼다.

• 국민 문화의 형성

점점 더 많은 수의 토박이 작가가 등장해 뛰어난 미국 문학을 창작하기 시작했다. 필라델피아 태생의 작가 찰스 브록든 브라운(Charles Brockden Brown)은 큰 야심을 품은 작가였다. 그러나 그의 공포스럽고 일탈적인 매력에 빠져든 독자는 그리 많지 않았다. 그보다 더 커다란 성공을 거둔 작가는 뉴욕 출신의 워싱턴 어빙(Washington Irving)이었다. 그는 이커보드 크레인(Ichabod Crane)이나 립 밴 윙클(Rip Van Winkle)과 같은 순진한 시골뜨기의 모험을 그린 민간설화를 통해 19세기 초 미국 문단에서 널리 인정받으며 문단을 이끌었다.

종교와 신앙부흥 운동

미국 혁명으로 전통적인 종교 관습이 쇠퇴했다. 미국 혁명을 거치면서 개인의 자유와 이성이라는 개념에 고무된 사람들이 여러 교회 조직의 전통에 의문을 제기했던 것이다. 1790년대에 이르면 공식적인 교회의 신도로 남은 백인이 매우 적었고 성직자는 '극히 중요한 경건성의 쇠락'을 한탄했다.

• 이신론

종교적으로 전통주의자는 새롭고 '합리적인' 종교 교리―근대의 과학적 태도를 반영한 신학 이론―의 등장에 특히 경계의 촉각을 곤두세웠다. 프랑스 계몽사상가 사이에서 기원한 '이신론(理神論, Deism)'은 제퍼슨과 프랭클린 같은 학식 있는 미국인의 마음을 사로잡았으며, 1800년경이면 일반 대중의 마음에도 영향을 미쳤다. 이신론자는 신의 존재를 부정한 것이 아니었다. 다만 세계를 창조한 후에 인간과 인간의 죄악에 직접적으로 관여하지 않고 멀리 떨어져 있는 존재로 간주할 뿐이었다. 또한 종교적 회의주의는 보편 구원주의(universalism)와 유니테리언주의(unitarianism)라는 철학을 낳았다. 이러한 새로운 사상의 신봉자는 전통적인 칼뱅주의의 예정설과 삼위일체론을 거부했다. 그들의 주장에 따르면, 예수는 단지 위대한 종교적 교사일 뿐, 하나님의 아들은 아니다. 그러나 종교적 회의주의는 실제보다 더 강력한 것처럼 보였다. 부분적으로 이 현상은 전통적인 신앙에 의존하던 사람이 잠시 혼란에 빠져 분열된 때문이었다. 그러나 1801년 이후에는 제2차 대각성 운동으로 알려진 부흥 운동의 흐름을 타고 전통 종교가 극적으로 역사의 무대에 복귀했다.

대각성 운동은 종교적 합리주의의 확산을 저지하려는 보수적인 신학자의 노력 그리고 기존의 조직 체계에 새로운 활력을 불어넣으려 한 교회의 노력에서 기원했다. 장로교인은 서부 변경에 있는 백인 정착지까지 들어가 이런 노력을 기울였다. 감리교는 교인을 확보하기 위해 국가 전역으로 순회 전도사를 파송해 이내 미국에서 가장 급속도로 성장한 교파가 되었다. 침례교도 이에 견줄 만한 성공을 거두었는데, 특히 남부에서 열광적인 추종자를 확보했다.

1800년경에는 모든 교파의 신앙부흥 열기가 어우러져 60여 년 전의 제1차 대각성 운동 이후 가장 폭발적인 복음주의적 열정이 분출되었다. 신앙부흥 운동가는 채 몇 년이 지나지 않아 상당수의 미국인을 움직였으며, 신앙부흥 운동을 추진한 교파의 교인 수가 우후죽순처럼 불어났다. 1801년 여름에는 일단의 복음주의 목회자가 캔터키 주의 케인 리지(Cane Ridge)에서 미국 최초의 '천막 집회(Camp meeting)'를 관장했다. 천막 집회는 극히 이례적인 신앙부흥 집회로 수일 동안 계속되었는데, 그 규모―일부 추정치에 따르면, 약 2만 5,000명이 운집했다고 한다―와 열정을 목격한 사람들은 모두 여기

● 케인 리지

천막 집회

천막 집회는 1800년 무렵에 시작된 이후 미국 복음주의의 주요한 특징으로 자리잡았다. 1820년대에는 1년에 약 1,000회의 천막 집회가 열렸는데, 그 대부분이 남부와 서부에서 개최되었다. 1830년대에 그려진 이 석판화는 여성들이 이 시기 종교 부흥 운동에서 중심 역할을 담당했음을 보여준다.

에 감동했다. 이러한 신앙부흥 집회는 이후 해마다 끊이지 않고 개최되어 일상적인 행사로 자리 잡았다.

• 제2차 대각성 운동의 메시지

제2차 대각성 운동의 기본적인 메시지는, 개인 각자가 일상 속에서 하나님과 그리스도를 다시 받아들이고, 강렬하고 능동적인 경건성을 신봉하며, 전통적 신앙을 위협하는 회의적 합리주의를 거부하라는 것이었다. 그러나 신앙부흥의 물결도 과거의 종교를 되살리지는 못했다. 대부분의 교파가 더 이상 예정설을 유지할 수 없었고, 개인 각자가 자신의 구원에 영향을 미칠 수 있다는 믿음이 확산되면서 더욱 강렬하게 자신의 구원을 추구하게 되었다. 간단히 말해서, 대각성 운동은 신앙뿐만 아니라 선행을 통해서도 하나님의 은혜를 받을 수 있다는 믿음에 더욱 적극적인 경건성 신앙을 결합시킨 것이라 하겠다.

여성이 대각성 운동에 다수 참여했다는 사실도 이 운동의 놀라운 특징이었다. 여성 개종자가 남성 개종자보다 훨씬 많았다. 이러한 현상은 부분적으로 가정에서 벗어나 공장으로 편입되는 산업 노동의 흐름 때문이었다. 이 과정이 19세기 초에 급속도로 진전되면서 여성의 전통적인 사회적 역할을 박탈했다. 여성은 무엇보다 종교적 열정이 낳은 교회 활동의 새로운 분야, 즉 고아와 빈자들을 보살피는 자선단체나 선교 조직에서 중요한 역할을 했다.

• 여성의 새로운 역할

일부 지역에서는, 신앙부흥 집회가 인종을 막론하고 모든 이에게 개방되었다. 이러한 신앙부흥 운동 속에서 일단의 흑인 설교자가 출현해 노예 공동체의 중요한 인물로 부상했다. 그들 가운데 일부는 겉으로 보기에는 평등주의적인 대각성 운동의 종교적 메시지, 즉 모든 사람이 구원받을 수 있다는 메시지를 현세의 흑인을 위한 평등주의적 메시지와 비슷한 것으로 변형시켰다. 예를 들면 1800년, 버지니아 주에서 열린 흑인 신앙부흥 집회에서 노예 반란과 리치먼드(Richmond) 습격 계획을 세밀하게 모의한 일이 있었다. 한 흑인 설교자의 형제인 가브리엘 프로서(Gabriel Prosser)라는 사람이 이를 주도했다. 이 계획은 발각되어 백인에 의해 사전에 차단되었다. 그러나 신앙부흥 운동은 이후에도 끊이지 않고 계속되어 남부에서 가끔씩 인종 갈등을 야기하기도 했다.

신앙부흥의 정신은 특히 아메리카 원주민 사이에서 강력한 힘을

• 핸섬 레이크

발휘했다. 장로교와 침례교 선교사는 남부 여러 인디언 부족과 지내면서 적극적으로 선교 활동을 벌였고 개종의 물결을 불러일으켰다. 그러나 가장 중요한 신앙부흥 운동은 알콜 중독으로 수년을 보내고 신비로운 '부활(rebirth)'을 경험하고 부족 안에서 특별한 지위에 올라선 세네카족 핸섬 레이크(Handsome Lake)의 노력으로 시작되었다. 레이크는 전통적인 인디언 방식으로 신앙부흥을 이끌었다. 즉, 백인 사회의 개인주의를 거부하고 인디언 세계의 공동체적 특성을 회복하자고 촉구했다. 핸섬 레이크의 메시지는 그동안 수십 년간의 군사·정치적인 퇴보를 거듭하면서도 살아남아 흩어져 있던 이로쿼이 공동체 곳곳에 널리 확산되었다. 레이크는 인디언에게 위스키와 도박 등 백인 사회에서 들어온 여러 가지 자멸적인 관습에서 벗어나라고 촉구했다. 그러나 한편으로 크리스트교 선교사에게 인디언 부족 안으로 들어가 적극적으로 활동하도록 격려했으며, 이로쿼이 남성에게 사냥꾼이 아니라 농민이 되어 정착하라고 종용했다. 전통적으로 농사일을 담당해 온 이로쿼이 여성은 이제 가정을 돌보는 역할에 더욱 힘을 쏟게 되었다.

2
산업주의의 발흥

미국인이 독립을 쟁취하기 위해 혁명에 매진하고 있는 동안, 영국에서는 한층 더 중요한 혁명이 진행되고 있었다. 근대 산업주의가 발흥한 것이다. 동력 기계의 발명으로 제조업이 한층 더 빠른 속도로 광범위하게 확산되면서 근본적인 사회·경제적 변화를 야기했다. 수렵에서 농경으로 인간의 생활을 바꾸었던 수천 년 전의 농업혁명 이후, 산업혁명과 견줄 만한 중대한 경제적 변화란 역사상 존재하지 않는다.

산업혁명

미국의 기술 발달

19세기에 들어 첫 20년 동안 미국에서는 영국의 산업혁명에 견줄 만한 사건이 없었다. 그러나 제퍼슨파는 급속한 경제적 변화가 몰고 올 위험을 경고했다. 그럼에도 그들은 일련의 기술 발달을 지켜보면서 결국 미국도 변모하리라고 확신했다. 기술적 진전 가운데 일부는 영국에서 수입해 온 것이었다. 영국 정부가 방직기계 수출이나 숙련 노동자의 이민을 억제하려고 노력했음에도 선진 기술을 가진 영국인이 상당수 미국으로 건너와 열정적으로 새로운 기계를 소개했다. 예를 들면, 1790년 새뮤얼 슬레이터(Samuel Slater)는 영국을 떠나기 전에 습득한 지식이 있었는데, 퀘이커 교도이자 상인인 모제스 브라운(Moses Brown)의 직원이 되어 로드아일랜드 주의 포터켓

포터켓 다리와 낙수(落水)

19세기 초 뉴잉글랜드에서 방직 산업이 성장했던 데에는 이 지역에 공장의 기계를 가동할 만한 수력 자원이 풍부했기 때문이다. 강한 낙수력(落水力)을 자랑하던 로드아일랜드 주 포터켓의 슬레이터 공장은 미국 최초의 방직공장으로, 바로 이 같은 사례에 속한다. 이 그림은 1810년대에 한 무명 화가가 그린 것이다.

- 코튼진과 노예제의 확산

(Pawtucket)에 방직 공장을 세웠다.

    19세기 초에는 미국인 발명가가 등장해 유명세를 떨치기도 했다. 1793년, 엘리 휘트니(Eli Whitney)는 짧은 섬유 면화(short-staple cotton)에서 빠르고 효율적으로 씨를 제거하는 기계를 발명했다. 이 기계에는 코튼진—cotton gin, '진(gin)'은 기계라는 의미의 '엔진(engine)'에서 유래했다—이라는 별명이 붙었다. 이 발명품을 이용하면 일단의 노동자가 하루종일 하던 작업을 단 1명의 노동자가 불과 몇 시간만에 손쉽게 해낼 수 있었다. 이 조면기(繰綿機)는 대단히 중대한 결과를 가져왔다. 면화 재배지가 금세 남부 전역으로 확산되었다—이전에는 일반적으로 조면기 없이도 쉽게 씨를 제거할 수 있는 '긴 섬유(long-staple)' 면화가 자라는 해안 지역과 섬 지역으로 면화 재배지가 국한되어 있었다. 조면기의 도입으로 10년 만에 면화의 총 수확량이 8배로 증가했다. 담배 생산 감소로 한동안 퇴조하는 듯보이던 흑인 노예제도도 면화 재배지의 확대로 남부에 확고하게 뿌리 내리게 되었다. 또한 섬유의 대규모 국내 생산 및 공급이 가능해지면서 뉴잉글랜드를 비롯한 여러 지역 기업가가 미국 내에서 자생적인 방직 산업을 발전시키는 데 크게 기여했다.

휘트니는 그밖에도 미국 기술 역사상 중요한 역할을 한 인물이다. 그는 교체할 수 있는 부품(interchangeable parts)이라는 개념을 미국에 처음으로 소개했기 때문이다. 코튼진과 같은 기계가 널리 사용되기 시작하면서, 점차 기계를 가진 사람은 예비 부품을 가지고 있어야 하며 그 부품은 기계에 꼭 맞게 제조되어야 한다는 것이 중요해졌다. 그래서 휘트니는 조면기만이 아니라 그 부속 부품을 정확히 설계 명세에 맞게 제조할 수 있는 공작(工作)기계를 고안해냈다. 후에 미국 정부는 휘트니에게 군이 사용할 1,000자루의 머스켓총 제조를 의뢰했는데, 이때 총의 각 부품은 다른 모든 총의 동일 부품과 상호 교환이 가능하도록 만들어야 한다는 주문이 있었다.

• 교체 가능한 부품의 중요성

미국에서 제품의 호환성(interchangerbility)은 대단히 중요한 문제였다. 왜냐하면 사람들이 타운이나 도시로 나가려면 먼 거리를 여행해야 했고, 이용할 수 있는 운송 시설도 비교적 적었기 때문이다. 부품을 상호 교환할 수 있는 것은, 농부가 수리를 위해 기계를 멀리

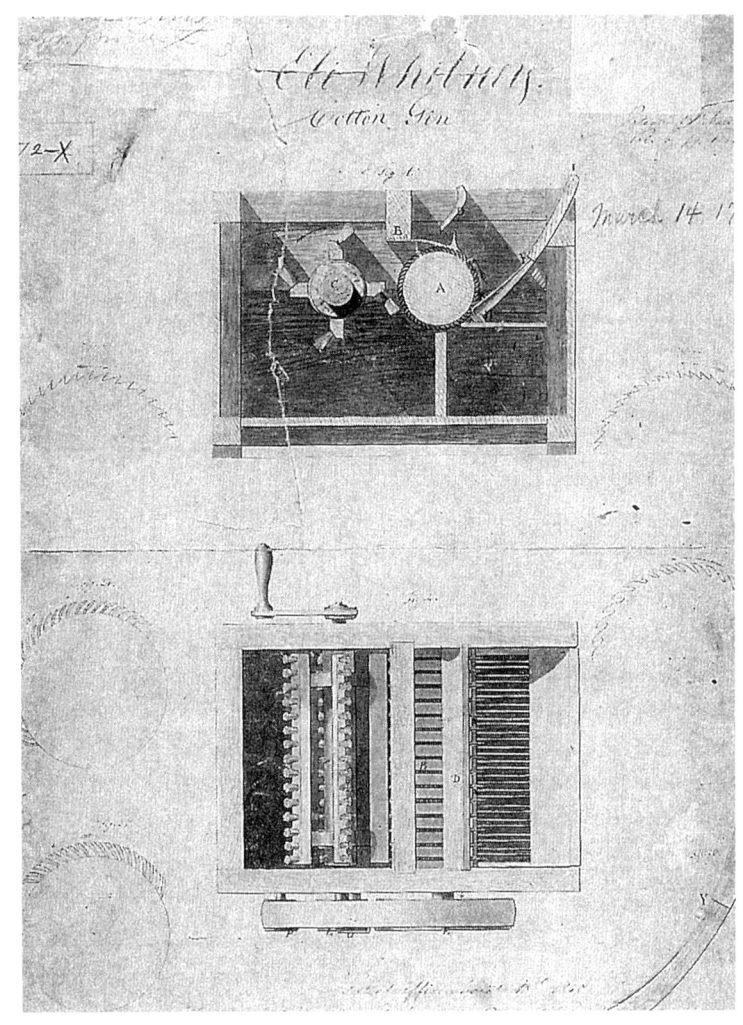

코튼 진(cotton gin)

엘리 휘트니의 조면기 '코튼 진'은 '짧은 섬유(short-staple)' 면화 가공 과정을 간단하고 경제적인 것으로 만들어 남부의 면화 경제에 혁명을 불러왔다. 이 그림은 1794년에 그린 것으로, 휘트니가 연방정부에 조면기 특허를 위해 제출한 신청서의 일부이다.

떨어진 기계 공장이나 병기고까지 들고 가야 하는 게 아니라, 본인이 직접 기계를 수리할 수 있다는 것을 의미했다. 그러나 휘트니가 주창한 호환성은 실제화하기가 쉽지 않은 일이었다. 이론적으로는 많은 부품을 상호 교환할 수 있도록 고안되었으나 실제 제작에 들어가보면, 예상했던 것만큼 정확하지 않았다. 그리하여 수년 동안, 농부를 비롯한 많은 사람이 부품을 장비에 장착하기 전에 여러 번 수리를 거쳐야 했다. 19세기 말에 와서야 공작기계가 향상되면서 제대로 부품을 상호 교환할 수 있게 되었다.

운송 체계의 혁신

원자재를 공장으로, 완제품을 시장으로 효율적으로 운반할 수 있는 운송 체계는 산업화의 필수 조건 가운데 하나다. 독립 초기의 미국은 이 같은 체계를 전혀 갖추지 못했기 때문에 대규모 생산을 필요로 할 만큼 광범위한 국내시장이 형성될 수 없었다. 그러나 결국은 운송 체계의 장애를 극복할 계획이 추진되고 있었다.

이러한 기획의 하나는 증기선을 발달시키겠다는 것이었다. 영국은 18세기에 증기 동력과 증기 운항의 개척자였다. 미국은 1780년대와 1790년대에 증기 동력을 이용한 다양한 운송 시설을 실험했는데, 특히 발명가 로버트 풀턴(Robert Fulton)과 후원자 로버트 리빙스턴(Robert R. Livingston)의 노력으로 진전을 보았다. 풀턴과 리빙스턴은 여객을 운송할 만큼 큰 규모의 증기선을 진수해 증기력을 이용한 운항 체계에 일대 혁신을 일으켰다. 그들이 만든 증기선 클러몬트호(Clermont)는 1807년 여름에 영국산 엔진과 외륜(paddle

• 로버트 풀턴의 증기선

wheels)을 장착하고 허드슨 강에 초항했다.

• '유료도로의 시대'

그러는 동안, '유료도로의 시대(turnpike era)'라고 부를 만한 시대가 열리고 있었다. 1794년, 한 회사가 분쇄한 돌로 길 표면을 단단하게 포장해 필라델피아에서 펜실베이니아의 랭커스터(Lancaster)까지 60마일에 달하는 유료도로를 건설했다. 이 도로는 효과적인 (그러나 사용하기에 매우 값비싼) 배수 시설을 갖추어 1년 내내 좋은 지면을 유지할 수 있었다. 펜실베이니아 주의 사업은 다른 도시와 인접 타운 간에도 이와 유사한 유료도로(turnpike)—이 용어는 일종의 통행료 징수소(tollgate)에 자주 사용한 명칭에서 따 온 것이다—를 놓을 정도로 매우 성공적이었다.

유료도로의 건설은 어려운 과정을 거쳐야 했다. 건설 회사는 많은 요인, 특히 지면의 고도를 고려하면서 도로를 측량해야 했다. 말이 끄는 운송 기구는 5도 이상 경사진 도로에서는 움직이기가 매우 어려웠기 때문에 가파른 언덕을 그대로 오르기보다는 멀더라도 돌아가야 했는데, 그러려면 우회로로 삼을 만한 도로가 많이 있어야 했다. 산을 넘어서 도로를 내기란 거의 극복하기 힘든 작업이어서, 정부가 이 계획에 재정 지원할 때까지 어떤 건설 회사도 이 작업에 성공하지 못했다.

농촌과 도시

이러한 변화에도 미국은 여전히 압도적으로 농본적이며 전원적인 국가였다. 1800년에도 총 인구의 약 3퍼센트만이 인구 8,000명 이상의 타운에 거주했다. 7만 명이 거주하는 필라델피아와 6만 명의 인구를 가진 뉴욕 그리고 여타의 도시가 유럽의 이류 도시에 비견될 만한 상업 및 교육, 도시 문화의 중심지로 발전하고 있었지만, 미국에서 가장 큰 도시조차 런던이나 파리 같은 유럽의 수도와는 비교할 수 없었다.

 도시나 타운에 사는 사람은 농촌에서 농사짓는 대다수 미국인과는 다른 생활을 영위했다. 무엇보다 도시 생활은 풍요로웠다. 부유한 도시인은 점점 더 집이나 정원 그리고 옷에 우아함과 세련미를 추구하게 되었다. 또한 음악이나 연극, 춤을 통해 기분을 전환했고, 많은 이들이 경마를 즐겼다. 당시 미국인이 경마를 즐겼던 것은 자연스러운 일이다. 대부분의 사람에게 걷는 것 말고는 말이 실질적으로 유일한 운송 수단이었기 때문이다. 비공식적인 경마 경기는 일찍이 1620년대부터 시작되었고, 공식적인 경기는 1665년에 처음으로 뉴욕 시 인근에서 개최되었다. 19세기 초에 이르면, 이미 경마는 미국 대부분의 지역에서 인기있는 오락이었다. 경마 경기에 운집한 군중은 당시 미국인이 대중적인 공중 오락을 얼마나 갈망하는가를 보여주는 것으로, 향후 미국 문화의 한 부분으로 항구적으로 자리 잡게 되었다.

• 도시 생활

 형성 과정에 있는 이 미숙한 나라가 복잡한 근대사회를 이룰 가능성은 적다고 믿는 사람도 일부 있었다. 그러나 이미 작동을 시작한 역사의 추동력이 곧 미국을 영구히 변화시킬 것이고, 농본주의적 이상에 평생을 바쳐온 토머스 제퍼슨도 대통령으로서 이러한 변화를 직시하고 수용해야 했다.

〈세계 속의 미국〉

산업혁명의 전 지구적 확산

★ ★ ★

　미국인은 독립을 쟁취하기 위한 혁명을 수행하는 동안에도, 그에 못지않게 중요한 또 하나의 혁명을 향해 첫걸음을 내디뎠다. 그것은 영국과 유럽에서 이미 진행 중이던 근대적 산업주의의 등장이었다. 정확하게 산업혁명이 언제 시작되었는지는 역사학자마다 의견이 다르지만, 18세기 말에는 세계 여러 지역에서 한창 진행 중에 있었다는 것만은 분명하다. 100여 년 후에는 산업혁명이 전 지구적으로 전개되면서 영국 및 유럽 대륙 대부분, 일본 그리고 미국의 사회가 변모했다. 산업혁명이 사회 경제적으로 몰고온 결과는 복잡하고 심원했으며, 오늘날에도 계속되어 전 지구적 사회의 성격을 형성하고 있다.

　미국인에게 산업혁명은 가장 긴밀한 관계에 있던 나라, 곧 대영제국 내부의 빠른 변화가 가져온 산물이었다. 영국은 처음으로 주요 산업력을 발전시킨 나라였다. 18세기 말 영국에는 공장제가 뿌리내렸는데, 이는 면방직 기술에 혁명을 가져왔다. 하나를 발명하면 또 하나가 빠르게 뒤를 이었다. 직조 기술의 향상으로 방적 기술이 발전하자, 이러한 변화는 소모(梳毛, 방적기에 넣기 위해 섬유를 빗질하고 정리 정돈하는 작업)에 필요한 새로운 기계를 요구했다. 수력, 풍력 그리고 동물을 이용한 동력은 방직 산업에서 여전히 중요했다. 그러나 더욱 중요한 것은 증기력이었다. 증기력은 제임스 와트(James Watt)가 제작한 고도의 증기기관(1769년에 특허를 받았다)이 등장한 이래 급격히 확산되기 시작했다. 오늘날의 기준에서 보면, 와트의 기관은 사용하기에 불편하고 비효율적이지만 앞서 토머스 뉴커먼(Thomas Newcomen)이 발명한 '대기(大氣)' 기관에 비교하면 일대 진전을 이룬 것이었다. 영국의 방직 산업은 얼마 안 가 세계에서 가장 수익성이 높은 산업으로 발돋움했고, 다른 제조업 분야에서도 여기에 비견될 만한 진전이 있었다. 영국 정부는 산업 기술의 해외 누출을 막기 위해 여러모로 애를 썼지만, 대개는 영국 공장에서 기술을 익힌 사람이 이민을 떠나면서 새로운 기계에 대한 지식이 빠른 속도로 다른 나라에 보급되었다.

미국이야말로 영국 기술의 혜택을 가장 많이 받은 나라였다. 미국은 다른 어느 나라보다 바로 영국에서 많은 이민자를 받아들였기 때문이다. 그러나 영국의 기술은 유럽의 다른 여러 나라에도 신속하게 전해졌다. 벨기에는 19세기 초에 최초로 중요한 석탄, 철, 무기 산업을 발전시킨 나라였다. 프랑스는 고급 기술을 갖춘 1만 5,000여 명의 영국인 노동자가 몰려든 덕택에 1820년대 말경 방직 및 금속 분야에서 상당한 산업력을 갖추게 되었으며, 이는 19세기 말 철도 건설에 붐을 불러일으키는 데에도 기여했다. 독일의 산업화는 1840년 이후 석탄과 철을 생산하면서 시작되어 1850년대에는 대규모의 철도 건설로 옮겨가면서 급속도로 진전을 이루었다. 19세기 말 세계에서 가장 규모가 큰 산업 분야의 기업들은 독일에서 출현했다. 일본은 미국 및 유럽의 무역상이 갑작스럽게 들어와 1880년대와 1890년대에 이른바 메이지 개혁을 이루었고, 그후 급속한 산업화 시기에 접어들었다.

산업화로 세계의 경제뿐 아니라 사회도 변화했다. 처음에는 영국이, 다음에는 유럽과 미국 그리고 일본이, 사회제도적으로 왜곡된 변화를 겪어야 했다. 수십만의 남녀가 공장에서 일하기 위해 농촌을 떠나 도시로 이주했고, 그곳에서 산업화의 혜택과 동시에 고통을 경험했다. 엄밀히 따져본다면, 새로운 노동계급의 생활수준은 일반적으로 농촌의 가난한 사람들보다 상당히 높았다고 할 수 있다. 달리 말하면, 농지를 떠나 공장으로 들어간 사람 대부분이 영양 섭취나 다른 물질적 환경, 심지어 건강 상태에서 호전을 보였다. 그러나 하나의 삶의 양식에서 갑작스럽게 이탈하여 근본적으로 다른 삶의 양식에 떠밀린 사람의 심리적 고통은 경제적 이득을 능가했다. 산업 노동의 성격상, 대부분의 노동자가 이전의 경험만으로 공장이 주는 심리적 충격에 대비하기란 거의 불가능한 일이었다. 산업 노동이란 대개 고정적이고 엄격한 시간표에 따른 규율에 맞춘 틀에 박힌 작업으로, 농촌 경제의 다양하고 계절적인 노동 주기와는 매우 대조적이었다. 많은 공장 노동자는 새로운 산업 타운과 팽창하는 도시에서 살아갈 준비가 되어 있지 못했다. 산업 노동자는 고용주와의 관계에서도 근본적인 변화를 경험했다. 농촌의 지주나 지역 유지와는 달리, 새로운 산업자본가 계급으로서 대부분이 유례없는 부를 축적한 공장주와 경영자는 노동자와 너무 멀어 감히 다가갈 수 없는 존재였다. 그들은 노동자를 개인적 감정없이 대했는데, 그 결과 두 계급 간에는 이해할 수 없거나 접근이 불가능한 갈등의 골이 깊어지게 되었다. 전 세계적으로 노동자는 자신을 공통의 목적과 이해관계를 지닌 독특한 계급으로 생각하기 시작했다. 그리고 새로운 생활 방식에 적응하면서도 동시에 가장 불리한 측면을 거부하려고 애썼다. 이로써 가끔씩 사회 혼란이 초래되기도 했는데, 노동자와 고용주의 갈등도 전 세계적으로 산업사회의 주요한 특징이 되었다. 산업 국가에서 사람들의 삶은 모든 수준에서 변화했다. 인구가 매우 빠르게 성장했고, 인간의 수명도 늘어나기 시작했다. 동시에 산업도시에서는 공해와 범죄, 그리고 근대적인 위생 시설이 출현하기 전까지는 전염병이 급속도로 확산되었다. 산업 세계 전반에서 중산층이 확대되어, 이들이 다양한 수준에서 자국의 경제―항상 그랬던 것은 아니지만 문화 혹은 정치도―를 지배했다.

    인간이 수렵에서 농경으로 생존 수단을 바꾼 계기가 되었던 수천 년 전의 농업혁명 이래로, 산업혁명에 비견될 수 있는 중대한 경제적 변화란 역사상 존재하지 않았다. 수세기 동안 이어져온 전통과 사회 양식, 문화·종교적 가정(假定)이 커다란 도전에 직면했고 때로는 해체되었다. 따라서 19세기 초 미국의 산업 활동에 있었던 일시적인 소요(騷擾)는, 다음 세기 내내 전 지구의 상당 부분을 변모시킬 거대한 움직임의 일부였을 뿐이다.

3

제퍼슨 대통령

토머스 제퍼슨은 1800년 선거전에서 존 애덤스에게 거둔 승리를 사적인 자리에서는, "1776년의 혁명처럼 … 진정한" 혁명이었다고 회고했을지도 모른다. 그러나 공식적인 자리에서는 이를 자제하고 반대파를 회유하는 태도를 취하며 두 정파의 차이를 최소화하는 한편, 격렬했던 선거전이 몰고 온 격정을 가라앉히려고 노력했다. 따라서 연방파의 정책에 대한 완전한 부정도, 진정한 '혁명'도 없었다. 실제로 제퍼슨은 때때로 연방파가 관심을 기울인 분야에서 오히려 연방파보다 앞선 듯 보이기도 했다.

연방 도시와 '국민의 대통령'

제퍼슨 시대에 연방정부가 비교적 중요하지 않았다는 사실은 새로 건설된 수도 워싱턴 시의 성격에서 상징적으로 드러난다. 많은 사람은 아직 개발되지 않은 이 미완의 타운이 곧 위대하고 장엄한 도시가 되리라고 기대했다. 프랑스 건축가인 피에르 랑팡(Pierre L'Enfant)은 수도를 웅장하게 설계했다. 모두 워싱턴이 미국의 파리가 될 것이라고 믿어 의심치 않았다.

● 랑팡의 비전

실상, 워싱턴은 19세기 내내 건물이 제멋대로 들어선 시골 마을에 불과했다. 1800년의 인구조사에 의하면, 워싱턴 인구는 3,200명 수준에서 꾸준히 증가하기는 했지만 뉴욕이나 필라델피아, 혹은 다

● 워싱턴 D.C. 의 현실

토머스 제퍼슨

1805년 미국의 유명한 화가 렘브란트 필(Rembrandt Peale)이 그린 것으로, 제퍼슨이 두 번째 대통령 임기를 시작할 즈음의 모습이다. 이 초상화는 소박한 의상과 덥수룩한 머리를 통해 '보통 사람'의 옹호자로 그려지기를 원했던 제퍼슨의 민주주의적 소박함을 표현하고 있다.

른 주요 도시의 수준에 결코 미치지 못했다. 워싱턴 시는 여전히 개발되지 않은 황량한 곳이었다. 연방의회의 의원은 워싱턴을 본거지가 아니라 의회 회기 중에 잠시 들르는 장소라고 생각했다. 대부분은 의사당 부근에 있는 조야한 하숙촌에서 기거했다. 연방의회 의원이 자기 주 의회의 신망 있는 자리를 얻게 되면 회기 중이라도 곧 연방 의원직을 사임하고 고향으로 돌아가는 것은 그리 이상한 일이 아니었다.

제퍼슨은 원래 부유한 농장주였지만, 일반 대중에게는 언제나 겉치레를 노골적으로 폄하하는, 그러한 검소한 대통령의 이미지를 전달하려고 노력했다. 그는 연방의회 의사당에서 거행된 대통령 취임식에 일반 시민들처럼 걸어서 참석했다가 다시 걸어서 돌아갔다. 그리고 아직은 '백악관(White House)'이라는 이름을 얻지 못한 대통령 관저에서 전임자가 존중했던 궁정 예절 따위는 무시했다. 그는 거추장스러운 예복을 좋아하지 않았다. 이 때문에 당시의 영국 대사는 대통령이 "겉보기에 전혀 단정치 않고 관심조차 기울이지 않은" 옷차림으로 접견한 데에 불만을 터뜨리기도 했다.

그럼에도 제퍼슨은 그를 만난 모든 사람에게 깊은 인상을 남겼다. 그는, 벤저민 프랭클린을 제외한다면, 미국 역사의 저명한 인물 어느 누구보다도 다양한 방면에 관심을 두고 업적을 성취해낸 가장 지적이고 창조적인 사람이었다. 제퍼슨은 정치와 외교 분야에서 뛰어났을 뿐만 아니라 활동적인 건축가이자 교육자, 발명가, 과학적인 농부, 과학철학자였다.

무엇보다 제퍼슨은 통찰력과 실리성을 겸비한 정치인이었다. 그는 연방의회에 있는 공화파 의원에게 조용하게, 때로는 은밀한 방법으로 지시를 내려 자기 정당의 지도자로서 당에 영향력을 발휘하려고 노력했다. 비록 공화파가 정치적 후견제를 통해 세력망을 구축하려는 연방파 전임자의 노력에 강하게 반대했지만, 제퍼슨은 임명권을 효과적인 정치 수단으로 활용했다. 그는 워싱턴처럼, 현 행정부의 원칙과 정책에 충실한 사람을 선택하여 연방정부의 자리를 채워야 한다고 믿었다. 그의 두 번째 임기가 끝날 무렵에는 실제로 충실한 공화파 인물이 모든 연방정부의 자리를 차지했다. 제퍼슨은 첫 번째 임기 동안 인기 있는 대통령이었으므로, 1804년 연방당의 찰스 핑크니(Charles C. Pinckney)와 맞선 대선에서도 그리 어렵지 않게 승리했다. 제퍼슨은 선거인단 투표에서 162 대 14라는 압도적인 차이로 승리했으며, 연방의회 상하 양원에서 공화파의 의석도 더 늘었다.

달러와 선박

공화파는 워싱턴과 애덤스가 재임하는 동안 연방정부가 필요 이상으로 비대해졌다고 생각했다. 1793년과 1800년 사이에 정부는 지출이 거의 3배로 늘었고 공채 또한 증가했으며, 포괄적인 내국세 체계를 갖추었기 때문이다.

제퍼슨 행정부는 이러한 상황을 역전시키기 위해 교묘하게 움직였다. 1802년, 제퍼슨 대통령은 연방의회를 설득해 모든 내국세를 폐지하고 관세와 서부 지역의 토지 판매만 연방정부 세입의 유일한 원천으로 남겨두었다. 동시에 재무 장관인 앨버트 갤러틴(Albert Gallatin)은 정부 지출을 과감하게 축소했다. 제퍼슨은 바라던 대로

연방정부에 대한 제한

국가 부채를 완전히 없애지는 못했지만, 8,300만 달러에서 4,500만 달러로 거의 절반 수준으로 줄일 수 있었다.

제퍼슨은 군사력도 감축했다. 이미 축소된 4,000명의 육군을 2,500명으로 더 줄였으며, 취역 중이던 25척의 군함 가운데 7척만 남겨두었다. 제퍼슨은 최소한의 상비군을 제외한 군사력은 시민의 자유와 정부의 문민 통치에 오히려 위협이 될 수 있다고 주장했다. 그러나 제퍼슨이 평화주의자는 아니었다. 그는 육군과 해군의 규모를 줄이는 동시에, 1802년 웨스트포인트(West Point)에 미 육군사관학교(United States Military Academy)를 설립하는 데 기여했다. 그리고 해외에서 분쟁이 발생하자, 함선을 재건조하도록 지시했다. 분쟁은 지중해와 아프리카 북쪽 해안에서 처음으로 발생했다.

수년간 북아프리카의 바르바리 제국(諸國, Barbary states)—모로코, 알제리, 튀니스, 트리폴리—은, 해적으로부터 보호해준다는 구실로 지중해를 항해하는 모든 국적의 선박에 금전을 요구했다. 1780년대와 1790년대에는 미국 역시 바르바리 제국에 매년 공물을 제공한다는 조약에 동의했던 적이 있다. 그러나 제퍼슨은 이러한 유화정책을 탐탁지 않게 생각했다.

• 북아프리카 해적에 대한 대응 조치

1801년, 트리폴리의 군사령관이 제퍼슨에게 공물을 강요했다. 미국의 반응에 불만을 품은 군사령관은 도끼로 미국 영사관의 깃대를 자르라고 명했다. 이는 상징적인 선전포고나 다름없었다. 그러나 제퍼슨은 조심스럽게 대처하면서 그후 수년간 이 지역에 미국 해군력을 증강시켰다. 마침내 1805년, 제퍼슨은 더 이상 트리폴리에 공물을 제공하지 않는다는 규정에 찬성했다. 그러나 미국인 포로들을 석방하는 대가로 상당한 액수의 (굴욕적인) 배상금을 지불해야만 했다.

사법부와의 갈등

행정부와 입법부를 석권한 공화파는, 여전히 연방파 판사의 손안에 있는 사법부를 의심에 가득 찬 눈으로 바라보았다. 연방의회 내 공화파 의원은 제퍼슨이 대통령에 취임하자마자 연방파의 최후 보루인 사법부를 공격하기 시작했다. 첫 번째 조치로 1801년의 법원조직법을 폐기하고 애덤스가 '한밤에 임명'했던 판사직을 폐지해버렸다.

사법부를 둘러싸고 논쟁이 전개되는 가운데 미국 역사에서 가장 중요한 사법적 결정이 내려졌다. 연방파는 오랫동안 연방 대법원이 연방의회의 입법을 무효화할 수 있는 권한을 가졌다고 주장해왔다. 그리고 연방 대법원은 1796년에 연방의회가 제정한 한 법률의 합헌성을 확인함으로써 사법 심사(judicial review) 권한을 실질적으로 행사하기도 했다. 그러나 연방 대법원이 연방의회의 어떤 법률을 실제로 위헌이라고 선언하기 전에는, 분명히 사법 심사라는 분야에서 연방 대법원의 권한은 확고한 것이 아니었다.

• 마버리 대 매디슨 사건

1803년, 연방 대법원은 마버리 대 매디슨(*Marbury v. Madison*) 사건에서 실제로 사법 심사권을 선언했다. 윌리엄 마버리(William Marbury)는 애덤스의 '심야 임명'을 받은 판사 가운데 한 명으로, 당시 컬럼비아 지구(District of Columbia)의 치안판사(justice of the peace)로 임명받았다. 그러나 서명이 되고 날인도 된 그의 임명장은 애덤스의 대통령 퇴임 직전까지도 본인인 마버리에게 전달되지 않았다. 제퍼슨이 취임한 후, 국무 장관 제임스 매디슨은 임명장 전달을 거부했다. 이에 마버리는 연방 대법원에 매디슨이 국무 장관으로서 공적 임무를 수행하도록 명해 달라고 청원했다. 그러나 연방 대법원은, 임명장에 대한 권리는 마버리에게 있지만 연방 대법원이 그 임명장을 전달하도록 매디슨에게 명령할 권한은 없다고 결정했다. 따라서 연방 대법원의 결정은 행정부의 승리처럼 보였다. 그러나 이 사건에서 마버리의 임명이라는 문제는 비교적 중요하지 않은 문제였다. 보다 중요한 것은 연방 대법원이 이런 결정을 내리며 제시한 논거였다.

원래 1789년의 법원조직법에 따르면, 연방 대법원은 임명장 전달과 같은 문제에 관해 행정부 관리에게 특정 행위를 강제할 권한이 있었는데, 이것이 마버리가 소송을 제기한 근거였다. 그러나 연방 대법원은 연방의회가 월권 행위를 했다고 판단했다. 왜냐하면, 사법부의 권한을 설정할 수 있는 근거는 연방헌법이고, 따라서 연방의회는 사법부의 권한을 확대할 수 없기 때문이었다. 따라서 1789년에 연방의회가 제정한 법원조직법의 관련 조항은 무효화되었다. 연방 대법원은 자기 권력을 스스로 부인한 듯하면서 실제로는 그 권력을 확대했다. 즉, 연방 대법원 판사는 비교적 작은 권력(임명장을 전달토록 하는 권력)을 거부하는 것으로, 막대한 권력(연방의회의 법률을 무효화시킬 수 있는 권력)을 획득했던 것이다.

판결 당시 (그리고 1835년까지도) 미국 연방 대법원장은 존 마설이었다. 연방파의 지도급 인사이자 탁월한 버지니아의 법률가였던 그는, 국무 장관으로서 존 애덤스를 보필했다. 애덤스는 1801년 대통령 임기를 마치기 직전 마설을 연방 대법원의 대법원장으로 임명

• 존 마설

했고, 마셜은 곧 연방 대법원에서 가장 영향력 있는 인물로서 위치를 확고히 다졌으며, 마버리 대 매디슨 판결을 포함해 연방 대법원의 모든 중요한 판결문을 작성한 바 있다. 비록 공화파 인사가 연이어 대통령직을 승계했으나, 마셜은 연방정부에 통일성과 힘을 부여하려고 고군분투했다. 그리고 이런 가운데 사법부를 행정부 및 입법부와 동등한 정부 부처로 확립시켰다.

4
영토의 확대

제퍼슨이 미국의 대통령에 당선되던 그해에 나폴레옹 보나파르트(Napoleon Bonaparte)가 제1집정관으로 프랑스의 지배자가 되었다. 제퍼슨이 재선되던 해에는 나폴레옹이 황제의 자리에 올랐다. 이 두 사람은 공통점이 별로 없지만, 국제 정치에서는 한동안 서로에게 큰 도움을 주었다.

제퍼슨과 나폴레옹

나폴레옹은 대영제국으로부터 인도를 강탈하려던 웅대한 계획이 수포로 돌아간 이후, 신세계에서 프랑스 세력을 복원하려는 꿈을 꾸기 시작했다. 프랑스가 1763년에 대영제국에 양도했던 미시시피 강 동쪽 지역은 이미 미국의 영토였다. 그러나 나폴레옹이 회복하고자 한 지역은 미시시피 강 서쪽 지역으로, 당시에는 스페인의 영토였다. 1800년, 비밀리에 체결한 산일데폰소 조약(Treaty of San Ildefonso)에 따라, 프랑스는 미시시피 강 서쪽의 거의 전 유역에 걸쳐 있는 루이지애나에 대한 권리를 획득했다. 나폴레옹은 루이지애나 지역이 아메리카 대륙에서 거대한 프랑스 제국의 중심지가 되기를 희망했다.

• 나폴레옹의 북아메리카에 대한 꿈

제퍼슨은 아메리카 대륙에서 나폴레옹이 제국을 건설하려는 야망을 품고 있다는 사실을 처음에는 제대로 파악하지 못했다. 그래서

• 뉴올리언스의 중요성

잘 알려진 바와 같이 한동안 친프랑스적 경향의 외교정책을 추구했던 것이다. 그러나 프랑스가 루이지애나를 비밀리에 양도받았다는 소문을 듣고 나서는 프랑스와의 관계를 재검토하기 시작했다. 특히 제퍼슨에게 걱정거리가 된 것은, 빠르게 성장하고 있는 미국 서부 지역의 생산물을 전 세계시장에 내다 파는 출구였던 뉴올리언스가 프랑스 소유로 되었다는 사실이었다.

1802년 가을에 제퍼슨은, 프랑스가 아직 루이지애나를 공식적으로 인수하지 않은 상태여서 그때까지 뉴올리언스를 통치하고 있던 스페인 감독관이 새로운 법규를 공포했다는 소식을 듣고 경악하지 않을 수 없었다. 미시시피 강을 운항하던 미국 선박은 수년 동안 원양항으로 떠나는 선박에 옮겨 실을 화물을 뉴올리언스에 적재하는 관례에 따르고 있었다. 1795년의 핑크니 조약으로 스페인이 미국에 이러한 권리를 보장했음에도, 스페인 감독관은 이제 이러한 관례를 금지했던 것이다.

미국 서부인은 미시시피 강을 운송 통로로 재개하기 위한 조치를 마련해달라고 연방정부에 요구했고, 제퍼슨은 진퇴양난에 봉착했다. 만약 서부 개척자의 요구에 순응해 무력으로 스페인 감독관의 정책을 바꾸려고 한다면, 프랑스와 대규모 전쟁이라는 위험을 감수해야 했다. 반면 서부인의 요구를 무시한다면, 서부에서의 정치적 지지를 상실할 게 뻔했다. 그래서 제퍼슨은 또 다른 해결책을 강구했다. 그는 파리 주재 미국 대사 로버트 리빙스턴(Robert Livingston)에게 뉴올리언스 구입·인수건을 가지고 프랑스와 교섭하라고 지시했다. 리빙스턴은 프랑스에 대해 뉴올리언스뿐 아니라 루이지애나의 나머지 지역도 미국에 매각하라고 제의했다.

그러는 한편 제퍼슨은 연방의회를 설득해 군사력 증강과 내항 함대 건조를 위한 지출을 승인받았다. 그리고 미국의 군대가 뉴올리언스에 곧 투입될 것이며, 만약 프랑스와 문제가 해결되지 않는다면 대영제국과 동맹을 체결할 것이라는 뜻을 프랑스에 넌지시 비추었다. 당시 나폴레옹이 미국에 갑작스럽게 루이지애나 전 지역을 매각하기로 결정한 것은 아마도 이에 반응한 때문인 듯했다.

나폴레옹이 이런 결정을 내리게 된 데에는 나름의 이유가 있었다. 아메리카 대륙에 제국을 건설하려던 그의 계획은 이미 심각한 차질을 빚고 있었다. 이는 한편으로 황열병이 신세계에 주둔하고 있던 프랑스 군대를 휩쓸고 지나간 때문이기도 하고, 한편으로는 나폴레옹이 병력 보강을 위해 파견하려던 원정군이 1802년과 1803년 사이 겨울에 네덜란드의 한 항구에서 얼음에 발이 묶여버린 때문이기도 했다. 1803년 봄 항구의 얼음이 녹아내릴 무렵, 나폴레옹은 유럽에서 새로운 전쟁을 준비했다. 아메리카의 프랑스 제국을 안전하게 유지할 만큼 충분한 재원을 보유하고 있지 않다고 판단했던 것이다.

• 나폴레옹의 제안

루이지애나 매입

제퍼슨이 구매 협상을 지원하라며 파리로 파견한 제임스 먼로(James Monroe)와 파리 주재 미국 대사 리빙스턴은, 나폴레옹의 갑작스러운 제의에 비록 연방정부로부터 권한을 부여받지는 못했지만 그 제의를 수락할 것인지 말 것인지를 결정해야 했다. 그들은 나폴레옹이 제의를 철회할지도 모른다고 걱정하면서 일을 추진했다. 리빙스턴과 먼로는 구매 가격을 놓고 줄다리기를 하던 끝에 1803년

4월 30일, 나폴레옹과 계약에 서명했다.

미국은 이 조약에서 프랑스 정부에 총 8,000만 프랑(1,500만 달러)을 지불하기로 했으며, 뉴올리언스 항에서 프랑스에게 특정의 배타적인 통상 특권을 부여하는 한편, 루이지애나를 연방에 편입시키면서 주민에게 일반 미국 시민과 동등한 권리와 특권을 부여하기로 했다. 그러나 매입하고자 한 루이지애나의 경계는 명료하게 정의되지 않았다.

• 제퍼슨의 이데올로기적 딜레마

제퍼슨 대통령은 조약의 내용을 받아보고, 한편으로 만족하면서도 한편으로는 난감해했다. 협정의 조건에는 만족했지만, 미국 헌법에 새로운 영토 획득에 관한 규정이 없기 때문에 그 협정을 받아들일 권한이 자신에게 있는지 확신할 수 없었다. 그러나 대통령 고문단은 미국 헌법에 규정된 대통령의 조약 체결권으로써 루이지애나 매입이 정당화될 수 있다고 설득했고, 연방의회는 신속하게 조약을 승인했다. 마침내 1803년 말, 제임스 윌킨슨(James Wilkinson) 장군이 감독관으로서 미국을 대표해 루이지애나 지역을 공식적으로 접수했다. 얼마 지나지 않아 루이지애나 준주는 북서부 준주의 일반적인 예에 따라 여러 주로 편성되었다. 그 가운데 한 주가 1812년에 루이지애나 주로 제일 먼저 연방에 가입했다.

서부 탐사

• 루이스와 클라크

한편, 미국의 백인은 그사이 진행된 일련의 탐사 덕에 넓게 펼쳐진 새로운 영토의 지리를 알게 되었다. 1803년, 제퍼슨은 태평양까지 대륙을 가로질러 지리학적 정보를 수집하고 인디언과의 교역 전망을 타진할 탐사 계획을 지원했다. 그는 인디언과의 전투에 여러 차례 참전해 서부 황야 지리에 밝은 32세의 메리웨더 루이스(Meriwether Lewis)를 탐험대의 대장으로 임명했다. 루이스는 노련한 개척자이자 인디언과의 전쟁을 경험한 바 있는 28세의 윌리엄 클라크(William Clark)를 동료로 선택했다. 1804년, 루이스와 클라크는 48명의 대원을 이끌고 세인트루이스에서 출발해 미주리 강을 거슬러 올라갔다. 탐험대는 쇼쇼니(Shoshonee) 부족 여성인 세카호위아(Sacajawea)를 통역으로 삼았고, 마침내 로키 산맥을 넘어 스네이크 강과 컬럼비아 강을 따라 내려와 1805년 늦가을 태평양 연안에 야영지를 마련했다. 그리고 1806년 9월에 탐사하면서 관찰한 지역의 지리와 인디언 문명을 자세히 담은 기록을 가지고 세인트루이스로 돌아왔다.

　루이스와 클라크가 탐사에 한창일 때, 제퍼슨은 루이지애나 준주의 다른 지역에 또 다른 탐험대를 급파했다. 26세의 지뷸런 몽고메리 파이크(Zebulon Montgomery Pike) 중위가 1805년 가을에 탐험대를 이끌고 세인트루이스를 출발해 미시시피 계곡 상류를 탐사했다. 그 후 1806년 여름에 다시 탐험에 착수해서 아칸소 강 유역으로 나아갔다가 후에 콜로라도 주가 될 지역까지 탐사했다. 그의 서부 탐사 보고서 때문에 많은 미국인은 오랫동안 미주리 강과 로키 산맥 사이의 땅이 결코 경작할 수 없는 사막이라는 (정확하지 않은) 인상을 갖게 되었다.

버어의 음모

1804년에 제퍼슨이 압도적인 지지로 재선에 성공한 것은 국민 대

루이지애나 매입 지역 탐사(1803~1807)

제퍼슨은 1803년에 프랑스로부터 루이지애나 지역을 매입함으로써 미국의 영토를 2배로 확대했다. 그러나 대부분의 미국인은 매입한 지역이 어떤 지역인지도 몰랐다. 루이스와 클라크 탐험대가 1804년에 새로운 이 지역을 탐사하기 시작했다. 이 지도는 또 다른 집념 어린 탐험가 지불런 파이크(Zebulon Pike)의 탐사 경로와 함께 루이스와 클라크의 탐사 경로를 보여주고 있다. 두 탐험대가 답파한 지역이 (루이지애나 매입 지역 바깥쪽 지역을 포함해) 얼마나 광대했던가를 주목할 필요가 있다. 또한 이 같은 야심찬 탐험에서도 포괄하지 못한 지역이 얼마나 거대한가를 유념해야 한다.

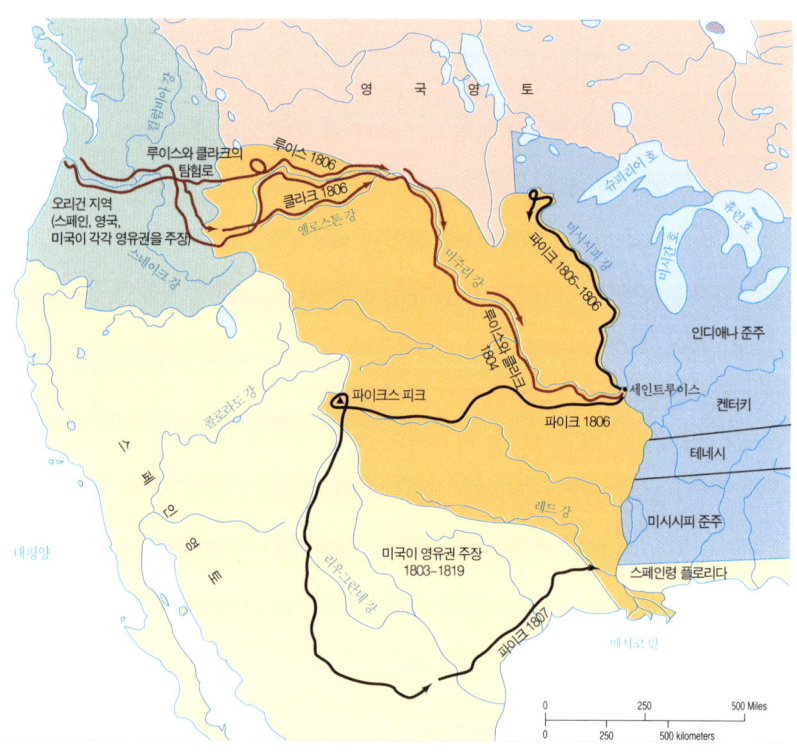

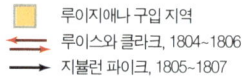

부분이 새로운 영토 획득을 승인했음을 시사하는 것이었다. 그러나 일부 뉴잉글랜드 연방파는 격렬하게 반대했다. 그들은 연방에 새로운 주가 가입하면 가입할수록 연방파 및 연방파가 장악하고 있는 지역의 권한이 줄어든다고 생각했다. 에식스 결사(Essex Junto)라고 알려진, 매사추세츠의 가장 극렬한 연방파 단체는 연방에서 탈퇴해 독립된 '북부 연합(Northern Confederacy)'을 결성하는 것만이 뉴잉글랜드를 위한 유일한 길이라고 결론내렸다. 연방파는 북부 연합이 독립국가로 존립할 수 있으려면, 뉴잉글랜드뿐 아니라 뉴욕 주와 뉴저지 주도 끌어들여야 한다고 생각했다. 그러나 뉴욕 주 연방파를 이끌던 알렉산더 해밀턴은 연방 탈퇴 계획에 찬동하지 않았다.

• 에식스 결사

이에 뉴욕 주 연방파는 해밀턴의 가장 강력한 정적 아론 버어(Aaron Burr) 부통령에게 손짓했다. 버어는 1804년에 뉴욕의 주지사 후보가 되어달라는 연방파의 제의를 수락했다. 그리하여 버어가 연방파의 연방 탈퇴 계획을 지지하기로 했다는 소문이 떠돌았다. 해밀턴은 버어가 반역을 모의했다고 비난하고, 사적인 자리에서 여러 번 버어를 '비열한' 인물로 언급했다. 그리고 이런 말이 신문에 널리 기사화되었다. 버어는 주지사 선거에서 패하자, 이를 해밀턴의 악의에 찬 언사 탓이라며 해밀턴에게 결투를 신청했다. 해밀턴은 버어의 결투 신청을 거부하면 겁쟁이라는 낙인이 찍히게 될까봐 두려워했다. 그리하여 1804년 7월 어느 날 아침, 두 사람은 뉴저지 주의 위호큰(Weehawken)에서 만났다. 여기서 해밀턴은 치명상을 입고 다음 날 사망했다.

• 해밀턴과 버어

버어는 살인죄로 기소당하지 않으려면 뉴욕을 떠나야 했다. 그는 서부에서 야망을 실현할 새로운 통로를 찾았다. 버어는 이미 결투에

임하기 훨씬 전부터, 루이지애나 준주의 지사인 제임스 윌킨슨 장군과 서신으로 왕래하고 있었다. 버어와 윌킨슨은 원정군을 이끌고 스페인으로부터 멕시코를 탈취하려 했던 것 같다. 그들이 남서부를 연방에서 분리시켜 버어가 통치하는 서부 제국을 세우려고 한다는 소문이 떠돌기도 했다. 그러나 이러한 소문이 사실인지를 밝혀줄 증거는 전혀 없었다.

사실 여부와는 관계없이, 버어의 많은 정적은—결국엔 제퍼슨도—그 소문을 믿기로 했다. 1806년에 버어가 일단의 무장한 추종자를 이끌고 오하이오 강을 따라 내려가자, 뉴올리언스 공격이 임박했다는 충격적인 보고서가 워싱턴으로 날아들었다(그 가운데 가장 놀라운 보고서는 갑작스럽게 버어에게 등을 돌린 윌킨슨이 작성한 것이었다). 제퍼슨은 반역자 버어의 무리를 체포하라고 명했다. 버어는 리치먼드로 호송되어 재판정에 섰다. 그러나 연방 대법원장 마셜은 연방정부가 제시할 수 있는 증거를 제한했고, 배심원들이 버어에게 무죄를 선고할 수밖에 없도록 죄목을 한정했다.

버어의 음모는 원대한 야망과 불타오르는 성격을 가진 한 인간의 이야기다. 그러나 신생국 미국이 직면했던 보다 큰 위기를 상징적으로 보여준 것이기도 하다. 권력을 약화시킨 형태로 설계된 중앙정부와, 필요하다면 기꺼이 정상적인 방법을 우회해서라도 권력을 장악하려던 야망에 찬 정치 지도자들 때문에, 연방정부의 정당성은, 그리고 안정적이며 통합된 국가로서 미국이라는 존재는 완전하게 확보되지 않은 상태였다.

5

팽창과 전쟁

제퍼슨의 대통령 임기 말년에 전혀 다른 성격의 두 가지 갈등이 발생했다. 하나는 유럽에서 계속되어온 긴장으로, 1803년에 그것은 다시 전면적인 갈등(나폴레옹 전쟁)으로 비화되었다. 이에 따라 영·프 전쟁이 심화되어, 양국은 각각 미국이 상대국과 무역하는 것을 금지하는 조치를 취했다. 다른 하나는 북아메리카 대륙 자체에서 발생했다. 백인 정착촌이 끊이지 않고 서부로 팽창을 거듭한 결과, 땅을 수호하는 데 온 힘을 쏟은 아메리카 원주민이 백인 침략자와 충돌했다. 북부와 남부 양쪽에서 위협받고 있던 인디언 부족은 백인의 침략을 저지하기 위해 결집했다. 또한 캐나다에 있는 영국군 및 플로리다에 있는 스페인군과도 연대했다. 따라서 미국은 육지에서는 인디언과, 해상에서는 유럽 국가들과 동시에 갈등 국면에 접어들었고 이런 갈등이 한데 얽혀 종국에는 1812년 미·영 전쟁으로 치달았다.

해상에서의 갈등

1805년, 영국 함대는 트라팔가 해전(Battle of Trafalgar)에서 남아 있던 프랑스 해군을 사실상 괴멸시켰다. 해상에서는 더 이상 프랑스가 영국에 도전할 수 없었기 때문에, 나폴레옹은 다른 방법으로 영국을 압박하려고 했다. 그는 이른바 대륙 체제(Continental System)를 통해 유럽 대륙을 봉쇄함으로써 영국과 통상하는 것을 금지하려고 했다. 나폴레옹은 일련의 포고령을 발동해 영국 선박뿐

출항 금지와 해안 봉쇄

아니라 영국의 항구에 기항하는 중립국 선박이 프랑스나 그의 동맹국이 통치하고 있는 유럽의 어떤 항구에도 화물을 내리지 못하도록 만들었다. 영국 정부는 유럽 해안에 봉쇄망을 구축하는 것으로 나폴레옹의 포고령에 맞섰다. 이에 따라, 나폴레옹이 장악하고 있는 유럽에 운송되는 모든 물품은 항상 영국 선박이나 영국 항에 기항하는 중립국 선박으로 운반되어야 했다. 이는 정확히 나폴레옹이 금지한 사항이었다.

• 미국의 곤경

19세기 초, 미국은 세계에서 가장 중요한 상선(merchant marine)을 육성해, 이내 유럽과 서인도제도 간 무역의 상당 부분을 통제하게 되었다. 그러나 유럽에서 일어난 일련의 사건 때문에 통제권이 흔들렸다. 미국의 선박이 나폴레옹의 포고령과 영국의 해안 봉쇄망 사이에서 진퇴양난에 봉착했던 것이다.

만약 미국 선박이 직접 유럽 대륙으로 항해한다면 영국 해군에 나포될 위험을 감수해야 했다. 반면 영국 항을 경유해 항해한다면 프랑스에 의해 나포될 위험을 무릅써야 했다. 전쟁 중인 두 열강 모두 중립국 미국의 권리를 침해했던 것이다. 그러나 대부분의 미국인들은 최강의 해군력을 보유한 영국이 미국의 중립권에 더 위협적인 나라라고 생각했다. 이는 특히 영국 함대가 공해상에서 빈번하게 미국 선박을 정지시켜 선원들을 갑판에서 끌어내리고는 '징병(impressment)'의 희생양으로 삼았기 때문이다.

강제 징병

많은 영국 수병은 채찍질과 낮은 임금, 열악한 함선 상태 때문에 영국 해군을 해상에 '떠다니는 지옥'이라고 불렀다. 자원 입대한 수병은 거의 없었다. 대부분이 강제로 '징병'된 사람이어서, 이들은 기회가 있을 때마다 탈영을 시도했다. 1807년경에는 많은 탈영병이 미국으로 건너가 미국 상선에 오르거나 미국 해군에 입대했다. 영국은 이러한 인력 손실을 막기 위해 미국 상선을 정지시켜 수색을 하고 탈영병을 재징병할 수 있는 권리를 주장하고 나섰다. 즉, 미국에서 태어난 미국인을 체포할 권리를 주장한 것이 아니라 영국 땅에서 태어나 미국으로 귀화한 사람을 체포할 권리를 주장했던 것이다. 하지만 실제로는, 영국인 탈영병과 미국 태생의 미국인을 주의 깊게 구분하지 않고서 종종 똑같이 영국 해병으로 징발해갔다.

1807년 여름, 영국은 한결 도발적이고 극단적으로 일을 벌였다. 영국 함선 레퍼드(Leopard)호가 영국 해군의 탈영병으로 보이는 몇몇 사람을 승무원으로 승선시키고 노퍽(Norfolk, 버지니아 주의 도시─옮긴이)에서 출발한 미국 해군의 소형 구축함 체사피크(Chesapeake)호에 대포알을 퍼부었다. 미국 구축함의 부함장 제임스 바론(James Barron)이 체사피크호를 수색하겠다는 영국의 요구를 거부하자, 레퍼드호가 발포했던 것이다. 바론은 투항할 수밖에 없었고, 영국 해병이 레퍼드호에서 건너와 미국 구축함에서 네 사람을 끌어내렸다.

• 체사피크-레퍼드호 사건

체사피크-레퍼드호 소식이 미국에 전해지자, 보복하자는 국민의 요구가 빗발쳤다. 그러나 제퍼슨과 매디슨은 평화를 유지하려고 했다. 제퍼슨은 향후 일어날 수 있는 사건을 최소화하기 위해 모든 영국 군함을 미국 영해에서 추방했다. 그런 다음 영국에 주재하고 있던 미국 공사 제임스 먼로에게 영국 정부에 징병 중지를 요구하라고 지시했다. 영국 정부는 레퍼드호 함장의 행동을 부인하며 그를 소환했다. 또한 이번 사건에서 발생한 사망자와 부상자에 대한 배상을 제의하고, 체포된 세 사람을 미국으로 되돌려 보내겠다고 약속했다(네 사람 가운데 한 사람은 교수형에 처해졌다). 그러나 영국의 내각은 징병 포기를 거부하고 재차 탈영 수병을 재징병할 권리를 주장했다.

'평화로운 강제'

제퍼슨의
출항 금지법

1807년 말, 제퍼슨은 또다시 전쟁의 위기로 치달을지 모를 미래의 분쟁을 예방하기 위해 연방의회를 설득하여 과감한 정책을 통과시켰다. 바로 출항 금지법(Embargo)으로, 미국 선박이 미국을 떠나 세계의 어느 외국 항에도 가지 못하도록 출항 자체를 금지시킨 법이었다. 이 법은 교묘하게 빠져나갈 구멍은 많았지만, 미국 전역에 심각한 경기 불황을 초래하기에 충분했다. 대부분이 연방파인 북동부의 상인 및 선주에게 불황의 냉혹한 한파가 가장 크게 엄습했다.

1808년 대통령 선거는 출항 금지법이 초래한 불황 속에서 치러졌다. 제임스 매디슨이 대통령으로 당선되지만, 1804년에 이어 재출마한 연방파 후보 찰스 핑크니가 이전보다 더욱 강력하게 추격해 왔다. 제퍼슨은 출항 금지법으로 정치적 부담이 점점 더 커지자, 이를 철회하기로 결정했다. 대통령 임기 종료 며칠 전, 제퍼슨은 자신이 말한 이른바 '평화로운 강제(peaceable coercion)'를 푸는 법안을 승인했다.

매디슨의
통상 금지법

연방의회는 매디슨이 대통령으로 취임하기 직전에 출항 금지법을 대체할 통상 금지법(Non-Intercourse Act)을 통과시켰고, 이 법에 따라 미국은 영국과 프랑스를 제외한 모든 국가와 무역을 재개했다. 통상 금지법은 1년이 지난 1810년에 만기로 효력을 상실하여 메이컨의 법안 제2조항(Macon's Bill No. 2)이 이를 대체했다. 이 조항은 영국 및 프랑스와 자유로운 통상 관계를 재개하되, 교전국 가운데 한 국가가 중립국에 대한 권리 침해를 중단했는데도 다른 한 국가가 계속 그 권리를 침해하는 경우에는 그 국가와의 통상을 금지시킬 수 있는 권한을 대통령에게 위임하는 것이었다. 나폴레옹은 미국으로 하여금 영국에 대한 출항 금지법을 재개하도록 유인하기 위해 더 이상 미국의 해상 운송에 간섭하지 않겠다고 공표했다. 매디슨은 만약 영국이 미국의 해상 운송에 가한 규제를 풀지 않는다면, 출항 금지법은 1811년부터 자동적으로 영국 한 국가에 대해서만 유효하다고 발표했다.

시간이 흐르면서 이 새롭고 제한적인 통상 금지 조치로 말미암아, 영국은 유럽 해안에 구축한 봉쇄망을 해제하게 되었다. 그러나 전쟁을 막기에는 너무도 늦어버린 일이었다. 아무튼, 일련의 해상 정책이 미영 간의 긴장 조성에 미친 영향은 부분적이었을 따름이다.

'인디언 문제'와 영국인

북아메리카의 백인이 정착지를 넓히기 위해 인디언 부족을 몰아내면서 보여주었던 냉혹함을 고려할 때, 미국 혁명 이후 대부분의 인디언이 여전히 영국의 보호에 기댄 것은 그리 놀라운 일이 아니었다. 캐나다에 있는 영국인은 인디언을 나름대로 수익성 있는 모피 무역의 파트너로 인정했다. 더욱이 제이 조약과, 1794년 폴른 팀버

• 백인 정착민과 인디언

스(Fallen Timbers)에서 앤터니 웨인(Anthony Wayne)이 인디언 부족과 맞서 승리를 거둔 이후, 북서부 지역은 10년이 넘도록 비교적 평화가 유지되었다. 그러나 체사피크-레퍼드 사건에 연이어 1807년에 전쟁 위기가 닥치면서 인디언과 백인 정착민 사이에 갈등이 재연되었다. 매우 다른 성격의 소유자였던 두 명의 중요한 지도자가 이러한 갈등을 촉발했는데, 바로 윌리엄 헨리 해리슨(William Henry Harrison)과 테컴서(Tecumseh)였다.

• 윌리엄 헨리 해리슨

버지니아 출신으로 이미 26세에 인디언 전투에 참가한 바 있는 해리슨은, 1799년에 북서부 준주의 연방의회 대표로 워싱턴에 진출했다. 그리고 서부 지역 개발 주창자로서 이미 1800년에 이른바 해리슨 토지법(Harrison Land Law)을 통과시키는 과정에서도 주도적인 역할을 했다. 해리슨 토지법이 통과되면서 백인 정착민은 이전보다 훨씬 쉬운 조건으로 공유지에서 농지를 얻을 수 있었다.

1801년, 제퍼슨은 '인디언 문제'와 관련해 자신이 제안한 해결책을 실행에 옮기기 위해 해리슨을 인디애나 준주의 지사로 임명했다. 제퍼슨은 인디언에게 두 가지 해결책을 제의했다. 인디언이 농민으로 정착해 백인 사회의 일원이 되든가, 아니면 미시시피 강 서쪽 지역으로 이주하든가 둘 중 하나를 선택하라는 것이었다. 그러나 북서부 지역 내 부족 소유의 토지에 대한 권리를 포기해야 하는 것은 어느 경우든 마찬가지였다.

• 제퍼슨의 동화정책

제퍼슨은 이 같은 동화정책이 인디언과 백인 정착민 사이에 계속되어온 갈등을 온건하게 해결할 수 있는 대안이라고 여겼다. 그러나 이 새로운 정책은 인디언에게 전혀 온건한 것이 아니었다. 특히 해리슨이 이 동화정책을 집행하기 위해 계획한 효율적인 무력적 수단을 고려한다면 더더욱 아니었다고 할 수 있다. 해리슨은 위협과 매수, 사기뿐만 아니라 도움이 될 만하다고 생각되면 가리지 않고 모든 수단을 사용했다. 1807년경, 미국은 양도를 꺼리는 인디언 지도자와 억지로 조약을 체결해 미시간 동부와 인디애나 남부 일리노이 거의 전 지역에 대한 권리를 얻었다.

그사이 남서부 미국인은 조지아와 테네시, 미시시피에 있는 여러 인디언 부족에게서 수백 만 에이커의 토지를 빼앗았다. 인디언은 필사적으로 저항하려 했으나, 각각이 분산되어 있던 부족들로서는 미국의 무력 앞에 속수무책일 수밖에 없었다. 두 가지 새로운 요인이 등장하지 않았더라면, 인디언은 자신들의 운명을 수동적으로 받아들였을 것이다.

한 가지 요인은 캐나다에서 실시한 영국 식민 당국의 정책이었다. 영국 식민 당국은 체사피크호 사건 이후, 미국이 캐나다를 공략할 것이라고 예상하고 필사적인 방어 조치를 취하기 시작했다. 인디언과 친선 관계를 새로이 한 것도 이러한 조치 가운데 하나였다.

테컴서와 예언자

영토 분쟁을 심화시키는 데 더욱 중요한 요인으로 작용했던, 두 번째 요인은 뛰어난 두 인디언 지도자의 등장이었다. 한 사람은 카리스마가 있는 종교 지도자이자 '예언자'로 알려진 연설가 텐스콰타와(Tenskwatawa)였다. 그는 알콜 중독으로부터 회복하는 과정에서 신비로운 깨우침을 경험했다. 텐스콰타와는 백인 문화의 사악한 영향에서 벗어나 인디언에게 인디언 문명의 뛰어난 미덕에 대해,

백인 세계의 죄악과 부패에 대해 설파하기 시작했다. 그 과정에서 종교부흥을 고무해 수많은 부족에게 영향을 미쳐, 그들을 결집시켰다. 티피카누 천(Tippecanoe Creek)과 워배시 강(Wabash) 합류 지점에 자리 잡은 프로피츠타운(Prophetstown)이라는 명칭의 예언자 본부는 많은 부족의 인디언에게 신령한 지역으로 간주되었다. 그들은 종교 체험을 공유하는 가운데, 연합 군사 작전을 구상하기 시작했다.

테컴서 연합

예언자의 동생이며 쇼니(Shawnee) 부족의 추장인 '유성(shooting star)' 테컴서가 이러한 군사작전의 지도자로 등장했다. 테컴서는 대부분의 인디언 지도자들이 깨닫지 못했던, 결집된 행동만이 백인 문명의 끊임없는 침략을 막아낼 수 있다는 사실을 알았다. 테컴서는 1809년부터 미시시피 강 유역에 있는 모든 인디언 부족을 통합하기 시작해 테컴서 연합(Tecumseh confederacy)이라는 동맹을 결성했다. 그는 단결하여 백인의 팽창을 저지하고 북서부 전 지역을 회복해 오하이오 강을 미국과 인디언 나라의 경계로 만들겠다고 약속했다. 또한 해리슨을 비롯한 백인이 인디언 부족과 체결한 일련의 조약은 인디언 각 부족과 개별적으로 체결한 것이기 때문에 토지에 대한 진정한 권리를 획득한 것이 아니라고 주장했다. 토지는 모든 인디언 부족의 소유이며, 어떤 부족도 다른 여러 부족의 동의없이는 비록 일부라 할지라도 토지에 대한 권리를 정당하게 양도할 수 없다고 강조했다. 1811년, 테컴서는 프로피츠타운을 떠나 미시시피 강을 따라 내려가면서 남부 지역에 있는 여러 인디언 부족을 방문해 동맹에 참가하도록 설득했다.

테컴서가 자리를 비운 사이, 해리슨 준주지사는 확대일로에 있던 두 인디언 지도자의 영향력을 와해시킬 수 있는 절호의 기회를 노렸다. 그는 1,000여 명의 병사를 이끌고 프로피츠타운 인근에 진영을 갖춘 다음, 1811년 11월 7일에 드디어 무력 공격을 감행했다. 비록 백인도 인디언만큼이나 심각한 손실을 입었으나, 해리슨은 인디언을 내쫓고 프로피츠타운을 불살라버렸다. 티피카누 천 인근에서 벌어졌기 때문에 그 이름을 붙인 티피카누 전투는 많은 예언자 추종자의 환상을 깨뜨렸고, 그 무렵 그곳으로 돌아 온 테컴서는 인디언 연합이 지리멸렬하게 된 것을 알게 되었다. 그러나 여전히 기꺼이 나아가 싸우려는 인디언 전사가 있었다. 1812년 봄까지 그들은 미시간에서 미시시피에 이르는 변경 지역에서 적극적으로 백인 정착촌을 습격함으로써 백인 정착민을 공포에 떨게 했다.

• 티피카누 전투

　서부의 변경 지역에서 발생한 유혈 참사는 대체로 인디언이 주도한 결과였다. 그러나 캐나다에 있는 영국인 관리가 인디언의 반란을 고무하고 필요한 물자를 공급해준 결과이기도 했다. 해리슨과 이 지역에 거주하는 대부분의 백인 주민의 생각으로는, 서부를 미국인의 안전지대로 만들 수 있는 방법이란 단 한 가지뿐이었다. 바로 영국인을 캐나다에서 몰아내고 그 지역을 미국에 합병하는 것이었다.

플로리다와 전쟁의 열기

　북부의 백인 '개척자'가 캐나다 정복을 주장했다면, 남부 백인은 스페인령 플로리다의 획득을 기대했다. 플로리다 지역은 남부의 백인에게 끊임없이 위협이 되어 왔다. 노예들은 플로리다 국경을 넘어 도망갔고, 플로리다에 있는 인디언들은 국경 북쪽에 있는 백인 정착

• 플로리다에 대한 욕심

7장 제퍼슨 시대 | 357

촌을 자주 습격했다. 한편, 플로리다에는 강이 여럿 흐르고 있어서, 남서부 주민은 멕시코 만의 매우 유용한 항구를 이용할 수 있었다. 이러한 이유 때문에 남부 백인은 플로리다를 탐냈다.

1810년, 웨스트플로리다(오늘날의 미시시피 주와 루이지애나 주를 부분적으로 포함하는 지역)의 미국인 정착민이 배턴루지(Baton Rouge)의 스페인 요새를 장악하고는 이 지역을 합병하자고 연방정부에 요청했다. 매디슨 대통령은 기꺼이 동의하고 플로리다의 나머지 지역도 확보하려는 계획을 세우기 시작했다. 그러나 플로리다에 대한 욕심은 영국과의 전쟁을 촉발시킨 또 하나의 요인으로 작용했다. 스페인은 영국의 동맹국이었는데, 영국과의 전쟁은 영국 영토뿐 아니라 스페인 영토마저 탈취할 수 있는 구실을 제공해줄 것이다.

· '주전론자'

따라서 1812년 무렵에는, 미국의 남부 및 북부 양쪽 국경 지대에서 전쟁의 열기가 치솟았다. 이 지역 백인 정착민의 요구는 확고한 신념을 가진 워싱턴의 젊은 하원 의원 사이에서 상당한 지지를 얻었다. 이들은 곧 '주전론자(War Hawks)'라고 불리게 되었다.

1810년 의원 선거에서, 유권자는 출신 당을 불문하고 영국과의 전쟁을 요구하는 사람을 하원 의원으로 뽑았다. 이들 가운데 영향력 있는 인물 대부분이 서부의 신생주 혹은 남부의 오래된 주의 벽지 출신이었다. 그 가운데 두 지도자는 하원 의원으로 당선된 지 얼마 안 된 인물로, 캔터키 주 출신의 헨리 클레이(Henry Clay)와 사우스캐롤라이나 주 출신의 존 칼훈(John C. Calhoun)이었다. 이들은 둘다 상당한 지성과 매력, 야망을 겸비했고 영국과의 전쟁을 지지했다.

클레이는 1811년에 하원 의장으로 선출된 후, 칼훈을 매우 중요한 외교 위원회에 선임했으며, 이에 따라 이 두 사람은 캐나다 정복을 선동하기 시작했다. 매디슨은 여전히 평화를 선호했으나 점점 의회에 대한 통제력을 상실했다. 1812년 6월 18일, 매디슨은 영국을 향한 선전포고를 승인했다.

• 클레이와 칼훈의 주전론

6

1812년 미영 전쟁

영국은 미국과 공개적인 갈등을 원치 않았다. 미국이 선전포고를 한 이후에도 영국은 한동안 이를 거의 무시하다시피했다. 그러나 1812년 가을, 나폴레옹이 러시아와의 전투에서 파국으로 치달아 그의 군대가 혼란에 빠지고 1813년 말경에는 프랑스 제국이 결국 영국과의 전쟁에서 패하자, 영국은 주력부대를 아메리카 대륙에 투입할 수 있게 되었다.

인디언 부족과의 전투

1812년 여름, 미군이 디트로이트(Detroit)를 거쳐 캐나다를 침공했다. 그러나 이내 디트로이트로 철군해야 했고, 8월에는 그곳의 요새를 넘겨주어야 했다. 다른 침공 작전도 실패했다. 그러는 사이, 디어본 요새(Fort Dearborn : 오늘날의 시카고)가 인디언의 공격에 무릎을 꿇었다.

해상에서는 상황이 미국에 조금은 유리하게 돌아갔다. 처음에는 미국의 소형 구축함이 영국의 전함을 맞아 놀라운 승리를 거두었다. 그러나 1813년 무렵에는 영국 해군이 효과적으로 반격에 나서 미국의 소형 구축함을 에워싸고 미국을 봉쇄했다.

그러나 미국은 전쟁 초기에 5대호 연안에서 상당한 군사적 승리를 거두었다. 우선, 미국은 온타리오 호(Lake Ontario)를 장악했다.

• 풋인 만 전투

이를 기반으로 캐나다의 수도 요크(York : 오늘날의 토론토)를 기습해 불태웠다. 그런 다음에는 이리 호(Lake Erie)를 장악했다. 이는 1813년 9월 10일, 풋인 만(Put-in Bay)에 있는 영국 함대와 교전해 이들을 패주시킨 젊은 올리버 해저드 페리(Oliver Hazard Perry)의 활약에 힘입은 것이었다. 이를 통해 미국은 마침내 디트로이트를 거쳐 캐나다 침공에 성공했다. 윌리엄 헨리 해리슨은 템스 강을 거슬러 올라가 캐나다 북부로 진격했으며, 1813년 10월 5일에는 육군 준장으로 영국군에 복무하고 있던 테컴서를 없애는 혁혁한 전과를 올렸다. 템스 강 전투(Battle of the Thames)로 미군이 캐나다를 오랫동안 장악할 수 있었던 것은 아니지만, 이로써 북서부에 있는 인디언은 기세가 꺾여 절망에 빠졌다.

    그러는 사이, 또 다른 백인 군사 지도자가 남서부 인디언에게 더욱 심대한 타격을 가하고 있었다. 크리크족(Creeks) 인디언이 플로리다의 스페인인으로부터 물자를 공급받아 플로리다 국경 부근의 미국인 정착촌을 공격하곤 했는데, 테네시 주의 부유한 농장주이자 민병대 장군이던 앤드루 잭슨(Andrew Jackson)이 크리크족을 추격하기 시작했다. 1814년 3월 27일에 벌어진 홀슈 벤드(Horseshoe Bend) 전투에서, 잭슨의 군대는 인디언 전사뿐 아니라 여성과 아이까지 살육하는 소름 끼치는 보복 행위를 자행했다. 크리크족은 부족 땅 대부분을 미국에 넘기는 데 동의하고 서쪽으로 후퇴했다. 이 전투로 잭슨은 미 육군 소장으로 임명되었으며, 소장 자격으로 군대를 이끌어 훨씬 더 남쪽 플로리다로 진격했다. 그리고 1814년 11월 7일에 펜서콜라(Pensacola)에 있는 스페인 요새를 점령했다.

영국과의 전투

> 영국군의 침략

그러나 인디언 부족을 진압한 것으로 전쟁에서 승리했다고는 할 수 없었다. 1814년에 나폴레옹이 항복하자, 영국은 미국 침공을 준비했다. 영국 함대가 체사피크 만에서 패튜젠트(Patuxent) 강으로 거슬러 올라가 육군을 상륙시켰다. 영국 육군은 워싱턴 교외에 있는 블레이덴스버그(Bladensburg) 인근까지 행군해, 제대로 훈련받지 못한 미국의 민병대를 해산시켰다. 1814년 8월 24일에는 영국군이 워싱턴에 입성하여 미국의 정부 인사들을 쫓아냈다. 영국군은 백악관을 비롯한 여러 공공 건물에 불을 질렀다. 이는 앞서 미국이 캐나다의 수도 요크를 불태운 것에 대한 보복이었다.

침략군은 거의 황폐화된 워싱턴을 떠나 볼티모어(Baltimore)를 향해 체사피크 만으로 나아갔다. 그러나 볼티모어는 맥헨리 요새(Fort McHenry)로 방어진을 갖추어 침략에 대비하고 있었다. 미국 수비대는 함대 접근을 막기 위해 볼티모어 항 어귀의 파탑스코(Patapsco) 강에 선박을 여러 척 가라앉혀 놓았기 때문에 영국군은 멀리서 요새에 포격을 가할 수밖에 없었다. 영국 함선에 승선하고 있던 워싱턴의 법률가 프랜시스 스콧 키(Francis Scott Key)는 9월 13일 밤 내내 이 포격을 목격했다. 그리고 다음 날 새벽, '동틀 무렵'에도 여전히 요새에 성조기가 휘날리는 것을 보았다. 그는 그 순간 시 한 편, 즉 〈성조기여 영원하라(The Star-Spangled Banner)〉를 지어 자부심을 기록했다. 영국군은 볼티모어에서 후퇴했고, 키의 시는 이내 오래된 영국의 음주가(飮酒歌) 곡조에 실렸다(〈성조기여 영원하라〉는 1931년에 미국의 공식 국가(國歌)가 되었다).

불타고 있는 워싱턴

이 극적인 판화는 1814년 8월 영국군이 워싱턴 D.C.를 점령하고 불을 지른 사건을 다소 과장되게 묘사한 것이다. 영국군은 미국이 캐나다의 수도 요크를 불태운 것에 대한 보복 조치로 연방의회 의사당과 백악관, 기타 청사에 불을 질렀다.

뉴올리언스 전투

그사이 미군은 뉴욕 북부에서 또 다른 영국의 침략을 격퇴했다. 1814년 9월 11일의 플래츠버그(Plattsburgh) 전투에서 미군은 수적으로 훨씬 더 많은 영국의 육해군을 무찔렀다. 남부에서는, 전투로 단련된 강하고 노련한 영국 군대가 뉴올리언스 바로 아래쪽에 상륙해 북쪽 미시시피 상류 지역으로 진군할 채비를 갖추고 있었다. 영국군을 기다리고 있던 앤드루 잭슨은 테네시와 켄터키의 주민, 크리올, 흑인, 해적 그리고 정규 육군이 잡다하게 뒤섞인 군대를 흙으로 쌓은 흙벽 뒤에 배치했다. 1815년 1월 8일, 영국군이 미국 요새로 진격했다. 그러나 어떤 보호벽도 없이 그대로 노출되어 있던 영국군은 방어물에 잘 엄폐되어 있던 잭슨 군대에게 상대가 되지 않았다. 미군이 여러 번이나 공격을 격퇴하자, 마침내 영국군은 후퇴했다. 이 공격으로 영국군은 700명이 사망하고 1,400명이 부상을 입었으며, 500명이 포로로 붙잡혔다. 잭슨 군대의 손실은 사망 8명과 부상 13명이 전부였다. 미국과 영국이 뉴올리언스 전투가 벌어지기 몇 주 전에 평화조약에 서명했다는 소식은 나중에서야 북아메리카 대륙에 전해졌다.

오른쪽 세 지도는 1812년의 미영 전쟁에서 영국군과 미군의 군사 작전을 보여준다. 맨 위 지도에는 뉴올리언스에서 캐나다 남부까지 이어진 전쟁의 격전지가 드러나 있다. 아래에 있는 상세한 지도는 캐나다 국경과 오대호 연안에서 벌어진 수륙전(水陸戰)을 표시한 것이고, 중간 오른쪽에 있는 부분 지도는 워싱턴 D.C.와 볼티모어 인근에서 벌어진 전투를 기록한 것이다. 이 모든 전투를 따져보면 미국과 영국은 공교롭게도 똑같은 횟수로 승리를 거두었다.

1812년의 미영 전쟁

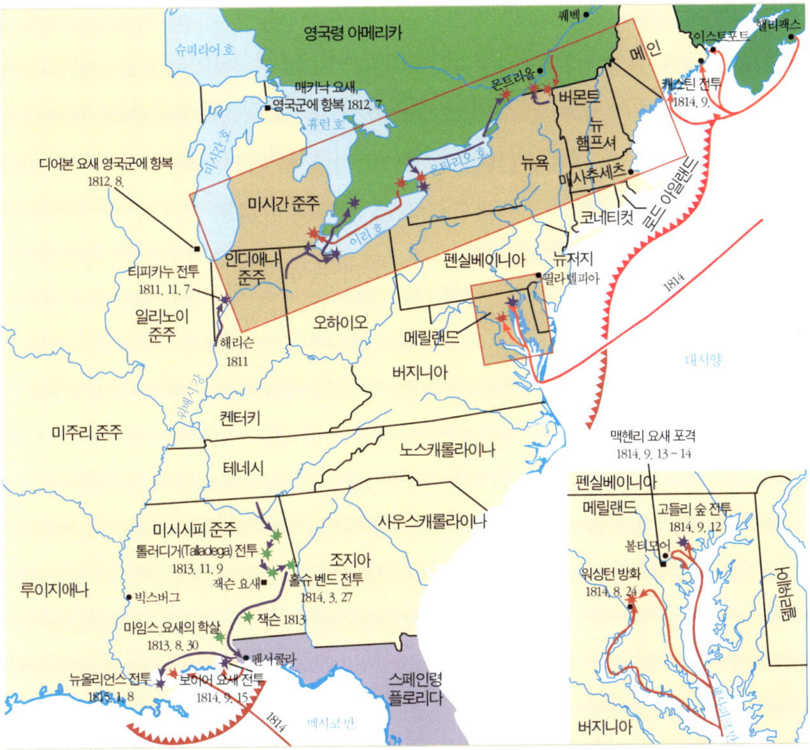

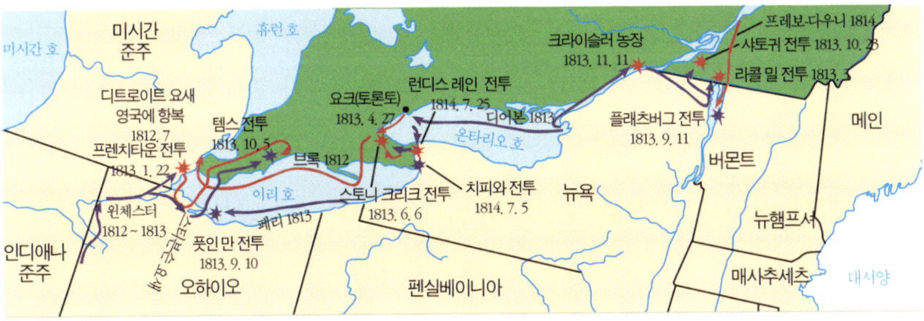

육해군 이동
- 영국군
- 미국군
- 영국군 봉쇄망

전투
- 영국군 승리
- 미국군 승리
- 인디언 전투

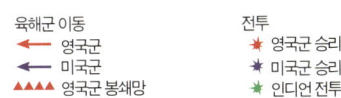

뉴잉글랜드의 반란

• 연방파의 반전(反戰) 요구

몇몇 주목할 만한 승리를 제외하면, 1812년에서 1815년까지 미국의 군사작전은 실패로 점철된 것이었다. 그 결과, 연방정부는 전쟁을 끌면 끌수록 점차 거세어져가는 반전(反戰) 요구에 부딪혀야 했다. 뉴잉글랜드에서는 전쟁을 수행하고 있는 공화파 정부에 대한 반대가 너무도 격렬해 일부 연방파는 영국의 승리에 환호할 정도였다. 한편, 공화파는 연방의회에서도 뉴햄프셔 주의 소장 의원 대니얼 웹스터(Daniel Webster)가 이끄는 연방파의 반대로 끊임없이 곤경에 처했다.

당시 연방파는 미국 전체로 보면 소수에 지나지 않았으나, 뉴잉글랜드에서는 여전히 다수였다. 연방파 가운데 일부는 뉴잉글랜드 지역에 별도의 국가를 세우려는 꿈을 갖기 시작했다. 1814년과 1815년 사이 겨울에는 연방에서 탈퇴하자는 주장이 절정에 달했다.

• 하트퍼드 회의

1814년 12월 15일, 뉴잉글랜드 지역의 각 주 대표가 코네티컷 주의 하트퍼드(Hartford)에 모여 매디슨 행정부에 대한 불만 사항을 논의했다. 하트퍼드 회의(Hartford Convention)에서 자칭 이들 분리주의자는 비교적 적은 표차로 우세를 차지했다. 그러나 회의는 보고서를 통해 분리에 대해서는 단순히 암시만 했고 그 외에 연방법 무효화 권리를 재천명하는 한편, 확대일로에 있던 남부와 서부의 영향력으로부터 뉴잉글랜드를 보호하기 위해 7개항의 헌법 수정 조항을 제안했다.

뉴잉글랜드인은 전황이 점점 악화되어 가고 있었기 때문에 공화당이 자신들의 요구에 동의할 수밖에 없으리라고 생각했다. 그러나 하트퍼드 회의가 폐회된 직후, 뉴올리언스에서 잭슨이 승리했다는 소식이 북동부 도시에 전해졌다. 며칠 후에는 해외에서 평화조약을 체결했다는 소식도 들려왔다. 이렇게 명백한 승전 소식이 전해지면서 상황이 변화되자, 하트퍼드 회의와 연방파는 이제 상황도 제대로 짚어내지 못하는 무익한 집단이자 반역적인 존재로까지 비춰졌다.

평화의 정착

1814년 8월, 미국과 영국의 외교관이 벨기에의 겐트(Ghent)에서 만나 진지한 협상을 시작했다. 미국 대표단은 존 퀸시 애덤스(John Quincy Adams)와 헨리 클레이(Henry Clay), 앨버트 갤러틴(Albert Gallatin)이 이끌었다. 양국 모두 엄청난 요구를 들고 협상에 임했으나, 막상 조약은 전쟁 자체를 끝내는 것 외에 별다른 조건을 달지 않았다. 미국은 영국의 징병 포기와 캐나다 할양 요구를 철회했다. 영국은 북서부에 완충지대로서 인디언 국가를 수립하려던 요구를 단념하고 다른 작은 지역을 양보했다. 그리하여 이 조약은 1814년 크리스마스 전날에 조인되었다.

• 겐트 조약

양국 모두 이러한 궁색한 협정을 수용할 수밖에 없는 이유가 있었다. 영국은 나폴레옹과 치른 오랜 전쟁으로 지친 데다가 빚더미에 올라앉게 되어 북아메리카 대륙에서의 별로 중요하지도 않은 분쟁을 끝맺고 싶어했다. 미국은 유럽에서 나폴레옹이 패한 뒤로 영국이 더 이상 미국의 통상을 방해할 이유가 없다는 사실을 깨닫게 되었다.

겐트 조약 이후 다른 타협이 뒤따랐다. 1815년에 맺은 통상조약에 따라 이제 미국인도 영국을 비롯해 대영제국에 속한 여러 지역과 자유롭게 무역할 수 있는 권리를 얻었다. 1817년에는 러시-배것(Rush-Bagot) 협정을 맺어 5대호에서 양국이 상호 무장을 해제하기로 결정했다. 결국 (1872년 이후부터) 캐나다와 미국 간 국경은 세계에서 가장 긴, '경비가 없는 국경 지대'가 되었다.

· 인디언의 비참한 결과

1812년 미영 전쟁의 또 다른 당사자—미시시피 강 서쪽 지역의 여러 인디언 부족—에게 이번 전쟁은 백인의 팽창을 저지하려고 했던 인디언의 능력에 또 다른 타격을 가한 비참한 사건이었을 뿐이다. 테컴서는 죽었고, 영국인은 북서부 지역에서 사라졌다. 테컴서와 예언자가 세운 부족 연합은 혼란에 빠졌다. 전쟁이 종결되자, 백인은 서부 이동에 박차를 가했고, 인디언은 결코 백인의 팽창을 막을 수 없었다.

결론

토머스 제퍼슨은 자신의 대통령 당선을 '1800년 혁명'이라 일컬었고, 지지자는 제퍼슨의 승리가 미국의 성격에 극적인 변화를 가져오리라고 믿었다. 그 변화란 강력하고 발전적인 국가라는 해밀턴의 꿈에서 벗어나 꾸밈없는 농본적 공화국의 이상으로 복귀하는 일이었다.

그러나 미국 사회는 급속도로 변화하고 있었으며, 제퍼슨파의 꿈이 실현되기란 현실적으로 불가능했다. 미국의 인구는 나날이 증가했을 뿐만 아니라, 다양화되고 있었다. 도시는 발전을 거듭했고 교역 활동도 중요성을 더해 갔다. 1803년에는 제퍼슨 자신이 미국의 성장에 가장 중요한 기여를 하기도 했다. 바로 루이지애나를 매입한 일이었다. 이로써 미국의 물리적 경계가 극적으로 확대되었으며, 백인 정착촌이 아메리카 대륙 깊숙이 확장되기 시작했다. 이 과정에서, 유럽인과 아메리카 원주민 사이에 전투가 빈발했다.

국가에 대한 자부심과 상업적 욕망이 성장함에 따라, 영국과 또 다른 심각한 갈등 국면이 조성되었다. 바로 1812년의 미영 전쟁으로서, 이 전쟁은 미국에도 조금은 유리한 조건으로 1814년에 종결되었다. 이 시기에 접어들면서 미국은 건국 초기의 몇 년 동안 치열하게 전개되었던 정당 간의 경쟁이 어느 정도 가라앉았고, '감정 융화의 시대(Era of Good Feelings)'로 진입할 채비를 갖추게 되었다.

1815	1816	1818	1819
미국이 인디언으로부터 서부 땅을 빼앗음.	제2차 미국 은행/먼로, 대통령 당선	세미놀 전쟁 종식	금융 공황 및 경기 침체/다트머스 대학 대 우드워드 사건, 매컬로크 대 메릴랜드 사건

8장 미국 국민주의의 다양성

〈웨이머스랜딩(Weymouth Landing)의 독립기념일 야유회〉(1845년경), 수잔 메리트(Susan Merrett) 작품

매사추세츠 주의 동부에서 열린 이 야유회처럼, 19세기 초에는 독립기념일이 미국 전역에서 주요 축제일이었다. 이는 미국의 국민주의가 고조되고 있음을 보여준다.

1820	1823	1824	1828
미주리 타협/ 먼로, 재선 성공	먼로 독트린	존 퀸시 애덤스, 대통령 당선	가증스러운 관세/ 잭슨, 대통령 당선

토머스 제퍼슨의 말처럼 1812년 미영 전쟁 이후 노예제도의 문제는 마치 '한밤의 화재 경보' 같이 정치 쟁점화되면서 미국의 통일성을 위협했다. 이 논쟁은 미주리 준주가 연방에 가입을 신청했을 때, 노예제도를 인정하거나 인정하지 않는 주 가운데 어떤 형태로 연방에 가입할 것인가 하는 문제를 불러일으키면서 시작되었다. 그러나 보다 큰 문제는 미국의 광대한 서부 지역을 북부나 남부 중 어느 지역의 세력권으로 편입시킬 것인가 하는 문제였다.

미주리 위기는 다가올 분리주의 위기의 징조라는 점에서, 또한 전후 부상하고 있던 미국의 국민주의와 첨예하게 대비되는 입장에 있다는 점에서 중요했다. 미국을 분열시킨 추동력이 무엇이든 간에, 보다 강력한 추동력이 미국을 통합시킬 역사적 순간을 향해 움직이고 있었다.

1
지속적인 경제성장

1812년 미영 전쟁이 끝나자, 미국은 경제성장과 영토 확장에 재착수했다. 활발한 전후의 경제 번영은 1819년에 재앙과도 같은 불황을 초래했다. 경기 침체는 비록 잠시 동안이었지만 미국이 지속적 성장을 유지하는 데 필수적인 기본 제도를 결여하고 있다는 사실을 보여주었다.

연방정부와 경제성장

1812년 미영 전쟁으로 해상 운송과 금융 분야에 혼란이 야기되었다. 이는 기존의 운송 및 금융 체계가 부적절하다는 사실을 극적으로 드러낸 것이나 다름없었다. 따라서 전후 국가 경제의 발전과 관련된 일련의 정치 쟁점이 부상했다.

• 전후 경제 문제

전쟁 경험으로 또 다른 연방 은행의 필요성이 강조되었다. 제1차 미국 은행의 인허장이 만기된 후 수많은 주 은행이 엄청나게 많은 양의 지폐를 발행하자, 가치를 달리하는 갖가지의 화폐가 유통되면서 경제 혼란이 야기되었다. 어느 은행이 발행한 지폐가 실제로 가치 있는 지폐인가를 가려내기가 더욱 어려워진 반면, 위조는 매우 쉬워졌다. 1816년 연방의회는 이러한 문제를 타개하기 위해, 자본금을 더 많이 보유해야 한다는 조건만 제외하고 1791년에 설립된

• 제2차 미국은행

미국 은행과 거의 동일한 조건으로 제2차 미국 은행의 설립을 인가했다. 연방 은행은 주 은행의 지폐 발행을 막을 수는 없었지만, 그 규모와 경제적 영향력을 이용해 표준 화폐만 발행하도록 주 은행을 강제하거나 또는 화폐 발행을 남발하는 경우에는 주 은행을 파산 위기로 내몰 수도 있었다.

연방의회는 제조업 증진에도 힘을 기울였다. 제조업은 전쟁으로 제조품의 수입이 금지되면서 이미 상당한 자극을 받아 발전하고 있었다. 특히 미국의 방직 산업은 극적으로 성장했다. 1807년에서 1815년 사이에 면화 방추(紡錘)의 총수가 8,000개에서 13만 개로 15배 이상 증가했다. 방직공장―대부분 뉴잉글랜드 지역에 있었다―은 1814년까지도 방사와 실만 생산했고, 실제 직조는 수직기를 사용하는 가정에 맡겼다. 이후 보스턴 상인인 프랜시스 캐벗 로웰(Francis Cabot Lowell)이 영국의 직조기를 살펴본 후 영국제보다 성능이 좋은 동력 직조기를 개발했다. 1813년, 로웰은 매사추세츠 주 월섬(Waltham)에 미국 최초로 한 건물에서 방적과 직조 공정을 동시에 진행하는 공장을 설립했다.

• 보호관세

그러나 1812년 미영 전쟁이 끝나면서 미국의 산업 전망이 갑자기 어두워졌다. 영국의 선박이 미국의 항구에 몰려들어, 국내에서 만든 제품보다 훨씬 낮은 가격으로 영국산 공산품을 내놓았기 때문이다. 1816년, 연방의회의 보호주의자는 공산품을 더 비싼 가격으로 구입할 입장에 놓인 농업 관련 종사자의 격렬한 반대에 부딪혔으나, 면직물을 포함한 광범위한 품목에 대해 외국의 경쟁 상품을 효과적으로 제한하는 관세법을 통과시켰다.

운송

전쟁 직후 미국 경제에 가장 절실하게 필요했던 것은 운송 체계의 개선이었다. 이에 연방정부가 도로 건설을 비롯한 '국내 교통망 개발'에 재정적인 지원을 해야 할지에 대한 오래된 논쟁이 재연되었다. 도로 건설에 연방정부의 재원을 활용한다는 생각은 그리 새로운 것이 아니었다. 1803년 오하이오 주가 연방에 편입될 당시, 연방정부는 오하이오의 공유지 판매 이익금 일부를 도로 건설에 할애한다

• 부적절한 운송 체계

뉴잉글랜드의 초기 공장

1814년경의 이 초기 민속 그림은, 매사추세츠 주 이스트첼름퍼드(East Chelmford)의 한 작은 타운을 그린 것이다. 이곳은 여전히 농업 중심적인 지역으로 농촌 주택, 울타리가 없는 개방지, 방목 중인 가축을 볼 수 있다. 하지만 오른쪽으로 개울을 따라 소규모 방직공장이 들어선 것도 볼 수 있다. 10여 년이 지난 후, 이 타운은 제조 중심지로 탈바꿈했고 공장주 가족의 성(姓)을 따라 로웰(Lowell)로 개명되었다.

클러몬트호의 엔진

로버트 풀턴(Robert Fulton)의 클러몬트(Clermont)호는 1809년 뉴욕 시에서 올버니(Albany)까지 32시간 동안 운항한 최초의 증기선이다. 클러몬트호의 큰 노는 증기 보일러에서 생성된 동력으로 움직이는 강력한 피스톤으로 작동된다. 이 그림은 풀턴이 직접 그린 엔진 체계다.

는 데 동의했던 적이 있다. 또한 1807년에는 포토맥 강에서 오하이오에 이르는 연방 도로 건설에 오하이오 주의 토지 매각으로 거두어들인 세입을 활용하자는 제퍼슨 행정부의 제안을 받아들여 이를 법제화하기도 했다. 1818년 무렵에는 오하이오 유역의 버지니아 주 휠링(Wheeling)까지 연방 도로를 완공했고, 펜실베이니아 주에서 부분적으로 재정을 지원받아 랭카스터 유료도로를 서쪽으로 피츠버그까지 확장했다.

같은 기간에 증기선을 이용한 운송이 급속하게 확산되었다. 1816

년 무렵이면 하천 증기선이 미시시피 강을 오르내리며 오하이오 강까지 왕래했고, 오하이오 강의 상류 피츠버그까지 찾아들었다. 증기선은 미시시피 강에서 이내 모든 형태의 기존 하천 운송 수단, 즉 평저선(平底船), 부선(艀船) 등이 나르는 화물을 전부 합한 것보다도 더 많은 화물을 실어 날랐다. 증기선 운항에 따라 매우 저렴한 운송 비용으로 시장에 접할 수 있게 되어 서부와 남부의 농업경제가 자극받았고, 동부의 제조업자는 완제품을 더욱 손쉽게 서부로 운송해 판매할 수 있게 되었다.

증기선과 유료도로가 낳은 발전에도 불구하고, 미국의 운송 체계는 여전히 1812년 미영 전쟁 때 경험한 바와 같은 심각한 결함이 있었다. 영국의 해안 봉쇄로 대서양 운송이 차단되자, 남북 간에 교통량이 유례없이 증가하여 이내 해안 도로가 막혀버렸다. 연방의회는 하원 의원 존 칼훈(John C. Calhoun)이 제출한 법안을 통과시켜 국내 개발을 위한 자금 조달에 연방 기금을 사용할 수 있게 했다. 그러나 임기 말의 매디슨은 이 법안에 거부권을 행사했다. 매디슨은 법안의 목적에 원칙적으로는 찬성한다는 의사를 밝혔다. 하지만 미국 헌법을 수정하지 않는 한 연방의회가 국내 개발에 연방정부의 재원을 활용할 권한은 없다고 설명했다. 그리하여 각 주 정부와 사기업이 한동안 미국 경제의 성장에 불가피한 운송망 건설이라는 과제를 떠안게 되었다.

· 연방지원에 의한 개발 논쟁

2

서부 팽창

1812년의 미영 전쟁에 뒤이은 몇 년간, 백인이 엄청나게 서부로 몰려들었고, 이것이 국내 개발에 대한 관심을 증폭시키는 한 가지 요인으로 작용했다. 1820년 인구 통계 조사 당시에는 백인 정착민이 미시시피 강을 넘어 훨씬 먼 지역까지 밀려들었고, 이로써 서부 지역의 인구가 미국 전체 인구보다 훨씬 빠른 속도로 증가했다.

대이동

• 서부 팽창의 원인

백인의 서부 이동은 19세기의 가장 중요한 발전 가운데 하나였다. 거주지가 이처럼 확장된 데는 몇 가지 중요한 이유가 있었다.

하나는 인구 성장으로 인해 미국의 백인들이 동부 밖으로 밀려나게 된 것이다. 1800년에서 1820년 사이에 인구가 거의 2배로, 즉 530만 명에서 960만 명으로 증가했다. 대부분의 미국인은 여전히 농민이었지만, 이즈음 동부의 농경지란 대개 누군가의 소유이거나 이미 쓸모없게 되어버린 땅이었다. 남부는 플랜테이션이 확대되어 새로운 백인 정착민들이 농지를 소유할 기회가 거의 없는 상황이었다. 또 다른 이유는 서부 자체가 백인 정착민들에게 한층 더 매력적인 존재가 되었다는 데 있다. 서부의 토지는 동부보다 훨씬 비옥했고, 연방정부는 1812년의 미영 전쟁에 따른 영향으로 여전히 인디언 부족들을 서부로 더욱 멀리 몰아내는 정책을 추진했다. 동부 전역에서 대부분의 이주자들이 오하이오 강과 모논개헬라 강(Monongahela River)을 경유해 예전의 북서부(현재의 중서부 일부)로 알려진 지역으로 몰려들었다. 일단 오하이오 강에 도착하면 대부분의 사람들이 평저선(flatboat)에 올라 강을 따라 내려갔고, 그런 다음 내륙에서 (가끔은 신시내티에서) 사륜마차, 손수레, 짐말(packhorses), 소, 돼지를 끌고 여행했다.

구(舊)북서부의 백인 정착민

목적지에 도달한 정착민은 대개 달개집〔원채의 처마끝에 잇대어 늘여 지은 집—옮긴이〕이나 오두막을 짓고는, 숲을 깨끗이 베어버린 후 그 땅에 데려온 가축과 사냥으로 잡은 야생동물에게 먹일 곡물을 재배했다. 정착 생활은 힘들고 외로운 경험이었다. 남자와 여자, 아이들이 나란히 밭에서 일하고, 때로는 몇 주 혹은 몇 달 동안 자기 가족 외에는 실제로 누구와도 접촉하지 못한 채 생활하기도 했다.

그러나 서부 생활이 항상 고독하다거나 개인주의적인 것은 아니었다. 이주자는 가끔 집단적으로 서부로 와서 학교와 교회, 상점이 있는 새로운 공동체를 건설했다. 노동력이 부족했기 때문에 이내 공동체 안에서 이웃 간에 서로 협력하는 체제가 발전했다. 정착민은 정기적으로 모여서 헛간을 세우고 토지를 정리하거나 곡물을 수확했다.

북서부 생활의 또 다른 공통점은 이동성이었다. 사람들은 개인이나 가족 단위로 끊임없이 이동했는데, 한곳에 몇 년간 머물다가 (종종 상당한 이윤을 챙기면서) 토지를 팔고 다시 다른 곳에 정착했다.

이동 사회

좀 더 서쪽으로 새로운 정착 지역이 열리면, 동부인보다는 이미 백인 정착지의 서쪽 경계에 거주하던 사람이 먼저 그곳으로 집단 이주했다.

구(舊)남서부의 플랜테이션 제도

• 면화와 노예제의 확대

오늘날에는 보통 남부 저지대(Deep South)로 알려진 예전의 남서부에서는 새로운 농업경제가 다른 방식으로 출현했다. 면화 시장은 지속적으로 성장했고, 면화가 잘 자랄 수 있는 광대한 지역이 펼쳐져 있었다. 앨라배마 주 중부와 미시시피 주의 흑인 지대(Black Belt)로 알려질 지역도 예전의 남서부에 속했는데, 그야말로 토양이 비옥하고 광활한 초원 지대였다.

구남서부 미경작지의 초기 정착민은 대개 숲을 베어 거친 산림 개간지를 만든 소농(小農)이었다. 그러나 이내 부유한 농장주가 뒤따랐다. 그들은 완전히 혹은 부분적으로 정리된 토지를 구입했고, 원래의 정착민은 더 서쪽으로 이동해 그곳을 다시 개척하곤 했다. 황무지에서 성공이란 결코 보장된 것이 아니었다. 매우 부유한 사람도 실패를 맛보곤 했다. 새로운 환경에서 많은 정착민이 간신히 연명하는 것보다 조금 나은 생활을 영위했고, 어떤 사람은 완전히 몰락하기도 했다. 그러나 일부 농장주는 이내 소규모 개간지를 광대한 면화 경작지로 확장했다. 초기 개척자의 오두막은 이제 한층 가격이 비싼 통나무 주거지로 변했고 최종적으로는 화려한 저택으로 변모했다. 또한 대규모의 노예 노동력이 구축되었다.

구북서부와 남서부가 급속히 성장함에 따라 4개 주가 새로이 연방에 편입되었는데 인디애나 주가 1816년에, 미시시피 주가 1817년에, 일리노이 주가 1818년에, 앨라배마 주가 1819년에 가입했다.

• 서부의 새로운 주

극서부의 교역과 모피 사냥

북아메리카 대륙의 극서부 지역에 대해 대단한 관심을 가졌거나 그 지역을 잘 알고 있는 영미인은 별로 없었다. 그럼에도 19세기 초에는 서부 지역과 연방 사이에 상당한 교역이 시작되어, 수십 년간 서서히 성장했다.

그 무렵 텍사스와 캘리포니아 그리고 극서부 남부의 나머지 지역을 대부분 장악하고 있던 멕시코가 1821년에 스페인으로부터 독립했는데, 멕시코는 즉각적으로 미국과의 무역을 위해 북부 지역을 개방했다. 그러자 미국인 교역상이 그 지역으로 밀어닥쳐 인디언과 멕시코 상인을 밀어내고 무역을 장악했다. 예를 들어, 1821년 미주리 주 출신의 무역상 윌리엄 베크넬(William Becknell)은 과거에 뉴멕시코의 시장을 지배했던 질낮은 멕시코 공산품보다 훨씬 저렴한 가격으로 미국산 공산품을 판매하기 시작했다. 상품을 실은 마차가 미주리 주와 뉴멕시코 사이의 산타페 로(Santa Fe Trail)를 따라 꾸준히 왕래하게 되면서, 멕시코는 자기 식민지의 시장에 대한 통제권을 사실상 상실했다.

모피 상인은 완전히 새로운 종류의 상거래를 창출했다. 1812년 미영 전쟁 이후, 존 제이콥 애스터(John Jacob Astor)의 미국 모피 회사(American Fur Company)를 비롯한 여러 회사가 오대호 연안에서 서쪽으로 록키 산맥까지 활동 영역을 넓혔다. 처음에는 모피 상인

• 애스터의 미국 모피 회사

이 인디언으로부터 날가죽을 구입해 사업을 꾸려갔으나 점차 백인 모피 사냥꾼이 이 지역에 들어와 해리(海狸)와 여타 동물의 모피를 구하기 위해 이로쿼이 인디언을 비롯한 여러 인디인과 합류했다.

극서부 지역에서 교역하기 시작한 모피 사냥꾼 혹은 '산사람(mountain men)'은 수적으로 매우 적었다. 그러나 서부의 기존 주민—인디언과 멕시코인—과 중요한 관계를 발전시켰으며, 그곳 사회의 성격을 변화시켰다. 백인 모피 사냥꾼은 대개 젊은 미혼 남성이었다. 그러니 그들 상당수가 인디언이나 멕시코 여성과 성관계를 맺었다는 것도 그리 놀라운 일은 아니다. 그들은 교역에 쓰일 가죽과 모피를 다듬는 힘든 일에 여성을 조수로 고용하기도 했다. 아마도 백인 모피 사냥꾼의 3분의 2 정도가 인디언 여성이나 히스패닉계 여성과 결혼했던 것 같다.

<small>로키 산맥 모피 회사</small>

1822년에는 앤드루 애슐리(Andrew Ashley)와 윌리엄 애슐리(William Ashley)가 로키 산맥 모피 회사(Rocky Mountain Fur Company)를 설립하고, 록키 산맥 안으로 영구히 들어가 살 백인 모피 사냥꾼을 모집했다. 이들은 가죽 및 모피 교역을 위해 해마다 모피 사냥꾼에게 생필품을 공급해주었다. 생필품이 도착하면, 많은 산사람이 이를 받기 위해 산에서 나와 한자리에 모이는 기회를 가졌다. 일부는 그해 상당 기간을 홀로 지내던 사람이었다.

그러나 그들의 일상이야 얼마나 고독하건 간에, 산사람은 확대되던 시장경제에 밀접하게 연관되어 있었다. 로키 산맥 모피 회사에 고용되어 꾸준히 모피를 공급하고 봉급을 받는 사람도 있었으며, 독립적으로 덫을 놓아 현금을 받고 모피를 파는 사람도 있었다. 그러나 그들 역시 생활을 유지하기 위해서는 동부에서 온 상인에게 의존

모피업자의 회합

1년에 한 번 열리는 모피 사냥꾼과 모피 상인의 회합은 모피 채집으로 생계를 이어가는 외로운 모피 사냥꾼에게 매우 중요한 행사였다. 이 행사는 극서부에서 영국계 미국인, 프랑스계 캐나다인, 인디언, 라틴아메리칸 등 다양한 문화의 대표가 참가하는 모임이기도 했다.

하지 않으면 안 되었다. 교역의 성격에 상관없이 모피 교역에서 창출된 막대한 이윤은 모피 사냥꾼이 아니라 상인에게 흘러 들어갔다.

서부에 대한 동부의 이미지

• 서부 탐험

동부의 미국인은 모피 사냥꾼의 세계를 단지 피상적으로만 알고 있었고, 모피 사냥꾼도 다른 사람에게 굳이 자신을 알리려고 애쓰지 않았다. 서부에 대한 동부의 인식을 확대하는 데 가장 중요한 역할을 한 사람은 탐험가로서 그들 상당수는 연방정부가 파견한 사람이었다. 1819년과 1820년, 스티븐 롱(Stephen H. Long) 소령은 레드 강의 근원지를 조사하라는 육군부(War Department)의 지시를 받고서 19명의 병사를 이끌고 플래트 강과 사우스플래트 강을 거슬러 올라가 현재의 네브래스카와 콜로라도 동부 지역—이 탐험에서 그가 발견한 산봉우리는 그의 이름을 따라 명명되었다—을 탐험했다. 그런 다음 아칸소 강을 따라 동쪽으로 가면서 오늘날의 캔자스 주를 탐사했다. 그는 레드 강의 원류를 찾아내는 데는 실패했다. 그러나 영향력 있는 탐사 보고서를 작성했는데, 이는 15년 전 지뷸런 파이크가 내린 경멸 섞인 결론을 반복하는 것이었다. 롱의 기록에 따르면, "미주리 강과 록키 산맥 사이"의 지역은 "전적으로 경작에 적합하지 않을 뿐더러 농업에 생계를 의존해야 하는 사람이 거주하기에도 물론 부적합"했다. 롱은 탐사 내용을 담아 출판한 책의 지도에서 대평원(Great Plains)을 '거대한 미국의 사막'이라고 명명했다.

3

감정 융화의 시대

경제의 팽창과 백인 정착지의 확대, 서부 교역의 성장, 새로운 주의 출현 등 이 모두는 1812년 미영 전쟁 이후 수년간 미국 전역에 널리 확산되고 있던 국민주의 정신을 반영한 것이었다. 국민주의 정신은 한동안 미국 정치의 성격에도 반영되었다.

제1차 정당 체제의 종식

1800년 이후에도 대통령직은 버지니아인의 전유물인 듯 보였다. 제퍼슨은 두 번의 대통령 임기를 마친 후 국무 장관인 제임스 매디슨이 그 자리를 잇도록 도와주었으며, 매디슨은 두 차례의 임기를 마친 후 역시 버지니아 출신의 국무 장관 제임스 먼로의 대통령 후보직을 확보해주었다. 많은 북부인이 이른바 버지니아 왕조(Virginia Dynasty)에 불만을 터뜨렸다. 그러나 1816년에도 공화파는 자당의 후보를 대통령으로 만드는 데 전혀 어려움을 겪지 않았다. 먼로는 선거인단 투표에서 183표를 얻었으며, 경쟁자인 뉴욕 주 출신의 연방당 후보 루퍼스 킹(Rufus King)은 겨우 34표를 획득했을 뿐이다.

먼로는 61세에 대통령에 취임했는데, 매우 우호적인 분위기 속에서 대통령직에 올랐다. 연방당의 세력이 약화되면서 먼로의 정당은 이렇다 할 반대에 부딪히지 않았다. 1812년 미영 전쟁이 종식된 후

'버지니아 왕조'

1817년 제임스 먼로의 대통령 취임식

1812년 미영 전쟁의 와중에서 2년 전 영국군에 의해 불에 타 폐허가 된 미국 연방의회 의사당 잔해가 1817년 제임스 먼로의 첫 번째 대통령 취임식에서 황량한 배경이 되고 있다.

에는 긴장할 만한 국제적인 위협도 없었다. 건국 이래 일부 정치인은 정파 구분과 파당적 논쟁이 사라진 시대를 꿈꿔 왔다. 전후의 번영기를 맞아 먼로는 이러한 꿈을 실현하기 위해 대통령직을 활용하려고 했다.

먼로는 무엇보다 내각 구성에서 이러한 희망을 분명히 했다. 그는 뉴잉글랜드인이자 연방당원 출신의 존 퀸시 애덤스를 국무 장관으로 선택했다. 제퍼슨과 매디슨, 먼로 모두 대통령이 되기 전에 국무 장관을 역임했기 때문에 애덤스가 곧 먼로의 후계자가 될 것으로 보였고, 따라서 '버지니아 왕조'도 이내 사라질 전망이었다. 먼로는 하원 의장 헨리 클레이에게 육군부 장관직을 제안했으나 클레이가 고사해, 대신 존 칼훈이 그 자리에 올랐다.

먼로는 취임하자마자 미국 전역을 순회했다. 그때까지도 연방당의 강렬한 불만의 무대였던 뉴잉글랜드에서조차 어딜가나 열광적으로 먼로를 환영했다. 보스턴의 연방파 계열 신문 《컬럼비안 센티넬(Columbian Centinel)》지는 '감정 융화의 시대(era of good feelings)'가 도래했다고 보도했다. 먼로 대통령 시대는 적어도 표면적으로는 '감정 융화의 시대'였다. 먼로는 1820년 대통령 선거에서도 아무런 반대없이 재선되었다. 연방파는 이제 이러한 모든 실질적인 이유 때문에 존립 근거를 잃어버렸다.

• 먼로의 친선 여행

존 퀸시 애덤스와 플로리다

존 퀸시 애덤스는 미국의 제2대 대통령이었던 아버지와 마찬가지로, 생애의 많은 시간을 외교관으로 살았다. 국무 장관이 되기 전에 이미 미국 외교사에서 위대한 외교관 중 한 사람으로 자리매김했으며, 열렬한 국민주의자로 미국의 팽창 촉진을 자신의 가장 중요한 과업으로 생각했다.

첫 번째 도전은 플로리다였다. 미국은 이미 플로리다 서부를 합병했으나 소유권 문제로 아직 분쟁 중이었다. 더욱이 대부분의 미국인은 여전히 미국이 플로리다 반도 전체를 차지해야 한다는 생각을

세미놀 인디언 족의 춤

1838년 한 미군 장교가 그린 것으로, 플로리다의 버틀러 요새(Fort Butler) 부근에 거주하던 세미놀 인디언이 춤추고 있는 광경을 묘사했다. 이 그림은 1842년에 끝난 제2차 세미놀 전쟁 중에 제작되었는데, 세미놀족은 전쟁 후 플로리다에서 미시시피 강 서쪽 인디언 보호 구역으로 강제 이송당했다.

가지고 있었다. 1817년, 애덤스는 영토 분쟁을 종식하고 플로리다 전 지역을 미국에 귀속시키려는 야심으로 스페인 공사 루이스 데 오니스(Luis de Onís)와 협상을 시작했다.

그러나 그사이 플로리다 지역에서는 여러 사건이 발생해 그 나름의 방향으로 흐르고 있었다. 당시 플로리다 국경 남쪽에는 세미놀 인디언이 거주하고 있었는데, 이들은 종종 국경을 넘어와 미국의 영토를 급습하곤 했다. 이에 존 칼훈 육군부 장관은 플로리다 국경선의 군 지휘관 앤드루 잭슨에게 "적절한 조치를 취하라"는 명령을 내렸고, 잭슨은 이 명령을 플로리다 침략 구실로 삼아 세인트마크스(St. Marks)와 펜서콜라의 스페인 요새를 점령했다. 이 사건을 세미놀 전쟁(Seminole War)이라 한다.

• 세미놀 전쟁

애덤스는 잭슨의 기습을 비난하는 대신, 연방정부가 이를 책임져야 한다고 주장했다. 또한 스페인에게 국제법상 국경을 넘어 들어오는 위협으로부터 미국은 스스로를 방어할 권리가 있다고 주장했다. 미국은 스페인이 미국의 위협에 대처할 의사도 능력도 없다는 사실을 알고 있었기 때문에 이 같은 필요 조치를 취했던 것이다. 잭슨의 기습은 스페인에게 미국이 무력으로 플로리다 전체를 손쉽게 장악할 능력이 있음을 보여주었다. 애덤스는 미국이 무력 장악도 고려하고 있다고 넌지시 암시했다.

따라서 오니스는 미국과 협상할 수밖에 없다는 사실을 깨달았다. 1819년의 애덤스-오니스 조약에 따라, 스페인은 플로리다 전체를 미국에 양도하는 한편, 태평양 북서부 위도 42도 북쪽 지역의 소유권도 포기했다. 그리고 그 대가로 미국 정부도 텍사스에 대한 권리를 포기했다.

• 애덤스-오니스 조약

1819년의 공황

그러나 먼로 행정부는 외교적 승리를 즐길 만한 여유가 없었다. 나라가 심각한 경제적 위기, 즉 1819년의 경제공황에 빠져들고 있었기 때문이다. 이는 해외의 미국산 농산물에 대한 수요가 매우 높아져 미국 농민에게 이례적으로 높은 소득을 안겨준 시기에 뒤이은 현상이었다. 농산물 가격의 상승은 미국의 서부에 토지 붐을 몰고 왔다. 투기성 투자에 영향 받아 토지 가격이 하늘 높은 줄 모르고 치솟았다.

• 대출 축소

정착민과 투기업자가 손쉽게 대출을 받을 수 있게 되면서 토지붐이 가속화되었다. 이들은 1800년과 1804년의 토지법에 따라 연방정부와 주 은행 및 경영이 부실한 은행, 심지어는 한동안 재인가된 미국 은행에서도 대출을 받았다. 그러나 미국 은행이 1819년 새로운 경영 정책을 세워 대출을 축소하고 대출금을 회수하는가 하면 저당물을 처분하기 시작하자 주 은행이 잇달아 파산했고, 그 결과 금융공황이 발생했다. 불황은 6년이나 계속되었다.

일부 미국인은 1819년의 금융공황과 뒤이은 경제 불황을 일종의 경고로 받아들였다. 즉 그들은 급격한 경제성장과 영토 확장이 나라를 불안에 빠뜨릴지도 모른다고 생각했다. 그러나 1820년 무렵이 되면 대부분의 미국인은 무작정 성장과 팽창의 이념을 신봉했다.

4
지역주의와 국민주의

1819년과 1820년 사이 짧지만 심상치 않은 기간 동안, 남부와 북부의 차이가 점차 커져 미국의 통일성을 위협했다. 그러나 미주리 타협(Missouri Compromise)으로 지역 간 위기를 모면하게 되자, 국민주의의 역사 추동력이 지속적으로 위세를 발휘했으며 연방정부는 경제성장의 후원자 역할을 하기 시작했다.

미주리 타협

　1819년 미주리가 연방에 하나의 주로 가입을 신청했을 무렵, 이미 미주리에는 노예제도가 정착된 상황이었다. 현실이 이러함에도 불구하고, 뉴욕 주 출신의 하원 의원 제임스 탈매지 2세(James Tallmadge, Jr.)는 미주리 주 연방 가입 법안에 수정 조항을 첨가하자고 제안했다. 미주리 주에 더 이상의 노예가 유입되는 것을 금하고, 이미 그곳에 있는 노예도 점진적으로 해방한다는 것이 그 수정 조항의 골자였다. 탈매지 수정 조항을 둘러싸고 그 후 2년간 맹렬한 논쟁이 전개되었다.

　건국 이래 새로운 주가 연방에 가입할 때는 남부와 북부가 각각 한 주씩 짝을 이루어 균형을 맞추었다. 1819년 당시 미국에는 11개의 노예제 거부 주와 11개의 노예제 인정 주가 있었다. 따라서 미주

탈매지의 수정 조항

1820년 미주리 타협

이 지도는 새로운 서부 준주(準州)의 노예제 문제를 해결하기 위해 미주리 타협이 제안한 방식을 보여준다. 노예 주 미주리와 자유주 메인을 실질적으로 동시에 연방에 가입시키기로 하면서 이 타협이 성사되었다. 이론적으로 노예제도의 도입이 영구히 인정되는 지역과 그렇지 않은 지역을 구분하는 미주리의 남부 경계선이 서쪽으로 연장되어 있는 것을 주목해야 한다.

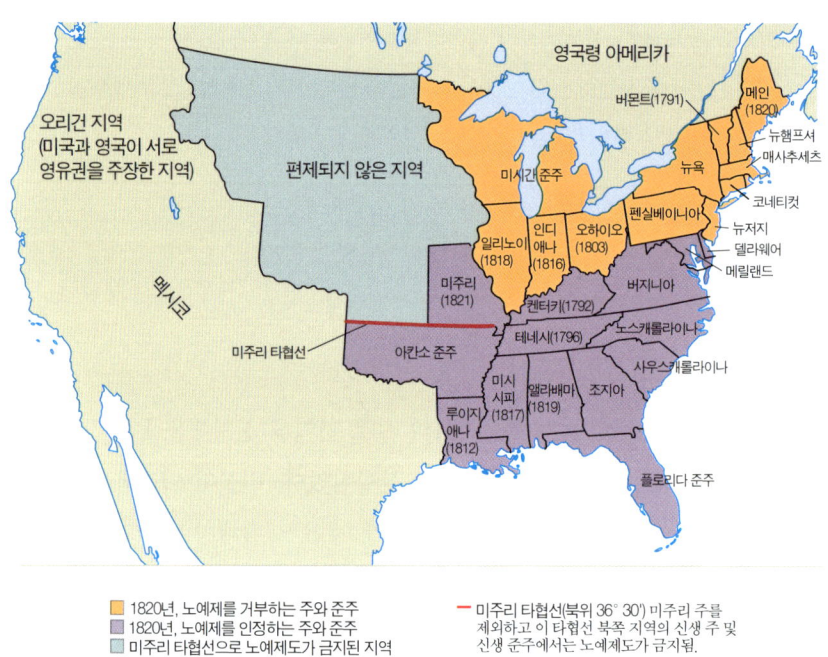

리의 연방 가입은 균형을 깨는 일이었다. 미국은 미주리가 노예제도를 인정하거나 또는 인정하지 않거나 하는 두 가지 형태의 연방 가입 논쟁에 휩싸였다.

미주리 문제는 예전 매사추세츠 주 북부 지역이었던 메인이 새로운 (그리고 노예제도가 없는) 주로 연방에 가입을 신청해오면서 복잡한 상황에 빠져들었다. 하원 의장 헨리 클레이는 북부 의원에게 만약 미주리가 노예제도를 인정하면서 연방에 가입하는 것을 막는다면 남부 의원은 메인의 연방 가입을 봉쇄할 것이라고 알려주었다. 그러나 상원이 메인의 신청과 미주리의 신청을 하나의 법안으로 통합하는 데 동의하면서, 메인이 결국 난국을 해결할 수 있는 하나의 방안이 되었다. 메인은 노예제도를 인정하지 않고, 미주리는 노예제도를 인정하는 주로서 연방에 가입할 예정이었다. 그러자 일리노이 주 출신의 상원 의원 제시 토머스(Jesse B. Thomas)가 미주리의 남쪽 경계선(위도 36°30′) 북쪽 루이지애나 구입 지역에서는 미주리를 제외하고는 노예제를 금지하자는 내용의 수정 조항을 제안했다. 상원은 토머스 수정 조항(Thomas Amendment)을 채택했고, 하원 의장 클레이가 많은 어려움 속에서 수정된 메인-미주리 법안이 하원에서 통과될 수 있도록 애썼다.

남부와 북부의 국민주의자는 미주리 타협으로 알려질 이 해결 방안을 두고 위기에 처한 연방을 구할 만족할 만한 결의안이라며 환호했다. 그러나 이 논쟁은 배후에 강력한 지역주의가 흐르고 있다는 사실을 보여주는 것이기도 했다.

마셜과 연방 대법원

존 마셜은 1801년부터 1835년까지 미국 연방 대법원장을 지냈다. 헌법 제정자들을 제외하면, 마셜은 어느 누구보다도 미국 헌법 그 자체의 발전에 큰 공헌을 한 사람이다. 마셜은 행정부와 입법부를

존 마셜

이 사진에 보이는 인상적인 인물이 바로 존 마셜(John Marshall)로, 미국 역사상 가장 중요한 연방 대법원장이다. 마셜은 국무 장관을 역임한 후 1801년부터 1835년 80세의 나이로 생을 마감할 때까지 연방 대법원장을 지냈다. 재임 기간 동안 지성과 개인적 매력을 발휘해 동료 대법관들의 기존 당파 관계나 법적 이데올로기를 뛰어넘는 리더십을 발휘했다. 마셜의 노력으로 법원은 독립성을 구축했으며 정치적 중립이라는 고결한 명예를 누리게 되었다. 또한 미국 헌법에 단지 모호하게 설명되어 있던 권한을 뚜렷이 확립했다.

희생시켜 사법부를 강화하고, 주 정부를 희생시켜 연방정부의 권력을 키웠으며 부유층 및 상업 계층의 이익을 증진시켰다.

마셜 대법원은 상업을 촉진하는 데 헌신해, 계약의 신성 불가침성을 확고하게 정착시켰다. 연방 대법원은 조지아 주에서 발생한 일련의 악명 높은 토지 사기를 다룬 플레처 대 펙(Fletcher v. Peck) 사건(1810)에서, 1796년 조지아 주 의회가 떳떳하지 못한 상황에서 야주(Yazoo) 토지 회사에 토지를 양도한 이전의 조지아 주 법률을 폐기할 수 있는지 결정해야 했다. 마셜 대법원은, 만장일치로 토지 양도는 정당한 계약이며 설령 부정이 개입되었다 할지라도 이를 폐기할 수는 없다고 판결했다.

다트머스 대학 대 우드워드(Dartmouth College v. Woodward) 사건(1819)은 미국 헌법에 명시된 계약 조항의 의의를 한층 확대했다. 뉴햄프셔 주 정부를 장악한 공화당은 다트머스 대학을 사립대학에서 주립 대학교로 전환시키고자 다트머스 대학의 인허장을 수정하려 했다. 대학 측 변호를 맡은 대니얼 웹스터(Daniel Webster)는 대학의 인허장이 일종의 계약이며, 연방 대법원이 플렛처 대 펙 사건에서 선언한 것과 동일한 원칙에 근거해 보호받는다고 주장했다. 연방 대법원은 식민지 의회가 대학에 부여한 것과 같은 법인의 인허장은 계약이며 따라서 신성불가침한 것이라고 선언해 다트머스 대학의 손을 들어주었다. 이 결정으로 법인을 통제할 수 있는 주 정부의 법인 통제권은 중대한 제약을 받게 되었다.

• 다트머스 대학 대 우드워드 사건

연방 대법원의 대법관은 이렇게 뉴햄프셔 주 법원의 결정과 주 의회의 법률을 파기했다. 이로써 그들은 연방 대법원에 주 법원의 결정을 무효화할 수 있는 권한이 있다고 주장한 것이나 다름없었다.

그러나 각 주의 주권주의자(advocates of states' rights) 특히, 남부 주의 주권주의자는 연방 대법원의 이 권한에 계속해서 이의를 제기했다. 마셜은 코헨 가문 대 버지니아 주(*Cohens v. Virginia*) 사건(1821)에서 주 법원의 결정에 대한 연방 대법원의 심사권이 합헌적인 것임을 명확하게 확인했다. 그의 설명에 따르면, 각 주는 미국 헌법을 비준하면서 주권의 일부를 포기했으며 주 법원은 연방 대법원의 사법재판권에 복종해야 했다.

• "함축적 권한"의 확인

그러는 한편 매컬로크 대 메릴랜드(*McCulloch v. Maryland*) 사건(1819)에서는 미국 은행의 합헌성을 확인함으로써 연방의회의 '함축적 권한'을 확실히 했다. 남부와 서부에서 미국 은행에 대한 평판이 나빠지자 여러 주가 미국 은행의 지점을 파산시키려고 했다. 이 사건으로 헌법상 다음과 같은 두 가지 문제가 제기되었다. 연방의회는 은행을 인허할 수 있는가? 그럴 수 있다면, 각 주가 개별적으로 은행의 설립을 막거나 은행에 과세할 수 있는가? 미국 은행 변호인단 중 한 사람이었던 대니얼 웹스터는, 이러한 기관을 설립할 연방의회의 권한은 미국 헌법에 '필요하고도 적절한(necessary and proper)' 조항이며, 각 주가 미국 은행에 과세할 권한이 있다는 말은 그 은행을 '파괴할 권리'도 있다는 의미라고 주장했다. 만약 주가 미국 은행에 과세할 수 있다면, 은행이 파산할 때까지 과세할 게 뻔했다. 마셜은 웹스터의 말을 인용하면서 미국 은행의 손을 들어 주었다.

기번스 대 오그던(*Gibbons v. Ogden*) 사건(1824)에서는 연방 대법원이 주 상호 간의 통상에 관한 연방의회의 규제권을 강화시켰다. 뉴욕 주는 로버트 풀턴(Robert Fulton)과 로버트 리빙스턴(Robert

Livingston)이 경영하는 증기선 회사에 허드슨 강을 타고 뉴욕 시로 여객을 운송할 수 있는 독점권을 부여했는데, 이후 풀턴과 리빙스턴은 뉴욕과 뉴저지를 잇는 강에서 여객을 운송하는 사업을 아론 오그던(Aaron Ogden)에게 넘겼다. 그러나 토머스 기번스(Thomas Gibbons)가 연방의회의 법률에 따른 면허를 받아 오그던과 경쟁을 벌이게 된 상황이 발생했다. 오그던은 기번스를 상대로 소송을 제기해 뉴욕 법원에서 승소했고, 이에 불복한 기번스가 연방 대법원에 호소하게 되었다. 연방 대법원 대법관은 당면한 가장 중요한 문제는, 연방의회가 기번스에게 부여한 운송 면허권이 뉴욕 주가 오그던에게 부여한 독점권을 대신할 수 있는가였다. 마셜은 내해 운항을 포함해 주 상호 간의 통상을 규제하는 연방의회의 권한은 '그 자체로 완결된' 권한이며 '최대한도로 행사될' 수 있다고 주장하면서 뉴욕 주가 오그던에게 부여한 독점권은 무효라고 판결했다.

마셜 대법원은 이러한 판례를 통해 연방정부가 경제 규제 문제에서 주보다 우위에 있음을 확실히 했고 경제성장 촉진에도 연방정부가 자기 역할을 증대할 수 있는 길을 열어주었다. 또한 연방 대법원은 지방정부의 간섭으로부터 법인과 사적 경제 단체를 보호해주었다. 간단히 말해 연방 대법원이 내린 일련의 결정은 고도의 국민주의적 판결이었다.

연방의
우월성 확립

연방 대법원과 인디언 부족

마셜 대법원의 국민주의적 성향은 미국 내 인디언 부족의 법적 지위와 관련된 일련의 판결에서도 잘 드러났다. 그러나 이 판결은 단순히 미국 내의 최고 결정권을 확인해준 것만이 아니었다. 그것은 헌법 구조 안에 아메리카 원주민의 독특한 지위를 부여해주었다.

최초의 주요한 인디언 판례는 존슨 대 매킨토시(*Johnson v. McIntosh*) 사건(1823)이었다. 일리노이(Illinois) 부족과 피네이크쇼(Pinakeshaw) 부족 지도자는 존슨을 포함한 일단의 백인 정착민에게 그들 땅의 일정 부분을 매각했다. 그러나 후에 그들 지도자는 전에 매각했던 지역을 포함한 땅을 미국에 양도한다는 조약을 연방정부와 체결했다. 연방정부는 매킨토시를 비롯한 새로운 백인 거주자에게 이곳에 정착할 수 있는 권리를 부여했다. 그러나 이 곳은 다름아닌 존슨이 최초의 계약에 근거해 권리를 주장하고 있는 지역이었다. 이에 연방 대법원은 어느 쪽의 권리가 우선하는지 결정해달라는 요청을 받게 되었다. 마셜이 여기서 연방정부를 옹호하는 판결을 내렸다는 것은 그리 놀랄 만한 일은 아니다. 그러나 그는 판결의 이유를 설명하면서 미국 내에 거주하는 인디언의 지위에 대해 예비적 정의를 제시했다. 마셜에 따르면, 인디언 부족은 부족 땅에 대한 기본권을 가지고 있으며, 이 권리는 다른 모든 미국법에 우선한다. 따라서 미국인 개개인은 인디언 부족으로부터 돈을 주고 토지를 구입할 수도 토지를 취득할 수도 없으며, 오로지 최고의 권위를 갖고 있는 연방정부만이 구입과 취득을 할 수 있는 것이었다.

• 우스터 대 조지아 사건

보다 더 중요한 판결은 연방 대법원이 1832년에 우스터 대 조지아(*Worcester v. Georgia*) 사건에서 내린 판결이었다. 이 판결에서 연방 대법원은 체로키 지역으로 들어가려는 미국 시민을 통제하려는 조지아 주의 법률을 무효화했다. 마셜은 오직 연방정부만이 그렇게 할 수 있다고 주장했다. 그는 조지아 주가 주권을 가진 실체인 것처럼 인디언 부족 역시 주권을 가진 실체이며 "독특한 정치 공동체로서 그들의 권위가 배타적으로 행사되는 영토를 갖는다"고 설명했다. 이는 연방정부의 권한을 옹호하는 동시에 인디언 부족에게 주 정부의 권위로부터 자유로울 권리가 있음을 확인시켜주었을 뿐만 아니라 사실상 그들의 권리를 확대시켜준 것이나 다름없었다.

따라서 마셜의 연방 대법원은 판결을 통해 미국 헌법이 하지 못한 일을 해냈다. 즉, 연방 대법원은 미국의 정치 체제 안에서 인디언 부족의 지위를 정의했는데, 인디언 부족은 기본적인 재산권을 가지며 주 정부의 권위에 종속되지 않는 주권적 실체라는 것이었다. 이로써 연방정부는 마치 '피보호자'를 통제하는 '보호자'처럼, 인디언 부족과 관련된 문제에 궁극적인 권위까지 지니게 되었다.

• 인디언 부족의 권리 확인

라틴아메리카의 혁명과 먼로 독트린

연방 대법원이 경제생활 분야에서 국민주의를 역설했다면, 먼로 행정부는 외교 분야에서 국민주의를 역설했다. 항상 그랬듯이, 미국의 외교는 원칙적으로 유럽 중심적이었다. 그러나 1820년대에는 유럽과의 외교 문제를 다루는 데 있어 라틴아메리카에 대한 외교정책을 개발하는 문제가 필수적으로 되었다.

미국은 1812년 미영 전쟁 이후 수년 동안 남쪽 지역에 관심을 기울이면서 거대한 광경을 목도했다. 스페인 제국이 종말로 치달아, 대륙 전체가 반란 속에 빠져들었던 것이다. 미국은 이미 라틴아메리카와 수익성 있는 통상 관계를 발전시켜왔다. 많은 사람이 반(反)스페인 혁명이 성공하면 라틴아메리카 지역에서 미국의 입지가 강화

될 것이라고 믿었다.

1815년, 미국은 스페인과 스페인 식민지 사이의 전쟁에 대해 중립을 선언했다. 그러나 미국은 혁명군에게 선박과 생필품을 판매함으로써 엄정한 의미의 중립이 아니라 반란군을 도와주려는 입장임을 분명히 보여주었다. 그리고 1822년, 마침내 먼로 대통령이 5개의 신생국가, 즉 라플라타(La Plata : 후에 아르헨티나로 개칭), 칠레, 페루, 콜롬비아, 멕시코 등과 외교 관계를 수립하여 미국은 이들 나라를 인정한 최초의 국가가 되었다.

• 먼로 독트린

1823년, 먼로는 더 나아가 결국 '먼로 독트린(Monroe Doctrine)'을 공포했다(먼로 독트린이란 말은 그로부터 약 30년 후에 붙여진 명칭이다). 사실 이 독트린은 존 퀸시 애덤스의 작품이었다. 먼로는 "아메리카 대륙은 … 이제부터 어떤 유럽 열강에 의해서도 미래의 식민지 대상으로 간주되지 않아야 한다"고 선언했다. 이는 미국이 이제 아메리카 대륙에 현존하는 국가의 주권에 대한 어떠한 외국의 도전도 적의(敵意)를 가진 행위로 간주할 것이라는 의미였다. 동시에 먼로는 "우리는 유럽에 관해 … 유럽 열강의 어떠한 국내 문제에도 간섭하지 않을 것이다"고 선언했다.

먼로 독트린은 1820년대 미국의 대(對) 유럽 관계에서 직접적으로 발로한 것이었다. 많은 미국인은 스페인의 여러 동맹국(특히 프랑스)이 스페인을 도와 잃어버린 제국을 재탈환하려 할지도 모른다고 우려했다. 더욱 문제가 된 것은 영국이 쿠바에 대해 모종의 계획을 가지고 있다는 우려였다. 먼로와 애덤스는 쿠바를 미국의 영토로 삼기 전까지는 쿠바가 스페인 영토로 남아 있기를 원했다.

먼로 독트린은 즉각적인 영향력을 발휘하지는 못했지만, 1820년대 미국에서 성장하고 있던 국민주의 정신의 표현이라는 점에서 중요하다. 그리고 먼로 독트린이 계기가 되어 서반구에서 미국의 패권이라는 관념이 확립되었다.

5

정치 파벌의 부활

1816년 이후, 연방파는 단 한 명의 대통령 후보도 배출하지 못했고, 이내 국가 정치 세력으로서도 존재 가치를 상실했다. 공화파는 국가 정치에서 유일하게 조직화된 세력이었다. 그러나 1820년대 말경에는 다시 한 번 당파적 구분이 생겨났다. 어떤 면에서 본다면, 이러한 당파 구분은 1790년대에 제1차 정당 체제를 만들어냈던 분열 양상을 그대로 반영한 것이나 다름없었다. 공화파는 경제성장과 중앙집권화를 촉진하면서 많은 면에서 초기 연방파 정권을 닮아갔다. 그리고 그 반대파는 경제 분야에서 연방정부의 역할 확대를 거부했다. 그러나 여기에는 결정적인 차이가 존재했다. 19세기 초에 중앙집권화에 반대한 사람은 종종 경제성장을 반대하는 사람이기도 했다. 그러나 1820년대에는 미국이 성장을 지속해나갈 것인가의 여부가 아니라, 어떤 방법으로 성장을 계속해야 할 것인가가 논쟁거리였다.

'부정 거래'

• '거물 중진 회의'의 붕괴

1820년만 해도 연방의회를 구성한 두 정당의 중진 회의에서 대통령 후보를 지명했다. 그러나 1824년에 그 '거물 중진 회의(King Caucus)'가 붕괴했다. 공화파 중진 회의는 공화파 내 주의 권리를 옹호하는 극단적인 분파의 인물인 조지아 주 출신의 윌리엄 크로퍼드(William H. Crawford)를 대통령 후보로 지명했다. 그러나 주 의회에서 지명을 받고 나라 전역에서 개최된 비정기적인 대중 집회에서 추천을 받은 다른 후보도 있었다.

그중 한 사람이 국무 장관 존 퀸시 애덤스였다. 그러나 애덤스는 냉정하고 가까이하기 어려운 성격의 소유자로, 대중에게 그다지 호소력 있는 인물이 아니었다. 또 다른 경쟁자는 하원 의장 헨리 클레이였다. 그에게는 헌신적인 개별 지지자가 있었으며, 클레이 자신은 명확하면서도 일관성 있는 계획, 즉 '아메리카 시스템'을 추진하고 있었다. 보호관세를 인상하고 중앙은행을 강화시키며 국내 개발에 투자함으로써 공산품과 농산물이 거래되는 대규모 국내시장을 개발하는 것이 그 계획의 골자였다. 네 번째 후보는 앤드루 잭슨으로, 신임 연방 상원 의원이었고 이렇다할 정치 경력도 없었다. 그러나 그는 전쟁 영웅이었고 고향인 테네시 주 출신의 노련한 정치 동료들이 그를 후원했다.

잭슨은 비록 과반수는 아니었지만 일반 투표와 선거인단 투표에서 최다 득표를 획득했다. 미헌법 수정 조항 제12조(1800년 대통령 선거의 영향으로 설치한 조항)에 따라, 하원은 최다 득표자 3명 가운데 한 사람을 대통령으로 선출해야 했다. 크로퍼드는 건강이 매우 좋지 않았다. 클레이는 최다 득표자 3명 안에 들지는 못했으나, 하원의 투표 결과에 영향을 미칠 수 있는 유력한 지위에 있었다. 클레이는 애덤스를 지원하기로 결정했다. 클레이가 이런 결정을 내린 데에는 잭슨이 서부에서 클레이의 가장 위험한 정적인 까닭도 있었지만, 열렬한 국민주의자인 애덤스가 아메리카 시스템을 지원할 가능성이 있다는 점도 부분적으로 작용했다. 애덤스는 클레이의 지원을 받아 하원에서 대통령으로 낙점되었다.

• 선거 논란

애덤스 가문의 두 번째 대통령

잭슨의 추종자는 일반 투표와 선거인 투표에서 최다 득표를 얻은 잭슨이야말로 대통령이 될 자격이 있는 사람이라고 믿었다. 그래서 잭슨이 대통령이 되지 못한 것에 몹시 분개했다. 그리고 애덤스가 클레이를 국무 장관으로 임명하자, 그들의 분노는 한층 더 거세졌다. 국무 장관직은 대통령직으로 나아가는 길이었으므로, 애덤스가 클레이를 후계자로 지명한 듯 보였던 것이다. 잭슨 추종자는 이를 '부정 거래'라며 분노를 표출했고, 이것이 임기 내내 애덤스를 괴롭혔다.

• 외교적 좌절

애덤스는 클레이의 아메리카 시스템을 연상시키는 야망 찬 국민주의적 프로그램을 제안했다. 그러나 연방의회 내 잭슨 추종자는 대부분의 프로그램을 저지했다. 애덤스는 외교적으로도 좌절을 겪었다. 1826년 애덤스는 베네수엘라를 해방시킨 시몬 볼리바르(Simón Bolívar)가 파나마에서 소집한 국제회의에 파견할 대표단을 임명했다. 그러나 아이티(Haiti)가 그 국제회의 참가국 가운데 하나였기 때문에 연방의회의 남부 출신 의원은 국제회의에서 아이티의 흑인 대표와 어깨를 나란히 해야 한다는 생각에 국제회의 참석을 거부했다. 연방의회는 파나마 대표단 인준을 오래도록 지체했고, 미국 대표단이 파나마에 도착했을 때에는 이미 회의가 끝나버린 뒤였다.

• '가증스러운 관세'

애덤스 행정부의 명예를 더욱 손상시킨 사건은, 1828년에 행정부가 수입품에 새로운 관세를 부과하자는 데로 의견을 모으면서 발생했다. 새로운 관세 부과는 매사추세츠와 로드아일랜드 양모 제조업자의 요구에 따른 조치였다. 그러나 애덤스 행정부가 이 조치에 대해 중부와 서부의 지원을 얻으려면 다른 품목에 대해서도 관세를 허용할 수밖에 없었다. 애덤스 행정부는 이 과정에서 원래 이를 제안한 뉴잉글랜드인의 반감을 샀다. 외국과의 경쟁에서 국내 공산품을 보호해 얻는 이익은 원자재 구입에 드는 비용과 대비해 산출하기 마련인데, 이 경우에는 오히려 원자재 구입에 더 많은 비용을 지출할 게 뻔했기 때문이다. 그럼에도 애덤스가 이 법안에 서명하자, 남부인이 분노했다. 남부인은 이를 '가증스러운 관세'라고 비난했다.

잭슨의 승리

1828년 대통령 선거가 다가올 무렵, 새로운 양당 체제가 출현했다. 한쪽은 존 퀸시 애덤스의 지지자였다. 그들은 국민 공화당(National Republicans)으로 자칭하고 앞서 수년 동안 실시해왔던 경제 국민주의를 지지했다. 반대쪽에는 앤드루 잭슨을 지지하는 사람이었는데, 이들은 민주 공화당(Democratic Republicans)이라는 당명을 채택했다. 애덤스는 연방파 잔류 세력 대부분의 지지를 얻은 반면, 잭슨은 '경제 귀족층(economic aristocracy)'에 반대하는 광범위한 연합 세력에 호소력이 있었다.

그러나 선거전이 인신공격의 장으로 전락하면서 결국 쟁점은 흐지부지되고 말았다. 잭슨의 추종자는 애덤스가 대통령으로서 엄청난 낭비와 사치를 일삼았다고 비난했다. 애덤스 추종자는 잭슨에게 더욱 추악한 비난을 퍼부었다. 이들은 잭슨을 살인자라고 부르며 '관(棺) 전단'을 살포했다. '관 전단'에는 관 모양의 그림 안에 1812년 미영 전쟁에서 잭슨이 무참하게 사살했다는 민병대 병사들의 이름이 적혀 있었다(그러나 그들은 전쟁 중에 탈영한 병사로 군법회의에서 사형선고를 받아 적법하게 사살된 사람이었다). 그리고 애덤스 추종자는 잭슨의 부인을 중혼자(重婚者)라고 비난했다. 잭슨은 레이첼의 남편이 이혼 수속을 마쳤다고 생각하고 그녀와 결혼했는데, 이는 오해였다. 잭슨 부인은 선거 직후 자신에 대한 비난을 처음 접하고는 좌절했고 몇 주 지나지 않아 사망했다.

• 잭슨의 승리

잭슨의 승리는 결정적이지만 지역주의적이었다. 애덤스가 사실상 뉴잉글랜드 모든 지역을 석권했고, 대서양 연안 중부 지역에서도 절대 우세였다. 그럼에도 잭슨의 추종자는 이 승리를 1800년 제퍼슨의 승리와 마찬가지로 완벽하면서도 중요한 승리라고 생각했다. 그들은 다시 한 번 특권 세력을 워싱턴에서 몰아냈으며 또 한번 민주적인 승리자가 백악관을 차지하게 되었다고 생각했다. 일부 추종자는 미국이 새로운 민주주의의 시대, '보통 사람의 시대'에 들어섰다고 주장하기도 했다.

결 론

1812년 미영 전쟁의 여파 속에서, 활발한 국민주의가 미국의 정치와 대중문화의 분명한 특징으로 부상했다. 남녀를 막론하고 나라 전역에서 백인은 공화국 초기 지도자, 즉 미국 헌법의 천재적인 제정자들이 이뤄낸 업적 그리고 나라 안팎의 심각한 도전에도 미국이 일구어낸 성공을 찬양했다. 정당 분열은 점차 희미해졌다.

그러나 이른바 감정 융화의 시대에서 포괄적인 국민주의는 깊이 뿌리내린 분열을 은폐한 것에 지나지 않았다. 사실, 미국 국민주의의 성격은 지역마다 집단마다 현저히 달랐다. 강력한 중앙정부가 국가의 경제발전에 전념하기를 바라는 사람과, 권력의 분산을 통해 보다 많은 사람에게 기회를 제공하기를 바라는 사람 사이에 갈등이 계속되었다. 뿐만 아니라 미국인의 생활에서 노예제도의 역할, 특히 새로운 서부 지역의 노예제도 존재 여부를 놓고 갈등이 계속되었다. 1820년의 미주리 타협은 노예제 문제에 대한 최후 심판의 날을 잠시 연기시켰을 뿐이다.

1830	1830~1838	1831	1832	1832~1833	1833
웹스터-헤인 논쟁	인디언이 남동부에서 추방당함.	반(反)메이슨당이 첫 번째 정당 대회 개최	잭슨 대통령이 미국 은행 재인가에 거부권 행사/잭슨, 재선 성공	연방법 무효화 위기	잭슨, 미국 은행에서 연방 예치금 인출/상업 불황

9장
잭슨 시대의 미국

조지 캘럽 빙엄(George Caleb Bingham)의 〈국민의 평결〉 중 세부

한 선거 당일에 모인 사람을 그린 그림으로, 모인 사람은 대개가 백인 남성이다. 여성과 흑인에게는 선거권이 없었지만, 백인 남성의 참정권은 1830년대와 1840년대에 크게 확대되었다.

1835	1835~1842	1836	1837~1844	1840	1841
토니(Roger Taney), 연방 대법원장에 임명	세미놀 전쟁	밴 뷰런, 대통령 당선	금융 공황 및 경제 불황	윌리엄 헨리 해리슨, 대통령 당선/독립 재무원법 제정	해리슨 대통령 사망, 타일러, 대통령직 승계

나라가 발전을 거듭할수록 많은 미국인이 점점 더 공화국의 장래를 걱정하게 되었다. 어떤 사람은 미국의 급속한 성장이 사회 혼란을 초래할 것이라고 걱정하면서, 나라가 최우선시해야 할 것은 질서와 권위 체계의 투명성을 확립하는 것이라고 주장했다. 또 어떤 사람은 불평등과 특권의 양산을 미국이 직면한 가장 큰 위험이라고 주장했다. 이들은 엘리트의 특권적 지위를 박탈하고 보다 많은 사람에게 기회를 보장하는 데 사회의 목적이 있다고 믿었던 사람들이다. 이 두 번째의 미래상을 지지하는 사람들이 1829년 앤드루 잭슨의 취임과 더불어 연방정부의 권력을 장악했다.

1
대중 정치의 도래

1829년 3월 4일, 미국 전역에서 수천 명의 미국인이 앤드루 잭슨의 취임식을 구경하기 위해 연방의회 의사당 앞에 운집했다. 취임식이 끝난 후, 사람들은 신임 대통령과 악수하려고 백악관에서 열린 공개 환영회에 몰려들었다. 이들은 연회장을 가득 메웠으며, 이 방 저 방으로 몰려다니면서 카펫을 더럽히고 실내장식을 훼손했다. 잭슨의 가장 가까운 정치 동료인 아모스 켄들(Amos Kendall)은, "이날은 국민들에게 자랑스러운 날이었다"라고 회고했다. 그러나 존 마셜의 친구이자 동료였던 연방 대법원 대법관 조지프 스토리(Joseph Story)는 "거물급 '폭도' 세력이 승리한 것 같다"고 논평하면서 혐오감을 드러냈다.

사실, '잭슨 시대'는 켄들의 기대와 스토리의 우려에 상응할 정도로 보통 사람이 승리를 거둔 시대는 아니었다. 그러나 미국의 정치에 있어 하나의 전환을 이루어 낸 시대였다. 한때는 재산을 소유한 비교적 소수의 유산자 엘리트만이 참여할 수 있었던 정치가, 이제 실질적으로 미국의 모든 백인 성인 남성에게 개방되었다. 최소한 정치적 의미에서, 잭슨 시대는 잭슨주의자가 그 시대에 부여했던 명칭, 즉 '보통 사람의 시대'라는 명칭을 어느 정도 주장할 수 있는 시대였다.

선거인의 확대

1820년대만 해도 투표할 수 있는 미국인은 비교적 소수였다. 거의 대부분의 주에서 재산을 소유한 백인 남성이나 납세자, 혹은 두 가지 조건을 모두 갖춘 사람에 한해 선거권이 부여되었다. 그러나

• 참정권의 확대

잭슨이 당선되기 이전부터 이미 선거권은 확대되었는데 그러한 변화는 오하이오 주와 서부의 여러 신생 주에서 먼저 시작되었다. 이들 주가 연방에 가입하면서 재산 소유자 혹은 납세자뿐 아니라 모든 백인 성인 남성에게 선거권을 보장하고 모든 유권자에게 공직에 참여할 권리를 허용하는 주 헌법을 채택했기 때문이다. 그리하여 주 인구가 서부로 빠져나가는 것을 염려한 기존의 여러 주가 재산 소유 및 납세 등의 요건을 완화하거나 아예 삭제해버리기 시작했다.

<small>도어 반란</small>

주 차원의 개혁은 대체로 평화롭게 진행되었다. 그러나 로드아일랜드의 민주화 노력은 상당한 사회불안을 낳았다. 1830년대 로드아일랜드 주 헌법에 따르면, 성인 남성의 절반 이상이 참정권이 없었다. 그러던 1840년, 법률가이자 사회 운동가인 토머스 도어(Thomas L. Dorr)와 일단의 추종자가 '인민당(People's party)'을 만들어 전당 대회를 개최했고, 여기서 새로운 주 헌법을 초안해 주민 투표에 상정했다. 그 헌법안은 압도적인 표로 승인을 받았고, 이에 도어 추종자는 도어를 주지사로 옹립한 가운데 새로운 정부를 구성했다. 그러나 기존의 주 의회는 도어가 제안한 주 헌법의 합법성을 인정하지 않았다. 그리하여 1842년 로드아일랜드에서는 2개의 정부가 서로 정당성을 주장하는 상황이 벌어졌다. 기존의 주 정부는 도어와 그 추종자를 반역자라고 선언하고, 그들을 체포·구금하기 시작했다. 한편, 도어의 무리는 로드아일랜드의 병기창을 장악하려 했으나 실패하고 말았다. '도어 반란(Dorr Rebellion)'이라고 알려진 이 사건은 이렇게 금방 끝이 났다. 그러나 이 사건은 기존 정부가 참정권을 대폭 확대하는 내용의 새로운 주 헌법을 입안하도록 하는 계기가 되었다.

도어 반란

1830년대와 1840년대에 민주주의 정서가 미국 전역을 휩쓸면서 로드아일랜드 주의 도어 반란을 비롯한 여러 사건이 터져 나왔다. 도어 반란이라는 명칭은 그 반대자들이 명명한 것이다. 토머스 도어(Thomas Dorr)는 '자영민(freeholder)'으로 알려진 소규모 재산 소유자에게만 참정권을 부여한 주 헌법을 비난한 수많은 로드아일랜드 주민 가운데 한 사람이었다. 이들 반체제 세력은 새로운 주 헌법을 제정해 주민 투표에 붙였고, 과반수가 넘는 주민이 이를 승인했다. 그러나 주 의회는 새로운 주 헌법의 합법성을 인정하려 들지 않았다. 그 결과 1842년에는 주 정부 내 동일한 공직을 두고 별도의 선거가 진행되었다. 도어는 새로운 주 헌법에 따라 주지사직에 입후보했고, 주민 과반수가 그에게 표를 던졌다. 사진에 보이는 이 '티켓(ticket)'은 도어를 지지하는 사람이 투표할 때 투표함에 집어넣을 것이다. 또 다른 후보 새뮤얼 킹(Samuel King)은 기존 주 헌법에 따라 입후보했고, 자영민에 의해 당선되었다. 두 사람 모두 주지사직에 취임했으나, 존 타일러 대통령이 킹의 편에 서서 로드아일랜드 정치에 개입하자 도어의 운동이 쇠퇴했다. 그러나 1년 후 로드아일랜드는 새로운 헌법을 비준하고 참정권을 확대했다.

그러나 대부분의 지역은 이런 민주화와 거리가 멀었다. 물론 남부 대부분의 지역에서는 노예에게 참정권을 부여하지 않았다. 더욱이 남부의 선거법은 여전히 농장주와 기존 정착 지역의 정치인에게 유리했다. 노예가 아니라 하더라도 흑인은 남부 어느 곳에서나 선거에 참여할 수 없었고, 북부도 사정은 크게 다르지 않았다. 여성 또한 어떤 주에서도 선거에 참여할 수 없었다. 비밀투표를 시행한 곳은 전혀 없었고, 때로는 구두(口頭)로 선거가 진행되기도 했다. 이는 유권자가 쉽게 매수당하거나 위협받을 수 있음을 의미했다. 그러나 계속되는 제한에도 유권자 수는 전체 인구 증가율보다 빠르게 증가했다.

• 정치 개혁

사실, 19세기 초의 가장 놀라운 정치적 경향 중 하나는 대통령 선거인의 선출 방식에서 일어난 변화였다. 1800년만 해도 10개 주에서 주 의회가 대통령 선거인을 선출했는데, 일반 주민이 선거인을 선출하는 주는 단 6개 주에 지나지 않았다. 그러나 1828년경에는 사우스캐롤라이나를 제외한 모든 주가 주민 투표로 대통령 선거인을 선출했다. 또한 1824년 대통령 선거 때에는 유권자가 전체 백인 성인 남성의 27퍼센트도 안 되었으나, 1828년 선거 때에는 58퍼센트에 이르렀고, 1840년에는 80퍼센트에 달하게 되었다.

정당의 합법화

건국 이래 당파 경쟁은 미국 정치의 한 부분이나 마찬가지였으나 미국인이 정당 개념을 수용했던 것은 아니었다. 그러나 1820년대와 1830년대에는 대부분의 미국인이 점차 영구적이며 제도화된 정당을 정치 과정의 바람직한 한 부분으로 바라보게 되었다.

처음에는 주 차원에서 정당 개념이 자리 잡았는데, 가장 두드러진 곳이 뉴욕 주였다. 그곳에서 마틴 밴 뷰런(Martin Van Buren)은 '수사슴 꼬리(Bucktail)' 혹은 '올버니 섭정(Albany Regency)'이라 부르는 야당 파벌을 이끌고 있었다. 이 정치집단은 1812년 미영 전쟁 이후 수년간 귀족적인 주지사 드 위트 클린턴(De Witt Clinton)이 이끄는 기존 정치 엘리트에 도전했다. 그들은 전체 국민에 기반한 제도화된 정당만이 진정한 민주주의를 확립할 수 있다고 주장했다. 즉, 클린턴이 만들어놓은 일종의 배타적인 엘리트에 의한 정치는 민주주의가 아니라는 것이었다. 정당이 존립하기 위해서는 영구적인 반대 세력을 동반해야 했다. 정당이 상호 경쟁하게 되면, 정치인들은 지속적이고 세심하게 민의에 귀를 기울일 수밖에 없으며, 정부 부처가 서로 견제와 균형을 이루는 것과 마찬가지로 정당 역시 서로 견제와 균형을 이루게 될 것이기 때문이다.

1820년대 말에는 정당에 대한 새로운 개념이 뉴욕 주를 넘어 나라 전역으로 확산되었다. 1828년 잭슨의 대통령 당선은 통상적인 정치 엘리트의 선거운동과는 별개로 진행된 대중운동의 결과였고, 잭슨의 승리는 정당에 대한 새로운 개념을 한층 더 정당화하는 것처럼 보였다. 마침내 1830년대에 그 틀을 충분히 갖춘 양당 체제가 국가 차원에서 작동하기 시작했다. 잭슨을 반대하는 세력은 휘그당(Whigs)으로 자칭했고, 잭슨 추종 세력은 민주당(Democrats)으로 자칭했다. 이로써 휘그당과 민주당은 영구적인 당명 아래 오늘날 미국에서 가장 오래된 정당으로 자리 잡았다.

• 양당 제도

보통 사람의 대통령

잭슨 자신은 단순하지만 독특한 민주주의 이론을 신봉했다. 그에 따르면, 정부는 모든 백인 남성 시민에게 '평등한 보호와 평등한 혜택'을 제공해야 하며, 어떤 지역이나 계급도 다른 지역과 계급에 우선해서는 안 되었다. 실제로 잭슨은 이런 생각을 바탕으로 동부 특권계급의 기반이라고 간주했던 것에 일격을 가하고, 서부와 남부의 신흥계급에게 기회를 확대하려고 노력했다.

워싱턴으로 가는 앤드루 잭슨(1829년)

부인이 사망하고(잭슨은 아내의 죽음이 정적의 악의적인 비난에 의한 것이라고 믿었다) 몇 주 지나지 않아, 잭슨 대통령 당선자는 테네시에서 시작해 워싱턴까지 천천히 당선 행사를 치렀다. 그가 지날 때마다 각각의 타운에서 많은 지지 군중이 그를 환영했다.

잭슨의 첫 번째 공격 목표는 연방정부에 틀어박혀 있는 공무원이었다. 잭슨은 종신 공무원 계급으로 간주되었던 집단을 통렬하게 비난했다. 그에게 공직이란 국민에게 속한 것이지 이기적인 관료집단의 전유물이 아니었다. 이에 못지않게 중요한 것은, 잭슨은 행정조직을 대규모로 재편성해 지지 세력에게 공직을 나누어주었다는 점이다. 잭슨의 정치적 후원자였던 뉴욕 주의 윌리엄 마시(William L. Marcy)는 한때 이를 "승리자에게 전리품을 나누어준 것"이라고 설명하기도 했다. 그리하여 정치적 보상으로 공직을 부여한 이 제도는 '엽관제도(spoils system)'라 부르게 되었다. 잭슨은 기존 연방 공무원의 5분의 1 정도밖에 해임하지 않았지만, '엽관 제도'를 수용함으로써 이를 정당정치 속에 확고히 뿌리박았다.

　잭슨 지지자는 대통령 후보의 선출 과정도 바꾸려고 했다. 1832년, 이들은 잭슨을 대통령 후보로 재지명하기 위해 전국 규모의 당 대회를 개최했다. 이때 이 전당 대회 발기인은 정당의 권력이 의회의 중진 회의와 같은 엘리트 정치 기구가 아니라 전당 대회와 같은 거대하고 민주적인 집회를 통해 국민으로부터 직접 나오게 될 것이라고 생각했다.

엽관제도

〈과거를 논하며〉

잭슨주의적 민주주의

★ ★ ★

　앤드루 잭슨은 1820년대와 1830년대의 많은 미국인에게 민주주의의 옹호자이자 미국 생활 전반에 만연했던 반(反)엘리트주의와 평등주의 정신의 상징이었다. 그러나 역사가들은 잭슨에 대한 평가뿐만 아니라 잭슨 시대의 미국 사회를 묘사하는 데서도 뚜렷하게 의견을 달리하고 있다.

　20세기 초 '혁신주의' 역사가들은 잭슨주의적 정치를 경제 특혜와 정치 부패에 항거해 투쟁한 선구자로서 파악했다. 프레더릭 잭슨 터너(Frederick Jackson Turner)의 주장에 따르면, 잭슨주의는 개척민이 자신들의 자유와 기회를 제한한다고 생각한 동부의 귀족적인 보수 집단에 맞선 항거였다. 잭슨은 정부가 특정 이익집단이 아닌 국민의 의사에 책임지기를 바랐던 사람들을 대표했다. 잭슨주의에 대한 이러한 혁신주의적 해석은 1945년 아서 슐레진저 2세(Arthur M. Schlesigner, Jr.)의 《잭슨 시대(The Age of Jackson)》가 출판되면서 절정에 달했다. 슐레진저는 터너의 주장을 따르던 학자들에 비해 잭슨주의의 지역적 기반에 대해 별다른 관심을 기울이지 않았다. 대신 잭슨주의적 민주주의는 "동부·서부·남부의 비(非)자본가 집단과 농민, 노동자의 이익을 위해 주로 동부에 있는 자본가 집단의 권력을 제어"하려는 노력이었으며, 또한 "기업 공동체의 권력을 억제"하려는 근대 개혁의 초기 형태로 묘사했다.

　리처드 홉스테더(Richard Hofstadter)는 1948년에 발표한 영향력 있는 논문에서 첨예한 반대 주장을 펼쳤다. 그는 잭슨을 당시 등장하고 있던 기업가, 즉 동부 귀족 집단의 독점적 권력 때문에 가로막힌 기회의 문을 열려고 했던 야심찬 기업가의 대변자로 묘사했다. 잭슨주의자는 자신의 성공을 가로막는 특혜에만 반대했을 뿐, 그들 아래에 있는 사람들의 열망에 대해서는 별로 동정적이지 않았다는 것이다. 1957년 브레이 해먼드(Bray Hammond)도 잭슨주의적 대의(cause)를 "자본가에 반대하는 기업가의 대의"라고 주장했다. 잭슨주의를 민주주의적 개혁 운동이라기보다는 잃어버린 과거를 복원하려는, 향수에 사로잡힌 노력이라고 본 역사학자도 있었다. 마빈 메이어(Marvin Meyer)는 《잭슨주의적 설득(*The Jacksonian Persuasion*)》(1957)에서, 잭슨과 그 추종자가 주위에서 등장하고 있던 새로운 산업사회를 불안한 눈으로 바라보면서 이전의 농본·공화주의적 가치를 복원하려 했다고 지적했다.

1960년대의 역사학자들은 잭슨과 그 추종자보다는 잭슨 시대 미국 정치의 사회·문화적 근간에 더욱 관심을 갖기 시작했다. 리 벤슨(Lee Benson)은 《잭슨주의적 민주주의의 개념(*The Concept of Jacksonian Democracy*)》(1961)에서 새로운 수량화된 방법론을 사용해 종교와 인종이 정당의 분화에 어떠한 역할을 했는지를 보여주었다. 에드워드 페슨(Edward Pessen)은 《잭슨주의적 미국(*Jacksonian America*)》(1969)에서 잭슨 시대의 미국을 점차 계층화되어가고 있던 사회로 묘사했다. 형식적인 '잭슨주의'보다 사회에 더욱 관심을 기울이는 경향은 1980년대와 1990년대에도 계속되었다. 《민주주의 찬가(*Chants Democratic*)》(1984)에서 션 윌렌츠(Sean Wilentz)는, 잭슨보다 민주주의의 장인적 개념에 더욱 매혹되었던 뉴욕의 노동자 사이에서 강력한 계급 정체성이 출현했다는 사실을 밝혀냈다.

사회의 성격에 대한 이러한 관심이 고조되면서 잭슨과 잭슨 정권의 성격에 대한 재평가가 이어졌다. 마이클 로긴(Michael Rogin)은 《아버지와 자녀(*Fathers and Children*)》(1975)에서, 잭슨을 미국 백인 남성의 우월성을 확보하는 데 주저하지 않은 지도자라고 묘사했다. 이와 관련해 알렉산더 색스튼(Alexander Saxton)은 《백인 공화국의 등장과 몰락(*The Rise and Fall of the White Republic*)》(1990)을 통해 '잭슨주의적 민주주의'는 명백히 노예와 여성, 아메리카 원주민의 종속에 기반한 백인 남성의 민주주의라는 주장을 펼쳤다. 그렇다고 해서 보통 사람의 수호자라는 잭슨의 초상이 학계에서 완전히 사라진 것은 아니다. 전후 시대에 가장 유명한 잭슨 전기 작가인 로버트 레미니(Robert V. Remini)는 민주주의에 대한 전망에 결함이 있음에도 잭슨은 진정한 '국민의 사람'이었다고 주장하고 있다.

2

'우리의 연방'

잭슨은 기존 엘리트의 범주를 넘어 권력을 확대해야 한다는 신념에 따라, 연방정부의 기능을 축소하려고 했다. 그의 생각에 권력을 워싱턴에 집중시키는 것은 정치적 연줄이 있는 소수에게만 정치적 기회를 부여하는 것이었다. 그러나 잭슨은 연방을 수호하는 데에도 그에 못지않은 노력을 기울였다. 따라서 연방정부의 권력을 축소하는 경제 계획을 추진하는 동시에, 연방에 대한 강력한 도전에 대해서는 연방의 최고권을 역설했다. 왜냐하면 그가 대통령에 취임하자마자 부통령 존 칼훈(John. C. Calhoun)이 논쟁적인 헌법 이론, 즉 연방법 무효화 이론(nullification)을 주창하고 나섰기 때문이다.

칼훈과 연방법 무효화 이론

칼훈은 한때 공공연한 보호주의자로서 1816년의 관세를 강력하게 지지한 바 있다. 그러나 1820년대 말 상당수의 사우스캐롤라이나인은 '가증스러운 관세'가 그 지역 경기 침체의 원인이라고 믿었다. 사실 경기 침체는 주로 사우스캐롤라이나의 농지 고갈이 원인이었다. 사우스캐롤라이나는 남서부의 새로 개간된 비옥한 토지와 더 이상 효과적으로 경쟁할 수 없었던 것이다. 하지만 일부 격분한 캐롤라이나인은 격렬한 수단, 즉 연방 탈퇴까지 고려하기에 이르렀다. 칼훈의 정치적 미래는 출신 주에서 발생한 이러한 도전에 어떻게

• 칼훈의 연방법 무효화 이론

대처하는가 하는 문제에 달려 있었다. 칼훈은 연방법 무효화 이론을 발전시킴으로써 이에 대처하려고 했다. 그는 매디슨과 제퍼슨의 사상에 근거하는 한편, 미헌법 수정 조항 제10조를 인용하면서, 연방법의 합헌성을 심사하는 과정에서 최종 결정권자는 연방 법원이나 연방의회가 아니라 각 주여야 한다고 주장했다. 연방정부는 각 주가 모여 만든 것이기 때문이다. 만약 연방의회가 위헌적인 법률을 통과시켰다고 판단되면, 주는 특별의회를 소집하고 그 연방법이 자기 주 안에서 무효임을 선언할 수 있다는 이론이었다. 얼마 지나지 않아 사우스캐롤라인이 연방법 무효화 이론과 이 이론을 바탕으로 1828년의 관세법을 무효화한다는 생각에 광범위한 지지를 보냈다. 그러나 연방법 무효화 이론도 새로운 행정부 내의 칼훈의 입지에는 전혀 도움이 되지 않았다. 마틴 밴 뷰런(Martin Van Buren)이라는 강력한 경쟁자가 있었기 때문이다.

밴 뷰런의 등장

• 마틴 밴 뷰런

밴 뷰런은 1828년에 뉴욕 주지사에 당선되나, 1829년에 잭슨이 그를 국무 장관으로 임명하자 주지사직을 사임했다. 뷰런은 이내 공식 내각과 '키친 내각(Kitchen Cabinet)'으로 알려진 대통령의 비공식적인 고문단의 일원으로 자리 잡았다. 잭슨에 대한 밴 뷰런의 영향력은 견줄 만한 대상이 없었는데, 이는 잭슨 대통령과 칼훈 사이의 간극을 고착화시킨 기묘한 예법 논쟁으로 더욱 강력해졌.

테네시 주 출신인 잭슨은 친구 존 이턴(John H. Eaton)과 함께 연방 상원 의원으로 지낼 당시 워싱턴의 한 여인숙에서 주로 기숙했는데, 여인숙 주인에게는 페기 오닐(Peggy O'Neale)이라는 매력적인 딸이 하나 있었다. 오닐은 기혼자였으나 1820년대 중반에 그녀와 상원 의원 이튼이 내연의 관계에 있다는 소문이 워싱턴 정가에 떠돌았다. 오닐의 남편이 1828년에 사망하자 이튼은 곧 그녀와 결혼했다. 몇 주가 지나지 않아 잭슨은 이튼을 육군부 장관으로 임명했고, 이로써 갓 결혼한 이튼 부인은 내각 각료의 부인이 되었다. 그러나 중심적인 역할을 했던 칼훈 부인 및 다른 각료 부인은 이튼 부인을 사교계에 받아들이려 하지 않았다. 잭슨은 분개했고 각료들에게 이튼 부인을 사교계에 받아들라고 요구했으나 칼훈은 아내의 반대에 못 이겨 이를 거부했다. 그러나 홀아비였던 뷰런은 이튼 부부 편을 들면서 잭슨의 비위를 맞추었다. 1831년, 잭슨은 밴 뷰런을 백악관의 후계자로 선택했고, 대통령직에 대한 칼훈의 꿈은 물거품이 되고 말았다.

웹스터-헤인 논쟁

1830년 1월, 연방정부의 서부 토지 정책에 관해 일상적인 논쟁을 벌이던 중, 코네티컷 주 출신의 한 상원 의원이 모든 토지 판매와 토지조사를 일시적으로 중단하자고 제안했다. 이에 사우스캐롤라이나 주 출신의 젊은 상원 의원 로버트 헤인(Robert Y. Hayne)은, 서부의 발전을 늦추려는 것은 곧 동부가 서부의 정치·경제적 권력을 장악하려는 술책이라고 비난했다. 헤인이 이 같은 입장을 표명한 것은 서부 출신의 연방의회 의원들이 사우스캐롤라이나의 관세 인하 계획에 지지를 보내주기를 바란 때문이었다. 헤인은 남부와 서부가 북동부에서 주도하는 전제정치의 희생자라고 주장하며, 두 지역이 힘을 합쳐 이 전제정치에 대항해 스스로를 보호하자는 뜻을 넌지시 내비쳤다.

> 주의 권리 대 연방권

당시 매사추세츠 주 출신 상원 의원이던 대니얼 웹스터는 헤인을 비난했고, 동시에 헤인을 통해 칼훈을 비난했다. 왜냐하면 헤인이나 칼훈이 연방의 고결성에 도전하는 것이라 생각했기 때문이다. 실제로 웹스터는 공유지와 관세만이 아니라 주의 권리 대 연방권이라는 쟁점을 거론하고자 헤인에게 도전한 것이었다. 헤인은 연방법 무효화 이론을 옹호함으로써 이에 대응했다. 웹스터는 이틀에 걸쳐 '헤인에 대한 두 번째 답변'이라는 연설을 했다. 그는 강력한 호소력을 발휘하면서 다음과 같이 연설을 끝맺었다. "자유와 연방, 그것은 지금부터 영원토록 하나이며 나눌 수 없다!"

양측은 이제 잭슨 대통령이 이 주장을 어떻게 생각하는지 듣기 위해 기다렸다. 그 답변이 나온 것은 토머스 제퍼슨을 기념하는 민주당 연례 만찬에서였다. 저녁 식사 후 내빈들이 돌아가며 축배의 말을 건네고 있을 때, 잭슨 대통령은 다음과 같은 문장에 밑줄이 그어진 서면을 들고 도착했다. "우리의 연방, 보존되어야 하리라(Our Federal Union—It must be preserved)." 잭슨은 축사를 하면서 칼훈을 똑바로 쳐다보았다. 자기 차례가 되자, 칼훈은 잭슨의 축사에 다음과 같이 답했다. "연방, 그보다 고귀한 우리의 자유를 위해(The Union—next to our liberty most dear)." 칼훈이 축사할 당시, 의자 위에 서서 누구보다도 그를 잘 볼 수 있었던 몸집 작은 밴 뷰런은 칼훈의 손이 떨려 들고 있던 잔 밖으로 포도주 방울이 흘러내리는 것을 목격했다고 적었다.

연방법 무효화 위기

1832년, 연방법 무효화 논쟁이 마침내 위기를 불러왔다. 1828년의 '가증스러운 관세'에 대해 어떤 완화 조치도 반영하지 않은 새로운 관세법안이 연방의회에 상정되자, 사우스캐롤라이나인이 이에 분노했던 것이다. 사우스캐롤라이나 주 의회는 거의 즉각적으로 특별의회를 소집해 1828년과 1832년의 관세법을 무효화하고, 사우스캐롤라이나 주 안에서 관세 징수를 금지하자는 데로 의견을 모았다. 동시에 헤인은 주지사에 선출되었고, 칼훈은 헤인의 후임자로서 상원 의원에 당선되었다.

잭슨은 연방법 무효화를 반역 행위라고 역설하며 사우스캐롤라이나에 있는 연방군 요새를 강화하고, 찰스턴(Charleston)에 전함을 파견했다. 또한 1833년 초에는 연방의회가 소집되자 연방법 수호를 위해 군사력을 사용할 수 있는 권한을 대통령에게 부여하는 강제 시행법을 발의했다. 이제 무력 충돌이 실제로 목전에 임박한 것처럼 보였다.

• 강제 시행법

연방 상원에 등원한 칼훈은 당장 곤경에 처했다. 어떤 주도 사우스캐롤라이나를 지지하고 나서지 않았던 것이다. 그러나 그 즈음에 다시 상원 의원에 당선된 헨리 클레이의 시의적절한 개입으로 위기가 타개되었다. 클레이는 1842년까지 차차 관세율을 인하해 최종적으로는 1816년의 수준으로 낮춘다는 타협안을 제시했던 것이다. 타협안과 강제 시행법은 1833년 3월 1일, 같은 날 통과되었고 잭슨은 두 법안에 모두 서명했다. 사우스캐롤라이나에서도 특별의회가 소집되어 관세법 무효화 결정을 파기했다. 그러나 특별의회는 강제 시

• 클레이의 타협안

행법도 무효화했는데 이는 최후 결정권은 연방의회가 아니라 주 의회에 있다는 사실을 선언적으로 보여주려는 의도였다. 하지만 관세법이 이미 폐기된 상황이므로 이는 순전히 상징적인 행위에 지나지 않았다. 칼훈과 그 추종자는 연방법 무효화 이론 때문에 관세법 수정이 가능했다는 논리를 내세워 연방법 무효화 이론의 승리를 주장했다. 그러나 이 사건은 칼훈과 그의 동료에게 어떠한 주도 연방정부에 홀로 도전할 수 없다는 교훈을 남겼다.

3

인디언의 이주

미국 동부에 남아 있던 인디언 부족에 대한 잭슨의 태도는 단순하고도 명료했다. 그는 인디언이 서부로 이주하기를 바랐다. 잭슨은 인디언 부족을 대단히 혐오했는데, 이는 예전에 병력을 이끌고 인디언과 전투를 치른 경험이 있기 때문이었다. 이 점에서는 잭슨도 대개의 미국 백인과 다를 바 없었다.

인디언 부족에 대한 백인의 태도

18세기만 해도 백인 상당수가 인디언을 '고상한 야만인(noble savage)'으로 파악하는 토머스 제퍼슨의 견해에 공감했다. 즉, 인디언이 문명을 일구어낸 능력이 있는 선천적인 존엄성을 가진 존재라고 인식했던 것이다. 그러나 19세기 초반 수십 년 사이에 이 같은 태도는, 특히 서부의 백인 사이에서 사라져버려서 아메리카 원주민을 단순히 '야만인'으로 보게 되었다. 바로 이것이 백인이 인디언을 미시시피 강 동쪽 지역에서 몰아내는 일에 전념하게 된 이유 중 하나였다. 그러나 서부의 백인은 백인 정착지에서 폭력과 갈등을 종식시키기 위해서라도 인디언을 서부에서 몰아내야 한다고 생각했다. 하지만 무엇보다 중요한 이유는, 인디언 부족이 소유한 땅이야말로 백인이 원하는 값진 땅이었기 때문이다.

블랙 호크와 훨링 썬더

1832년에 일리노이의 백인 정착민에게 패한 후, 유명한 인디언 소크 부족 전사 블랙 호크(Black Hawk)와 그 아들 훨링 썬더(Whirling Thunder)가 앤드루 잭슨에게 생포되어 순회 전시회에서 일반인에게 전리품으로 공개되었다. 그들은 순회 전시의 시련 속에서도 위엄을 보여주어 많은 백인이 순식간에 그들에게 동정심을 갖게 되었다. 이 초상화는 존 웨슬리 자비스(John Wesley Jarvis)가 순회 전시의 마지막 지점인 뉴욕 시에서 그린 것이다. 블랙 호크는 유럽 스타일의 정장을 착용한 반면, 훨링 썬더는 인디언 부족의 뿌리를 강조하기 위해 인디언 고유 의상을 걸쳤다. 그 이후 블랙 호크는 부족으로 되돌아가 유명한 자서전을 집필했고 1838년에 사망했다.

블랙 호크 전쟁

북서부에서 발생한 일련의 사건으로 인해 인디언의 이주 문제가 긴급한 사안으로 떠올랐다. 1831년과 1832년, 소크(Sauk or Sac) 부족과 폭스(Fox) 부족 인디언 연합이 일리노이에서 블랙 호크(Black Hawk)의 지도 아래, 부족 땅을 연방정부에 양도하기로 한 조약을 파기하려고 백인 정착민과 전투를 벌였다. 블랙 호크는 그 조약이 위법이라고 생각했다. 블랙 호크 전쟁(Black Hawk War)은 백인 군사작전의 잔학성을 보여준 것으로 악명이 높았다. 백인 병력은 인디언이 투항하려는 상황에서도 인디언을 공격했으며, 퇴각하는 인디언을 추격해 많은 이들을 살육했다. 그러나 이 전쟁이 현실에 미친 영향력은 무엇보다 백인이 모든 인디언 부족을 서부로 몰아낼 결심을 굳히게 되었다는 점이다.

'문명화된 다섯 인디언 부족'

1830년대에 연방정부를 더욱 괴롭혔던 것은 남부에 남아 있던 인디언 부족이었다. 조지아 서부, 앨라배마, 미시시피, 플로리다에는 '문명화된 다섯 인디언 부족'이라고 알려진 체로키(Cherokee), 크리크(Creek), 세미놀(Seminole), 치카소(Chickasaw), 촉토(Choctaw) 등의 부족이 거주하고 있었다. 1830년에 연방정부와 남부 여러 주 정부가 이들 인디언 부족을 서부로 이주시키기 위해 총력을 기울였다. 대부분은 너무 힘이 약해 저항조차 하지 못했지만, 일부는 맞서 싸웠다.

체로키족은 연방 대법원에 항고해 부족의 토지를 가로채려는 조지아 주를 막아보려고 했다. 연방 대법원은 체로키 부족 대 조지아(*Cherokee Nation v. Georgia*) 사건과 우스터 대 조지아(*Worcester v. Georgia*) 사건에서 조지아 주는 인디언 대표와 협상할 어떤 권리도 가지고 있지 않다는 체로키족의 주장을 지지했다. 그러나 잭슨 행정부는 이러한 연방 대법원의 판결을 비난하며 다음과 같은 경멸 섞인 성명을 발표했다. "존 마셜이 결정했으니, 그가 시행하게 하자." 그리고 나서 1835년에 미국 정부는 500만 달러와 미시시피 강

• 체로키족의 법률 투쟁

서쪽 지역의 보호 거주지를 대가로 조지아 주에 있는 체로키 부족 땅을 조지아 주에 양도한다는 조약을 체로키 부족의 소수 파벌과 체결했다. 1만 7,000명의 체로키 인디언 대부분은 이 조약이 위법이라며 인정하려 들지 않았다. 그러나 잭슨은 윈필드 스콧(Winfield Scott) 장군 지휘로 7,000명의 연방군을 파견해 인디언을 포위한 뒤 서부로 내몰았다.

눈물의 길

• 이주

약 1,000명의 체로키 인디언이 노스캐롤라이나로 도망쳤는데, 결국에는 연방정부가 노스캐롤라이나의 스모키 산악 지역(Smokey Mountains)에 제공한 인디언 보호구역에 정착했다. 오늘날까지도 그곳에는 인디언 보호구역이 있다. 그러나 나머지 인디언은 1838년 겨울에 오늘날 오클라호마(Oklahoma)가 된 '인디언 준주'를 향해 기나긴 강제 이주의 길을 떠나야 했다. 이주민 수천 명, 아마도 4분의 1 이상이 원치 않던 목적지에 도달하기 전에 사망했다. 생존자는 황폐한 새 인디언 보호 거주지에 정착하여 그 혹독한 여행을 '울면서 걸었던 길,' 즉 눈물의 길로 회고했다.

사실상 1830년에서 1838년 사이에 문명화된 5개 부족 모두가 남부에서 인디언 지역으로 이주해야 했다. 미시시피 주와 앨라배마 주 서부 지역에 거주하던 촉토 부족이 1830년 초에 눈물의 길을 따라 이주한 최초의 인디언 부족이었다. 1836년에는 앨라배마 주 동부와 조지아 주 서부에 걸쳐 살고 있던 크리크 부족 인디언이 연방군에 의해 쫓겨났다. 1년 후에는 미시시피 주 북부의 치카소 부족이 서부

인디언 부족 축출(1830~1835)

앤드루 잭슨은 대통령이 되기 전부터 이미 인디언에 대한 군사 탄압으로 유명했는데, 대통령이 된 이후 남부에 백인 정착민이 증가하자 이 지역에서 인디언을 축출하기로 결정했다. 그 결과, 인디언 부족을 오랫동안 살아왔던 지역에서 미시시피 강 서쪽 새로운 준주-대개 오클라호마 지역-로 이동시키는 일련의 극적인 '축출'을 단행했다. 이들 인디언 부족의 기나긴 여정을 주목하라.

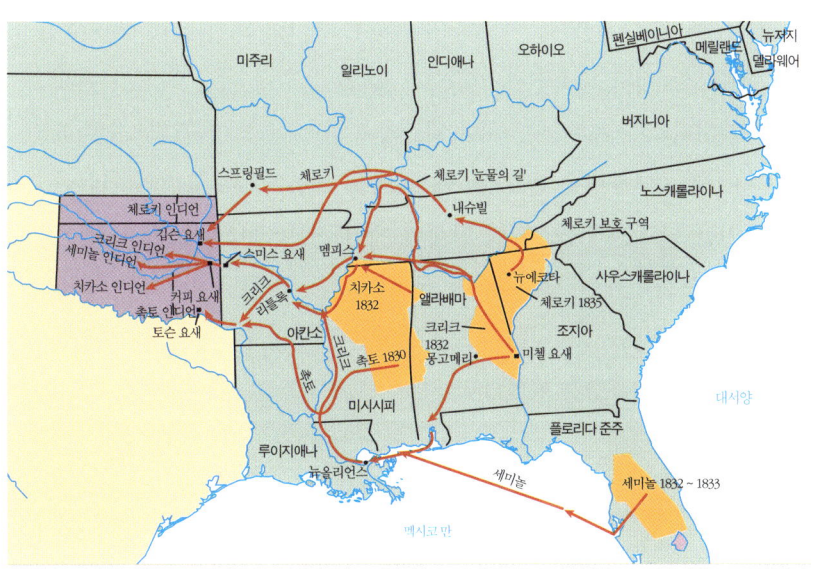

■ 인디언 부족 땅(할양 연도)
■ 인디언 보호구역
← 강제 이동 경로

로 기나긴 행진을 시작했으며, 그 다음 해에는 마침내 체로키 부족이 눈물을 흘리며 서부로 향했다.

• 오시올라의 저항

오직 플로리다의 세미놀 부족만이 그나마 이주 압력에 저항할 수 있었다. 그러나 그들이 승리하기에는 한계가 있었다. 세미놀 부족 역시 다른 부족과 마찬가지로 강압에 견디지 못해 부족 토지를 양도하고 3년 내에 인디언 지역으로 이동하는 데 동의했다. 따라서 대부분의 세미놀 인디언은 서부로 이동했다. 그러나 오시올라(Osceola) 부족장의 지휘로 소수의 인디언은 1835년 초에 땅을 지키기 위해 봉기했다(그들과 함께 지내던 일단의 도망 노예도 이 봉기에 참여했다). 잭슨 대통령은 플로리다에 군대를 파병했으나 흑인과 연합한 세미놀 인디언은 플로리다 남부의 에버글레이즈(Everglades) 같은 정글 속에서 게릴라전을 펴는 데 익숙했다. 1842년 마침내 연방정부는 이 전쟁을 포기하는데 그것은 많은 세미놀 인디언이 죽거나 서부로 강제 이주당한 뒤였다.

인디언 이주의 의미

1830년대 말이면 미시시피 강 동쪽 지역에 자리 잡고 있던 사실상의 모든 중요한 인디언 공동체가 서부로 강제 이주된 상황이었다. 인디언은 동부의 약 1억 에이커에 달하는 토지를 연방정부에 양도하고, 그 대가로 6,800만 달러와 주거 환경이 훨씬 척박한 미시시피 강 서쪽 지역 3,200만 에이커의 토지를 받았다. 인디언은 보호구역 안에서 부족별로 나뉘어 살게 되었는데 그곳은 연방군의 요새로 둘러 싸였으며, 기후와 풍토도 익숙했던 이전의 것과는 전혀 달랐다.

동부 인디언을 강제 이주시키는 것 말고 어떤 대안이 있을 수 있었을까? 연방정부가 백인의 서부 팽창을 중단시킬 수 있었다고 이야기하는 것은 전혀 현실성이 없다. 그러나 적어도 이론상으로는 잔혹한 이주 정책 말고도 다른 대안이 있었다. 서부에서 백인 정착민과 원주민 부족이 공존한 예는 수없이 많았다. 멕시코와 캐나다, 미국에서 온 정착민은 뉴멕시코의 푸에블로와 태평양 북서부의 모피 교역지, 텍사스와 캘리포니아 일부 지역에서 인디언과 백인이 서로 친밀하게 상호 작용하는 사회를 형성했다. 이같은 밀착 관계는 서로 유익하기도 했지만 때로는 잔인하고 착취적이기도 했다. 그러나 서부의 초기 다인종적 사회는 백인과 인디언을 분리하지 않았다. 그 사회는 두 문화가 각각의 문화를 형성해나가는 가운데 상호 작용할 수 있는 방법을 보여주었다.

● 인디언 이주의 대안

그러나 19세기 중반 미국의 백인은 전혀 다른 모델을 채택했다. 대서양 연안을 따라 정착한 초기 영국인이 '플랜테이션'을 건설해 이론상으로는 원주민을 제외시켰던 것과 마찬가지로, 후대의 서부 백인은 새로운 서부 사회를 건설하는 데 인디언은 동반자가 될 수 없다고 믿었다. 인디언은 이주시켜야 할, 가능하다면 고립시켜야 할 장애물이었을 뿐이다.

4
잭슨 대(對) 미국 은행 전쟁

잭슨은 인디언 문제를 처리하기 위해 연방정부의 권력을 행사하는 데에는 조금도 망설이지 않았다. 그러나 미국의 백인이 연관된 문제에 대해서는 연방 권력의 행사를 꺼렸다. 1830년에 잭슨이 켄터키 주의 메이스빌 철도(Maysville Road) 계획에 보조금을 제공하려는 연방의회의 입법안에 거부권을 행사한 사건은 이러한 경향의 실례라고 할 수 있다. 잭슨은 문제의 철도가 전적으로 켄터키 주 경계 내에 놓이게 될 것이기 때문에 '주 상호 간 교역'의 일부라고 볼 수 없기 때문에 이 법안을 위헌이라고 주장했다. 또한, 잭슨은 이 법안이 현명하지 못하다고 생각했는데, 터무니없는 건설비가 소요되는 계획에 연방정부를 얽어매는 일이었기 때문이다. 잭슨이 미국 은행과 전쟁을 벌인 이면에는 이와 같이 연방정부의 권력 행사를 반대하려는 경향이 깔려 있었다.

니콜라스 비들

• 니콜라스 비들

미국 은행(Bank of the United States)은 은행 주식의 5분의 1을 소유하고 있던 연방정부의 예치금을 독점하고 있었다. 또한 성장하고 있는 기업에 신용 대출을 제공하기도 했고, 미국 전역에 걸쳐 신뢰할 수 있는 은행지폐를 발행했으며, 부실 운영되고 있던 주 은행들을 규제하는 역할을 하기도 했다. 1823년부터 미국 은행장으로 재직한 니콜라스 비들(Nicholas Biddle)은 이 은행을 건실하고 풍요한 기반 위에 올려놓기 위해 많은 일을 했다. 그럼에도 앤드루 잭슨을 비롯한 많은 미국인은 은행 문을 닫기로 결정했다.

미국 은행에 문제를 제기한 것은 '연화(軟貨, soft-money)파'와 '경화(硬貨, hard-money)파'라는 전혀 다른 성격의 두 집단이었다. 연화 주창자는 대부분 주 은행가와 그 지지자로, 미국 은행이 주 은행의 자유로운 지폐 발행을 제한하고 있기 때문에 미국 은행에 반대했다. 경화 주창자는 오직 주화(鑄貨)만이 안전한 통화라고 믿는 사람들로, 미국 은행을 포함해 은행지폐를 발행하는 모든 은행을 비난했다. 연화 주창자는 급속도의 경제발전과 투기를 신봉하는 사람들인 반면, 경화 주창자는 '공공의 선(public virtue)'이라는 해묵은 이념을 신봉해 팽창과 투기를 의심에 찬 눈으로 바라보는 사람들이었다. 경화파를 지지했던 잭슨은 1836년에 만기되는 미국 은행의 인허장 갱신 문제에 대해 비판적인 입장을 취할 것이라는 점을 분명히 했다.

• '연화' 대 '경화'

필라델피아 출신인 비들은 정치에 익숙하지 않은 귀족적인 인물이었다. 그러나 미국 은행을 구하려고 애쓰면서 정치적으로 영향력 있는 사람들에게 대출 호의를 베풀기 시작했다. 특히 대니얼 웹스터를 의지해 그를 은행의 법률 고문이자 보스턴 지점의 지점장에 임명했다. 웹스터는 비들이 헨리 클레이의 도움을 받을 수 있도록 주선해주었다. 클레이와 웹스터를 비롯한 법률 고문들은 비들에게 재인가 법안을 만기 4년 전인 1832년에 연방의회에 신청하라고 조언했다. 연방의회는 재인가 법안을 통과시켰으나 잭슨이 거부권을 행사했다. 그리고 연방의회 내의 미국 은행 지지자 또한 대통령이 거부한 법안을 재가결하는 데 실패했다. 클레이가 기대한 대로, 미국 은행 문제는 1832년 대통령 선거전에서 최대 쟁점으로 떠올랐다.

• 재인가 법안에 대한 거부권 행사

1832년, 클레이는 당원들의 만장일치로 국민 공화당 대통령 후보에 선출되어 선거에 출마했다. 그러나 '미국 은행 전쟁'은 클레이가 기대했던 것처럼 승리를 안겨다줄 만한 쟁점으로 작용하지 않았다. 밴 뷰런을 부통령 후보로 지명한 잭슨이 일반 투표의 55퍼센트와 선거인단 표 219표를 얻어 압도적인 승리를 거두었다.

'괴물'의 붕괴

이제 잭슨은 어느 때보다도 단호하게 '괴물', 미국 은행을 쓰러뜨리기로 결심을 굳혔다. 그러나 미국 은행의 인허장에 명시된 기한이 만료되기 전에는 미국 은행을 합법적으로 폐쇄할 수 없었다. 잭슨은 연방정부의 예치금을 미국 은행에서 인출하는 것으로 미국 은행을 약화시키려 했다. 재무 장관은 이러한 행동이 금융 체계를 동요시킬 것이라며 인출 명령을 내리려 하지 않았다. 잭슨은 그를 해임하고 다른 사람으로 대체했다. 새로운 재무부 장관도 똑같이 주저하자 잭슨은 그 역시 해임하고 세 번째로 로저 토니(Roger B. Taney)를 새로운 장관으로 임명했다. 토니는 이전 법무 장관으로 대통령의 절친한 친구이자 충실한 지지자였다.

• 정부 예치금 인출

토니는 미국 은행에서 연방정부의 예치금을 인출해 이를 수많은 주 은행에 예금했다. 비들은 이에 대응해 대출금을 회수하고 이자율을 높였다. 그리고 연방정부의 예치금이 없어 미국 은행의 자원이 바닥나고 있다고 설명했다. 그의 행동으로 단기 불황이 촉진되었다.

• 잭슨의 정치적 승리

1833년과 1834년 사이 겨울에 금융 상황이 악화되자 미국 은행 지지자들은 워싱턴에 미국 은행의 재인허를 촉구하는 청원서를 보냈다. 그러나 잭슨주의자는 경기 후퇴의 책임을 비들에게 전가하며 재인허를 거부했다. 비들은 결국 신용 대출을 지나치게 제한하던 태도를 바꾸어 경제계를 회유해야 했다. 미국 은행 재인허를 받으려던 그의 바람은 그 과정에서 좌절되었다. 잭슨은 중요한 정치적 승리를 거두었다. 그러나 미국 은행이 막상 1836년에 문을 닫자, 금융 체계가 만성적인 불안에 시달렸고, 이로써 미국 경제는 수년 동안 불황에서 헤어나지 못했다.

토니 연방 대법원

미국 은행 전쟁의 여파 속에서, 잭슨은 경제 국민주의의 가장 튼튼한 버팀목이었던 연방 대법원을 공격하기 시작했다. 1835년에 존 마셜이 사망하자, 잭슨 대통령은 가장 신뢰하던 로저 토니를 마셜의 후임으로 임명했다. 토니는 헌법 해석에 분명한 단절을 가져오지는 않았으나 마셜의 정력적인 국민주의를 완화하는 데 일조했다.

1837년의 찰스 강 교량 대 워렌 교량(*Charles River Bridge v. Warren Bridge*) 사건은 아마도 새로운 사법부의 풍토를 가장 분명하게 드러낸 사건일 것이다. 이 사건은 보스턴과 케임브리지를 가르고 있는 찰스 강에 놓일 교량의 건설권을 놓고 매사추세츠 주의 두 회사가 벌인 분쟁이었다. 한 회사는 오래전에 주 정부로부터 유료 교량을 운영할 수 있는 인가를 받았는데, 인허장이 교량 운송에 대한 독점권을 보장해주는 것이라고 주장했다. 다른 한 회사는 경쟁을 불러일으킬 수 있는 두 번째 교량의 건설을 허가해주도록 주 의회에 신청했는데, 교량을 무료로 이용하게 할 예정이었다. 그렇게 되면

• 찰스 강 교량 회사 대 워렌 교량회사 사건

첫 번째 회사가 받은 인허장의 가치가 현저하게 떨어질 게 분명했다. 첫 번째 회사는 주 의회의 두 번째 인허장 교부를 자기 회사와의 계약을 위반하는 행위라고 주장했다. 그들은 다트머스 대학 사건을 비롯한 여러 사건에서 주(州)에는 계약을 파기할 권한이 없다고 판결했던 마셜 연방대법원의 결정을 인용했다. 그러나 토니는 매사추세츠 주가 두 번째 인허장을 교부할 수 있다며 주 정부의 권리를 지지했다. 토니는 공공의 행복을 증진하는 것이 정부의 목적이며, 이는 재산권에 우선한다는 입장을 고수했다. 따라서 필요하다면 주 정부는 공동체의 복지를 촉진하기 위해 계약을 수정하거나 파기할 권리가 있다는 결정을 내렸다. 이러한 결정은 잭슨주의의 핵심 이념을 반영하는 것으로, 민주주의의 열쇠는 경제 기회의 확대에 있으며 만약 기존의 회사들이 독점권을 고수한다면 그러한 기회의 확대는 불가능하다는 것이었다.

5

제2차 정당 체제의 등장

처음에는 연방법 무효화 운동, 다음에는 미국 은행을 뭉개뜨리면서 발휘한 잭슨의 전술은 그 무렵 성장하고 있던 반대 집단을 자극했다. 이 연대는 잭슨의 권력 행사에 반대하는 전국적인 정치 지도자의 모임으로 시작되었다. 그들은 대통령을 '앤드루 1세(King Andrew I)'라고 비난하면서 휘그당으로 자칭했다. 휘그당이라는 용어는 전통적으로 왕의 권력을 제한하려고 했던 영국 정당의 이름에서 유래했다. 휘그당의 출현으로 미국은 다시 한 번 두 정당이 경쟁하는 상황에 돌입했다. 이로써 학자들이 이른바 '제2차 정당 체제'라고 부르는 체제가 시작되었으나, 그리 오래가지는 않았다.

두 정당

1830년대 민주당의 철학은 앤드루 잭슨의 영향을 받았다. 민주당은 특권을 고착화하고 기회를 억누르는 사회·경제적 장치를 분쇄하는 정도 말고는 연방정부의 권력을 제한해야 한다고 믿었다. 또한 주 정부가 사회·경제적 유동성에 개입하는 경우를 제외하고는 주의 권리를 보호해야 한다고 믿었다. 잭슨주의적 민주당원은 '정직한 노동자', '순수한 농민', '솔직한 사업가'를 찬양했으며 이들을 부패하고 독점적이며 귀족적인 기성 부유층 세력과 대비하곤 했다. 민주당은 영토 확장이 야망 있는 미국인에게 더 많은 기회를 가져다줄

• 기회에 대한 민주당의 강조

것이라고 믿고 이를 휘그당보다 훨씬 더 열정적으로 지지했다. 민주당 내 가장 급진적인 당원, 주로 북동부의 노동자나 소규모 사업자, 전문직 종사자인 이른바 로코포코스(Locofocos)는 격렬한 논조로 독점과 특혜를 비난했는데, 그 과정에서 폭력을 동원한 일도 있었던 것 같다.

· 산업 발전에 대한 휘그당의 요구

휘그주의(Whiggery)라는 정치철학을 신봉했던 사람들은 연방정부의 권력 확대와 상공업의 발달을 선호했다. 휘그당은 급속한 영토 확대가 사회불안을 가져올 수 있다고 염려하면서 서부 확장에 신중을 기했으며, 미국이 상업과 제조업을 기반으로 열강의 대열에 올라서기를 희망했다. 그리고 그러한 전망이 모든 미국인에게 더 많은 기회를 가져다줄 것이라고 주장하면서도 경제성장을 가장 효과적으로 증진시키는 기업가와 단체를 특히 높이 평가하는 경향이 있었다.

북동부의 부유한 상인과 제조업자, 남부의 부유한 대농장주, 서부의 기업화된 농민과 신흥 상업 계층이 휘그당의 가장 강력한 지지기반이었다. 북동부의 소규모 상인과 노동자, 산업의 성장에 의구심을 지니고 있던 남부의 농장주, 압도적으로 농업경제를 선호하던 서부인은 민주당을 지지했다. 휘그당원은 민주당원보다 경제적으로 부유했고 배경도 한층 귀족적이었으며 상업적인 야심 또한 더 큰 경향이 있었다. 그러나 철학적인 순수성을 지키기보다 선거에서 승리하는 데 더욱 관심을 기울이기는 민주당이나 휘그당이나 다를 바가 없었다. 그래서 양당 모두 가능한 한 많은 유권자를 끌어들이기 위해 지역에 따라 다른 전술을 구사하곤 했다.

예를 들면, 휘그당은 뉴욕 주에서 반(反)메이슨주의(Anti-Masonry)로 알려진 운동을 통해 인기를 얻었다. 1820년대에는 배타적인 비밀결사인, 그래서 비민주적인 단체로 간주된 프리메이슨단(Society of Freemasons)에 대한 적대감이 널리 퍼져 있었는데, 이러한 정서를 기반으로 반(反)메이슨당이 출현했다. 1826년, 전에 프리메이슨 단원이었던 윌리엄 모건(William Morgan)이 프리메이슨주의의 비밀을 폭로한 것이라고 알려진 저서를 출판하기 직전에 뉴욕 주 바타비아(Batavia)에 있는 자택에서 실종되자, 이러한 적대감이 격화되었다. 복수심에 불타는 메이슨단원이 모건을 유괴해 살해했다는 소문이 널리 퍼졌다. 휘그당은 이 반메이슨적 광란에 주목하고 프리메이슨 단원이었던 잭슨과 밴 뷰런을 맹렬하게 공격하면서 민주당이 그 반민주적 음모에 관련되어 있음을 암시했다.

종교적이고 종족적인 구분 또한 두 정당의 지지 세력을 가르는 데 중요한 역할을 했다. 아일랜드계와 독일계 가톨릭교인은 민주당을 지지하는 경향이 있었다. 왜냐하면 민주당이 상업 발달에 대한 가톨릭교인의 막연한 적대감에 동조하는 것처럼 보였고, 이들의 문화적 가치를 존중하는 것처럼 보였기 때문이다. 복음주의적 프로테스탄트는 자연스럽게 휘그당에 이끌렸다. 자신들의 목적인 끊임없는 발전과 개선을 휘그당과 연관지었기 때문이다. 그들은 통일성과 질서를 향해 서서히 진보하는 사회를 추구했으며, 새로운 이민 공동체에 대해 '미국적' 방법을 가르치고 훈육시켜야 할 필요가 있는 집단으로 파악했다.

• 종교적·종족적 구분

휘그당은 전국적인 지도자 한 사람의 영도 아래 집결하기보다는 지지자를 확보하고 정체성을 규정짓는 데 더욱 성공했다. 어느 누구도 잭슨이 민주당원에게 충성을 요구했던 방식으로 휘그당원의 충성을 확보할 수 없었다. 대신에 휘그당은 주요한 세 인물, 즉 헨리 클레이, 대니얼 웹스터, 존 칼훈을 중심으로 나뉘는 경향이 있었다.

클레이는 그 자신이 이른바 아메리카 시스템이라고 내세운 국내 개발과 경제발전을 선호하는 사람들의 지지를 얻었다. 이러한 개발은 특히 서부 지역 주민들에게 중요했다. 그러나 그에게는 권모술수에 능한 정치인이라는 이미지와 서부를 떠올리는 이미지가 일종의 정치적 부담이었다. 클레이는 대통령 선거에 세 번이나 출마했으나 한 번도 당선되지 못했다. 대니얼 웹스터는 연방헌법 및 연방을 수호하자는 열정적인 연설로 휘그당원 사이에서 광범위한 지지를 얻었다. 그러나 미국 은행 및 보호관세 문제에 밀접하게 관련되어 있었고, 재정 지원을 얻기 위해 부유층에 의존했으며, 과도하게 브랜디에 탐닉한 전력으로 말미암아, 그렇게 필사적으로 원했던 대통령직에 오를 만큼의 국민적 지지를 얻지 못했다. 존 칼훈은 스스로도 결코 진정한 휘그파라 생각하지 않았고, 칼훈 하면 연방법 무효화 논쟁이 떠올랐기에 사실상 어떠한 경우에도 국민적 지도자가 될 수 없었다. 그러나 칼훈은 중앙은행 문제를 둘러싸고 클레이, 웹스터와 공동 보조를 취했고 앤드루 잭슨에 대해서도 그들과 마찬가지로 강한 적개심을 지니고 있었다.

휘그당은 연방의회와 주 및 지방선거에서는 민주당과 비교적 대등하게 경합을 벌였으나, 대통령 선거에서는 20년이 넘는 당의 역사에서 겨우 두 번밖에 승리하지 못했다. 휘그당의 문제는 특히 1836년에 분명히 드러났다. 민주당은 앤드루 잭슨이 개인적으로 낙점한 마틴 밴 뷰런을 차기 대통령 후보로 결정한 반면, 휘그당은 선거전에 단일 후보를 내세울 것인가에 대해서조차 의견이 엇갈렸다. 그들은 여러 후보를 출마시키기로 결정했는데, 각 지역에서 개별적으로 밴 뷰런의 표를 빼앗아 뷰런이 과반수를 차지하지 못하면 하원이 최종 결정권을 행사할 것이라는 데 기대를 걸었다. 하원에서는 자기당 후보 가운데 한 사람이 선출될 가능성이 더 크다고 생각했기 때문이다. 그러나 결국 휘그당 후보들은 선거인 중 124표에 그쳤고 170표를 획득한 밴 뷰런이 손쉽게 대통령으로 당선되었다.

6

잭슨 이후의 정치

앤드루 잭슨은 1837년에 공직에서 물러났다. 그는 당대에 가장 사랑받는 정치인이었다. 마틴 밴 뷰런은 그에 비하면 운이 별로 없었다. 개인적인 매력도 잭슨과 경쟁할 바 못 되었고, 그의 재임시에 정부는 경제 불황으로 시달렸다. 경제 불황은 밴 뷰런 자신만이 아니라 민주당에도 상처로 남았다.

1837년의 경제공황

경제 호황

1836년 대통령 선거전에서 밴 뷰런이 승리한 것은 부분적으로 전국적인 경제 호황 때문이었다. 운하와 철도 건설이 절정에 달했으며, 물가도 올랐고 신용 대출도 용이했다. 특히 토지 사업이 호황을 누렸다. 1835년에서 1837년 사이에 연방정부는 거의 4,000만 에이커에 달하는 공유지를 매각했는데, 이 중 4분의 3이 투기업자의 손에 넘어갔다. 연방정부는 1833년 관세법과 공유지 매각으로 거두어들인 세입으로 예산을 집행하고도 엄청난 돈을 남겼으며, 정부 부채도 점진적으로 줄여나갈 수 있었다. 1835년에서 1837년은 연방정부가 미국 역사상 처음이자 마지막으로 부채에서 벗어난 기간이었다. 그뿐만 아니라 재무부에는 상당한 잉여금이 쌓였다.

연방의회와 행정부는 이제 재무부의 잉여금을 어떻게 처리할 것인가를 놓고 고심했다. 연방정부의 잉여금을 주에 반환하는 방안을 지지하는 사람이 생겨났다. 1836년의 '분배'법에 따라 연방정부는 매년 4분기로 나누어 분기 때마다 주 정부에 무이자 무담보 대출을 제공하게 되었다. 누구도 '대출금'을 상환해야 한다고 생각하지 않았다. 주 정부는 재빨리 이 돈을 고속도로, 철도, 운하 건설을 촉진하는 데 투여했고 그에 따라서 잉여 자금의 분배는 경제 호황을 한층 더 자극했다. 동시에 연방 기금의 인출은 연방정부의 기금을 관리해왔던 주 은행의 재정 구조를 왜곡시켰으며, 주 은행은 주 정부에 자금을 제공하기 위해 자기 담보를 회수해야 했다.

연방의회는 투기 열기를 억제하기 위한 아무런 대책도 강구하지 않았다. 잭슨은 연방정부가 토지를 팔아 대신에 가치가 의심스러운 주 은행의 지폐를 받는다는 사실을 달가워하지 않았다. 잭슨은 1836년에 '정화(正貨) 회람(specie circular)'이라는 행정명령을 내려, 공유지 매각시에 연방정부가 오직 금화나 은화 또는 금과 은에 의해 보장된 화폐만을 인정할 것이라고 밝혔다. 정화 회람으로 인해 밴 뷰런 대통령 임기 초에 금융공황이 초래되었다. 수백여 개의 은행과 회사가 문을 닫고 실업이 폭증했으며, 일부 대도시에서는 식료품 파동이 발생하고 물가, 특히 토지 가격이 폭락했다. 많은 철도 및 운하 건설 계획이 백지화되었으며, 채무를 짊어진 여러 주 정부가 주 채권에 대한 이자 지불을 중단했고, 일부 주 정부는 잠시 동안이지만 부채 상환을 거부하기도 했다. 이 불황은 그때까지의 미국 역사상 최악의 경제 불황으로 5년간 지속되었다. 또한 밴 뷰런과 민주당에게는 정치적 대재앙이기도 했다.

• 파산

밴 뷰런의 경제 대책

밴 뷰런 행정부는 경제 불황 극복에 별다른 노력을 기울이지 않았다. 밴 뷰런 행정부가 취한 몇 가지 경제 대책, 즉 정부 부채를 상환하기 위해 자금을 차입하고 조세 납입에 오직 정화만을 인정한 경제 대책은 오히려 상황을 악화시켰을 뿐이다. 다른 회생 노력은 연방의회에서 거부되었다. 예를 들면, '공유지 선매(preemption)' 법안은 정부 토지를 일반에 매각하기 전에 정착민에게 먼저 인근의 정부 토지를 구매할 수 있는 권한을 주자는 것이었다. 아예 토지 가격을 낮추자는 법안도 있었다. 밴 뷰런은 대통령령을 발동해 연방정부가 행하는 모든 사업에 하루 10시간 노동을 엄수하도록 하는 데 성공했을 뿐, 별다른 입법 조치를 추진하지 못했다.

● 독립적인 재무 체제

밴 뷰런 대통령의 경제 대책 가운데 가장 중요하면서도 논쟁을 불러일으킨 대책은 새로이 제안한 금융 체제였다. '독립 재무원(independent treasury)' 혹은 '재무원 지부(subtreasury)' 체제로 알려진 밴 뷰런의 안은 정부자금을 워싱턴의 독립적인 재무원과 다른 도시에 있는 재무원 지부에 안치하는 것이었다. 이에 따르면 어떤 민간 은행도 정부자금 혹은 정부 명의를 가지고 투기에 이용할 수 없었다. 밴 뷰런은 이 제안을 상정하기 위해 1837년에 연방의회 특별 회기를 소집했으나 하원에서 부결되었다. 1840년에 가서야 마침내 밴 뷰런 행정부는 상하 양원에서 이 조치를 통과시키는 데 성공했다.

통나무집 선거전

 1840년 대통령 선거전이 다가오자, 휘그당은 대통령 후보를 단일화한다는 데 의견을 모았다. 1839년 12월, 휘그당은 펜실베이니아 주의 해리스버그에서 최초의 후보 지명 전당대회를 개최했다. 이 전당대회에서 명성있는 군인이자 국민적 유명 인사였던 윌리엄 헨리 해리슨(William Henry Harrison)이 헨리 클레이를 제치고 후보로 지명받았다. 민주당은 이번에도 밴 뷰런을 지명했다.

· 윌리엄 헨리 해리슨

 1840년 선거전은 당시 처음 출현한 대중적 '저가 신문(penny press)'을 통해 광범위한 독자가 후보자 소식을 접한 최초의 선거전이었다. 저가 신문은 거의 전적으로 상류층만을 상대했던 과거의 신문보다 의도적으로 더 생생하고 선정적인 기사를 실었다. 뉴욕의 《선(Sun)》지가 이러한 새로운 종류의 신문 중 최초의 것으로, 1833년에 발행되기 시작했으며 처음부터 의도적으로 평등주의적 노선을 표방했다. 《선》지는 이내 뉴욕에서 가장 많은 독자를 확보한 신문이 되었다. 다른 도시에서도 이와 비슷한 신문이 출현하기 시작했다. 저가 신문이 등장함에 따라 정치 문화의 민주성이 점차 강화되었고, 양당은 선거를 계획하는 과정에서 일반 유권자에게 호소력 있는 전략을 구상하려고 애쓰게 되었다.

 1840년의 선거전은 미국의 정당 경쟁 풍토가 얼마나 무르익었는가를 보여주는 것이기도 했다. 대체로 앤드루 잭슨의 보통 사람 민주주의(common-man democracy)에 반기를 들며 정당으로 발기했던 휘그당도 1840년에는 보통 사람의 정당을 자처했다. 물론 민주당도 마찬가지였다. 두 정당이 모두 유권자 대중에게 동일한 선거

· 대중 유권자에 대한 호소

9장 잭슨 시대의 미국 | 447

뉴욕 《선(Sun)》 지

《선》지는 1833년부터 발행되었는데, 위의 지면은 1834년에 발행된 《선》지의 제1면이다. 광고와 가벼운 이야기, 사우스캐롤라이나 주 찰스턴에서 벌어진 노예 경매에 대한 묘사, "인생은 짧다. 수년간 하찮은 수입을 위해 하찮은 사람으로 남아 있을 필요는 없다"는 내용의 평범한 조언 등을 담고 있다.

전술로 호소했던 것이다. 중요한 것은 정당의 정치철학적 순수성이 아니라 표를 확보하는 능력이었다. 휘그당의 선거전은 특히 상당한 부동산을 가진 프런티어 엘리트 계층이었던 윌리엄 헨리 해리슨을 통나무집과 발효 사과주를 좋아하는 소박한 인물로 묘사해 효과를 거두었다. 경제공황으로 타격을 입은 민주당으로서는 이 같은 휘그당의 선거 전술에 속수무책이었다. 해리슨은 일반 선거에서 53퍼센트의 지지와 함께 선거인단 투표에서 밴 뷰런에게 단 60표를 내주었을 뿐 234표를 얻어 승리를 거두었다.

휘그당의 좌절

이러한 결정적인 승리에도 휘그당은 이후 4년 동안 좌절과 분열의 길을 걸어야 했다. 이는 휘그당의 매력적인 새 대통령이 취임한 지 1달 만에 폐렴으로 사망했기 때문이다. 버지니아 출신의 부통령 존 타일러(John Tylor)가 대통령직을 승계했다.

타일러는 잭슨의 평등주의적 강령이 과도하다고 느끼고 이에 이의를 제기하며 민주당을 떠난 사람이었다. 그러나 공공 정책에 대한 그의 접근 방식에는 여전히 민주당의 흔적이 남아 있었다. 타일러 대통령은 밴 뷰런이 제기한 독립 재무원 제도를 폐지하고 관세율을 상향 조정하는 법안에 동의했다. 그러나 미국 은행을 재인가하려는 클레이의 노력에는 반대했다. 그리고 클레이를 비롯한 연방의회 의원들이 후원하는 여러 국내 개발 관련 법안에 대해서도 거부권을 행사했다. 마침내 휘그당의 연방의회 의원들은 모임을 갖고 타일러를 당에서 내쫓았다. 국무 장관 웹스터를 제외한 모든 각료가 사임했고, 전 민주당원 5명이 그 자리를 대체했다. 웹스터마저 내각에서 물러나자 타일러는 민주당에 재입당한 칼훈을 국무 장관 자리에 임명했다.

휘그당 본부

1840년 휘그당은 귀족적인 자당의 대통령 후보 윌리엄 헨리 해리슨 장군을 큰 잔에 발효 사과 주를 담아 마시기를 즐기는 통나무집 출신 정치인으로 선전했다. 이는 휘그당의 엘리트적 배경을 숨기기 위한 전술이었다. 해리슨의 필라델피아 선거운동을 묘사한 이 그림에 보이듯, 휘그당의 선거 포스터에는 통나무집 그림이 많았다.

정계 구도가 재편되었다. 타일러와 소수의 보수적 남부 휘그당원은 민주당에 재입당할 준비를 했다. 정부가 노예제도를 보호하고 심지어는 확대해야 한다고 생각하는 사람과 거의 광신적인 열정으로 각 주의 권리를 신봉하는 사람, 즉 명백히 귀족적인 정치 이념을 가진 사람이 잭슨과 밴 뷰런의 보통 사람의 정당에 입당했던 것이다.

• 새로운 정계 구도

휘그당의 외교

대내적으로 이러한 정치 논쟁이 벌어지는 사이, 캐나다의 반영(反英) 집단이 1837년에 영국의 식민 정부에 항거해 반란을 일으켰다. 반란이 실패하자 반란군 중 일부가 미국 국경 가까운 곳에 피난처를 마련하고, 미국 증기선 캐롤라인(Caroline)호를 임대해 뉴욕에서 나이아가라 강을 건너 물품을 수송했다. 캐나다의 영국 식민 당국은 캐롤라인호를 나포해 불살랐고, 이 과정에서 미국인 1명이 사망했다. 미국인 사이에 급속도로 반감이 확산되었다. 게다가 그 무렵, 1783년 조약 이후 계속적으로 논란이 되어 왔던 캐나다와 메인 주 간 국경분쟁을 둘러싸고 긴장이 고조되었다. 1838년, 대부분이 벌목 인부로 경쟁 관계에 있던 일단의 미국인과 캐나다인이 분쟁 지역인 어루스턱(Aroostook) 강 지역으로 이동하기 시작했고, 그곳에서 후에 '어루스턱 전쟁'으로 알려진 격렬한 싸움을 벌였다.

• 영국과의 긴장

수년이 지난 1841년, 미국 선박 크리올(Creole)호가 해외에서 온 100명이 넘는 노예를 싣고 버지니아를 떠나 뉴올리언스로 향하고 있었다. 항해 도중 노예가 폭동을 일으켜 선박을 점령하고 바하마로키를 돌렸다. 바하마의 영국 관리는 이들 노예가 자유인임을 선언했고, 영국 정부도 선언을 무효화하려 들지 않았다. 이에 많은 미국인, 특히 남부인이 분노했다.

> 웹스터-
> 애슈버턴
> 조약

이러한 중대한 시점에 영국에 새 정부가 들어서서 미국과의 긴장 관계 해소에 적극적인 관심을 기울였다. 영국 정부는 친미 인사인 애슈버턴 경(Lord Ashburton)을 파견해 메인 국경분쟁과 기타 문제들을 논의하도록 했다. 그 결과, 1842년에 웹스터-애슈버턴 조약(Webster-Ashburton Treaty)이 체결되었다. 미국은 이 조약을 통해 분쟁 지역의 반을 약간 상회하는 지역을 인정받고, 북쪽 국경선을 로키 산맥까지 될 수 있는 한 서쪽으로 재조정한다는 데 합의했다. 또한 애슈버튼은 유감을 표시하는 동시에 앞으로는 미국 선박에 대해 어떠한 '비공식적인 간섭'도 없을 것이라 약속함으로써 케롤라인호와 크리올호 사건을 진정시켰다. 이로써 영미 관계는 상당히 호전되었다.

> 왕하 조약

타일러 행정부 시절, 미국은 중국과 처음으로 외교 관계를 수립했다. 1844년에 체결한 왕하 조약(Treaty of Wang Hya)으로 미국은 영국과 동일한 무역 특혜를 확보하고 그 후 10년 동안 미국과 중국의 무역이 꾸준히 증가했다.

휘그당은 최소한 외교 노력에 있어서만큼은, 몇 가지 중요한 성공을 거두었다. 그러나 타일러 행정부 말기에 이르러 당은 회고해 볼 만한 성공적인 일이 거의 없었다. 1844년 대통령 선거전에서 휘그당은 백악관을 잃었다.

결론

　1828년 앤드루 잭슨이 대통령으로 당선되면서 새로운 정치 세계가 열리기 시작했다. 미국 전역에서 정치 참여를 통제하는 법률이 느슨해졌고, 참정권을 가진 유권자 수가 확대되었다(종국에는 대부분의 백인 남성들에게 선거권을 부여했다). 그리하여 유권자의 확대와 더불어 새로운 정당정치 풍토가 조성된 것이었다.

　잭슨은 대통령으로서 자당인 민주당의 권력을 공고히 하려고 애썼다. 또한 서부를 열렬하게 옹호했고, 자신이 생각하기에 미국 경제의 목을 조르고 있는 동부의 귀족적인 특권계급을 신랄하게 비판했다. 잭슨은 경제 문제에 관해 연방정부의 역할을 제한하려고 했으며, 미국 은행을 귀족주의적 영향력을 지닌 부패한 도구로 생각해 무너뜨리려고 했다. 그리고 미국의 통일성에 대한 가장 중대한 도전, 그러나 이 신생국 내부에서 발생한 가장 중대한 도전—1832년과 1833년의 연방법 무효화 위기—에 직면해서는 연방의 권한과 중요성을 강하게 역설했다. 잭슨은 이 같은 입장으로 대중적 인기를 얻어 1832년에 대통령에 재선되고 1836년에는 직접 지명한 후계자 마틴 밴 뷰런의 당선을 이끌어냈다.

　그러나 휘그파로 자칭했던 반(反)잭슨주의자의 새로운 연대는 새롭고 강력한 정당을 창당하기에 이르렀다. 그들은 한층 더 국민주의적인 강령을 내걸고 국민적 지지를 얻어내기 위해 이전에 민주당이 사용했던 반(反)엘리트적 수사를 적극 활용했다. 반(反)잭슨주의자의 등장으로 결국 1840년 대통령 선거전에서 최초의 휘그당 대통령이 탄생했다.

1817~1825	1830	1830s	1834	1837
이리 운하 건설	볼티모어-오하이오 간 철도 운행 시작	아일랜드(Ireland) 남부 출신 이민자 유입 시작	로웰 공장의 여성 노동자 파업/매코믹 특허 자동 수확기	토착 미국인 협회가 이민 반대

10장
미국의 경제 혁명

로웰 공장

15년 전만 해도 매사추세츠 주의 로웰은 이스트 첼름즈퍼드(East Chelmsford)로 알려진 조그만 농촌 마을이었다. 1840년대에 피츠휴 래인(Fizthugh Lane)이 〈미들섹스 회사의 양모 공장〉을 그렸을 당시 그 타운은 미국에서 가장 유명한 제조업 중심지가 되었고 세계 각지에서 방문객들이 찾아들었다. 래인이 그린 이 그림에서 로웰 공장의 주 노동력이었던 여성 노동자들이 공장으로 들어가는 모습을 볼 수 있다.

1844	1845	1846	1847	1852
모스가 최초로 전신 메시지 송출에 성공	토착 미국인당 창당	윤전 인쇄기 발명	존 디어, 강철 쟁기 생산	미국인당(무지당) 결성

1812년 미영 전쟁에 돌입할 당시에도 미국은 여전히 본질적으로 농업 국가였다. 물론 미국에는 규모가 상당한 도시가 여럿 존재했다. 북동부에는 많지는 않지만 제조업체도 성장하고 있었다. 그러나 압도적 다수는 농민과 상인이었다.

1861년 남북전쟁이 발발했을 무렵, 미국은 상당히 변모해 있었다. 대부분의 미국인은 여전히 농촌에 거주했지만, 그들조차 전국적인 동시에 국제적인 시장경제의 한 부분이었다. 이에 못지않게 중요한 사실은 미국이 제조 분야에서 패권을 잡기 위해 유럽의 산업국가들과 경쟁하기 시작했다는 점이다. 미국은 산업혁명의 초기 단계를 경험하고 있었다.

1
미국의 인구 변화

미국의 산업혁명은 많은 요인, 곧 운송과 통신의 진보, 제조 기술의 성장, 새로운 기업 조직 체계의 발전 그리고 무엇보다 인구 증가 등이 어우러진 결과였다.

급속한 인구 성장

1820년에서 1840년 사이에는 세 가지의 경향이 미국 인구의 특징으로 나타났다. 인구가 급속도로 증가했고, 상당수의 인구가 서부로 이동했으며, 타운과 도시로 인구가 몰려들어 이 새로운 거주민이 산업 노동자가 되었다는 점이다.

1790년만 해도 미국 인구는 400만 명에 지나지 않았다. 그러나 1820년에는 인구가 1,000만에 도달했고, 1830년에는 거의 1,300만, 1840년에는 1,700만에 이르렀다. 인구가 이렇게 성장한 데에는 공중 보건의 개선이 한 가지 요인으로 작용했다. 전염병 발생 빈도와 그 영향력이 점차 낮아졌으며 전체적으로 사망률도 저하되었던 것이다. 또한, 인구 증가는 출생률이 높아진 때문이기도 했다. 1840년에 백인 여성은 1인당 평균 6.14명의 아이를 낳았다.

아프리카계 미국인의 인구 증가 속도는 백인보다 약간 더뎠다. 1808년 이후 노예 수입이 불법화되면서 미국 내 백인 대비 흑인 인

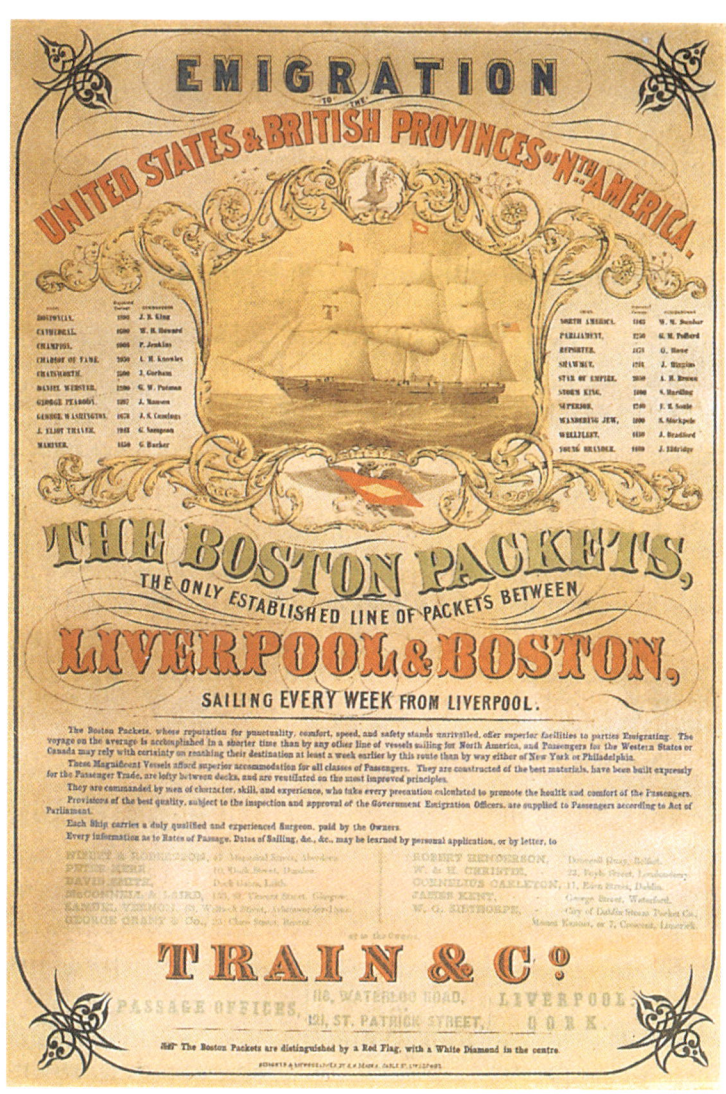

이민 광고지

널리 유포된 이 전단은 1830년대와 1840년대에 많은 영국인과 아일랜드인에게 미국 이민을 권유했던 광고 중 하나다. 많은 이민 회사처럼, 이 이민 회사도 '뛰어난 (배 안) 편의 숙박 시설'을 자랑해 부유한 승객을 유인하는 동시에 재산이 별로 없는 노동자를 끌어모으려고 애썼다.

구의 비율은 전체적으로 계속 낮아졌다. 백인보다 흑인의 인구 증가가 저조했던 것은 비교적 사망률이 높았기 때문이다. 노예 어머니는 대가족을 꾸려나가야 했다. 그러나 노예든 아니든 흑인의 수명은 백인보다 짧았다. 이는 실질적으로 모든 아프리카계 미국인이 겪지 않으면 안 되는 가난의 결과였다.

이민은 유럽의 전쟁과 미국의 경제 위기로 주춤했다. 따라서 이민이라는 요인이 19세기 초기 30년간 미국의 인구 증가에 기여한 바는 거의 없다. 1830년 1,300만 명에 달하는 총인구 가운데 외국 태생은 50만 명에도 미치지 못했다. 그러나 이내 이민은 다시 증가하기 시작했다. 유럽 일부 지역에서 경제 상황이 악화되면서 이민이 촉진된 것처럼, 미국 내의 운송 비용이 하락하고 경제 기회가 증대됨에 따라 이민 붐이 조장되었다. 새로운 집단이 이민을 통해 미국으로 들어왔는데, 특히 아일랜드 남부 (가톨릭) 지역 출신의 이민자 수가 늘기 시작했다.

• 이민의 증가

새로운 유럽 이민자 상당수는 급속도로 성장하고 있던 북동부 도시로 몰려들었다. 한편, 도시의 성장은 국내 이동의 결과이기도 했다. 뉴잉글랜드의 농촌 지역을 비롯한 여러 지역에서 이렇다 할 수익성 있는 일이 사라지자, 더욱 많은 사람이 살던 곳을 떠나 다른 지역으로 이주했다. 서부의 유망한 농촌 지역으로 이주한 사람들도 있었지만, 대개는 동부 도시로 흘러들었다.

이민과 도시의 성장(1840~1860)

1849년과 1860년 사이에 도시의 성장이 극적으로 가속화되었다.

• 급속한 도시화

예를 들어, 뉴욕은 31만 2,000명에서 80만 5,000명으로 인구가 크게 늘어 미국에서 가장 크고 상업적으로 가장 중요한 도시로 발돋움했다. 필라델피아 인구도 같은 시기에 22만 명에서 56만 5,000명으로 성장했고, 보스턴은 9만 3,000명에서 17만 7,000명으로 늘었다. 1840년에는 노예제도가 없는 주는 인구의 14퍼센트가 2,500명 이상인 타운이나 도시에서 거주했는데, 1860년경에는 26퍼센트가 타운이나 도시에서 거주했다. 반면에 남부에서는 도시민이 1840년의 6퍼센트에서 1860년에 10퍼센트로 증가했을 뿐이다.

서부 지역 농업경제의 호황은 도시의 성장에도 현저한 영향을 미쳤다. 1820년에서 1840년 사이에, 한때 작은 마을 혹은 교역 거점에 지나지 않았던 공동체가 주요 도시로 발전했다. 세인트루이스, 피츠버그, 신시내티, 루이스빌이 이같이 성장한 도시였다. 이들 도시가 중서부 농민과, 뉴올리언스 그리고 뉴올리언스를 거쳐 북동부 여러 도시를 잇는 운수업의 중심지가 되었다. 그러나 1830년 이후 이 같은 교역이 미시시피 강에서 오대호로 이동함에 따라 점차 강가의 항구도시를 대체하는 새로운 도심지가 등장했다. 버펄로, 밀워키, 클리블랜드 그리고 시카고가 그러한 새로운 도심지였다.

이렇게 도시인구가 성장한 데에는 대체로 주요한 두 인구 집단이 도시로 흘러든 때문이었다. 한 집단은 서부에서 불어온 경쟁으로 어쩔 수 없이 농지에서 유리된 북동부 토착 농민이었으며, 다른 한 집단은 유럽에서 유입된 이민자였다. 1840년에서 1850년 사이에는 150만 명의 유럽인이 미국으로 이주했다. 1850년대에는 그 수가 250만으로 증가하여 당시 뉴욕 시 인구의 거의 절반이 그 즈음에 미국에 들어온 이민자였다. 세인트루이스, 시카고, 밀워키의 경우에는 외국 태생의 인구가 미국 본토 태생의 인구보다 훨씬 많았다. 반면에 남부에 정착한 이민자는 거의 없었다.

이민자의 출신지는 매우 다양했다. 그러나 대개가 아일랜드와 독일 출신이었다. 1860년 무렵에는 아일랜드 출신이 150만 명이 넘었고, 독일 출신도 100만에 육박했다. 아일랜드인은 대부분이 처음에 도착한 동부 도시에 그대로 정착해 비숙련 노동자 계층에 편입되었다. 아일랜드 이민자 가운데 단일 집단으로는 젊은 독신 여성이 가장 많았는데, 이들은 공장이나 가정집에서 일자리를 잡았다. 독일인은 아일랜드인과는 달리 최소한 일정 양의 자금을 들고 왔고, 종종 가족 단위로 들어왔기 때문에 주로 북서부로 이동해 농민이 되거나 서부 지역의 타운에서 사업을 경영했다.

● 아일랜드계와 독일계 이민자

토착주의의 등장

많은 정치인은 이민자들의 지지를 받으려고 애썼다. 그러나 그 외의 사람들은 외래 인구의 증가를 견딜 수 없이 불안한 마음으로 지켜보았다. 이민자는 인종적으로 열등하다거나 돈을 받고 표를 팔아 정치를 타락시킨다고 주장하는 사람도 있었다. 이민자가 토착 미국인의 일자리를 빼앗는다고 불평을 늘어놓는 사람도 있었다. 프로테스탄트는 아일랜드인이 늘어남에 따라 미국에서 가톨릭 교회의 입김이 커질 것이라고 걱정했고 토착 미국인은 이민자가 정치적 급진 세력이 될 것이라고 불안해했다. 그리하여 이러한 두려움과 편견들 속에서 이른바 '외국인의 위협(alien menace)'에 맞서기 위해 많은 비밀결사가 출현하게 되었다.

토착 미국인 협회

그 첫 번째 조직이 1837년에 결성된 토착 미국인 협회(Native American Association)로서, 1845년에는 토착 미국인당(Native American Party)으로 발전했다. 그리고 1850년에는 다시 다른 토착주의적 집단과 함께 '성조기 결사단(Supreme Order of the Star-Spangled Banner)'을 결성했다. 이 결사단은 가톨릭교도나 외국인의 공직 보유를 금지하고 더욱 제한적인 이민법을 제정할 것을 요구하는 한편, 필기시험을 실시해 통과한 사람들에게만 투표권을 주자고 주장했다. 또한 엄격한 비밀 규약을 채택했는데, 그 규약에는 비밀 암호도 있었다. 그 암호는 "나는 아무것도 모릅니다(I know nothing)"였다. 결국 이 운동을 하는 사람들은 '무지자(無知者, Know-Nothings)'라고 알려지게 되었다.

무지자

1852년 선거전 이후, 무지자는 새로운 정치조직을 창설하고 미국인당(American Party)이라고 명명했다. 이 당은 1854년 선거에서 즉각적으로 놀라운 성공을 거두었다. 무지자는 펜실베이니아 주와 뉴욕 주에서 강력한 세를 확보하였고 실제로 매사추세츠 주 정부를 장악했다. 그러나 북동부 밖에서는 이러한 흐름이 다소 미진했다. 1854년 이후로는 무지자 세력이 쇠퇴했고 이와 더불어 미국인당도 이내 사라졌다.

2

운송 혁명과 통신 혁명

산업혁명은 인구 증가를 필요로 했던 것만큼이나 효과적인 운송 및 통신 체계도 필요로 했는데, 19세기 전반기에는 이 두 분야에서 극적인 변화가 일어났다.

운하의 시대

이른바 유료도로의 시대인 1790년에서 1820년대까지 미국은 국내 수송을 주로 도로에 의존했다. 그러나 도로만으로는 팽창하고 있는 수요에 부응할 수 없었기 때문에 1820년대와 1830년대에 미국인은 다른 운송 수단에 관심을 돌리기 시작했다.

기존에 하천 운송을 담당해왔던 느린 부선(艀船)이 증기선으로 대체되면서, 대규모 하천의 중요성이 더욱 부각되었다. 이렇게 바뀐 하천 운송선은 북서부에서 생산한 옥수수와 밀, 남서부에서 재배한 면화와 담배를 뉴올리언스로 운반했다. 그러면 외양 선박이 화물을 뉴올리언스에서 동부의 항구나 해외로 실어 날랐다.

그러나 서부의 농부나 동부의 상인은 이같이 우회하는 하천과 해양 간 물류 유통에 만족하지 못했다. 그들은 도시의 시장과 대서양 연안의 항구로 직행하는 노선을 원했는데, 애팔래치아 산맥을 넘나드는 새로운 고속도로가 등장하면서 이러한 문제가 부분적이나마 해결되었다. 이것으로 이전보다 비용이 줄기는 했지만, 소형의 고가

• 운하의 이점

품들 외에는 육로로 화물을 운송하는 데 드는 비용이 여전히 너무 비쌌다. 그래서 운하 건설에 대한 관심이 높아졌다.

운하 건설에 드는 자금 조달은 주로 주 정부의 몫이었다. 뉴욕 주가 처음으로 운하 건설 사업에 뛰어들었다. 뉴욕 주는 애팔래치아 산맥을 한 번만 헤치고 나오면 허드슨 강과 이리 호(Lake Erie) 사이에 좋은 육로가 펼쳐져 있다는 자연적 이점을 이용했다. 그러나 토목공사는 엄청난 부담이었다. 공사 구간은 자그마치 350마일을 넘었고, 길은 높은 산등성이와 울창한 산림으로 가로막혀 있었다. 오랫동안 공개 토론한 끝에 운하 건설을 시행하기로 결정하여 1817년 7월 4일, 뉴욕 주는 드디어 운하 건설에 착수했다.

• 이리 운하의 영향

이리 운하 건설은 당시까지 미국이 경험한 바 없던 거대한 건설 계획이었다. 운하는 기본적으로 너비 40피트, 깊이 4피트 짜리 도랑을 파고 둑을 따라 말이나 노새가 운하용 배를 끌 수 있는 길(towpath)을 내는 것으로 공사가 진행되었다. 그러나 언덕을 넘고 계곡을 가로지르기 위해 수백 번 넘게 언덕을 깎고 계곡을 메우는 어려운 건설 공정을 거쳐야 했다. 또한 물길을 가로질러 이동할 수 있는 석조 수로를 내고, 수심에 따라 조절할 수 있는 거대한 목조 수문이 장착된, 육중한 석조 건출물로 이루어진 88개의 갑문을 세워야 했다. 이리 운하는 1825년 10월에 다채로운 축하 행사와 더불어 개통되었다. 교통량도 이내 빠르게 증가해 대략 7년 만에 건설에 들어간 모든 비용을 사용료 징수로 뽑아낼 수 있을 정도였다. 이렇게 오대호로 가는 길이 열리면서, 뉴욕은 시카고와 성장 일로에 있던 서부 지역의 여러 시장에 접근할 수 있게 되었다. 한편, 이리 운하가 건설되자 뉴잉글랜드의 농업이 쇠퇴했다. 서부 농민이 동부로 곡물

북동부의 운하 건설(1823~1860)

1825년에 개통된 이리 운하가 커다란 성공을 거둠에 따라, 이 지도에 보이는 것처럼 미국 여러 지역이 향후 수십 년간 운하 건설에 활기를 띠었다. 그러나 어떤 운하도 원래의 이리 운하처럼 커다란 영향력을 발휘하지는 못했으며, 이로써 뉴욕은 경쟁 도시였던 볼티모어, 필라델피아, 보스턴을 제치고 미국의 상업 중심지라는 자리를 고수할 수 있었다.

을 보다 싼값에 운송하게 됨으로써 북동부의 메마른 땅에 농사를 짓던 사람들은 경쟁 상대가 되지 못했기 때문이다.

이리 운하의 성공에 자극받은 오하이오 주와 인디애나 주가 이리 운하와 오하이오 강 사이에 운하를 건설하게 되면서 수로 운송 체계는 더욱 확장되었다. 이러한 운하 덕에 뉴욕에서 뉴올리언스까지 한 번에 내륙의 수로로 상품을 운송하는 것이 가능해졌다.

• 북서부의 정착촌 확대

새로운 운송로가 낳은 즉각적인 결과 가운데 하나는 북서부에 백인 정착민이 증가했다는 점이다. 이제 이주민은 이러한 운송로를 통해 손쉽게 서부로 이동할 수 있었고, 새로이 정착한 곳에서 생산한 농산물을 동부 시장에 내다 팔 수 있었기 때문이다. 서부에서 생산된 농산물은 많은 양이 여전히 미시시피 강과 뉴올리언스를 거쳐 동부로 운반되었지만, 직접 동쪽으로 뉴욕까지 운송되는 경우가 점점 더 많아졌다. 그리고 동부 전역에서 생산된 공산품도 뉴욕을 통해 새로운 수로를 거쳐 서부로 운송되었다.

경쟁 관계에 있던 대서양 연안의 도시는 뉴욕이 자신들을 제치고 확보한 내륙 시장 접근성—그리고 시장 통제 가능성—에 놀라지 않을 수 없었다. 더욱이 그들 도시가 뉴욕을 따라잡는 데에는 한계가 있었다. 보스턴은 허드슨 강으로 나아가는 길이 버크셔 산맥(Berkshire Mountains)으로 가로막혀 있어 직접 서부로 연결할 수 있는 운하를 내기가 불가능했다. 필라델피아, 볼티모어, 리치먼드, 찰스턴은 모두 오하이오 유역으로 나아가는 수로를 건설하고자 애썼으나 완공하지 못했다. 그러나 일부 도시는 더 새롭고 전혀 다른 운송 수단을 통해 기회를 잡았다. 운하의 시대가 절정에 달하기도 전에 이미 철도의 시대가 열리고 있었다.

초기의 철도

철도는 1820년대와 1830년대에 미국의 운송 체계에서 상대적으로 역할이 미미했다. 그러나 철도 건설의 선구자는 향후 19세기 중반기가 되면 철도 건설이 붐을 이룰 것이라 예상하고 이에 대비해 이 시기에 기초를 놓았다. 결국 철도는 미국의 주요 운송 체계가 되었으며, 기술과 기업 조직의 혁신을 위한 중요한 계기를 마련했다.

• 철도의 조직적 기술적 중요성

철도는 기술 혁신과 기업 혁신이 어우러지면서 등장했다. 즉, 철로와 증기기관차가 발명됨과 동시에 기차가 승객과 화물의 공공 운송 수단으로 발달했던 것이다. 1804년에 미국과 영국의 발명가는 육로 운송 수단의 발전을 가속화하기 위해 증기기관을 실험한 바 있다. 1820년에는 존 스티븐스(John Stevens)가 뉴저지에 있는 자기의 사유지에 원형 도로를 만들어 기관차와 자동차를 시운전했다. 그리고 1825년에는 영국의 스톡턴-달링턴 철도 회사(Stockton and Darlington Railroad)가 단거리 철로를 개통해 최초로 일반 여객을 운송했다.

미국의 기업가들은 영국의 철도 실험에 일찍이 관심을 기울였는데, 그 결과 볼티모어-오하이오 회사(The Baltimore and Ohio)가 1830년에 미국 최초로 13마일의 짧은 철로를 개통해 실제로 운행을 개시하기에 이르렀다. 1831년에는 뉴욕의 모호크-허드슨 회사(The Mohawk and Hudson)가 스키넥터디(Schenectady)와 올버니(Albany) 사이에 16마일 길이의 철도를 운영하기 시작하여 1836년 무렵에는 이미 11개 주에 1,000마일 이상의 철로가 놓였다.

• 볼티모어-오하이오 회사

철도의 승리

1840년 이후 철도는 점차 운하와 다른 모든 운송 수단을 대체해

철도 경주

1830년 피터 쿠퍼(Peter Cooper)는 볼티모어-오하이오 철도 회사를 위해 미국 최초의 증기 기관차를 설계·제작했다. 그해 8월 28일, 쿠퍼의 제의로 쿠퍼의 기관차 '톰섬(Tom Thumb)'과 말이 끄는 철도마차가 동시에 철로를 내달렸다. 이 스케치는 쿠퍼의 기관차가 철도마차를 추월하는 순간을 그린 것이다.

나갔다. 1840년에는 미국에 깔린 철로 길이가 모두 합쳐 3,000마일에도 미치지 못했으나 1860년에는 그 길이가 2만 9,000마일을 넘어섰다. 북동부가 가장 포괄적이고 효율적인 철도 체계를 발전시켜 북서부보다는 평방 마일당 2배, 남부보다는 4배가 넘는 철도 선로를 갖추었다. 여러 곳에 거대한 철제 다리가 놓이면서 미시시피 강도 철로로 건널 수 있게 되었다. 그리하여 결국 시카고가 서부 지역 철도의 중심지가 되었다.

많은 지역에 철로가 놓이게 되면서 주요 수로, 즉 이리 운하와 미시시피 강의 교통량이 철도로 분산되고 그로 인해 미시시피 강에 대한 서부의 의존성이 줄어들면서 북서부와 남부의 연대성도 한층 더 약화되었다.

철도 건설에는 대규모 자본이 소요되었다. 자금의 일부는 민간에서 조달했으나 상당 부분은 정부 기금으로 충당했다. 각 주 정부와 지방정부가 철도에 투자했던 것이다. 그러나 더욱 포괄적인 지원은 연방정부의 몫이었다. 연방정부는 토지 공여의 형태로 철도 건설을 지원했는데, 1860년에는 연방의회가 철도 건설을 위해 11개 주 정부에 3,000만 에이커가 넘는 토지를 분배했다.

• 정부 지원의 중요성

철도가 미국의 경제, 사회, 심지어 문화에 끼친 영향은 아무리 강조해도 지나치지 않을 것이다. 어떤 작가는 "차축(車軸)에 긴 낫을 꽂은, 문명이라는 휴식을 모르는 기차가 무지와 편견을 베어내고 … 과거의 그림자를 헤치며 … 희미한 숲 속으로 질주한다"는 표현을 하기도 했다. 철도가 지나는 곳에는 타운과 목장, 농장이 노선을 따라 빠르게 성장했다. 전에는 겨울이나 다른 험악한 날씨가 이어질 때면 한동안 시장에서 유리되곤 하던 지역도 철도 덕분에 일년 사시사철 어느 곳과도 물건을 주고받을 수 있게 되고, 특히 선적 시간과 운송 시간이 단축되었다. 1830년대만 해도 뉴욕에서 시카고까지 운하와 호수를 통해 가면 대개 3주가 소요되는데, 1850년대에는 철도 덕분에 2일도 걸리지 않았다.

• 철도의 경제적 영향

철도는 빠르고 경제적으로도 매혹적이어서 운송 수단 그 이상이었다. 철도는 기술 진보의 산실이자 미국 경제성장의 핵심이었고,

철도의 성장(1850~1860)

위의 두 지도는 1850년대 미국 철도의 극적인 성장을 보여준다. 당시에는 북서부라 일컫은 중서부 북부 지역의 철도 노선이 특히 엄청나게 늘어난 점에 주목하라. 반면, 남부의 철도 노선은 상대적으로 적게 늘어난 점 역시 주목하라. 이 결과, 중서부 북부 지역과 북동부 간에는 경제적으로 긴밀한 관계가 조성되었으나, 남부에 대한 중서부의 관계는 약화되었다.

근대 기업 조직 형태의 발상지이기도 했던 것이다. 또한 미국의 기술적 용맹성의 상징이기도 하고 많은 사람들에게 미국의 진보와 위대성을 보여주는 가장 눈에 띄는 표지이기도 했다.

전신(telegraph)

철도가 운송 체계에서 이룩한 업적을 통신 체계에서 전신이 이루어냈다. 전신은 전통적인 통신 방식을 넘어선 극적인 진보이자, 미국의 진보와 기술상의 전문성을 단적으로 드러내는 상징이었다.

전신이 발명되기 전 원거리 육상 통신은 오직 직접적인 물리적 접촉을 통해서만 가능했다. 이는 모든 원거리 통신이 실질적으로 우편에 의존할 수밖에 없었다는 것을 의미한다. 우편물은 말이나 마차로 나르다가 나중에 기차에 실어 운반하게 되는데, 이 체계에는 분명한 단점이 있었다. 한치의 어긋남도 없이 기차 시간을 맞추어 내기가 여간 어려운 일이 아니었다. 1830년대까지 원거리 통신을 개선하기 위해 여러 가지 방법이 실험되는데, 그중에는 태양과 반사 장치를 이용해 최대 187마일 거리까지 빛으로 신호를 보내는 방법도 있었다.

1832년, 자연과학에 관심을 두고 있던 미술 교수인 새뮤얼 모스(Samuel F. B. Morse)가 전혀 색다른 체계의 실험을 시작했다. 모스는 전기의 가능성에 매료되어 전기 케이블을 통해 신호를 보내는 방법을 찾고 있었다. 아직 기술이 충분히 발달하지 않아 전깃줄을 이용해 사람의 목소리나 다른 복합적인 정보를 재생해 보낼 수는 없었던 시대였다. 그러나 모스는 전기 자체가 통신 장치로 이용 가능

● 새뮤얼 모스

하며, 전기의 진동이 일종의 언어가 될 수 있다는 사실을 알아냈다. 처음에는 수리 부호로 실험했는데, 각 숫자가 하나의 특정 단어를 의미하도록 만들어 수신자가 가지고 있는 코드표에서 확인할 수 있도록 했다. 그러나 점차 더 보편적인 전신 '언어'를 만들어낼 필요가 있음을 깨닫게 되었고, 오늘날 모스부호(Morse Code)라 알려진 전신 언어를 개발했다. 모스부호는 짧은 발신 전류와 긴 발신 전류를 배합해 각각의 글자를 의미하도록 고안된 것이다.

• 웨스턴 유니언 전신 회사

모스는 그동안 전신을 이용한 통신이라는 아이디어를 발전시켜 1835년경에는 이를 상업화하는 준비 단계에까지 이르렀다. 8년 후, 연방의회는 볼티모어와 워싱턴 사이에 실험적인 전신용 전선을 가설하는 데 필요한 3만 달러의 비용 지출을 승인했다. 1844년 5월, 드디어 시설이 완비되었고 모스는 제임스 포크(James K. Polk)가 대통령 후보로 지명되었다는 소식을 볼티모어에서 워싱턴으로 송출하는 데 성공했다. 1860년까지 5만 마일 이상의 전신용 전선이 미국 대부분의 지역에 가설되었고, 1년 후에는 퍼시픽 전신 회사(Pacific Telegraph)가 3,595마일의 전신을 가설해 뉴욕과 샌프란시스코 구간을 개통했다. 그후, 별개로 운영되어오던 각각의 전신망은 거의 모두 하나의 조직, 즉 웨스턴 유니언 전신 회사(Western Union Telegraph Company)로 통합되었다. 전신은 유럽 전역에도 신속하게 확산되었으며, 1866년에는 최초의 대서양 횡단 해저 케이블이 설치되었다.

여러 분야가 전신의 혜택을 입었다. 철도 체계는 전신 초기에 수혜를 입은 분야 가운데 하나였다. 전신선이 종종 철도 선로를 따라 가설되었고, 전신국(telegraph office)도 철도역에 많이 설치되었다.

철도 관리자는 전신을 이용해 도시와 작은 타운, 심지어 작은 농촌 마을에 들어선 기차역과 직접 통신해 열차 운행 시간이 변경되었음을 알려주고 열차가 지연되거나 고장났을 때에도 경고해주었으며, 열차 운행에 관한 기타 정보를 전달했다. 무엇보다 이 새로운 형태의 통신을 이용하게 되면서 과거에는 눈으로 보지 않으면 알 수 없었던 문제점을 기관사가 기차역에 미리 알려줄 수 있게 되어 사고를 미연에 방지할 수 있었다.

새로운 형태의 언론

전신의 또 다른 수혜자는 언론이었다. 언론은 전신을 이용해 전국으로, 나아가 세계로 소식을 내보냈다. 전에는 수일, 수주일, 심지어 수개월이 걸려 도착했던 소식이 이제는 몇 시간 만에 전달되었고, 국내외 소식을 실은 신문을 우편으로 주고받아야 했던 불편함도 사라졌다. 이제는 각각의 신문이 전신을 통해 기사를 서로 공유할 수 있게 된 것이다. 1846년에는 미국의 신문 편집인이 전신을 통한 뉴스 취재에 상호 협력하기 위해 연합 통신(Associated Press)을 결성했다.

미국 언론의 발전을 자극한 것은 전신만이 아니었다. 1846년에 리처드 호(Richard Hoe)가 증기 윤전기를 발명해 신문을 이전보다 훨씬 빠르고 값싸게 인쇄할 수 있게 되었다. 무엇보다 신문의 발행 부수가 엄청나게 늘었다. 1834년 당시 뉴욕《선(*Sun*)》지는 미국에서 가장 널리 판매되던 신문이었는데, 8,000명의 독자를 확보하고 있었다. 그러나 1860년경이면, 《선》지의 경쟁 신문《뉴욕 헤럴드

(*New York Herald*)》의 발행 부수는 7만 7,000부에 달할 정도였다. 이는 윤전기를 이용함으로써 인쇄 속도가 빨라지고 생산 비용도 절감되었기에 가능한 일이었다.

3

상업과 산업

미국은 19세기 중반기에 근대 자본주의 경제와 선진 산업의 초기 단계에 진입했다. 그러나 경제는 매우 불평등한 방향, 즉 특정 계층과 특정 지역에 훨씬 더 큰 이익을 가져다주는 방향으로 발전했다.

기업의 팽창(1820~1840)

미국의 기업은 1820년대와 1830년대에 급속도로 성장했다. 이같은 성장은 부분적으로 기업 경영의 중요한 혁신 때문이었다. 대부분의 기업은 개인 혹은 합자회사(limited partnership)로 운영되었는데, 일반적으로 한 개인이 기업체를 소유하는 형태로 여전히 대상업 자본가의 지배에 놓여 있었다. 그러나 좀 더 큰 기업의 경우에는 개인 상업 자본가가 주식회사에 자리를 내주었는데, 주식회사는 수많은 주식 소유자의 재원을 결합할 수 있다는 이점이 있었다. 1830년대부터는 주식회사 설립에 걸림돌이 되던 법적 장애물이 제거되면서 주식회사가 특히 급속도로 발전하기 시작했다. 예전에는 주식회사 설립에 필요한 인허장을 주 의회의 특별 입법을 통해서만 취득할 수 있었으나 1830년대 들어 각 주가 어떤 한 단체라도 소정의 수수료를 지불하기만 하면 인허장을 발급받을 수

• 주식회사의 이점

있는, 일반 주식회사법을 법제화하기 시작했던 것이다. 이 법은 유한책임 제도를 인가한 것으로, 개인 주주는 주식회사가 파산하더라도 자기가 투자한 금액만큼만 손해를 감수하면 됐다. 개인 주주는 회사의 더 큰 손해에 대해 예전처럼 책임질 필요가 없었기 때문이다. 그리고 이러한 변화로 인해 더 큰 규모의 제조 회사와 기업이 등장하게 되었다.

공장의 출현

19세기 중반 미국에서 가장 현저한 경제발전은 다름 아닌 공장의 등장이었다. 1812년 미영 전쟁 이전에는 대부분의 제조 작업이 가정 혹은 소규모 작업장에서 진행되었다. 그러나 19세기 초 뉴잉글랜드의 방직업자가 수력으로 작동하는 새로운 기계를 사용하기 시작하면서부터는 한 지붕 아래에서 모든 방직 작업이 가능해졌다. 후에 공장제라고 알려진 이 제조 체계는 곧 제화 산업을 비롯한 다른 산업에도 깊숙이 파고들었다.

- 극적인 산업발전

1820년에서 1860년 사이에, 미국의 산업은 특히 눈에 띄게 성장했다. 처음으로 공산품의 가치가 농산물의 가치와 엇비슷해졌다. 1860년에는 미국 내의 제조업체가 대략 14만 개에 달했는데, 대부분의 대기업을 포함해 절반 이상이 북동부에 자리 잡고 있었다. 따라서 공산품의 3분의 2 이상이 북동부 지역에서 생산되었으며, 남녀를 불문하고 제조업 분야 종사자의 거의 4분의 3이 이 지역에 몰려 있었다.

기술의 향상

가장 발달한 산업조차 기술은 여전히 상대적으로 미숙했다. 예를 들어, 미국의 면화 제조업체는 조잡한 수준의 상품을 생산했기 때문에 우수한 제품은 여전히 영국에서 수입되었다. 그러나 1840년대에 이르러서는 양상이 크게 달라졌다.

기계 부품을 제작하는 데 필요한 기계, 즉 공작기계(machine tool)를 제작하게 된 것이야말로 이 시기의 가장 중요한 진전이었다. 연방정부는 공작기계의 연구와 개발에 많은 지원을 했는데, 때로는 여기에 군을 동원하기도 했다. 예를 들어, 19세기 초 매사추세츠 주 스프링필드의 한 연방정부 병기 공장은 두 가지 중요한 공작기계를 제작했는데, 하나는 나사 및 다른 금속 부품을 자르는 데 사용하는 터릿 선반(旋盤, turret lathe)이고, 다른 하나는 복잡한 부품과 주형(鑄型)을 깎는 데 사용하는 만능 절삭기(切削器, milling machine)로서 예전에는 손으로 작업했던 것을 대체했다. 1850년대에는 정밀한 연마기(grinding machine)가 고안되어, 미 육군은 이를 이용해 규격화된 소총 부품을 제작할 수 있었다. 이 연마기는 특히 재봉틀을 제작하는 데도 전기를 마련했다. 스프링필드와 버지니아 주 하퍼스페리(Harpers Ferry)의 병기 공장과 같은 연방정부의 병기 공장은 다양한 공작기계를 개발함으로써 기술혁신의 산실이 되었다. 1840년대에 이르면 이미 북동부의 공장에서 사용하고 있던 기계들은 유럽의 공장에서 사용하고 있는 대부분의 공작기계를 여러 면에서 능가했다.

보다 좋은 공작기계를 제작함으로써 교환 가능한 부품이라는 원

• 공작기계
(工作機械)

초기의 재봉틀

《사이언티픽 어메리칸(Scientific American)》은 19세기 중반에 미국인의 과학 및 기술적 성과를 보도하던 대중잡지였다. 이 사진을 보면 아이작 싱어 재봉틀의 디자인과 구조에 1면의 대부분을 할애했고, 철도의 발전을 축하하는 소식과 일종의 볼펜의 발명을 촉구하는 기사를 측면에 싣고 있다.

칙이 당시 많은 산업 분야에서 적용되기 시작했는데, 이는 중요한 결과를 낳게 되었다. 그와 같은 부품의 교환 가능성은 시계의 제작과 기관차 및 증기기관 제작, 많은 농기구 제작에 일대 혁명을 일으켰다. 또한 자전거, 재봉기, 타자기, 금전 등록기, 나아가 자동차의 출현도 가능케 했다.

산업화는 새로운 에너지원의 발견에 힘입어 더욱 촉진되었다. 즉, 목재와 수력 대신에 석탄을 사용하게 되었던 것이다. 석탄은 대부분이 펜실베이니아 주 서부 피츠버그 부근에서 채굴되었는데, 1820년만 해도 5만 톤에 지나지 않던 생산량이 1860년에는 1,400만 톤으로 엄청나게 증가했다. 이 새로운 동력원의 출현으로 공장이 반드시 하천 부근에 자리 잡을 필요가 없게 되면서 산업이 더욱 널리 확산될 수 있었다.

• 새로운 에너지원

미국 산업의 위대한 기술혁신은 무엇보다도 미국의 발명가에게 힘입은 바가 컸다. 발명 특허 건수만 해도 1830년에 544건, 1860년에는 4,778건이었다. 이들이 일궈낸 기술혁신이 어떻게 주요 경제 변화를 가져왔는가는 여러 산업 분야에서 생생하게 목격할 수 있다. 1839년 뉴잉글랜드의 철물상 찰스 굿이어(Charles Goodyear)는 고무의 강도와 신축성을 높여주는 가황(加黃)처리 방법을 발견했다. 굿이어가 발견한 고무 공정은 1860년까지 500가지 이상의 용도를 발견했으며, 미국에 주요 고무 산업이 출현하는 계기가 되었다. 1846년에는 매사추세츠 주의 엘리아스 하우(Elias Howe)가 재봉기를 제작하고 아이작 싱어(Isaac Singer)가 그 성능을 향상시켰는데, 이 하우-싱어 재봉기는 기성복 제조에 널리 사용되었다.

기업 조직의 혁신

● 산업 지배 계급의 등장

상업 자본가는 1840년대에도 여전히 중요한 인물이었다. 뉴욕, 필라델피아, 보스턴과 같은 도시의 영향력 있는 상인 집단이 남부의 항구로 가는 선박 항로를 운영하거나 유럽과 아시아의 항구에 무역 선단을 파송했다. 그러나 이러한 상업자본주의는 19세기 중반에 접어들면서 쇠퇴하기 시작했다. 영국인 경쟁자가 미국 수출 무역의 상당 부분을 장악한 때문이기도 하지만, 대부분은 무역보다 제조 분야에서 더 큰 이익을 얻을 기회가 있었기 때문이다. 바로 이것이 북동부에서 먼저 산업이 발전하게 된 이유였다. 이곳에는 이미 부유한 상인 계층이 있었다. 그들에게는 자본이 있었고, 산업에 투자할 의지도 있었다. 그리하여 새로 출현한 산업자본가는 이내 새로운 지배 계층, 즉 경제적으로나 정치적으로 훨씬 큰 영향력을 지닌 북동부의 귀족이 되었다.

4
남성 노동자와 여성 노동자

1820년대와 1830년대의 공장 노동자는 대개 미국에서 태어난 사람이었다. 하지만 1840년 이후에는 이민자가 점차 늘어나면서 새로운 노동력을 제공했다.

토착 노동자 모집

공장제 도입 초기에는 공장노동자를 신규 모집하기가 그리 쉽지 않았다. 1820년대 미국 총 인구의 90퍼센트가 여전히 농장에서 지내며 일했고, 비교적 수가 적은 도시민 중 상당수는 자기 가게를 운영하는 숙련 장인이었다. 고용 가능한 비숙련 노동자가 그리 많지 않아 새로운 기업이 인력을 충원할 수 있는 노동시장이 형성되어 있지도 않았다. 그러나 특히 중서부에서 농업생산력이 극적으로 향상되면서 각 지역이 굳이 자급자족할 필요 없이 식량을 수입해 소비만 하면 되는 상황이 오자, 상대적으로 수익성이 낮은 동부의 농업 지역은 쇠퇴하기 시작했고, 농촌 사람은 농지에서 공장으로 일자리를 찾아 떠나기 시작했다.

여기저기에 속속 들어서고 있던 방직공장이 이 같은 새로운 노동력을 흡수하면서 두 가지의 신규 채용 방식이 등장했다. 하나는 대서양 연안의 중부 주에서 일반적으로 시행된 형태로, 농장에서 가족

• 로웰 방식

전체를 공장으로 데려오는 방식이었다. 또 다른 방식은 매사추세츠 주에서 일반화된 형태로, 대부분이 농부의 딸인 10대 후반과 20대 초반의 젊은 여성을 채용하는 것이었다. 이 채용 방식은 처음으로 이 방식이 도입된 타운의 이름을 따 로웰 방식(Lowell system) 혹은 월섬 방식(Waltham system)으로 알려졌다. 이들 여성 상당수가 공장에서 수년간 일하면서 임금을 저축해, 이후 고향으로 돌아가 결혼해서 아이를 낳아 길렀다. 일부 여성은 공장이나 타운에서 만난 남자와 결혼하기도 했는데, 그들도 대부분 결혼 후에는 공장 일을 그만두고 가사에 전념했다.

공장제 도입 초기의 노동 환경은 매우 열악했지만 후에 더 악화된 상황에 비하면 훨씬 좋았다. 예를 들어, 로웰의 노동자는 공장주가 그들을 위해 운영하는 청결한 하숙집과 기숙사에서 살았다. 식사의 질도 좋고 세심한 관리 감독이 이루어졌다. 임금도 당시의 기준으로 보면 비교적 후한 편이었다. 여성 노동자는 심지어 월간 잡지 《로웰 봉헌(Lowell Offering)》을 발간하기도 했다.

그러나 비교적 좋은 대우를 받았다고는 해도 농촌 생활에 익숙해 있던 이들이 공장 생활에 적응하기란 힘들었다. 공장 일의 성격상 엄격히 조직화된 환경 속에서 낯선 사람과 섞여 지내야 하기 때문에, 많은 여성이 적응에 어려움을 겪었다. 그러나 아무리 공장 생활에 불편을 느끼더라도, 그들에게는 선택의 여지가 별로 없었다. 더 이상 생계를 보장해줄 수 없는 농촌 생활로 돌아가기 싫다면, 공장에서 일하는 것 외에는 실질적으로 다른 대안이 없었다.

어쨌든 로웰의 온정주의적 공장제는 그리 오래가지 못했다. 1830년대와 1840년대에 방직업 시장이 발전하면서 경쟁이 치열해지자,

여성 노동자

기계 앞에 서 있는 여성 공장 노동자들을 촬영한 초기 사진이다. 여기에는 초기 공장의 원시적인 특징, 즉 희미한 조명과 비좁은 공간, 사고 대책이 전혀 없는 노동 환경이 드러나 있다. 사진 속의 모든 여성이 머리를 뒤로 단단히 묶고 있는데, 이는 기계에 머리카락이 끼지 않도록 한 예방 조치였다.

로웰의 제조업자는 직공에게 제공하는 높은 생활 수준과 만족스러운 작업환경을 유지하기 어렵다는 사실을 깨달았다. 임금은 하락했고 노동시간은 길어졌으며 기숙사의 생활 조건도 열악해졌다. 1834년, 로웰의 공장 노동자는 노조—여성 공장노동자 연합(Factory Girls Association)—를 결성하고 파업을 벌여 임금의 25퍼센트를 삭감한 데 항의했다. 2년 후에는 기숙사의 임대료 인상에 반대해 다시 한 번 파업을 벌였다. 두 번의 파업은 모두 실패로 끝났고, 1837

년에는 불경기로 사실상 노조가 해체되었다. 그러나 8년 후 전투적인 사라 베글리(Sarah Bagley)가 이끄는 로웰의 여성 공장노동자들은 여성 노동 개선 연합(Female Labor Reform Association)을 결성하고 10시간 노동과 공장 내 노동조건의 개선을 요구하기 시작했다. 새로운 노동조직은 주 정부로 눈을 돌려 의회에 노동조건에 대한 조사를 요청하기도 했다. 그러나 그 즈음에는 공장 노동의 성격이 또다시 변화하고 있었다. 많은 여성 공장노동자가 점차 교육이나 가내 서비스 같은 다른 직종으로 자리를 옮기거나 결혼으로 직장을 그만두었다. 그리고 방직업자도 한결 다루기 쉬운 노동자, 즉 이민자에게 관심을 돌리는 상황이었다.

이민노동자

- 값싼 이민 노동력

1840년 이후 점점 더 많은 이민자가 제조업과 여타 업종에 몰려들었다. 이들 새로운 노동자는 점점 늘어났고 새로운 나라에 익숙하지도 않았기 때문에 이전의 여성 노동자보다도 힘이 없었다. 그리하여 종종 더 열악한 노동조건에서 일해야 했다. 주로 아일랜드계 이민자인 건설 노동자는 유료도로와 운하, 철도를 건설하는 과정에서 저임금을 받으며 힘겨운 비숙련노동을 담당했다. 그중 많은 이들이 다 쓰러져가는 판자촌에서 살았는데, 가족의 건강을 위협할 만큼 불결한 환경이었다—이 때문에 '판자촌의 아일랜드인(shanty Irish)'에 대한 편견이 더욱 심해졌다. 1840년대에는 아일랜드계 노동자가 뉴잉글랜드의 방직공장에도 엄청나게 몰려들기 시작했다. 고용주는 일당보다는 성과급 형식으로 임금을 지급하기 시작하고, 생산을 가속화할 만한 여러 다른 장치를 도입해 노동력을 더욱 효과적으로 착취했다. 공장은 규모가 더욱 커지고 소음도 심해진 데다 더 불결해져서 종종 일하기에도 위험한 곳으로 변해갔다. 하루 평균 노동시간은 12시간, 때로는 14시간까지 늘었고 임금은 더욱 낮아졌다. 여성과 어린이는 무슨 기술을 가졌든 간에 대부분의 성인 남성보다 보수가 적었다.

공장제와 장인 전통

또한 공장제는 숙련 장인의 자리를 점차 대체해나갔다. 장인 전통은 건실한 자영농의 전통만큼이나 미국의 오랜 공화주의적 비전의 한 부분이었다. 독립적인 장인은 새로운 자본가계급이 장려하고 있는 것과 어떤 점에서는 매우 다른 경제생활의 비전을 고수했다. 그것은 비단 개인적이고 탐욕스러운 성공이라는 관념만이 아니라, '도덕 공동체'라는 의식에 근거한 비전이었다. 숙련 장인은 서로의 독립성을 존중했고, 장인 경제 내부의 안정성과 상대적 평등을 소중히 여겼다.

그와 같은 장인 가운데는 소규모 산업으로 성공적으로 이행한 사람도 있었다. 그러나 다른 사람들은 새로운 공장제 제품과 경쟁할 수 없다는 점을 깨달았다. 산업자본가와 경쟁 관계에 놓이게 되자 필라델피아, 볼티모어, 보스턴, 뉴욕과 같은 도시의 숙련 노동자는 공제(mutual aid) 단체를 결성했다. 1820년대와 1830년에, 이들 직능단체는 각 도시 단위로 결집해 동업조합(trade union)이라고 알려진 도시별 중앙 조직을 결성하기 시작했다. 1834년에는 6개 도시

• 탈숙련

톨웨어(toleware) 제작자, 1850년경

19세기 중반에 접어들면서, 공장에서 유사한 제품을 생산해내는 반(半)숙련 노동자들이 위 사진에 보이는 수제(手製) 주방 기구 제작자같은 숙련 장인들을 대체했다. 사진 속의 숙련공은 톨웨어, 즉 바니시나 에나멜 칠을 한 금속제 식기나 요리용 기구를 제작하는 사람으로, 그의 모습 속에서 당시 사라져 가고 있던 장인 세계의 중요한 특징들을 살펴볼 수 있다. 곧 고급 숙련공의 지위를 과시하는 격식을 갖춘 작업복, 자기 기량에 대한 자긍심 그리고 결국 숙련 장인을 쓸모 없는 존재로 몰아간 역사적 흐름에 저항하기 어렵게 만든 중간계급의 감수성이 드러나 있다.

대표가 모여 전국 동업조합(National Trades' Union)을 결성했고, 1836년에는 인쇄업자와 제화업자—그들은 고품질의 신발과 부츠를 만들었다—가 각각 전국 단위의 직능조합을 만드는 일에 착수했다.

하지만 이들 조합에게는 적대적인 법률과 법원이라는 장벽이 기다리고 있었으며, 1837년의 공황과 뒤이은 경기 불황으로 노동운동은 더욱 약화되었다. 그러나 이들 초기 노동조직이 실패했다고 해서 생산 활동을 통제하려는 노동자의 노력이 끝난 것은 아니었다.

통제권 장악을 위한 투쟁

노동자는 자신들의 처지를 개선하려고 끊임없이 노력했다. 별반 성공을 거두지는 못했지만, 주 의회 의원들을 설득해서 하루 최대 노동시간을 규정하고 아동노동을 규제하는 법안을 통과시키려고 애썼다. 산업 노동자는 1842년 매사추세츠 주에서 가장 위대한 법률적 승리를 거두었다. 매사추세츠 주 대법원이 매사추세츠 주 대 헌트(*Commonwealth v. Hunt*) 사건에서, 노조는 합법적 조직이며 파업은 노동자의 합법적 무기라고 선고한 것이다. 다른 주 법원도 점차 매사추세츠 주 대법원의 결정을 수용했다. 그러나 고용주는 여전히 이를 인정하려 들지 않았다.

실질적으로 모든 직능조합이 초기에는 여성 노동자를 조합원으로 받아들이지 않았다. 그 결과, 1850년대에는 여성 스스로가 방어적 성격이 강한 여성 노동조합을 결성하기 시작했는데, 이 여성 노동조합도 고용주와 협상을 하는 일에서는 남성 직능조합과 마찬가지로 별반 힘을 가지지 못했다. 그러나 여성 노동자를 위한 공제 단체라는 중요한 역할을 담당했다.

　미국에서는 여러 요소로 인해 노동자의 효과적인 저항이 신장되지 못했다. 이민노동자의 쇄도는 그 가운데 가장 중요한 요소였다. 이민노동자는 일반적으로 미국 태생의 노동자보다 낮은 임금으로도 기꺼이 일하려고 했다. 그 수도 매우 많아, 제조업자는 불만을 품거나 파업 중인 노동자를 이민자로 대체하는 데 별 어려움을 겪지 않았다. 또한 인종적으로 다양한 이민자 사이의 긴장 관계가 조성되면서, 노동자는 공유하고 있던 불만 사항을 고용주에게 표출하기보다 오히려 서로 싸움으로써 해소하는 일이 잦았다. 또 다른 장벽도 있었다. 이것이야말로 산업자본가의 진정한 강점으로, 그들이 경제뿐 아니라 정치·사회적 권력도 장악하고 있었다는 점이다.

5

사회의 패턴

산업혁명으로 미국은 해마다 극적인 경제성장을 이룩했다. 하지만 사회는 더욱 불평등해졌고, 거의 모든 부문에서 사회적 관계가 변화했다.

부자와 빈민

상업 및 산업이 발전함에 따라, 미국민의 평균 소득이 크게 향상되었다. 그러나 이렇게 쌓인 부는 매우 불평등하게 분배되었다. 노예와 인디언, 소작농 그리고 제조업 체계 주변부에 자리한 비숙련 노동자 등 미국 인구의 큰 부분을 차지하는 사회집단이 경제성장의 혜택을 거의 받지 못했다. 그러나 이런 집단에 속하지 않는 사람 사이에서도 소득 불균형은 점점 더 심화되었다. 상인과 산업가는 엄청난 부를 축적했는데, 그들 부유층 상당수는 도시에서 거주했기 때문에 독특한 도시 부유층 문화가 출현하기 시작했다.

• 부의 불평등한 분배

대도시에는 엄청난 부자가 눈부신 풍요를 자랑하는 부촌(富村)에 모여 살았다. 그들은 클럽을 조직했고 엄격한 격식의 사회 예식을 발전시켰다. 또한 부를 과시하기 위하여 거대한 저택을 짓고 화려한 마차를 몰았으며 사치스러운 가구를 장만하고 멋있는 사회 공공시설물을 짓는 데 후원했다. 뉴욕에는 특히 정교한 상류사회가 발전했

센트럴 파크

뉴욕 시의 거대한 센트럴 파크(Central Park)는 부유한 뉴욕 시민이 매일같이 사륜마차를 몰고 나가 승마를 즐길 수 있는 우아한 생활환경이라는 점에서 매우 중요했다. 그들에게 승마 활동은 표면적으로 상쾌한 공기를 들이마실 수 있는 시간이었지만, 무엇보다도 이웃에게 화려함과 세련미를 자랑할 수 있는 시간이었다.

다. 1850년대에 뉴욕 시에서 센트럴 파크(Central Park)를 조성하기 시작한 것은, 부분적으로 상류사회 구성원이 압력을 넣은 결과였다. 그들에게는 매일매일 마차를 타고 나들이할 고상한 장소가 필요했기 때문이다.

전국적으로, 성장 가도를 달리고 있던 도시 중심부에는 말 그대로 헐벗은 사람이 상당수 생겼다. 생존을 위해 투쟁해야 한다는 의미에서 이들은 단순히 가난한 것이 아니었다. 아무런 생계 수단이 없었기 때문에 종종 집도 없이 길에서 지내며 생존을 위해 자선단체에 의존하거나 범죄를 저질렀다. 그들 상당수는 실제로 굶어죽거나 쉴 곳이 없어 목숨을 잃었다. 이러한 '극빈자(paupers)' 중에는 그 무렵 갓 이민 온 사람도 있었다. 미국 노동계급의 일반적인 생존 단위였던 가족이라는 구조에서 떨어져 나간 과부와 고아도 있었다. 알콜 중독이나 정신 질환으로 일조차 할 수 없는 사람도 있었다. 백인이 아니라는 이유로 혹은 같은 백인이지만 종족이 다르다는 이유로 가장 천한 직업 외에는 다른 일에 종사할 수 없었던, 편견의 희생자도 있었다.

자유 흑인의 상황 역시 최악이었다. 상당수의 자유 흑인이 주요 도시에 거주했는데, 이들 가운데는 몇 대째 북부에서 살아온 사람도 있었고, 노예 출신으로 남부에서 도망왔거나 주인이 해방시켜준 사람도 있었다. 적어도 물질적인 관점에서, 북부에서의 생활이 노예로 살던 때보다 항상 나은 것은 아니었다. 대개는 천한 직업에 종사하는 수밖에 없었다. 대부분의 북부 지역에서도 흑인은 참정권이 없었고 공립학교에 다닐 수 없었으며 백인 거주자에게는 이용 가능했던 공공 서비스도 전혀 이용할 수 없었다. 그럼에도 대부분의 흑인은 삶이 비록 혹독할지라도 남부보다는 북부에서 살려고 했다.

• 자유 흑인의 혹독한 삶

사회 유동성

이렇게 빈부의 차가 극심하기는 했지만, 남북전쟁 전에는 미국 사회에 비교적 명확한 계급 갈등이 아직 존재하지 않았다. 한 가지 분명한 것은, 적어도 물질적인 관점에서는 대부분의 공장 노동자가 농촌이나 유럽 사회에서보다 나은 삶을 살았다는 점이다. 노동계급 내부에 상당한 정도의 유동성이 존재했고, 이것이 사회 불만을 잠재우는 데 기여했다. 근면성과 독창성, 행운 등으로 빈곤에서 벗어나 부유층으로 올라선 사람도 있었다. 이는 비록 극소수에 불과하지만 이들을 바라보는 사람에게 자신의 꿈을 확인시켜 주기에는 충분했다. 그리고 대다수의 노동자가 신분 상승의 사다리에서 최소한 한 단계는 올라섰다. 예를 들면 오랜 세월에 걸쳐 숙련 노동자가 되었던 것이다.

• 지리적 유동성

사회적 유동성보다 더욱 중요한 것은 지리적 유동성이었다. 어떤 노동자는 돈을 저축해 서부로 이동했고 거기서 땅을 구입해 경작 생활을 하기도 했다. 그러나 대부분의 도시 노동자, 특히 가난한 노동자는 서부로 이주할 만한 돈이 없었다. 더 일반적인 현상은 노동자가 이 산업도시에서 저 산업도시로 옮겨 다니는 현상이었다. 이들 철새 노동자는 자주 해고의 희생자가 되어 보다 나은 일자리를 찾아 여기저기로 옮겨 다녔다. 그러나 생활환경이 현저하게 나아지는 경우는 별로 없었다. 그리고 이러한 대규모 노동력의 근원적 불안정성이 효과적인 조직과 저항을 더욱 어렵게 만들었다.

중산층의 생활

남북전쟁 이전의 미국 사회에서 부유층과 빈곤층이 가시화되는 가운데 가장 빠르게 성장한 집단은 중산층이었다. 경제가 발전하면서 기업을 일으키거나 취업을 하고, 자기 소유의 상점을 열고, 교역에 종사하고, 전문직에 진입하고, 조직을 관리하는 등의 기회가 보다 많아졌다. 토지 소유만이 부의 원천이었던 시절에는, 갖고 있는 토지가 없거나 있더라도 조금밖에 소유하지 못한 사람─유럽의 일반적인 '농민(peasants)'—과 지주—landed gentry : 유럽에서 일반적으로 상속 귀족인 사람들—로 사회가 나뉘어 있었다. 그러나 일단 상업과 산업이 부의 원천이 되자, 이러한 엄격한 구분이 사라졌다. 많은 사람이 토지가 없어도 값비싼 서비스를 제공하는 것으로 부유해질 수 있었다.

   남북전쟁이 발발하기 이전 수년 동안, 중산층의 생활은 미국 도시 사회의 가장 영향력 있는 문화 형태로 급속히 자리 잡았다. 중산층 가족은 화목하고 때로는 유복한 가정을 꾸렸다. 그들의 집은 도시 가도 옆으로 줄지어 있었고, 부유층의 거대한 저택처럼 사치스럽지는 않았지만 노동계급 주택 지구의 다닥다닥 붙어 있는 비좁은 집보다는 규모도 크고 디자인도 정교했다. 중산층도 부유층처럼 자기 명의의 집을 갖게 마련이었다. 반면, 노동자와 장인은 갈수록 세들어 사는 경우가 많아졌다.

● 중산층의 빠른 확산

   젊은 미혼 여성을 하인으로 고용할 수 있는 여유가 점점 더 생기기는 했지만, 중산층 여성은 일반적으로 집에서 가사를 돌봤다. 중산층 여성이 하루종일 빨래를 하느라 힘들었던 시절의 소원 중 하나는 가사노동에서 해방되는 것이었다.

   새로운 가사 용품이 발명되면서, 중산층 가정생활의 성격이 변화했고 생활수준도 매우 향상되었다. 그중 가장 중요한 것은 아마도 무쇠 난로의 발명일 것이다. 1840년대에 많은 중산층 가정이 기존의 벽난로 대신 이 철제 난로를 구입해 요리하는 데 이용하기 시작했다. 나무나 석탄을 때서 사용하는 이 난로는, 20세기의 기준으로 보면 세련되지도 않고 지저분했다. 그러나 앞이 터진 벽난로에서 요리할 때의 불편함과 위험에 비하면 매우 고급스러웠다. 난로의 등장

● 새로운 가사 발명품

으로 식사 준비가 보다 쉬워졌고, 한 번에 여러 가지 요리를 할 수 있게 되었다.

중산층의 먹을거리도 급속하게 변화했다. 난로의 도입으로 조리법이 다양해진 때문만은 아니었다. 미국의 농업이 확대되고 다양해진 데다 농민이 먼거리에서도 철도를 이용하여 도시에 내다 팔 수 있게 되면서, 도시에서 구할 수 있는 음식이 매우 다양해졌기 때문이다. 냉장 시설이 부족했던 이 시기에 과일과 채소를 원거리로 운송한다는 것은 어려운 일이지만, 중산층은 이전보다는 더 다양한 육류와 곡물, 유제품을 구할 수 있었다. 아이스박스를 구비한 일부 가정에서는 육류와 유제품을 수일간 신선하게 보관했다가 쓸 수도 있었다. 그러나 대부분의 가정에는 냉동 장치가 없었다. 음식을 보관한다고 해봐야 육류를 소금에 절이거나 과일을 설탕에 절여놓는 정도였다. 음식물도 일반적으로 오늘날의 음식물보다 기름기가 많고 뻣뻣해서, 당시 중산층은 요즘 사람이 건강하다거나 풍만하다고 여기는 정도보다 일반적으로 살쪄 있었다.

더욱 정교한 장식과 가구를 갖추었기 때문에 중산층의 집은 노동자나 장인의 집에 비해 모든 면에서 차이가 났다. 아무런 장식이 없던 벽과 바닥에 카펫을 깔고 벽지를 발랐으며 커튼을 달았다. 18세기의 검소하고 단순한 양식이 점점 빅토리아 시대의 한층 더 화려한, 심지어 바로크적인 양식으로 변화했다. 이 바로크 양식이 점점 더 심화되면서 방마다 물건이 가득 차 어수선하기까지 했고, 집안 전체가 어두운 색조와 화려한 직물, 무거운 가구와 두꺼운 커튼으로 도배되었다. 집의 크기도 더욱 커졌다. 아이들이 한 침대를 쓰고 가족 전체가 한 방에서 자는 것은 보기 드문 일이 되었다. 부엌과 분리된 응접

실과 식당—한때는 부유층만이 누렸던 호사—은 중산층의 일반적인 생활수준이 되었다. 1850년대에는 일부 도시 중산층이 집안에 수도시설과 화장실을 두었는데, 몇 년 전만 하더라도 옥외 우물과 옥외 변소가 사실상 일반적이었음을 고려하면 상당한 진보였다.

가정의 변화

새로운 산업사회가 도래하자, 가족의 성격과 기능이 근본적으로 변화했다. 가족이 농촌에서 도시로 이동한 것이야말로 이러한 변화의 핵심이었다. 강력한 아버지가 자녀에게 토지를 분배하는 것으로 그들의 미래를 통제할 수 있었던 농촌의 가족 패턴은, 도시나 타운으로 옮겨 오면서 더 이상 유지될 수 없었다. 도시 가정의 자녀는 농촌사회에서보다 훨씬 자유롭게 직장을 찾아 집을 떠났다.

• 가부장제의 쇠퇴

또 다른 중요한 변화는 근로 소득원이 가정에서 가게나 공장으로 이동했다는 점이다. 19세기 초의 수십 년 동안은 가정 그 자체가 경제활동의 주요 단위였다. 그러나 이제 대부분의 근로소득자는 매일매일 집과 직장을 오가는 생활을 했다. 일터라는 공적 세계와 가정이라는 사적 세계가 명확하게 구분되기 시작한 것이다. 가정이라는 세계는 더 이상 생산이 아니라 가사와 자녀 양육 같은 가족적인 관심사로 채워졌다.

• 공적 세계와 사적 세계의 구분

가정의 경제적 기능이 변화함에 따라 출산율도 하락하는 경향을 보였다. 1800년만 해도 미국 여성은 평균 7명의 자녀를 낳았는데, 1860년에 이르면 평균 5명을 출산하는 데 그쳤다. 특히 도시 지역과 중산층 여성의 출산율이 가장 빠르게 하락했다.

'가정생활에 대한 예찬'

직장과 가정의 구분이 점점 더 명확해지면서 남성과 여성의 사회적 역할도 점점 더 명확하게 구분되었다. 이러한 구분은 노동자와 농민뿐 아니라 증가세에 있던 중산층에도 영향을 미쳤다.

• 여자 대학의 설립

그러나 전통적인 성차별은 여전했는데, 여성은 법적·정치적 권리도 남성보다 훨씬 적었고, 가정에서 실질적으로 절대적인 남편의 권위 아래 있었다. 여성에게는 초등학교 수준 이상의 교육이 장려되지 않아서 1837년에 이르러서야 여성의 대학 입학이 허용되었다. 오하이오 주의 오벌린(Oberlin) 대학이 남녀 모두의 입학을 허용했고, 메리 라이언(Mary Lyon)이 설립한 매사추세츠 주의 마운틴 홀리요크(Mt. Holyoke)는 여성 교육을 위해 개교한 학교였다.

산업 시대 이전에는 남녀의 지위가 불평등한 것이 사실이었으나, 그러한 지위는 일반적으로 모든 가족 구성원이 그 나름대로 중요한 경제적 역할을 하는 가정이라는 맥락에서 정의된 것이었다. 새로운 산업사회의 중산층 가정의 경우 이와는 달리 남편이 대개 유일한 생계 담당자로 간주되었고 아내는 가정에 남아 가사 전반을 돌보는 존재로 인식되었다. 여성의 이미지는 가정경제에 일익을 담당하는 사람에서 '가정의 미덕'을 지키는 사람으로 변했다. 중산층 여성은 집을 청결하고 편안하고 정돈된 곳으로 유지하도록 교육받았다. 또한 가족들에게 즐거움을 제공하며, 우아하고 맵시있게 옷을 입는 것도 중요한 가치였다.

• 여성의 분리된 영역

중산층 여성은 자신들만의 분리된 영역 안에서 독특한 여성 문화를 발전시켜 나갔다. '숙녀' 문학이 등장한 것을 그 일례로 볼 수 있는데, 여성들이 거주하는 사적 공간에 초점을 맞춘 낭만 소설이 대부분이었다. 패션 및 쇼핑, 가정 그리고 다른 순수한 가사 활동에 초점을 맞춘 여성 잡지도 있었다.

일부 학자가 지적한 것처럼, 이런 '가정생활에 대한 예찬'은 많은 여성에게 과거에 누렸던 것보다 더 많은 물질적 편의를 제공했으며, '여성의 미덕'에 보다 높은 가치를 부여했다. 동시에 여성이 관심과 열정을 배출할 몇 가지 출구를 제외하면, 여성을 공적 세계로부터 점점 멀어지도록 만들었다. 교직과 간호직을 제외하면, 가정이라는 공간 밖에서 여성이 직업을 가진다는 것은 점점 더 하층민의 일로 간주되었던 것이다.

· 장점과 단점

노동 계층 여성은 여전히 공장에서 일했다. 그러나 그들은 원래의 로웰 및 월섬의 한결 '훌륭한' 여성 노동자가 경험했던 것보다 더욱 열악해진 환경에서 일했다. 가내 하인은 여성에게 또 하나의 평범한 직업이었다. 돈을 벌어야만 하는 여성은 가정 밖으로 눈을 돌려야 하기 때문에 이제 가정 밖에서 생산이 이루어지게 되었다.

여가 활동

아주 부유한 사람을 제외하고 대부분은 유급이든 무급이든 휴가가 거의 없었다. 그들에게는 일요일이 일을 하지 않는 유일한 시간인 동시에 대개는 종교와 휴식을 위한 시간이었다. 그래서 많은 노동 계층과 중산층 사람에게 공휴일은 특별한 의미가 있었다. 이것이 19세기에 7월 4일을 무척이나 공들여 경축 기념일로 정한 이유 중 하나다. 축하 행사는 단순한 애국주의의 표현이 아니었다. 대부분의

· 휴일의 중요성

미국인이 일에서 벗어나 종교와도 무관하게 그야말로 즐길 수 있는 몇 안 되는 휴일 가운데 하나였다.

농촌 지역에서는 많은 사람이 일정하지 않은 작업 패턴 때문에 꽉 짜여진 작업 일정에 따라 움직이는 도시민보다 약간은 더 여유를 가질 수 있었다. 그러나 도시민에게 여가는 얼마 안 되는 자유로운 순간을 만끽한다는 의미였다. 남성은 일과 후 술집에 몰려가 술을 마시고 소리를 지르며 게임을 즐겼다. 여성은 서로의 집에 번갈아 모여 잡담을 하고 카드놀이를 즐겼다. 지식인에게는 독서가 중요한 여가 활동이 되었다. 신문과 잡지가 급증했고 책은 부유한 가정의 일상품이 되었다. 여성이 특히 독서에 탐닉했는데, 여성 작가는 특별히 여성을 위한 새로운 문학 장르, 즉 '낭만 소설'을 써냈다. 낭만 소설에는 종종 여성이 꿈꾸어온 삶과 로맨스가 담겨 있었다.

• 활기찬 공공 여가 문화

공공의 여가 문화도 활성화되었다. 대도시에서부터 극장이 점점 대중화되었는데, 특정 사회집단의 구미에 맞춘 극장도 있었고, 계층에 상관없이 모든 관객을 사로잡는 극장도 있었다. 부유층, 중산층, 노동 계층과 그들의 가족 모두가 어우러져 공연을 관람하기도 했다. 당시 상당수의 인기 있는 극장이 인기 소설이나 미국의 신화에 근거한 멜로드라마를 상연했다. 그러나 대개의 극장은 계층을 막론하고 극장을 애호하는 모든 관객의 사랑을 받았던 셰익스피어극을 공연했다.

1830년대에는 윌리엄 셰익스피어(William Shakespeare)가 미국에서 가장 인기 있는 극작가였다. 미국에서 공연된 셰익스피어 작품은 생동감은 있었으나 불경스럽고 매우 부정확했다. 셰익스피어 연극은 대개 줄거리를 축약해 다른 인기 있는 작품들로 짜여진 프로그램 안에 끼워 넣은 것이었다. 관객이 이미 셰익스피어 작품의 줄거리를 많이 알고 있었기 때문에 지방 극장은 주로 《햄릿과 에글릿(*Hamlet and Egglet*)》 또는 《줄리어스 스니저(*Julius Sneezer*)》와 같은 코미디물로 패러디한 작품을 무대에 올렸다. 미국의 관객은 소란스럽고 난폭했으며 때로는 무대 위로 뛰어 올라와 직접 공연에 참여하기도 했다. 좋아하는 배우에 대한 애착도 지나치게 강했는데, 1849년에는 뉴욕의 애스터 플레이스 오페라 극장(Astor Place Opera House)에서 폭동을 일으키기도 했다. 미국의 인기 있는 셰익스피어 극 연기자인 에드윈 포레스트(Edwin Forrest)를 좋아하는 사람들이 영국의 유명한 셰익스피어 극 연기자인 찰스 매크리디(Charles Mcready)의 뉴욕 방문에 항의해 극장으로 몰려들었던 것이다.

백인 연기자가 얼굴을 검게 칠하고 나와서 아프리카계 미국인의 문화를 흉내내고 조소하는 순회극(minstrel shows)은 점점 더 인기를 끌었다. 권투와 경마, 투계(鬪鷄) 등 공공 스포츠 행사 또한 종종 상당수의 관객을 끌어모으기도 했다. 그리고 당시까지 프로 리그가 결성되지 않았으나, 도시 공원이나 타운 들판에서 야구 경기가 벌어질 때면 많은 구경꾼이 몰려들었으며, 서커스단이 온다는 소식에 지역사회 전체가 들뜨기도 했다.

대중적인 구경거리에 대한 사람들의 취향은 더욱 기괴해지고 기이해지는 경향이 있었다. 여행하는 사람도 비교적 드물어 영화나 라디오, 텔레비전 혹은 사진조차 없던 이 시절에, 사람들은 평범한 일상과는 다른 특이한 현상을 갈망했다. 극장이나 서커스 혹은 박물관에 가서 놀랄 만한 것, 심지어 두렵기까지한 것을 보고 싶어했다. 유

P. T. 바넘

명하고 파렴치한 흥행사 바넘(P. T. Barnum)은 아마도 대중에게 이러한 경험을 제공한 것으로 가장 앞선 인물일 것이다. 바넘은 1842년 뉴욕에 미국 박물관을 개관했는데, 그곳은 예술이나 자연물의 전시장이 아니라, 난쟁이—엄지손가락 만하다고 톰 섬(Tom Thumb)이라 불린 이가 가장 유명했다—와 샴 쌍둥이, 마술사, 복화술사 등이 인기를 끈 거대한 기형아 쇼 경연장이었다. 바넘은 화려한 포스터와 정교한 신문광고를 통해 자기 사업을 홍보한 천재였다. 수십 년 뒤의 일이지만, 바넘은 1870년대에 유명한 서커스를 하나 선보였는데, 그 때문에 아직도 이 분야 최고의 흥행사로 기억되고 있다.

바넘은 박물관으로 관객들을 끌어들이기 위해 거리 연설자를 고용한 홍보를 시도했다. 연설이야말로 19세기 미국에서 가장 인기 있는 여흥이라는 사실을 잘 알고 있었기 때문이다. 당시에는 남녀를 막론하고 수많은 사람이 강당과 교회, 학교, 공연장으로 몰려들었다. 강연자는 자연과학의 최신 성과에 대해 그리고 자기가 방문했던 이국적인 장소를 묘사했으며, 역사를 생생하게 이야기하고 알콜이나 노예제도를 악이라고 비난했다. 그에 따라 관객, 특히 여성은 사회 향상과 개혁이라는 메시지에 넋을 빼앗겼다.

6

북부의 농업

19세기의 미국인이 북서부라고 불렀던 지역(오늘날에는 중서부라고 부른다)은 물론이고, 급속도로 도시화되고 산업화되어 가던 북동부에서도 사람들 대부분은 여전히 농업 세계에 발목이 잡혀 있었다. 그러나 농업도 산업과 상업처럼 새로운 자본주의 경제의 한 부분으로 편입되었다.

북동부의 농업

1840년 이래 북동부의 농업에 관한 이야기는 쇠퇴와 변형으로 점철되어 있다. 쇠퇴의 원인은 간단했다. 그 지역 농부는 더 이상 북서부의 새롭고 기름진 토지와 경쟁할 수 없었기 때문이다. 1840년에는 뉴욕과 펜실베이니아, 오하이오, 버지니아가, 그리고 1860년에는 일리노이와 인디애나, 위스콘신, 오하이오, 미시건이 주요 밀 경작 지역이었다. 옥수수 경작의 경우 일리노이와 오하이오, 미주리가 뉴욕과 펜실베이니아, 버지니아를 앞섰다. 1840년에는 뉴욕과 펜실베이니아, 뉴잉글랜드가 미국 내에서 가축 사육지로 가장 중요한 지역이었다. 그러나 1850년대에 이르면 서부의 일리노이와 인디애나, 오하이오, 아이오와, 남부의 텍사스에 밀려나고 말았다.

동부 지역의 농민 일부는 서부로 이주해 새로운 농장을 경영함으로써 이러한 변화에 대처했다. 그밖에는 공장 지역으로 이동해 노동자가 된 농민도 있었다. 그러나 계속 그 지역에 남아 동부의 여러 도시에 식량을 운송하는 업종으로 전환하는 한편, 시장 판매용 채소나 과일을 재배해서 가까운 타운에 내다 파는 사람도 있었다. 뉴욕 주 중부, 펜실베이니아 주 남동부 그리고 뉴잉글랜드 지역의 많은 농민들은 우유와 버터, 치즈를 인근 도시의 시장에 공급하기도 했다.

구(舊)북서부

북서부의 산업발전

북서부 주의 양상은 달랐다. 이 지역에도 몇 개 산업이 남북전쟁 발발 이전 20년간 꾸준히 발전했다. 이리 호 인근의 클리블랜드와 오하이오 유역의 정육 산업 중심지 신시내티 안팎으로 상업 및 산업이 번영했고, 좀 더 서쪽에 있는 시카고는 농기계 및 정육 산업의 전국적인 중심지로 부상했다. 서부의 주요 산업 활동은 대부분 농기구의 제작이나 밀가루 생산, 정육, 위스키 정제, 가죽 제품 생산과 같이 농산품에 의존했다.

북서부에는 아직도 백인이 그리 많지 않은 지역이 몇 곳 있었다. 오대호 연안 위쪽의 3대 주는 남북전쟁이 끝난 후까지도 인디언의 인구 비율이 가장 높은 지역이었다. 이곳에서는 정착해서 농사를 짓는 것 말고도 사냥과 어업이 여전히 주요한 경제활동이었다.

급속한 농업 팽창

그보다 훨씬 남쪽의 정착민에게 북서부는 중요한 농업 지대였다. 북서부는 땅이 기름지고 풍부해 농업 수익성도 높았다. 따라서 북서부의 전형적인 시민은 산업 노동자나 가난하고 능력없는 농민이 아니라 상당히 부유한 농장 소유자였다.

미국이건 유럽이건 산업화가 농업에 활력을 불어넣은 가장 중요한 요인이었다. 북동부의 공장과 도시가 성장하면서 국내 농산물 시장도 급격히 성장했고, 농산물에 대한 국내외 수요가 늘면서 농산물 가격도 꾸준히 상승했다. 대부분의 농민에게 1840년대와 1850년대 초는 지속적인 번영의 시대였다.

농산물 시장의 확대는 미국의 지역 구조에 근본적인 영향을 미쳤다. 북서부는 대부분의 생산물을 북동부 주민에게 판매하고, 동부에서 생산된 공산품의 주요 시장이 되었다. 이 두 지역은 서로 이익을 주고받으면서 경제적으로 강하게 결합했고, 그 결과 연방 안에서 남부와 사이가 벌어지게 되었다.

• 북동부와 북서부의 관계 확대

1850년경에는 서부의 백인 인구가 늘면서 사람들이 미시시피 강 동서 양쪽의 초원 지대로 이주하기 시작했다. 이들 농민은 숲을 베어 땅을 일구거나 인디언이 수년 전에 개간해놓은 토지를 이용했으며, 남은 산림을 활용해 목재 산업을 일으키기도 했다. 주로 밀농사를 지었지만 옥수수와 감자, 귀리도 많이 재배했고 가축도 많이 사육했다.

북서부 농민은 새로운 농작 기법을 이용해 생산량을 늘렸다. 그들은 새로운 종자를 심고 재배했는데, 그중에서도 지중해를 원산지로 한 밀이 대표적인 품종으로서 기존의 미국산보다 훨씬 견실했다. 그리고 영국 및 스페인산 돼지와 양 등 유럽에서 매우 좋은 품종의 가축을 들여왔다. 그리고 특히 개량된 농기구와 농기계를 사용했다. 그러나 무쇠 쟁기는 부서지더라도 부품을 갈아 끼울 수 있었기 때문에 여전히 인기가 있었다. 그러던 1847년에는 더 나은 쟁기가 등장했는데, 존 디어(John Deere)가 일리노이 주의 몰린(Moline)에 세운 공장에서 기존의 주철제보다 더욱 내구성이 좋은 강철 쟁기를 만

• 새로운 농작 기법

10장 미국의 경제 혁명 | 503

• 매코믹 수확기

들었기 때문이다.

　두 가지 새로운 기계가 등장하면서 곡물 생산의 혁명이 가시화되었다. 가장 중요한 것은 버지니아 주의 사이러스 매코믹(Cyrus H. McCormick)이 발명한 자동 수확기였다. 자동 수확기는 수동 낫과 낫을 덧대는 틀을 대체한 외에도 수작업을 덜어주었다. 자동 수확기는 한쪽에 밀을 베는 칼날이 수평으로 나란히 붙어 있어서, 몇 마리 말이 수확기를 끌면 바퀴가 구르면서 패들이 움직이고, 이때 밀 대가 구부러지면서 칼날에 잘려나가는 방식인데 이렇게 잘린 밀은 이동 벨트 위에 떨어져 수확기 뒤편에 모이도록 만들어졌다. 자동 수확기를 사용하면서부터 예전 방식으로는 15명이 했던 작업량을 하루에 6명 내지 7명으로 구성된 작업반이 할 수 있게 되었다. 매코믹은 1834년에 특허를 받고 1847년에는 시카고에 공장을 설립했는데, 1860년경에는 서부 농지에서 10만대 이상의 수확기가 사용되었다. 곡물을 재배하는 사람들에게 수확기 못지않게 중요한 기계는 밀 대에서 낟알을 떼어내는 탈곡기였다. 탈곡기는 1840년 이후 엄청나게 판매되었다. 그전에는 농부가 직접 손으로 도리깨질해 탈곡하거나 농장에서 키우는 동물을 이용해 밟아 다져서 탈곡했다. 위스콘신 주 라신(Racine)의 제롬 케이스(Jerome I. Case) 공장이 대부분의 탈곡기를 생산했다(현대적인 '수확기'는 후에 수확기와 탈곡기의 기능을 결합한 것이다).

　북서부는 미국에서 스스로 가장 민주적이라고 생각하는 지역이었다. 그러나 이 지역의 민주주의는 상대적으로 보수적인 형태, 즉 자본주의적이며 소유 의식적이고 중산층적이었다. 일리노이 주의 휘그파였던 에이브러햄 링컨(Abraham Lincoln)은 이 지역 많은 사

매코믹 수확기

사이러스 매코믹이 발명한 자동 수확기를 홍보하는 광고지로, 1850년에 오하이오와 일리노이 지역 농부를 겨냥해 제작한 것이다. 그러나 자동 수확기는 오하이오나 일리노이보다 훨씬 서쪽에 있는 광대한 곡물 재배 지역에 가장 큰 영향을 끼쳤다. 이 지역은 이미 엄청난 수의 백인이 정착해 살고 있었으며, 향후 수십 년간 더 많은 수가 들어와 살게 될 지역이었다.

람들의 경제적 견해를 다음과 같이 대변했다. "나는 무엇보다 사람들 각자가 될 수 있는 한 빨리 재산을 모으도록 자유롭게 놔두는 게 좋다고 생각한다. 어떤 사람들은 부유해질 것이다. 나는 사람들이 부유해지는 것을 막을 법이 있다고 생각하지 않는다. 그런 법이 있다면 해악을 끼칠 뿐이다. … 자유로운 사회란, 대부분의 사람이 그렇듯, 어떤 사람이 가난에서 출발하더라도 자기 환경을 개선할 수 있으며, 일생 동안 불변하는 노동조건은 없다는, 그런 것을 확신할 수 있는 사회이다."

농촌 생활

농민의 삶은 지역에 따라 매우 다양했다. 애팔래치아 산맥 동쪽의 인구밀도가 높은 지역과 북서부 극동 지역의 농민은, 비교적 활발한 공동체의 일원이었다. 그들은 공동체가 설립한 교회와 학교, 상점, 주점과 같은 시설을 자주 이용했다. 백인 정착지가 더욱 서쪽으로 확대되면서, 농민은 더욱 고립되어 가족 이외의 사람과 접촉할 기회를 갖기 위해 노력해야 했다.

사회적 상호작용의 범위는 지역에 따라 달랐지만 상호작용의 형태는 일반적으로 매우 비슷했다. 아마도 종교가 다른 어떤 사회 기관보다 농촌공동체를 통합하는 데 힘을 발휘했던 것 같다. 타운이나 농촌에서는 교회가 가장 일반적인 집회 장소인데, 예배뿐만 아니라 주로 여성이 주관하는 각종 행사도 교회에서 치르곤 했다. 교회가 없는 곳에서도 여성이 돌아가며 집에서 기도회와 성경 읽기, 다른 종교 활동을 위한 모임을 가졌다. 결혼식과 세례식, 장례식 때에도 공동체가 자리를 함께했다.

• 농촌의 사회적 상호작용

그러나 종교는 상호작용을 가능케 했던 여러 이유 중 하나에 불과했다. 농민은 헛간 짓는 일을 비롯해 공동 작업을 위해 자주 모였다. 이런 일들이 있을 때마다 많은 가족이 모여 축제 분위기를 조성하곤 했다. 여성은 남성이 헛간을 짓고 아이가 노는 동안 많은 양의 식사를 준비했다. 추수 때에도 여러 가족이 모여 곡식을 나르고 옥수수 껍질을 벗기거나 밀을 타작했다. 여성은 서로서로 가사일을 도우려고 모이는가 하면, 침구를 만들고 음식을 굽고 설탕으로 과일을 조리고 다른 물건도 만드는 동아리 모임(bee)을 갖기도 했다.

비록 많은 모임을 가지기는 했으나 타운이나 도시에 사는 사람들에 비하면 농촌 사람은 대중문화와 공공 사회 활동을 거의 접하지 못하는 것이나 다름없었다. 농촌 사람은 외부 세계와의 연결 고리를 중요하게 생각해 따라서 멀리 사는 친지와 친구에게서 온 편지, 가

보지 못한 도시의 신문과 잡지, 지역 내 상점에서는 구경조차 할 수 없는 상품 카탈로그를 소중하게 여겼다. 그러나 농촌 생활의 상대적 자율성도 소중하게 여겼다. 농촌에서 도시로 이주한 많은 미국인이 향수에 젖어 농촌 생활을 회고하곤 했던 이유 중 하나는, 자신의 일상을 예전만큼 통제하지 못한다고 느꼈기 때문이다.

결 론

미국의 경제는 1820년대에서 1850년대 사이에 산업혁명의 초기 단계를 경험했다. 삶의 거의 모든 국면이 근본적으로 달라질 만큼의 변화였다.

미국의 산업혁명은 인구의 성장과 운송 및 통신의 진보 그리고 공장의 발전을 자극해서 대량생산을 가능케 한 새로운 기술의 등장, 산업 노동력의 유입, 대규모 사업을 경영할 수 있는 기업체의 출현 등이 빚어낸 결과였다. 새로운 경제로 부유층이 확대되고 새로운 중간계급이 출현했으며, 고도의 불평등도 조장되었다.

· 산업 혁명의 원인

북부의 산업화 지역은 문화도 변화했다. 가족의 구조와 행위 양식, 여성의 역할, 사람들이 여가 시간을 보내는 방식과 대중문화를 접하는 방식에서도 중요한 변화가 일어났다. 이러한 변화 때문에 미국의 혁명 세대와 19세기 중반 세대 간에 경험과 이해의 간격이 더욱 벌어졌다. 남부과 북부 간의 격차 또한 더욱 커졌다.

1800	1808	1820s	1822	1831
가브리엘 프로서의 노예 반란 실패	노예 수입 금지	담배 경제 불황 시작	덴마크 베시의 노예 반란 음모	내트 터너 노예 반란

11장
면화, 노예제도 그리고 구(舊)남부

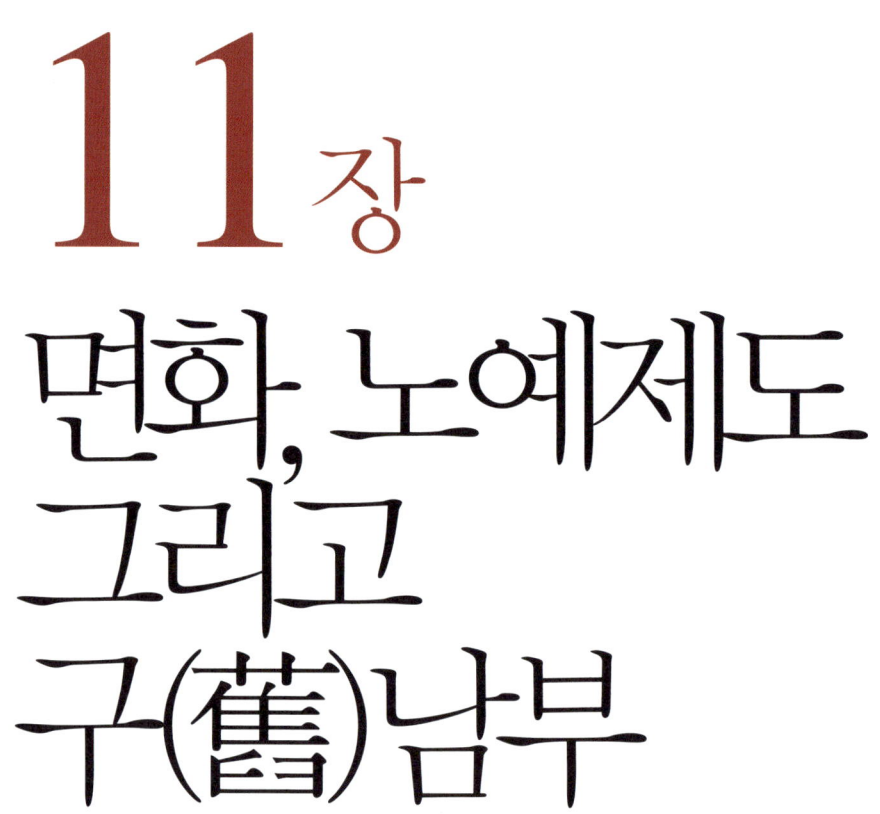

뉴올리언스의 면화 거래

프랑스의 유명한 인상파 화가 에드가 드가(Edgar Degas)가 1873년 뉴올리언스의 면화 거래소에서 면화의 견본을 검사하는 면화 상인을 그린 그림이다. 1850년대 남부의 경제 호황을 주도했던 면화 무역은 이 시기에 와서 다소 쇠퇴했다. 드가의 어머니는 뉴올리언스에서 면화 중개업에 종사한 크리올(프랑스계 이민자의 자손) 가문 출신이었으며, 드가의 두 남동생은 미국의 면화 중개 사업에 투신했다. 이 그림에서 신문을 읽고 있는 사람과 창문에 기대어 서 있는 사람이 드가의 두 남동생이다.

1833	1837	1846	1849
존 랜돌프, 노예 400명 해방	면화 가격 폭락	《디 보우 상업 평론》 출간 시작	면화 생산 호황

남부도 북부와 마찬가지로 19세기 중반에 극적인 성장을 이룩했다. 남부인들은 남서부로 흩어져 이동했다. 남부의 농업경제는 생산성이 높아 번영을 구가했다. 사탕수수와 쌀, 담배 그리고 특히 면화와 같은 환금작물 무역으로 남부는 국제 통상의 주요 세력이 되었다. 또한 미국의 신흥 자본주의 세계 및 유럽의 무역 상대국과 긴밀한 관련을 맺게 되었다.

그러나 이 모든 변화에도 남부는 이 시기에 북부처럼 근본적인 변화를 겪지는 않았다. 남부는 19세기 초는 물론 1860년에도 여전히 농업 지역이었다. 19세기 초 남부에는 별다른 주요 도시나 산업이 없었으며, 60년 후에도 이는 여전했다. 1800년까지도 노예노동에 기반한 플랜테이션 제도가 남부 경제를 지배했는데, 1860년에 이르러서도 이 제도는 남부 지역에 대한 지배력을 한층 강화시켰을 따름이었다. 어느 역사가가 기술했듯이, "남부는 성장했지만 발전하지는 않았다."

1
면화 경제

19세기 중반 남부의 가장 중요한 경제 발전을 들라면 경제력의 이동이라고 할 수 있다. 남서부의 새로운 몇 개 주, 즉 '하(下)남부(lower South)'에서 농업 지역이 확대됨에 따라, 경제력은 대서양 연안을 따라 자리 잡은 원래의 남부, 즉 '상(上)남부(upper South)'에서 이곳으로 이동했다. 이는 남부 경제에서 무엇보다 면화가 점차 지배적인 작물이 되었음을 보여주는 것이다.

면화 왕(King Cotton)의 등장

상남부의 많은 지역이 여전히 담배 경작에 의존했다. 그러나 담배 시장은 불안정하기로 유명했고, 담배는 토양을 급속도로 고갈시켰다. 따라서 1830년대에는 버지니아와 메릴랜드, 노스캐롤라이나의 오랜 담배 경작 지역 농민 상당수가 다른 작물을 재배하기 시작하여, 담배 생산의 중심지는 서쪽, 즉 피드몬트(Piedmont) 고원 지대로 옮겨 갔다.

• 담배 경제의 쇠퇴

남부 해안 지대에서도 남쪽 지역, 즉 사우스캐롤라이나와 조지아, 플로리다 일부 지역은 여전히 담배보다 안전하고 수익성도 높은 쌀 생산에 의존했다. 그러나 벼를 재배하려면 많은 관개시설이 필요할 뿐더러 생육 기간도 드물게 길기(9개월) 때문에 벼의 재배는 비교적 작은 지역에 한정되었다. 마찬가지로 멕시코 만을 따라 사탕수수를 재배하는 농민도 상당한 수익을 올렸다. 그러나 사탕수수는 지나치게 노동 집약적인 작물이었고, 생육 기간도 길어서 비교적 부유한 대농장주만 경작할 수 있었다. 더욱이 사탕수수 생산자는 카리브해의 거대한 사탕수수 플랜테이션과 경쟁해야 했다. 그러므로 사탕수수 재배는 루이지애나 남부와 텍사스 동부의 한정된 지역 너머로는 확대되지 않았다. 긴 섬유 면화(해도면, sea island cotton)는 수익성이 높은 또 다른 작물이었다. 그러나 벼와 사탕수수처럼 긴 섬유 면화도 한정된 지역, 즉 남동부의 해안 지역에서만 재배되었다.

• 짧은 섬유 면화

상남부는 새로운 작물이 아니었다면 담배 경제의 쇠퇴와 사탕수수, 벼, 긴 섬유 면화 경제의 자연적 한계 때문에 비농업적 경제활동에 관심을 돌려야 했을지도 모른다. 그러나 새로운 작물의 중요성이 점점 커지면서 금세 다른 것들을 무색하게 만들어버리자, 그런 일은 일어나지 않았다. 그 새로운 작물이란 바로 짧은 섬유 면화(short-staple cotton)였다. 섬유가 한층 단단하고 결이 더욱 거친 이 면화는 다양한 토양과 기후 조건에서도 성공적으로 생산되었다. 이 면화는 섬유에서 씨를 제거하기가 어려워 긴 섬유 면화 품종보다 처리

오른쪽 두 지도는 남북전쟁 이전 남부의 면화 재배 지역이 현저하게 확대되었음을 보여준다. 두 지도에는 면화 재배 지역(옅은 갈색 지역)과 대규모 노예 거주 지역(보다 진한 갈색 점으로 표시된 지역이나 짙은 갈색 지역)이 표시되어 있다. 1820년의 상황을 보여주는 위쪽 지도를 보면, 면화 재배지가 주로 동쪽에 밀집해 있으며 앨라배마와 미시시피, 루이지애나, 테네시에도 조금은 퍼져 있다는 것을 알 수 있다. 노예 거주 지역은 조지아와 사우스캐롤라이나 해안을 따라 집중해 있는데, 이 지역은 '긴 섬유' 면화를 재배하는 지역이다. 이 지역 말고는 노예가 밀집 거주하는 지역이 드물다. 1860년 상황을 드러내는 아래쪽 지도를 보면, 남부가 극적으로 변화한 것을 알 수 있다. 면화 재배 지역이 텍사스 주에서 플로리다 주 북부 지역까지 하남부 전역으로 퍼졌으며, 이에 따라 노예도 이동했다. 담배 재배지가 지속적으로 확대되었던 버지니아 주와 노스캐롤라이나 주에도 노예가 집중적으로 거주한 것을 볼 수 있다.

구(舊)남부의 노예제도와 면화

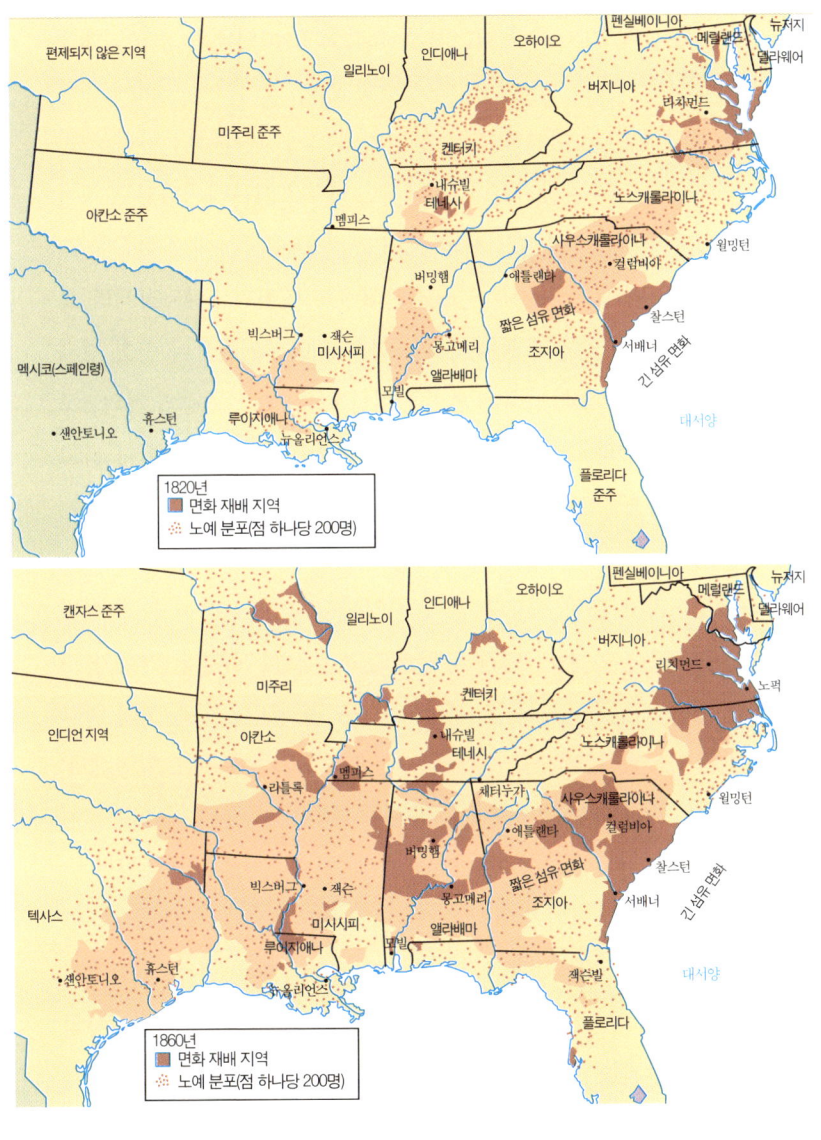

과정이 더 힘들었으나, 조면기의 발명으로 이런 문제가 해결되었다.

1820년대와 1830년대에는 영국 그리고 1840년대와 1850년대에는 뉴잉글랜드에서 방직 산업이 성장하면서, 19세기에 면화에 대한 수요가 급증했다. 이러한 수요에 발맞춰, 1820년대부터 면화 생산 지역이 급속도로 확산되었다. 생산지도 사우스캐롤라이나와 조지아 서부에서 앨라배마와 미시시피 그리고 나중에는 루이지애나 북부, 텍사스, 아칸소로 이동했다. 1850년대에는 면화가 남부 경제의 요체였다. 경기의 호황과 불황이 주기적으로 반복되었으나 면화 경제는 꾸준히 성장했다. 남북전쟁 무렵이면 미국 수출 물량의 거의 3분의 2가 면화였다. 따라서 남부의 정치인들이 "면화는 왕이다"라고 큰소리친 것도 그리 놀랄 일이 아니었다.

'하남부(lower South)'─혹은 나중에 '저(低)남부(Deep South)'─라고 불린 새로운 정착 지역에서 면화 생산이 붐을 이뤘다. 어떤 이는 이곳을 '면화 왕국'이라고 부르기도 했다. 면화가 막대한 이윤을 낳을 것이라는 전망이 돌자, 정착민이 수천 명씩 하남부로 몰려들었다. 기존의 주에서 이주한 부유한 농장주도 있었으나, 대부분은 대규모 농장 소유주를 꿈꾸는 사람으로 소유 노예가 몇 안 되는 소규모 농장을 가졌거나 소유 노예가 없는 일반 농민이었다.

• 노예 제도의 급속한 확대

노예들도 자발적이지는 않았지만 이와 비슷한 이동을 했다. 어떤 통계에 의하면, 1840년에서 1860년 사이에 41만 명의 노예가 상남부에서 이 면화 지역으로 이동했다. 주인을 따라 남서부로 이동한 노예도 있었지만 이미 그곳에 자리잡은 농장주에게 팔린 경우가 더 많았다. 노예를 남서부 시장에 내다 파는 일은 상남부에서 매우 중요한 경제행위가 되었다.

1주일 내내 수확하기

1842년경에 윌리엄 헨리 브라운(William Henry Brown)이 그린 이 수채화에는 하루 종일 고되게 수확한 면화를 짐마차에 싣는 노예 가족의 모습이 담겨 있다. 어린아이마저 수확하는 일에 동원되었다. 브라운은 19세기의 대중적인 화법인 반면영상(半面影像)법으로 유명한 화가(그의 후기 작품 중에는 에이브러햄 링컨을 그린 그림도 있다)인데, 이 그림은 그가 방문한 가족에게 선물로 제공하려고 그린 5피트(약 1.5m) 크기 컷아웃의 일부다.

남부의 무역과 산업

이같은 농업 팽창의 호황에 비하면, 다른 형태의 경제활동은 남부에서 발전 속도가 더뎠다고 할 수 있다. 상남부에서도 농업 이외에 제분, 방직 및 제철 분야가 성장하기는 했다. 그러나 농업경제와 비교하면, 산업은 별로 대단한 것이 아니었다. 1860년 남부 섬유 제조업의 총 가치는 450만 달러에 달했는데, 20년 전의 가치와 비교하면 3배에 이르는 것이었으나 수출된 면화 가치를 비교하면 2퍼센트에 지나지 않았다.

> 경제 발전의 장애물

남부의 비농업적 상업 분야는 발전이 제한적이었을 뿐 아니라, 대체로 플랜테이션 경제의 필요에 따른 것이었다. 농장주로부터 농작물을 구입하는 중개인 혹은 도매상은 특히 중요했다. 남부의 금융 체계는 매우 초보적인 수준에 머물러 있어서 이 중개인이 때로는 은행가의 역할을 하며 농장주에게 신용 대출을 해주었기 때문이다. 남부의 부적합한 운송 체계는 경제 발전의 또 다른 장애물이었다. 운하는 거의 없었고 도로도 대부분 조야해서 대량 운송에 적합하지 않았으며, 1840년대와 1850년대에 철도가 상당히 확산되기는 했으나 남부 전체를 효과적으로 연결시킬 정도는 아니었다. 주요 운송로는 수로였다. 대농장주는 일반적으로 하천이나 바다를 통해 재배 작물을 시장으로 운반했고 대부분의 제조업도 항구도시나 그 인근에 자리하고 있었다.

> 《디 보우 상업 평론》

따라서 남부는 북부의 제조업자와 상인, 전문인에게 갈수록 더 의존했다. 일부 남부인은 남부의 경제적 독립을 주창하기 시작했다. 그 가운데 뉴올리언스의 제임스 디 보우(James B. D. De Bow)는 《디 보우 상업 평론(De Bow's Commercial Review)》에서 남부의 상업 및 농업의 팽창과 북부로부터의 경제적 독립을 요구했다. 그러나 《디 보우 상업 평론》조차 북부 제조업체 광고로 가득 차 있었으며, 잡지 발행 부수도 뉴욕의 《하퍼스 위클리(Harper's Weekly)》 등의 북부에서 발간되던 잡지에 비해 훨씬 적었다.

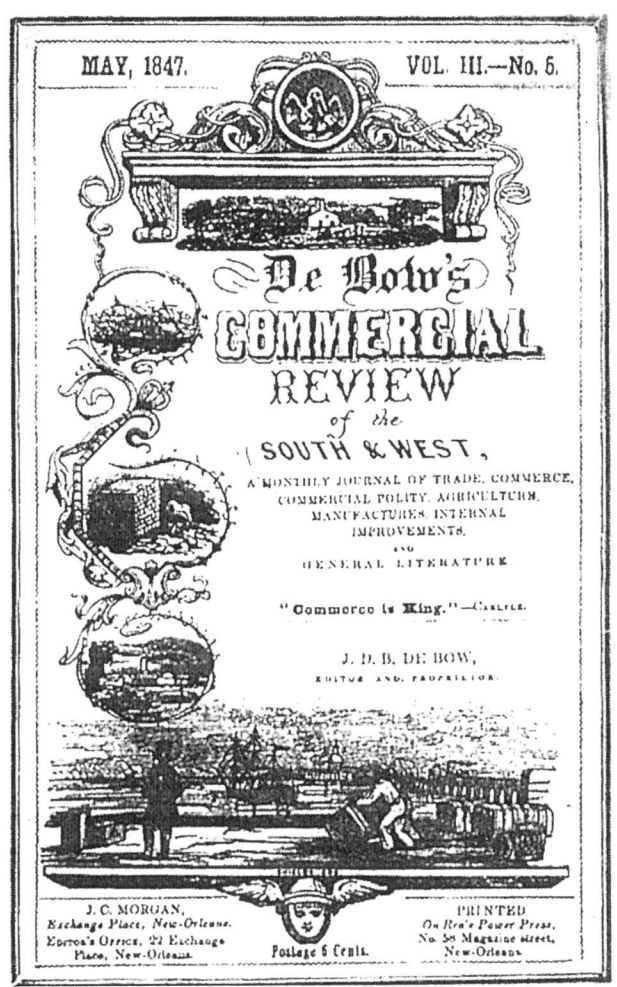

《디 보우 상업 평론》

남부 주요 잡지의 소유주이자 편집인인 제임스 디 보우가 발간한 《평론》은 상업에 투신한 사람들을 위해 고안된 상업 출판물이었다. 그러나 《평론》은 남부 백인이 남부의 독특한 (그리고 우월한) 문화라고 간주한 것 그리고 남부의 생활 방식을 장려하는 소론과 기사를 게재하기도 했다.

남부가 다른 원인

남북전쟁 이전의 남부 역사와 관련해 중요한 의문이 하나 있다. 남부에서는 왜 더 큰 규모의 상업 및 산업 경제가 발전하지 못했는가 하는 점이다. 왜 남부는 북부와 그렇게 달랐을까?

> 불균형 발전의 원인

남부의 농업 체계가 막대한 이윤을 낳았다는 점도 그 이유 중 하나였다. 북동부는 농업경제가 쇠퇴해 많은 사람이 제조업으로 관심을 돌렸다. 그러나 남부는 농업경제가 호황을 누렸기 때문에, 자본주의경제에서 이윤을 얻으려는 야심을 가진 사람이 다른 경제 분야에 눈길을 줄 만한 이유가 없었다. 또 다른 이유는 부유한 남부인이 토지와 노예에 너무나 많은 자본을 투자해서 다른 분야에 투자할 여력이 없었다는 점이다. 일부 역사가는 남부의 기후―길고 덥고 습한 여름―가 북부의 기후에 비해 산업 발전에 적합하지 않았다고 주장해왔다.

> 독특한 남부 가치

그러나 남부에서 상업이나 산업 경제가 번영하지 못한 것은, 부분적으로 일련의 남부 특유의 가치관 때문이기도 했다. 남부의 백인은 스스로를 특별한 생활 방식을 지닌 사람으로 생각하곤 했다. 그들의 주장에 따르면, 남부인은 빠른 성장과 발전보다 세련되고 우아한 생활 방식을 창조하는 데 더욱 관심을 가졌다. 이러한 이미지는 남부 백인에게 호소력을 지녔으나, 여러 면에서 남부 사회의 현실과는 맞지 않았다.

2

남부의 백인 사회

남부의 백인 가운데 노예를 소유한 사람은 소수에 불과했다. 백인 인구가 800만 명을 막 넘어선 1860년에도 노예주는 겨우 38만 3,637명에 지나지 않았다. 여기서 노예주의 수를 모든 가족 구성원이 포함된 가정 단위로 계산한다고 하더라도, 노예 소유 가정에 속한 사람은 백인 인구의 4분의 1에 불과했다. 그리고 이 소수의 백인 가운데서도 많은 노예를 소유한 사람은 극히 드물었다.

대농장주 계층

남부가 부유한 토지 소유 농장주가 지배하는 사회로 비치게 된 까닭은 무엇일까? 이는 주로 귀족적인 농장주가 그들 인구 비율을 훨씬 넘어서는 권력과 영향력을 행사했기 때문이다.

• 귀족적인 대농장주의 지배

남부의 백인은 영국 및 유럽의 전통적인 상류계급과 자기들 대농장주 계층을 자주 비교하곤 했다. 사실 남부의 상류 계층은 구 세계의 토지 귀족과 전혀 닮은 점이 없었다. 상남부(上南部) 일부 지역에서 대귀족이라고 불리는 사람은 실제로 여러 대에 걸쳐 부와 권력을 장악해온 가문의 구성원이었지만, 그외 남부 대부분의 지역에는 오래된 세습 토지 귀족이 없었다. 하남부(下南部) 지역은 대토지 소유자 상당수가 그 지역 정착민 첫 세대로, 그들이 안락과 사치 속에

삶을 영위하기 시작한 것도, 그래서 유명해진 것도 1850년대 이후의 일이었다. 남북전쟁을 기준으로 보면, 남부 대부분의 지역이 정착하고 개발된 지 20년이 채 넘지 않은 곳이었다.

대농장주의 세계는 귀족 설화에 나오는 것과 같은 여유와 품위 있는 세계가 아니었다. 주요 작물 재배는 하나의 사업이었다. 대농장주는 여러 면에서 북부의 산업가와 다름없는 경쟁적인 자본가로서 검소하게 생활했다. 주로 토지와 노예에 재산을 투자했기 때문에 개인적인 안락을 위해 쓸 자금이 거의 없었다. 그리고 새롭고 더욱 생산성이 높으리라고 예상되는 지역이 경작 가능 지역으로 개방될 때면 그곳으로 빈번하게 이주했다. 이미 상당한 부를 축적한 대농장주라고 해도 예외는 아니었다.

• 귀족주의적 이상

부유한 남부 백인은 여러 방법을 동원해 귀족적인 이미지를 유지하려고 했다. 그들은 '기사도(chivalry) 정신'의 정교한 규범을 따랐다. 그리하여 종종 사적인 결투를 벌여서라도 '명예'를 지켜야 했으며, 또한 무역이나 상업과 같은 '조잡한' 직업은 피했다. 농장주가 아닌 사람 중에는 군인이 되는 경우도 많았다. 이 같은 귀족주의적 이상은 남부 백인 여성에게도 각별한 역할을 부여했다.

'남부 숙녀'

어떤 면에서 남부의 부유한 백인 여성은 북부의 중산층 백인 여성과 매우 유사한 역할을 했다. 그들 삶의 중심은 일반적으로 가정이었다. 남부 여성은 남부의 사회적 관념에 따라 남편에게는 동반자이자 안주인이었고, 자녀에게는 젖을 먹여 키우는 어머니였다. '품

조지아 식 플랜테이션

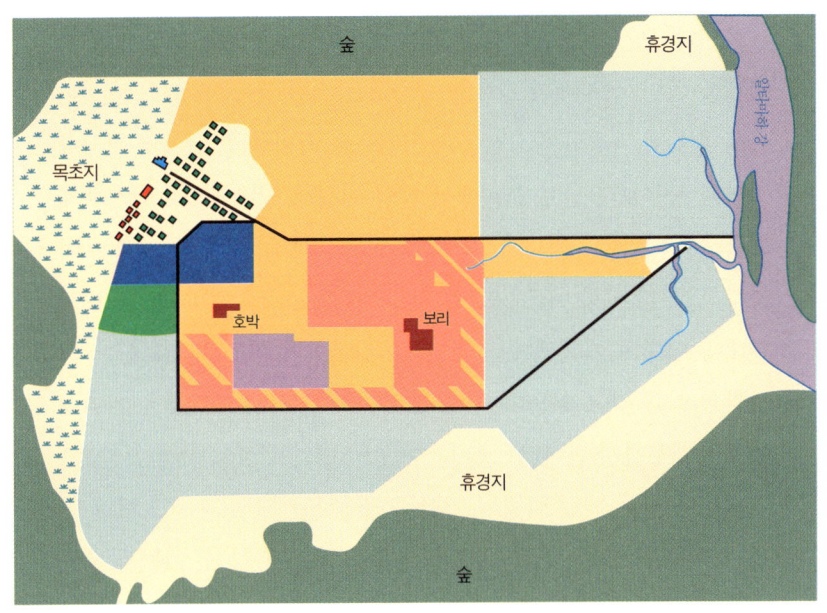

총면적 : 4,500
에이커
재배지 면적 :
840에이커
— 농로

건물
■ 소유주 주택
■ 공청
■ 노예 숙소

작물
■ 면화
■ 쌀
■ 옥수수
■ 사탕수수
■ 감자
■ 콩(완두콩)
■ 기타 작물

사우스캐롤라이나 주의 홉턴(Hopeton) 플랜테이션을 그린 이 지도는, 플랜테이션이 미국 시장과 세계 시장에 얼마나 깊숙이 관련을 맺고 있었는지 그리고 플랜테이션이 얼마나 자급자족적이었는지를 보여준다. 지도를 보면, 환금작물인 면화, 쌀, 사탕수수 재배에 상당한 토지를 할애하고 있으며, 근거리 시장과 플랜테이션 주민을 위해 감자, 채소, 옥수수 등 여러 작물을 재배했다는 것을 알 수 있다. 지도 상단 왼쪽에는 건물이 분포해 있는데, 노예 숙소가 노예주 저택과 매우 가깝다.

위 있는' 남부의 백인 여성이 공공 활동에 참여하거나 돈을 버는 직업에 종사하는 경우란 거의 없었다.

그러나 '남부 숙녀'의 삶은 북부 여성의 삶과 다른 면도 많았다. 일례를 들면, 남부에서 명예를 숭상했던 것은 곧 남부 백인 남성이 여성 보호에 각별한 중요성을 부여했음을 의미한다. 실제로 이러한 사실은 북부보다 남부 문화에서 백인 여성이 일반적으로 남성에게 더욱 종속되어 있었고, 백인 남성이 더욱 지배적이었다는 것을 보여준다. 남부의 사회 이론가인 조지 피츠휴(George Fitzhugh)는 1850년대에 이렇게 기록했다. "여성도 어린아이와 마찬가지로 단지 하나의 권리를 갖고 있는데, 바로 보호받을 권리다. 보호받을 권리는 복종할 의무를 수반한다."

- 여성의 종속성 강화

그러나 남부 백인 여성의 역할을 결정하는 데 보다 중요했던 것은, 대부분의 남부 여성이 '공적 세계'를 거의 접할 수 없는 농장에서 살았기 때문에 아내와 어머니의 역할을 넘어설 기회가 거의 없었다는 사실이다. 적절한 규모의 농장에서 거주했던 많은 백인 여성은 북부 중산층 여성보다 훨씬 더 가족의 경제문제에 얽매여 살아야만 했던 것이다. 이 여성들은 방적, 방직을 비롯한 생산 활동에 종사하면서 농사일에 관여해야 했고, 노예노동을 감독하는 데도 힘을 보태야 했다. 그러나 보다 큰 플랜테이션에서는 이러한 제한적인 역할조차 백인 여성에게는 적합하지 않은 것으로 간주되었고, 어떤 경우에는 '플랜테이션의 안주인(plantation mistress)'이 플랜테이션 경제 혹은 그 사회의 의미 있는 한 부분이기보다는 남편의 장식품에 불과했다. 또한 남부의 백인 여성은 북부의 여성보다도 교육받을 기회가 적었다. 몇 개 안 되는 남부 여자 '학교(academy)'는 여성을 남편에게 어울리는 아내로 만드는 것이 교육의 목적이었다.

남부의 백인 여성에게는 또 다른 특별한 의무가 있었다. 남부 백인의 출생률은 전체 미국의 출생률보다 거의 20퍼센트나 높았고 유아 사망률 또한 다른 곳보다 높았다. 남부의 노예노동 체제는 백인 여성에게 복합적인 영향을 끼쳤다. 노예제도로 인해 백인 여성 상당수가 특정의 고된 노동에서 벗어날 수 있었던 반면, 남편과의 관계에서 자주 상처를 받았다. 남성 노예주는 플랜테이션의 여성 노예와 자주 성관계를 가졌고, 이러한 관계에서 출생한 아이들이 백인 여성에게 남편의 불륜을 상기시키는 존재가 되었기 때문이다. 이러한 관행의 가장 큰 피해자는 분명히 흑인 여성(그리고 흑인 남성)이었으나, 백인 여성 역시 이 때문에 고통을 겪었던 것이다.

• 특별한 의무

평범한 사람들

전형적인 남부 백인은 자영농이었다. 이들 '평범한 사람들' 가운데 일부는 약간의 노예를 소유한 사람으로, 노예와 함께 일을 했기 때문에 규모가 큰 농장의 소유주보다 노예와 가깝게 지냈다. '평범한 사람들' 대부분은 자신의 땅에서 농사일에만 매달려 근근히 생계를 꾸려가는 사람이었다. 면화나 다른 환금작물을 재배하는 사람도 있었지만, 생산량이 적어 경작지를 넓힐 엄두를 내지 못했고 심지어 빚에 허덕이는 사람도 있었다.

남부의 교육제도가 이러한 상황을 초래한 한 가지 원인이었다. 부유한 대농장주의 아들인 경우 교육받을 수 있는 기회가 풍부했다. 1860년에는 공·사립을 막론하고 남부에 260개의 대학 및 대학교가

• 부적절한 교육 기회

있었고, 여기에 2만 5,000명이 등록했다. 그러나 미국의 다른 지역과 마찬가지로 대학교는 오직 상류층 자제를 위한 것이었다. 남부의 초등학교와 중등학교는 북동부에 비하면 수가 매우 적었을 뿐 아니라, 질적으로도 열악했다. 남부에는 백인 문맹자만 해도 50만 명이 넘었는데, 이는 미국 전체 문맹자의 절반을 넘는 숫자였다.

평범한 사람들이 대농장주 계층에 종속되어 있었다는 사실은 중요한 의문을 불러일으킨다. 왜 하층 백인은 자신들에게 전혀 혜택이 돌아오지 않는 귀족적인 사회체제에 대해 아무런 이의를 제기하지 않았을까?

• '산지인들'

노예를 소유하지 않은 백인 일부는 대농장주 엘리트에게 반기를 들기도 했다. 그러나 대개 고립된 지역에 사는 사람이었고, 방식 또한 제한적이었다. 이들은 주로 '산지인(hill people)'으로, 미시시피 강 동쪽의 애팔래치아 산악 지역과 미시시피 강 서쪽의 오자크(Ozarks) 산지 그리고 다른 '산악 지역'이나 '벽지'에 살았다. 이들은 남부 생활의 주류에서 벗어나 있었다. 단순 농업에 종사하면서 근근이 생계를 이었고, 실제로 소유한 노예도 없었다. 남부의 면화 재배 지역을 지배하고 있던 새로운 상업 경제와도 대부분 연관성이 없었다.

이 같은 백인은 대농장주의 귀족주의에 대해 자주 적개심을 표시했다. 이들이 살고 있는 산악 지역은 남북전쟁 전야에 많은 남부 주가 연방을 탈퇴할 당시 남부에서 유일하게 탈퇴를 거부한 지역이기도 했다. 심지어 남북전쟁 중에도 이 지역의 많은 사람이 남부 연합을 지지하지 않았다.

그러나 노예를 전혀 소유하지 않은 더욱 더 많은 수의 백인은 플랜테이션 체제 속에서 삶을 영위했다. 이들 상당수가, 아니 대부분이 여러 중요한 방식으로 플랜테이션 체제와 관련을 맺고 있었기 때문에 이 체제를 받아들였던 것이다. 소농은 그 지역 플랜테이션 귀족에게 많은 것을 의존해야만 했다. 귀족에게서 조면기를 빌렸고, 재배한 농작물과 사육한 가축을 귀족을 통해 시장에 내다 팔았으며, 필요할 때 신용 대출을 받거나 다른 재정적 도움을 받았다. 더욱이 혈연적인 면도 있어서, 한 카운티의 가장 가난한 주민이 가장 부유한 상류층의 친척인 경우도 많았다. 1850년대에는 면화 경제가 호황을 누림에 따라 많은 소농이 재산을 늘리게 되었는데, 소유 토지를 늘려 노예주가 된 사람은 최소한 플랜테이션 사회의 주변부로 진입했다. 그러나 단순히 독립적인 자영농으로서 자기 위치를 더욱 확고히 다져서 이 기간 동안 남부 백인 사회를 휩쓴 격렬한 지역적 충성심을 기꺼이 수용한 사람도 있었다.

• 플랜테이션에 대한 의존

남부 백인 중에는 플랜테이션 경제와 전혀 이해관계는 없지만 플랜테이션 경제의 전제 조건을 계속 인정했던 또 다른 사람도 있었다. '가난뱅이(crackers)' '거덜난 놈팽이(sand hillers)' 혹은 '가난한 백인 쓰레기(poor white trash)' 등 여러 가지로 불렸던 사람이었다. 이들은 소나무가 자라는 불모의 모래땅, 황토 언덕, 습지 같은 척박한 땅에서 그야말로 비참하게 살았고 그중 상당수는 가진 땅이 없어 약탈을 하거나 사냥을 해서 생계를 이었다. 어떤 이들은 때때로 이웃의 일꾼으로 일했다. 이들의 육체적인 기능 퇴화는 부분적으로 영양실조와 질병 때문이었다. 이들은 때때로 흙을 파먹기도 했는데—이러한 이유로 부유한 사람은 이들을 비난조로 '토식가(clay eater)'로 부르기도 했다—니코틴산 결핍 증후군(pellagra)과 십이

지장충, 말라리아로 고통을 받았다. 대농장주나 소농 모두 이들을 똑같이 경멸조로 대했다.

남부의 백인 사회에서 진정으로 버림받은 이 사람들조차 플랜테이션이나 노예제도를 실질적으로 반대하지 않았는데, 그것은 가난으로 너무나 무감각해진 나머지 반대할 힘조차 없었기 때문인지도 모른다. 그러나 이것 역시 남부 백인을 하나로 묶는 가장 강력한 요인에서 기인한 결과였다. 바로 인종에 대한 인식 때문이었다. 남부 백인은 아무리 가난하고 비참할지라도 자기 지역 흑인을 여전히 멸시할 수 있었고, 단호하게 인종적 우월성을 유지함으로써 동료 백인과 유대감을 나눌 수 있었다.

3

노예제도: '특별한 제도'

남부의 백인은 노예제도를 '특별한 제도(peculiar institution)'라고 부르곤 했다. 그들이 이 제도를 이상하다고 여겼기 때문이 아니라, 특이하고 특수한 것임을 강조하기 위해서였다. 사실 미국의 노예제도는 정말 독특했다. 19세기 중엽, 남부는 브라질과 쿠바, 푸에르토리코를 제외하면 서양 세계에서 여전히 노예제도가 존재하는 유일한 지역이었다. 남부는 다른 어떤 단일 요소보다도 노예제도라는 요소 때문에 미국의 다른 지역과 달랐다.

노예제도는 남부 내부에도 역설적인 결과를 낳았다. 그것은 흑인과 백인을 서로 분리시켰는데, 그 결과 노예제 아래서 흑인은 자신들만의 독특한 사회와 문화를 발전시켰다. 동시에 노예제도는 남부의 흑인과 백인─노예와 노예주─사이에 특이한 유대감을 창출했다. 흑백 두 인종은 서로 분리된 영역을 유지하면서도 서로의 영역에 깊이 영향을 주고받았다.

노예제도의 다양성

● 노예법

남부의 각 주가 제정한 노예법에 따르면, 노예는 재산을 소유할 수 없고 허락 없이 주인의 농장을 떠날 수 없으며, 일몰 후 바깥 출입을 할 수 없고 교회 이외의 지역에서 다른 노예와 모임을 가질 수 없었다. 또한 총기를 소지할 수 없고 정당방위라고 할지라도 백인을 때릴 수 없었다. 이 뿐만 아니라 백인은 노예에게 읽거나 쓰는 법을 가르칠 수 없고 흑인은 백인을 상대로 법정에서 증언할 수 있는 권리까지 부인당했다. 노예법에는 노예의 결혼이나 이혼을 합법화할 수 있는 규정도 없었다. 만약 어떤 노예주가 노예에게 형벌을 가하다가 그를 죽인다 하더라도, 그 행위는 일반적으로 형사 범죄로 간주되지 않았다. 그러나 노예가 백인을 살해하는 경우는 물론, 반란을 일으키거나 심지어 백인의 의사에 반(反)한 것만으로도 사형에 처해졌다. 또한 노예법에는 인종을 정의하는 각별히 엄격한 규정이 있었는데, 누구라도 아프리카 혈통을 이어받은 사람은 흑인으로 간주되었다(간혹 그것이 소문에 불과할지라도 그런 처우를 받은 경우마저 있었다).

그러나 실제로는 법이 일관되게 적용되지 않았다. 노예는 재산을 소유하거나 읽고 쓰는 법을 배우기도 했으며 다른 노예와 집회를 갖기도 했다. 백인 노예주는 대부분의 위반 행위를 법정이나 경찰에 의존하지 않고 직접 다루되 노예를 통해 처리했고, 매우 다양한 형벌을 부과했다. 달리 말하면, 엄격한 법 규정에도 불구하고 실제로는 노예 체제 안에서 상당히 다양한 상황이 존재했던 것이다. 어떤 흑인은 거의 감옥과 같은 환경 속에 살면서 주인의 엄격하고 혹독한 지배를 받아야 했던 반면, 다른 많은 흑인(아마도 대부분)은 상당한 융통성과 자율성을 누렸다.

가부장적 관계

노예주와 노예의 관계는 부분적으로 플랜테이션의 규모에 따라 달랐다. 소유 노예가 몇 안 되는 백인 농부는 일반적으로 노예를 직접 감독했고 종종 그들과 함께 일했다. 이 같은 노예주와 노예의 가부장적 관계는 온정적이며 자비로울 수 있는 반면, 전제적이고 잔인할 수도 있었다. 흑인은 일반적으로 규모가 큰 플랜테이션에서 일하기를 선호했는데, 그곳에는 그들만의 사회를 만들 수 있는 기회가 있었기 때문이다.

비록 대부분의 노예 소유주는 소규모 농장주였지만, 대다수의 노예는 상당한 노예 노동력을 보유한 중간 규모나 대규모의 플랜테이션에서 살았다. 따라서 주인과 노예의 유대 관계는 소규모 농장보다는 대규모 플랜테이션의 경우 대체로 친밀하지 않았다. 상당히 부유한 대농장주는 노예를 직접 감독하는 대신 감독을 고용하는 경우가 많았고, 부감독까지 두는 경우도 있었다. 신뢰할 만하고 충직한 흑인 '몰이꾼(head drivers)'이 여러 부몰이꾼(subdrivers)의 도움을 받아가면서 백인 감독 밑에서 십장(什長) 역할을 했다.

노예제도 생활

노예에게 제공되는 식사는 일반적으로 양은 부족하지 않았지만 식단은 간소했다. 주로 옥수수와 소금에 절인 돼지고기, 당밀이 그들의 식사였다. 특별한 경우에는 신선한 고기나 가금(家禽) 요리를 먹었다. 많은 노예가 직접 이용할 텃밭을 일구었고, 노예주는 그들에게 값싼 의복과 신발을 제공했다. 노예는 '노예 숙소(slave quarters)'인 조야한 오두막집에서 살았다. 플랜테이션 주인이 고용한 의사나 혹은 안주인이 직접 진료를 해주는 경우도 있었으나, 여성 노예가 '치료사'와 산파 혹은 그저 어머니로서 중요한 의료인이었다.

노예는 어릴 때 손쉬운 일로 시작해서 나중에는 점차 고된 일을 도맡아 했으며, 노동시간은 수확기에 가장 길었다. 여성 노예는 특

• 노동조건

면화 밭에서 돌아오는 노예

사우스캐롤라이나의 한 면화 밭에서 하루 일과를 마친 노예가 귀갓길에 올랐다. 그들 중 일부는 수확한 면화를 머리에 이고 있고, 흑인 몰이꾼이 귀갓길을 인도하고 있다.

히 고되게 일했는데, 대개는 밭에서 남자와 함께 일했고 요리와 청소, 아이 양육까지 책임졌다. 많은 노예 가족은 이별을 경험해야 했다. 남편과 아버지가 이웃한 플랜테이션에서 살아야 했거나, 때로는 배우자 한쪽(일반적으로 남성 노예)이 멀리 떨어진 플랜테이션 주인에게 팔려 가기도 했던 것이다. 그래서 흑인 여성은 홀로 자식을 기르며 사는 경우가 많았다.

하나의 집단으로서 노예는 남부의 백인보다 건강 상태가 훨씬 나

빴다. 노예 수입이 불법화된 1808년 이후, 전체적으로 백인 대비 흑인 비율은 꾸준히 감소했다. 당시 흑인 인구가 더디게 증가했던 것도 상대적으로 높은 사망률의 결과였다. 흑인 어머니는 대가족을 거느렸지만, 실질적으로 모든 아프리카계 미국인이 불가피하게 경험해야 했던 가난 때문에 성인이 될 때까지 생존한 자녀가 백인의 자녀보다 훨씬 적었다. 성인이 되었다고 할지라도 흑인의 평균 수명은 백인의 평균 수명보다 짧았다.

• 높은 사망률

가내 노예는 밭에서 일하는 노예보다 적어도 육체적으로는 어느 정도 편한 생활을 했다. 소규모 플랜테이션에서는 노예가 가사와 밭일을 병행하기도 했다. 그러나 대규모 플랜테이션에는 일반적으로 가사 내용에 따라 별도의 노예―유모, 가정부, 요리사, 집사, 마부 등―가 있었다. 이들은 주인 및 주인 가족과 가까이 살았으며 백인 가족이 먹고 남긴 음식을 먹었다. 이런 저택에 거주한 흑인과 백인의 관계는 애정 어린, 거의 가족과도 같은 관계로 발전하기도 했다. 그러나 대부분의 가내 노예는 주인 가족과 가까이에서 생활함으로써 동료 노예로부터 유리되고 사생활도 없다는 데에 불만을 가졌다. 무엇보다도 이처럼 주인과 밀접한 생활을 영위하는 일은 동일한 잘못을 해도 밭에서 일하는 노예보다 쉽게 눈에 띄게 되는 것이 문제였다. 남북전쟁 이후 해방이 되었을 때, 전 주인의 플랜테이션을 제일 먼저 떠난 사람도 다름 아닌 가내 노예였다.

여성 가내 노예는 특히 주인과 백인 감독의 성폭행으로 상처 받기 일쑤였다. 여성 노예는 백인 남성에게 원치 않는 성적 접촉을 강요당했을 뿐 아니라, 종종 백인 여성에게 악의적인 보복을 당하기도 했다. 플랜테이션의 안주인은 당연히 남편과 여성 노예 간의 성적

• 성적 학대

불륜에 분노했으나 남편을 처벌하는 것은 불가능했기 때문에 여성 노예에게 종종 아무런 이유 없이 매질을 가하거나 일감을 턱없이 많이 할당하고, 여러 형태로 심리적 고통을 가함으로써 남편 대신 여성 노예를 처벌했다.

도시의 노예제도

도시의 노예제도는 농촌의 노예제도와 매우 달랐다. 비교적 외진 플랜테이션의 경우, 노예는 해방 노예나 백인 하층민과 거의 접촉할 수 없었고 노예주는 매우 직접적이고 효과적으로 노예를 통제했다. 그러나 도시에서는 주인이 노예를 가까이에서 감시하기보다는 수익성 있게 잘 활용해야 했다. 노예는 밤이 되면 주인이 주의 깊게 감시하는 뒤뜰 숙소에서 잠들었지만, 낮에는 혼자 돌아다니며 온갖 종류의 심부름을 했다.

• 도시 노예의 상대적 자율성

남부는 북부와 달리 특히 천한 허드렛일을 할 유럽 이민자가 거의 없었기 때문에 일반 노동자에 대한 수요가 상당했다. 그 결과, 노예주는 종종 이런 일을 할 노예를 사용료를 받고 빌려주기도 했다. 이런 식으로 계약된 노예는 때로 도시에서 멀리 떨어진 탄광이나 벌목 현장에서 일했으나, 일반적으로 노예는 대개 선창이나 건설 현장에서 일했고 마차를 몰았으며 도시나 타운에서 단순노동을 담당했다. 여성 노예나 아이는 그 지역의 몇 안 되는 방직공장에서 일했다. 목수나 대장장이 같은 특별한 기술이 있는 노예 역시 종종 사용료를 받고 임대되었는데, 그들 상당수는 정규 노동시간이 끝나면 다시 생계를 위해 일했다. 그리하여 도시 노예는 자유 흑인이나 백인과 어울릴 기회가 많았다. 도시에서는 노예제도와 자유로운 생활 사이의 경계가 플랜테이션만큼 분명하지 않았다.

자유 흑인

남북전쟁이 발발했을 무렵, 노예제를 인정한 주에는 약 25만 명의 자유 흑인이 있었는데, 절반 이상이 버지니아와 메릴랜드에 살았다. 그들 중 일부는 노예 상태에서도 온갖 방법을 동원하여 돈을 벌어 자신과 가족의 자유를 산 사람이었다. 그 대부분이 도시에 거주했던 흑인으로, 이동과 활동이 훨씬 더 자유로워 이 같은 경로를 밟을 수 있었다. 예를 들자면, 여성 노예 엘리자베스 케클리(Elizabeth Keckley)는 바느질해서 얻는 수입으로 자신과 아들의 자유를 샀다. 그녀는 훗날 백악관에서 메리 토드 링컨(Mary Todd Lincoln)의 재봉사이자 개인 하녀로 일하며 친구가 되었다. 그러나 대부분의 노예주는 자신의 노예를 포기할 만한 동기도 그럴 의향도 없었다. 따라서 이 같은 경로를 밟는 사람은 비교적 소수에 불과했다.

주인이 노예제도에 대해 도덕적 가책을 느껴 풀어주거나 주인의 유언에 따라 해방된 노예도 있었다. 예를 들면, 버지니아 주 로어노크(Roanoke)의 존 랜돌프가 소유했던 400명이 넘는 노예가 랜돌프의 유언에 따라 1833년에 해방되었다. 그러나 1830년대 이후, 부분적으로는 내트 터너(Nat Turner) 반란으로 두려움에 휩싸인 남부 백인이 노예제 관련 법률을 더욱 엄격하게 개정했다. 새로운 법에 따라, 노예주가 노예를 해방하는 일은 더욱 어려워졌고 어떤 경우에는 실질적으로 불가능해졌다.

• 노예 해방의 새로운 제약

극히 드문 일이기는 했지만 자유 흑인 중에는 부와 명성을 얻은 이도 있었다. 일부는 노예를 소유하기도 했는데, 주로 친척을 궁극적으로 해방시켜주기 위해 구입한 경우였다. 뉴올리언스와 내체스(Natchez), 찰스턴과 같은 일부 도시에서는 자유 흑인 공동체가 비교적 백인의 방해를 받지 않고 어느 정도 경제적 안정을 누리면서 번성하기도 했으나 남부의 자유 흑인은 대부분 극빈자로 살았다. 그러나 자유의 대가가 아무리 힘든 것이었다고 할지라도 흑인은 언제나 노예제도보다는 자유를 택했다.

노예의 저항

노예주나 노예해방 이후 많은 백인은 노예가 일반적으로 만족스러워 했고, "그들 몫에 행복해했다"고 주장하곤 했다. 이런 주장이 어떤 경우에는 진실일 수도 있다. 그러나 남부의 흑인 대다수가 자유를 갈망했다는 것은 분명하다. 노예해방이 마침내 실현되었을 때, 다른 어떤 곳보다 남부에서 살아온 노예의 반응에서 이런 증거를 찾을 수 있다. 실질적으로 모든 노예가 자유에 너무나도 기뻐했고, 기존의 백인 주인에게 남아 봉사하는 쪽을 택한 흑인은 극소수에 불과했다.

• 적응과 저항

노예제도에 대한 흑인의 주된 반응은 대체로 적응과 저항이 결합된 복잡한 것이었다. 극단적으로 흑인은 노예제도에 대해 두 가지 정반대의 반응을 보였다. 그리고 각각의 반응은 백인 사회에서 형성된 흑인에 대한 고정관념의 기반이 되었다. 한쪽은 '삼보(Sambo)'라고 알려졌는데, 얼버무리면서 이를 들어내어 히죽 웃고, 머리를 굵으며 공손한 태도를 보이는 것이다. 이는 흑인의 입장에서 백인 사회가 노예에게 기대하는 모습이 어떤 것인지를 알고 하는 행동이었다. 꼭 그런 것은 아니지만, '삼보' 유형의 행동은 대개 백인 앞에서 흑인들이 취하는 허울의 몸짓이었다. 다른 한쪽은 노예 반란이었다. 이는 노예제도를 수용하지 않거나 노예제도에 적응하지 않고 끝없이 반항하는 입장이었다.

실제적인 노예 반란은 극히 드물었지만, 그 가능성만으로도 남부 전역의 백인은 공포에 휩싸였다. 1800년, 가브리엘 프로서(Gabriel Prosser)가 리치먼드 외곽에서 1,000명의 노예를 규합했다. 그러나 2명의 흑인이 반란 계획을 누설하여 반란이 일어나기 직전에 버지니아 민병대에 의해 진압당했으며, 프로서와 25명의 노예가 처형되었다. 1822년에는 찰스턴의 자유 흑인 덴마크 베시(Denmark Vesey)와 그의 추종자—소문에 의하면 총 9,000명에 달했다고 한다—가 반란을 준비했다. 그러나 또다시 계획이 새어나가 진압과 보복이 뒤따랐다. 1831년 여름 어느 날 밤, 노예이자 전도사인 내트 터너(Nat Turner)는 총과 도끼로 무장한 일단의 흑인을 이끌고 버지니아 주 사우샘프턴(Southampton) 카운티의 여러 백인 가정을 습격했다. 주 민병대와 연방군이 이들을 진압했지만, 이미 60명의 백인 남녀와 어린이가 살해당한 뒤였다. 100명이 넘는 흑인이 이 일로 처형되었다.

• 노예 반란

그러나 일반적으로 노예제도에 대한 저항의 양상은 앞서 설명한 유형과는 다른, 보다 온건한 형태를 띠었다. 일부는 도망치는 것으로 노예제도에 항거했는데, 특히 동정심 있는 백인과 자유 흑인이 도망 노예를 돕기 위해 이른바 '지하 철도(underground railroad)'

해리엇 터브먼과 도망 노예

해리엇 터브먼(Harriet Tubman, 1820년경~1913년)은 메릴랜드 주에서 노예로 태어났다. 1849년 주인이 사망하자 터브먼은 다른 주로 팔려나가지 않기 위해 필라델피아로 도망쳐 나왔다. 10여 년 후에 그녀는 자신의 가족을 비롯해 300명 이상의 노예가 자유를 찾아 메릴랜드 주를 탈출하도록 도왔고 남북전쟁 중에는 간호사로, 사우스캐롤라이나 연방군의 스파이로 번갈아 활약했다. 이 사진은 그의 도움으로 자유를 얻은 다른 노예와 함께 찍은 것인데, 제일 왼쪽에 서 서있는 사람이 터브먼이다.

로 알려진 비밀 탈주로를 조직한 후로는, 비록 수는 적었지만 북부 혹은 캐나다로 탈출한 노예도 있었다. 그러나 탈출에 성공할 확률은 매우 낮았다. 탈주로에 놓인 위험과 지리에 대한 노예의 무지는 극복하기 어려운 장애물이었다. 백인들로 구성된 '노예 순찰대(slave patrol)'도 그러한 장애물이었는데, 남부 전역에서 이 순찰대는 배회하는 흑인을 보는 즉시 불러 세워 여행 허가증을 확인하곤 했다. 그러나 이 모든 장애물을 무릅쓰고 수많은 흑인이 계속해서 탈출을 시도했다.

그러나 가장 주요한 저항 수단은 아마도 일상에서 주인의 말을 무시하는 방법이었을 것이다. 백인들이 종종 흑인을 게으르고 무능한 존재로 여기도록 만든 그것, 즉 열심히 일하지 않는 것이야말로 저항의 한 방법이었던 것이다. 주인이나 이웃 백인의 물건을 훔치는 노예도 있었다. 작업 도구를 잃어버리거나 파손시키는 방법 혹은 작업을 엉뚱하게 처리하는 식으로 태업(怠業)을 벌이는 노예도 있었다. 심한 경우에는 고의로 자신의 손가락을 자른다거나 심지어 자살을 하기도 했다. 드물기는 했지만 주인을 살해하는 흑인도 있었다. 그러나 극단적인 경우는 극히 드물었다. 대개의 경우 흑인은 일상적인 행동 양식에 교묘한 반항 방법을 끼워 넣는 식으로 백인에게 저항했다.

• 일상적인 노예 저항

⟨과거를 논하며⟩

노예제도의 본질

★ ★ ★

　미국사에서 이제까지 플랜테이션 노예제도의 본질보다 활발한 논쟁을 낳은 쟁점은 없다. 이 논쟁은 남북전쟁 이전에 이미 시작되었다. 노예제 폐지론자는 노예제도가 잔인하고 비인간적인 제도임을 세상에 폭로하려고 노력했던 반면, 남부의 노예제 옹호론자는 자애롭고 가부장적인 제도로 묘사하려고 애썼다. 19세기 말에는 백인이 지역 간 화해를 추구하면서, 남북부 대부분의 노예제 연대기 기록자는 구(舊)남부(Old South)와 구 남부의 '특별한 제도(peculiar Iustitution)'에 대해 낭만적이며 온화한 묘사를 수용하기 시작했다.

　울리히 필립스(Ulrich B. Phillips)의 《미국의 흑인 노예제도(American Negro Slavery)》(1918)는 처음으로 노예제도를 학문적으로 검토한 성과로 주목할 만하다. 필립스는 노예제도를 근본적으로 온화한 제도로 묘사하면서 인정있는 주인이 흑인 노예를 보살펴주었고 흑인 노예 역시도 대체로 그러한 제도에 만족하면서 복종했다는 주장을 펼쳤다. 노예제도에 대한 필립스의 이런 변명은 거의 30여 년간 노예제도의 본질에 관한 권위있는 업적으로 간주되었다.

　그러나 1940년대에 필립스의 주장을 반박하는 연구가 나오기 시작했다. 예를 들면, 1941년에 멜빌 허스코비츠(Melville J. Herskovits)는 미국의 흑인이 아프리카의 문화유산을 거의 간직하지 않았다는 필립스의 주장에 이의를 제기했다. 1943년에는 허버트 앱서커(Herbert Aptheker)가 흑인이 주인에게 복종하고 그 제도에 만족스러워했다는 필립스의 주장을 반박하기 위한 하나의 실증 방법으로 노예 반란에 관한 연대기를 간행했다.

　1950년대에는 노예제도의 잔인성을 강조함으로써 필립스의 주장을 다소 다른 시각에서 반박하려는 역사가가 등장했다. 케네스 스템프(Kenneth Stampp)는 《특별한 제도(Peculiar Institution)》(1956)에서, 스탠리 엘킨스(Stanley Elkins)는 《노예제도(Slavery)》(1959)에서 그 제도가 노예에게 심각한 육체적·심리적 손상을 입힌 노동 체제라고 묘사했다. 스탬프와 엘킨스가 묘사한 바에 따르면, 노예제도는 마치 감옥과도 같은 것으로, 흑인 남녀 모두가 실제로 사회적·문화적 삶을 전혀 발전시킬 수 없는 공간이었다. 엘킨스는 이 노동 체제를 나찌의 유태인 수용소와 비교했고, 노예제도에서 나온 유치한 '삼보(Sambo)'의 성격을 유태인 대학살이 낳은 왜곡되고 비극적인 성격에 비유했다.

1970년대 초에는 노예제도에 대한 새로운 연구가 폭발적으로 쏟아져 나오면서, 노예제도가 아프리카계 미국인에게 가한 해악을 규명하는 데서 벗어나, 자신들만의 문화를 창출한 노예의 놀라운 업적으로 연구의 초점이 이동했다. 1973년에 존 블라싱게임(John Blassingame)은 "노예화의 과정에서 가장 특기할 만한 사실은 미국에서 태어난 노예가 조상의 문화를 엄청나게 많이 간직하고 있었다는 사실이다"고 주장했다. 허버트 거트만(Herbert Gutman)은 《노예제도의 흑인 가족과 자유(The Black Family in Slavery and Freedom)》(1976)에서 노예제도가 아프리카계 미국인의 가족을 약화시키거나 심지어 파괴했다는 기존의 믿음에 이의를 제기했다. 그의 주장에 따르면, 흑인 가족은 일반적인 백인 가족의 형태와 비교할 때 몇 가지 중요한 차이가 있기는 하지만, 놀라운 저력으로 노예제도 속에서 살아남았다. 또한 유진 제노비즈(Eugene Genovese)의 《롤, 조던, 롤(Roll, Jordan, Roll)》(1974)은, 아프리카계 미국인이 자신들만의 가족생활, 사회 전통, 종교 양식을 발전시킬 수 있는 거대한 문화 공간을 만들기 위해 노예제도의 기저에 깔려 있는 가부장적 가정(假定)을 어떻게 교묘하게 조작했는가를 보여주었다. 같은 해, 로버트 포겔(Robert Fogel)과 스탠리 앵거만(假定)은 《십자가위의 시간(Time on the Cross)》을 출판해 논쟁을 불러일으켰다. 이는 고도의 계량적 접근을 시도한 연구로서 흑인의 업적에 대한 거트만과 제노비즈의 일부 주장에는 지지를 보냈지만, 여기서 더 나아가 노예제도를 성공적이고 상당히 인도적인 제도로 묘사했다(물론 궁극적으로는 부도덕한 제도라는 것을 전제로 하여). 포겔과 앵거만은 노예 노동자가 당시 북부의 산업 노동자보다 나은 대우를 받았으며 편안하게 생활했다고 주장했는데, 그들의 결론에 대해서는 거센 비판의 폭풍이 일었다.

최근 들어 가장 주목할 만한 연구로는, 노예의 자율성이라는 개념을 아프리카계 미국인 여성에 대한 논의로 확장한 연구를 들 수 있다. 엘리자베스 폭스-제노비즈(Elizabeth Fox-Genovese)는 《플랜테이션 가정 안에서(Within the Plantation Household)》(1988)에서, 플랜테이션의 백인 여성과 흑인 여성의 삶을 검토했다. 그녀는 플랜테이션 노동력의 구성원이자 흑인 가족의 버팀목이라는 이중적 역할로 흑인 여성을 정의했다. 그녀의 주장에 따르면, 여성 노예는 가내 노예로서 안주인에게 봉사해야 하는 상황에서는 충직한 체했지만, 진정으로 충실했던 곳은 자신의 공동체와 가족이었다.

4

노예 문화

저항은 노예제도에 대해 노예들이 취한 반응의 일부에 불과했다. 또 다른 반응은 정교한 적응 과정 속에 내재해 있었던 것이다. 자신들만의 고유한 문화를 발전시키는 것도 흑인이 노예제도에 적응하는 방법 가운데 하나였는데, 흑인은 이를 통해 인종적 자긍심과 단결 의식을 유지할 수 있었다.

노예의 종교

노예만의 종교는 허용되지 않았다. 19세기 초에는 거의 모든 아프리카계 미국인이 크리스트교도였다. 어떤 이는 자발적으로 개종했고, 어떤 이는 주인이나 프로테스탄트 선교사의 설득 혹은 강압에 못이겨 개종했다. 노예주는 자신의 노예가 백인 목사의 감독 아래서 예배를 보아야 한다고 생각했으며, 실제로도 자율적인 흑인 교회는 법으로 금지되었고 많은 노예가 주인이 속한 교파의 교인이 되었다.

그럼에도 흑인은 남부 전역에서 자기들 나름의 크리스트교를 발전시켰는데, 때때로 여기에 아프리카의 부두교(voodoo)나 다른 다신교적 종교의 전통 의식을 접목시키기도 했다. 혹은 단순하게 노예 신분이라는 특정 상황에 종교를 맞추었다.

• 흑인의 크리스트교

아프리카계 미국인의 종교는 백인의 종교보다 더 감정적이었으며, 아프리카의 풍속과 관례의 영향을 받았다. 노예는 자신들끼리기도 모임을 할 때면 으레 열렬한 찬송가를 부르게 마련이었고, 무의식적으로 절규를 터트리기도 했으며, 무아지경에서 회심(回心) 체험을 하는 경우도 적지 않았다. 흑인의 종교는 백인의 종교보다 즐거웠고 확신에 가득 차 있었다. 그리고 무엇보다도 자유와 해방의 꿈을 강조했다. 흑인 크리스트교도는 기도와 찬송, 설교 속에서 주님이 "우리를 집으로 불러주고", "우리를 해방시켜 주고", "약속의 땅으로 이끄실" 그날을 이야기하고 노래했다. 그리고 노예주는 일반적으로 이러한 언어를 단순히 사후 세계에 대한 희망을 표시하는 것으로 해석했던 반면, 흑인은 현 세계에서 자유에 대한 갈망을 표현하는 데 크리스트교적 구원의 이미지를 이용했다.

남부의 도시나 타운에는 일부 아프리카계 미국인이 세운 자신들만의 교회가 있었다. 자유 흑인은 그곳에서 가끔 노예와 함께 예배를 드렸다. 그러나 농촌에서는 노예가 다니는 교회에 대개는 주인이 함께 다녔다. 이런 교회는 대체로 흑인과 백인이 앉는 자리가 달라서 흑인은 뒤에 앉거나 발코니에 앉았다. 그러나 시간이 흐르면서 흑인은 종종 은밀하게, 대개는 밤에 자신들만의 예배를 드렸다.

언어와 음악

• '혼성어'

많은 지역에서 노예는 자신들의 언어를 보존하고 있었다. 1세대 노예는 미국에 도착했을 당시 백인과의 의사소통만큼이나 다른 흑인과의 의사소통에도 어려움을 겪었는데, 그만큼 그들이 사용한 아프리카 언어가 종류도 많고 다양했기 때문이다. 그들은 이러한 언어의 장벽을 극복하기 위해 간단한 공동 언어를—언어학자는 이를 의사소통 보조어로서 '혼성어(pidgin)'라고 한다—익혔다. 이 공동 언어에는 일부 아프리카인의 단어가 포함되어 있었지만 굳이 따져 본다면, 기본적으로 영어에서 끌어온 말이었다. 시간이 흐르면서 노예가 사용하는 언어는 더욱 정교화되었다. 반면 초기 혼성어의 몇 가지 요소는 수세대 동안 흑인의 언어생활 속에 살아남았다.

음악은 노예사회에서 특히 중요했다. 아프리카의 유산은 음악 분야에도 중요한 영향을 끼쳤다. 아프리카 음악은 리듬에 크게 의존했는데, 미국의 흑인음악 역시 그랬다. 아프리카인은 음악을 춤의 부속물로 간주했는데, 미국의 흑인도 마찬가지였다. 밴조(banjo)가 노예 음악의 중요한 요소가 되었다. 그러나 가장 중요한 요소는 소리와 노래였다.

밭에서 일하는 농장 노예는 시간을 보내기 위해 종종 노래를 불렀다. 밭에는 백인도 있었기 때문에 일반적으로 백인에게 위협적이지 않는 노랫말을 곡조에 붙였다. 그러나 자신들만의 종교 예배처럼 상대적으로 개인의 자유가 있는 공간에서는 정치적으로 도전적인 음악을 만들어 부르기도 했다. 미국의 아프리카인은 영가(靈歌)를 통해 종교적 신념만이 아니라 자신의 처지에 대한 탄식과 자유를 향한 끊임없는 갈망을 표현했다.

• 흑인 영가의 중요성

흑인 노래는 글로 쓰인 것이 드물었고 때로는 완전히 즉흥적이었지만, 상당수의 노래는 실제로 수세대를 거쳐 내려온 아프리카와 카리브 해 전통에서 연원했다. 또한 연주자는 들어본 적 있는 다른 노래에 기대어 즉흥적으로 변주곡을 연주했다. 노예는 종종 주변의 물건을 이용해 악기를 만들기도 했다. 상황이 허락되는 경우에는 음악에 맞추어 춤을 추었다. 그들의 춤은 19세기 백인이 배우던 딱딱한

〈오래된 플랜테이션〉

19세기 초의 이름 모를 민속화가가 그린 이 그림은 음악이 미국 플랜테이션 노예의 삶에 얼마나 중요했는가를 보여준다. 그림 오른쪽 흑인 악사가 연주하고 있는 밴조는 원래 아프리카의 악기였다.

스텝과는 매우 달랐을 뿐 아니라 훨씬 더 즉흥적이었다. 그들은 아프리카의 또 다른 중요한 문화적 전통인 이야기 구연(storytelling)에 음악을 맞추기도 했다.

노예 가족

노예 가족은 남부의 흑인 문화에서 또 다른 중요한 제도였는데, 가족도 종교처럼 법적인 제약이 있었다. 그럼에도, 아프리카계 미국인 사이에는 오늘날 우리가 이른바 '핵가족'이라 지칭하는 형태가 지배적인 혈족 관계의 모델로서 꾸준히 등장했다.

일반적으로 흑인 여성은 대부분의 백인 여성보다 어린 나이, 이르면 14세 내지 15세에 (때때로 주인과 원치 않는 성관계로 인해) 아이를 출산했다. 노예 공동체는 백인 사회와 달리 혼전 임신을 비난하지 않았으며, 흑인 남녀가 혼전에 같이 사는 경우도 드물지 않았다. 그러나 관례상 임신을 하면 곧바로 결혼했으며, 결혼시 맹세의 형식을 갖춘 예식을 치렀다. 이웃 플랜테이션의 노예와 결혼하는 경우가 많았는데, 때로는 주인의 허락을 받고 서로의 플랜테이션을 방문하는 경우도 있었지만, 비밀스럽게 밤에 만나야 하는 경우도 많았다. 가족 간의 유대감은 일반적으로 백인에 못지않았다.

● 노예의 결혼

어쩔 수 없는 상황 때문에 결혼 생활을 유지하지 못하는 경우도 많았는데, 흑인 가족의 최고 3분의 1이 인신매매로 뿔뿔이 흩어졌다. 이 인신매매 때문에 흑인 가족의 다른 독특한 특징이 나타났다. 확대된 친족 관계는 강하고 중요했으며, 종종 핵가족의 붕괴를 보상해주었다. 어떤 노예가 갑자기 가족과 멀리 떨어져 새로운 지역으로 이주하게 되면, 가상의 친족 관계를 맺어 새로운 공동체의 어떤 가족이 그를 '입양'할 수도 있었다. 더욱이 가족이 붕괴된 이후에도 구성원은 오랫동안 배우자 및 자녀와 관계를 유지하려고 갖은 노력을 다했다. 다른 곳으로 팔려 간 남편이나 아내 혹은 자녀를 찾고자 하는 열망이야말로 노예가 플랜테이션에서 도망치는 가장 빈번한 이유 가운데 하나였다.

• 온정주의

많은 흑인이 자유가 없다는 사실에 분개했지만, 주인에게 전적으로 적대적인 태도를 유지하기는 매우 어렵다는 사실을 잘 알았다. 그들은 음식과 의복, 주거지 등 물질적 생존 수단뿐만 아니라 안정감과 보호를 얻기 위해서도 주인에게 의존했다. 간단히 말해서, 노예와 주인의 관계는 가끔은 혹독하면서도 가끔은 친절한, 그렇지만 언제나 중요한 온정적 관계였다. 사실 이러한 온정주의야말로 백인이 흑인을 통제하는 결정적인 수단이었다. 백인은 상호 의존 의식을 만들어냄으로써 결국 지배 인종의 이익에만 부응하는 노예제도에 대한 저항을 줄이려고 했다.

결론

북부에서 상공업 경제가 복잡해지고 급속도로 발전하는 동안, 남부에서는 어떤 근본적인 성격 변화도 없이 농업경제가 확대되었다. 많은 남부 백인과 보다 많은 아프리카계 미국인이 하남부의 새로운 농업 지역으로 대거 이주해 '면화 왕국'을 일구었다. 면화 경제로 많은 사람이 엄청난 부를 획득했고, 어느 정도의 재산가도 나타났다. 또한 대농장주 계층이 남부 사회의 지배 세력으로 확고하게 자리를 잡았다. 이들은 엄청난 수의 노예를 소유한 노예주였을 뿐만 아니라 대농장주 세계의 주변부에 자리한 가난한 백인의 후원자이자 채권자였고, 지주이자 시장의 경영자였다.

북부와 남부의 차이는 자연 자원과 사회구조, 기후, 문화의 차이가 만들어낸 결과였다. 그러나 그보다도 산업사회가 필요로 하는 일종의 사회적 유동성을 가로막은 남부의 강압적인 노동 체계의 결과였다.

부록

미국의 주
미국의 도시
미국사 주요 연표
미국 독립선언서
미국 헌법
미국 역대 대통령 선거자료
찾아보기

★ 미국의 주

북극해
그린란드
알래스카(1959)
1867년에
러시아로부터 매입
허드슨만
캐나다
(1846년에 미국이
영국에 양도한 지역)
태평양
(1818년에 영국이
양도한 지역)
(미국~영국 간 분쟁 지역,
1783~1842)
워싱턴
(1889)
(1846년 영국이
미국에 양도한 지역)
오리건
(1859)
아이다호
(1890)
몬태나
(1859)
노스다코타
(1889)
미네소타
(1858)
위스콘신
(1848)
미시간
(1837)
오하이오
(1803)
뉴욕
(1788)
메인 (1820)
뉴햄프셔 (1788)
매사추세츠 (1788)
로드아일랜드 (1790)
코네티컷 (1788)
펜실베이니아
(1787)
뉴저지 (1787)
델라웨어 (1787)
메릴랜드 (1788)
버지니아
(1788)
웨스트버지니아 (1863)
노스캐롤라이나 (1789)
사우스캐롤라이나
(1788)
와이오밍
(1890)
사우스다코타
(1889)
아이오와
(1846)
네브래스카
(1867)
일리노이
(1818)
인디애나
(1816)
켄터키(1792)
테네시(1796)
네바다
(1864)
유타
(1896)
콜로라도
(1876)
캔자스
(1861)
미주리
(1821)
캘리포니아
(1850)
애리조나
(1912)
뉴멕시코
(1912)
오클라호마
(1907)
아칸소
(1836)
앨라배마
(1819)
조지아
(1788)
텍사스(1845)
미시시피
(1817)
플로리다(1845)
하와이 (1959)
(하와이 제도
1898년에 병합)
멕시코
(1810년에
합병한 지역)
(1813년에
합병한 지역)
루이지애나(1812)
멕시코만
쿠바
미국의 영토 확장(1783~1898)
( ) 주 (state)로 편입된 연도
1783년의 미국
1803년 루이지애나 매입 지역
1810년과 1813년에 병합한
웨스트플로리다 지역
1819년에 스페인이 양도한
플로리다(이스트 플로리다) 지역
1845년에 병합한 텍사스 지역
1846년에 영국이 양도한
오리건 지역
1848년에 멕시코가 양도한 지역
1853년의 개즈던 매입 지역
1819년 스페인과의 조약으로 확정된
오리건 지역과 루이지애나
매입 지역의 남쪽 경계
미국이 주장한 텍사스 경계,
1845~1848

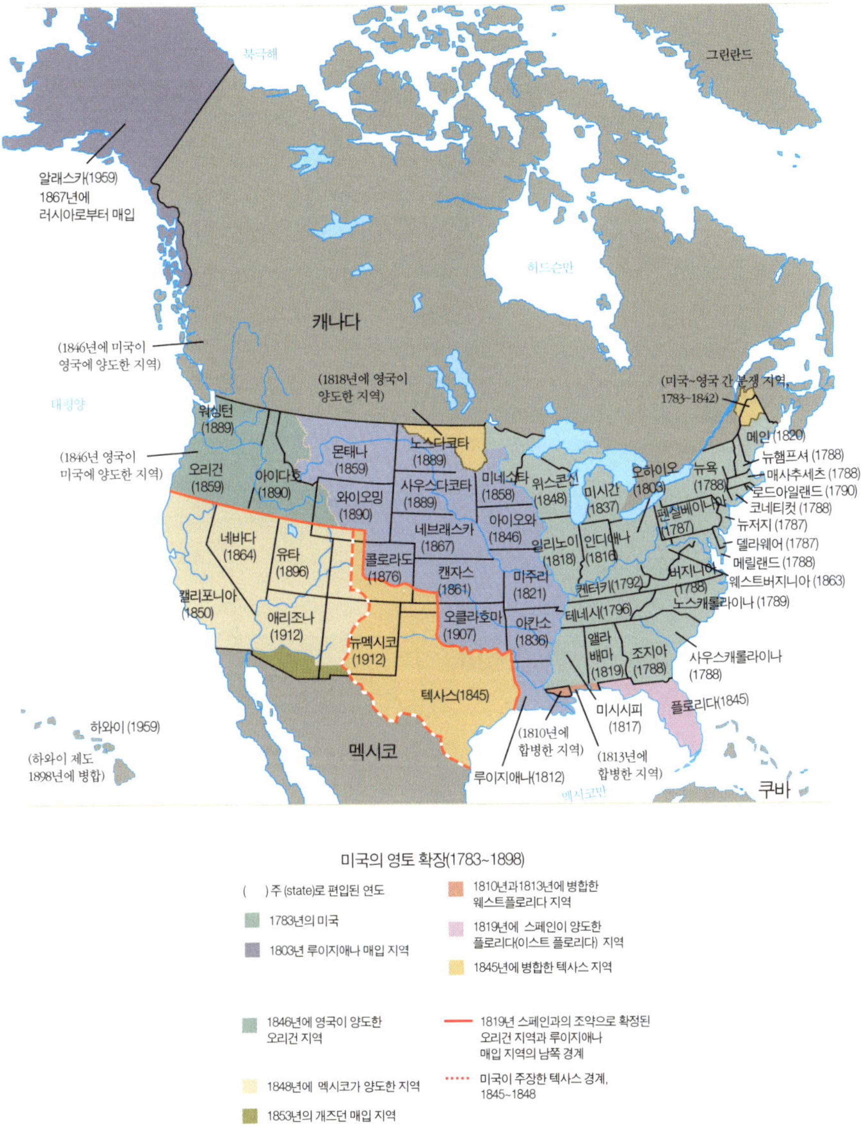

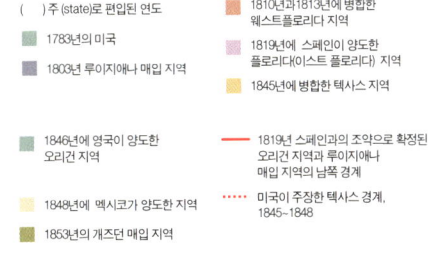

★ 미국의 도시

★ 미국사 주요 연표

	500/1500	1600
정치	500~1500 유럽 각국의 약화, 분열, 탈집중화 /1500년경, 유럽의 통합 및 권력 강화 1497 존 캐벗 신세계 탐험 1518~1550s 스페인, 코르테스 피사로 · 남북 아메리카 일부와 멕시코를 스페인 소유라고 주장 1565 스페인, 플로리다 세인트 오거스틴에 최초의 영구 정착지 건설 1587 월터 롤리 경, 로어노크 섬에 '잃어버린 식민지' 건설	1607 영국, 제임스타운 건설 1608 프랑스, 퀘벡 건설 1609 스페인, 산타페 건설 1619 버지니아 하원 소집 1620 순례자, 플리머스 식민지 건설 1624 네덜란드, 서인도회사의 영구 무역 거점 건설 1630 퓨리턴, 매사추세츠 만 식민지 건설
사회/문화	1001 노르웨이의 리프 에릭손 선장, 뉴펀들랜드에 식민지 건설(정착민은 1세기 후에 원주민의 공격을 받고 달아남) 1200 카호키아(세인트루이스 인근 원주민 교역 중심지), 인구 최고 4만 명으로 증가 1477 마르코 폴로 저서 출간 /포르투갈 탐험가 헨리 왕자, 아프리카 항해 1492 콜럼버스, 스페인 페르난도 왕과 이사벨 여왕의 자금 지원으로 항해를 떠나 유럽인 최초로 신세계 '발견' 1502 스페인령 아메리카에 아프리카 노예 도착 1517 마르틴 루터, 프로테스탄트 개혁 운동 1518~1550 스페인 탐험가, 질병과 잔혹함으로 아메리카 원주민 제국 파괴 1550s~1650 유럽의 종교 전쟁	1609~1610 제임스타운, '굶주림의 시기' 1622 포우하탄 인디언의 버지니아 공격 1636 미국 최초의 대학, 하버드 대학 설립 1637 피쿼트 전쟁 / 앤 허친슨, 매사추세츠 만 식민지에서 추방 1639 영국의 아메리카 식민지 최초로 인쇄기 도입 1649 메릴랜드, '종교법' 제정으로 종교적 관용 정책 채택 1675 필립 왕 전쟁
경제	1500 유럽, 상업 · 무역 회복세	1500~1600 영국, 중상주의와 시장 쇠퇴로 식민지 건설에 관심 증가 1600s 북아메리카에 목축을 기반으로 한 스페인 경제 형성 1612 존 롤프, 제임스타운에서 담배 경작 1618 버지니아 회사, 버지니아에서 인두권 제도 확립 1619 버지니아에 최초의 흑인 노동자 유입 1640 메릴랜드, 인두권 제도 도입 / 체사피크 지역의 경제 붕괴

1700

정치

1636	로저 윌리엄스, 로드아일랜드 건설
1642	영국 내전 발발
1664	영국, 뉴네덜란드 정복
1676	베이컨의 반란
1682	프랑스, 루이지애나 영유권 주장
1685	뉴잉글랜드령
1688	영국 명예혁명
1734	존 피터 젱어 재판, 사실에 입각한 정부 비판은 명예훼손이 아니라고 판결
1754	프랑스-인디언 동맹 전쟁 발발 (1756년에 7년 전쟁으로 비화)
1760s	캘리포니아에 스페인 정착지 건설
1763	파리 조약 / 1763년의 포고령
1765	숙박법
1766	선언법
1770	보스턴 학살
1771	노스캐롤라이나의 감시단 운동
1772	보스턴 통신 위원회 창설 / 가스페호 방화 사건

사회/문화

1680	북아메리카 식민지 정부와 스페인 사제들, 원주민 종교 탄압 / 원주민의 반란
1690	미국 최초의 신문 《퍼블릭 오커런시스》, 보스턴에서 발간
1692	세일럼 마녀 재판
1693	윌리엄앤메리 대학 설립
1700	노예법 통과, 인종에 기반한 아메리카 노예제도 합법화
1701	윌리엄 펜, '자유 헌장' 제정
1708	흑인, 사우스캐롤라이나 인구의 다수 차지
1734	대각성 시작
1739	사우스캐롤라이나의 스토노 반란
1752	벤저민 프랭클린, 연으로 전기 실험

경제

1650s	북아메리카에 흑인 노동자 증가 / 모피 무역 감소
1660	항해 조례 제정
1670s	영국 출산율 저하로 아메리카로의 계약 하인 유입 감소
1675	상무성 신설
1697	노예 수입 증가
1700s	미국 내 소비자 문화 형성
1750	미국 내에서 철 가공을 제한하는 제철법 제정
1763	팩스턴 보이스, 펜실베이니아 세금 감면 요구 / 영국 그렌빌 수상, 영국 부채 감면을 위해 식민지에 세금 부과
1764	설탕법 및 화폐법 제정
1765	인지세법 제정
1766	인지세법 폐지
1767	타운센드 관세 도입
1770	대부분의 타운센드 관세 폐지
1773	차 세법 제정

1700

정치

- 1773 보스턴 차 사건
- 1774 제1차 대륙회의 개최
- 1775 렉싱턴 전투·콩코드 전투 / 미국 혁명 시작 / 제2차 대륙회의 / 워싱턴, 대륙군 지휘
- 1776 토머스 페인, 《상식》 출간 / 독립선언 / 미국, 트렌트 전투에서 승리
- 1777 연합 헌장 채택 / 영국, 새러토가 전투에서 참패
- 1778 프랑스, 공식적으로 미국 승인
- 1781 콘월리스, 요크타운 전투에서 항복 / 연합 헌장 비준
- 1783 파리 평화 조약
- 1787 북서부 영지법 / 제헌 회의 / 미국 헌법 제정
- 1789 워싱턴, 초대 대통령 취임 / 권리장전 / 프랑스 혁명 / 법원조직법
- 1790s 정당의 등장
- 1793 제닛 사건
- 1794 제이 조약 / 위스키 반란
- 1795 핑크니 조약
- 1797 XYZ 사건 / 외국인법 및 선동 방지법 제정
- 1798 프랑스와 준(準) 전쟁 / 버지니아 결의안과 켄터키 결의안

사회/문화

- 1763 1763년의 포고령
- 1765 펜실베이니아 대학교에 아메리카 최초의 의과대학 설립
- 1769~1781 태평양 해안에 스페인 수도원 설립 / 아메리카 원주민의 질병 전염 / 스페인, 원주민에게 개종 강요
- 1780 펜실베이니아, 노예제도를 불법으로 선언 / 미국 혁명 말엽, 대부분의 북부 식민지, 노예제도 불법 규정
- 1784 주디스 사전트 머리, 여성의 교육권을 주장하는 에세이 출간
- 1786 셰이즈의 반란 / 버지니아 종교 자유령 제정
- 1789 바티칸, 미국 최초의 주교 임명 / 매사추세츠, 공립학교 여학생 입교 허가 의무화
- 1790s 백인과 원주민의 폭력 사태 증가
- 1790 미국 인구, 4백만 명 기록
- 1794 폴른 팀버스 전투
- 1797 외국인법과 선동 방지법 제정
- 1799 뉴욕, 노예제도 폐지

경제

- 1774 '참을 수 없는 법' 제정
- 1780s~1790s 기선 등 증기를 동력으로 한 운송 수단 등장 / 미국, 아시아와 무역
- 1784 제1차 미국 은행의 인가
- 1792 보호관세 통과
- 1793 엘리 휘트니, 조면기 발명
- 1794 유료도로 시대 개막

1800

1800	제퍼슨, 대통령 당선 일명 '1800년 혁명'
1803	루이지애나 매입 / 마버리 대 메디슨 판결
1807	체서피크-레오파드 사건
1812	미국, 영국에 선전포고
1814	하트퍼드 회의 / 겐트 조약
1815	뉴올리언스 전투
1817	존 퀸시 애덤스, 스페인과 플로리다 협상 개시
1819	매킬로크 대 메릴랜드 판결
1820	미주리 타협
1823	먼로 독트린

정치

1800	워싱턴 D.C.로 수도 이전 / 이신론 확산 / 가브리엘 프로서의 노예 반란
1802	제2차 대각성 운동 시작
1802	웨스트포인트 사관학교 설립
1804	뉴저지, 노예제도 폐지 / 루이스와 클라크의 탐험 개시 / 해밀턴과 버어의 결투
1808	노예 수입 금지
1809	테컴서 연맹 결성
1811	티피카누 전투
1815	인디언으로부터 서부 토지 강탈
1817	미국 식민 협회 결성
1820s	선거권 확대
1820	미국 인구, 1,000만 명에 도달
1822	로키 산맥 모피 회사 설립 / 덴마크 베시의 노예 반란
1826	제임스 페니모어 쿠퍼, 《모히칸족의 최후》 출간
1830s	아일랜드 남부 가톨릭교도의 이민
1830	미시시피와 앨라배마에서 촉토족 추방 / 조지프 스미스, 《모르몬의 서》 출간

사회/문화

1800	해리슨 토지법 제정
1802	의회, 내국세 폐지
1807	출항 금지법 제정
1809	통상 금지법 제정
1810	제2차 메이컨법
1816	제2차 미국 은행
1817	이리 운하 건설 개시
1819	공포와 불황
1820s	담배 가격 하락 / 서남부 지역의 면화 풍작
1828	보호관세(일명 '가증스러운 관세') 제정
1830s	기업의 성장
1830	볼티모어·오하이오, 철도 운행 개시
1832	잭슨, 미국 은행 재인가 거부권 행사
1833	잭슨, 미국 은행에서 정부 예금 인출 / 공황 사태 발생

경제

1800

정치

- 1832 무효화 위기 발발
- 1836 텍사스, 멕시코로부터 독립선언
- 1840 자유당 창당
- 1845 토착 미국인당 창당
- 1846 오리건 경계 논란 종결 / 미국, 멕시코에 선전 포고 / 윌모트 단서
- 1848 과달루페이달고 조약
- 1850 1850년의 타협
- 1852 미국인당(무지당) 창당
- 1854 캔자스-네브래스카 법 제정 / 공화당 창당 / 에스페란토 선언
- 1855~1856 '피의 캔자스' 사건
- 1857 드레드 스콧 판결
- 1859 하퍼스페리 병기창 습격 사건
- 1860 에이브러햄 링컨, 대통령 당선
- 1861 섬터 요새 사건 / 남부 연합 결성 / 제퍼슨 데이비스, 남부 연합 대통령 선출 / 제1차 불런 전투 / 압류법 통과 / 트렌트호 사건
- 1862 사일로 전투 · 앤티텀 전투 · 제2차 불런 전투 / 남부 연합, 징병제 실시

사회 | 문화

- 1831 내트 터너의 노예 반란 / 주간신문 《해방자》 발간
- 1833 존 랜돌프, 노예 400명 해방 / 미국 노예제 폐지 협회 설립
- 1834 로웰 공장 여공(여공 협회) 파업 / 전국 노동조합 협회 설립
- 1835 세미놀 전쟁 발발
- 1836 앨라배마 · 조지아, 크리크족 추방 / 알라모 전투
- 1837 미주리, 치카소족 추방 / 일부 대학, 여학생 입교 허락 / 호러스 만, 매사추세츠 교육 위원회 위원 / 존 칼훈, 노예제도가 '절대 선'이라고 주장 / 아메리카 원주민 협회, 이민 반대 운동
- 1840~1850 아메리카로 유럽인 150만 명 이주
- 1841 브룩 농장 설립
- 1842 매사추세츠, 노동조합 결성 및 파업 '적법' 선언 / P.T. 바넘, 뉴욕에 미국 박물관 개장
- 1844 모스, 최초의 전신 메시지 송출 / 브리검 영, 조지프 스미스 사망 후에 모르몬교 성도를 이끌고 유타로 이주
- 1845 프레더릭 더글러스 자서전 출간
- 1846 윤전기 발명

경제

- 1834 매코믹, 수확기 특허
- 1836 정화 회람령 제정
- 1837 면화 가격 급락
- 1837~1844 극심한 공포와 불황
- 1840 독립 재정법 / 철로 길이 약 4,800킬로미터
- 1840s~1860 동북부 지역을 중심으로 산업 성장 / 공작 기계 및 호환성 부품 제조
- 1847 존 디어, 강철 쟁기 생산
- 1848 캘리포니아 금광 개발 호황
- 1849 면화 생산 호황
- 1853 개즈던 구매
- 1860 동북부 지역을 중심으로 철로 건설(4만 3,400킬로미터)
- 1861 남부 연합, 화폐 발행

1863	노예해방 선언 / 게티즈버그 전투 / 빅스버그 항복 / 북부 연방, 징병제 실시 / 뉴욕에서 징병제 반대 시위 / 링컨, 재건 계획 발표	1865	남북전쟁 종전 / 에이브러햄 링컨 암살 / 해방 노예국 창설
1864	월더니스 전투 / 셔먼의 대서양 진격 / 링컨, 대통령 재선 / 링컨, 웨이드-데이비스법 거부권 행사	1867	의회, 남부 재건 개시 / 공직 보장법 통과
		1868	존슨 대통령 탄핵 기각
		1870~1871	시행법 통과(KKK, 큐 클럭스 클랜)
		1872	남부, 대부분의 백인에게 참정권 부여
		1875	'위스키 일당' 추문 / 전국그린백당 창당
		1877	1877년 타협으로 재건 종결

정치

1848	세니커폴스에서 여성 인권대회 개최 / 오네이다 공동체 설립	1865	남부, 흑인 단속법 제정 / KKK 결성 / 헌법 수정 조항 제13조 비준
1850s	유럽 이민자, 250만 명으로 증가	1866	제1차 민권법 제정
1850	호손, 《주홍 글씨》 출간	1869	헌법 수정 조항 제15조 비준
1851	멜빌, 《모비 딕》 출간	1870	개혁가, 옛 노예를 위한 학교 4,000곳 건립
1852	스토, 《톰 아저씨의 오두막》 출간	1870s	재건 정부의 공립학교 체계 구축
1854	소로, 《월든》 출간	1883	대법원의 인종 분리 지지 판결
1855	휘트먼, 《풀잎》 출간	1890s	남부의 짐 크로우법 제정
1860	자유주 인구의 26퍼센트, 노예주 인구의 10퍼센트가 도시 거주	1895	부커 T. 워싱턴의 애틀랜타 타협
1863	전국 여성 애국 동맹 결성	1896	플레시 대 퍼거슨 판결

사회, 문화

1862	북부, 전쟁 물자 산업 체계 발전 / 홈스테드법 제정 / 모릴법 제정 / 북부 연방, 모니터호와 메리맥호의 해전 승리로 남부 연합 항구 해상봉쇄	1873	극심한 공포와 불황
		1875	태환법 통화
1863	남부 연합, 소득세 도입		
1863~1864	전국은행법 제정		
1864	남부 연합 철도 시스템 노화 / 남부 연합의 극심한 인플레이션		
1867	알래스카 매입과 미드웨이 제도 합병		
1869	대륙횡단철도, 유타 프로먼터리포인트에서 합류		

경제

1850

정치

- 1864 링컨, 웨이드-데이비스법 거부권 행사
- 1865 남북전쟁 종전 / 에이브러햄 링컨 암살 / 해방 노예국 창설
- 1867 의회, 남부 재건 개시 / 공직 보장법 통과
- 1868 존슨 대통령 탄핵 기각
- 1870~1871 시행법 통과(KKK)
- 1872 남부, 대부분의 백인에게 참정권 부여

사회 문화

- 1860s~1890s 대초원 지대 및 서부 인디언 전쟁
- 1864 샌드 크리크 학살
- 1865 남부의 흑인 단속법 / KKK 결성 / 헌법 수정 조항 제13조 비준
- 1866 제1차 민권법 / 대서양 횡단 전신 케이블
- 1867 인디언 평화 위원회 설립
- 1868 헌법 수정 조항 제14조 비준
- 1869 헌법 수정 조항 제15조 비준 / 프로야구 시작 / 올컷,《작은 아씨들》출간 / 노동기사단 설립 / 대학 간 풋볼 경기 개시
- 1871 보스턴 및 시카고 화재
- 1873 철조망 발명 / 기독교 여성 금주 연합 설립
- 1876 리틀 빅혼 전투
- 1877 전국 철도 파업

경제

- 1859 최초의 유정(油井) 개발
- 1860~1890s 서부의 광산 붐
- 1862 홈스테드법 제정
- 1866 서부에서 소 목장 호황
- 1867 알래스카 매입과 미드웨이 제도 합병
- 1869 유타 프로먼터리에서 대륙횡단철도 완공
- 1870s 남부에서 수확물 선취 제도 및 소작인 경작 확산 / 남부의 운송 및 산업 성장 / 서부의 농업 호황
- 1870 록펠러, 스탠더드 석유 회사 설립 / 뉴욕 시에서 최초의 고가 철로 개장
- 1873 공포와 불황 / 카네기 철강 회사 설립 / 식목법 제정
- 1874 블랙힐스 골드러시
- 1875 태환법 통과

정치

1875	위스키 일당 추문 / 전국그린백당 창당
1877	1877년 타협으로 재건 종결
1881	가필드 대통령 암살
1882	중국인 배척법 제정
1883	펜들턴법 제정
1887	미국, 진주만 기지 확보
1890	머핸, 《제해권이 역사에 끼친 영향》 출간
1892	인민당 창당 / 오마하 강령
1894	콕시의 부대 시위
1895	베네수엘라 경계 논란
1896	브라이언, '황금의 십자가' 연설
1898	전함 메인호 침몰 / 미국-스페인 전쟁 / 파리 평화 조약 / 미국, 하와이·필리핀·푸에르토리코 합병 / 필리핀 전쟁 개전
1899	문호 개방 각서

사회/문화

1879	헨리 조지, 《진보와 빈곤》 출간
1881	미국노동총동맹(AFL) 설립
1883	대법원, 인종 분리 지지 판결 / '황색 언론' 등장
1884	시카고에 최초의 고층 건물 등장
1885	헤이마켓 폭동
1887	도스법 제정 / 미국인 보호 협회 결성
1888	벨러미, 《뒤를 돌아보면서》 출간
1889	오클라호마에 백인 정착민 유입 / 헐 하우스 개장
1890s	남부의 짐 크로우법
1890	운디드니 전투 / 리스, 《나머지 절반의 사람들이 사는 법》 출간 / 이민자가 주요 도시 인구의 대다수 구성
1891	농구 발명
1893	터너, 프런티어 이론 발표 / 시카고에서 컬럼비아 박람회 개최 / 술집 반대 동맹 결성
1894	이민 제한 동맹 결성
1895	부커 T. 워싱턴의 '애틀랜타 타협' 연설 / 크레인, 《붉은 용맹 훈장》 출간
1896	플레시 대 퍼거슨 판결

경제

1876	벨, 전화기 발명
1877	사막 경지법 통과
1879	에디슨, 전구 발명
1880s~1890s	철도 건설로 서남부 지역 멕시코 이민자 증가 / 서부 지역에 휴양 호텔 건설 / 서부 지역의 농업경제 위축
1881	몬태나의 애너콘다 구리 광산 개장
1885	노동계약법 제정
1887	주간 통상법 제정
1890s	미국 농장 27퍼센트가 담보대출
1890	서먼 트러스트 금지법 / 서먼 은 매입법 / 매킨리 관세법 제정
1892	홈스테드 철강 파업
1893	공황 시작 / 서먼 은 매입법 폐지
1894	풀먼 파업
1897	보스턴, 미국 최초 지하철 개통

1900

정치

1900	의화단 반란
1901	미국 사회당 창당 / 플래트 수정 조항 / 매킨리 암살
1904	먼로독트린에 대한 루스벨트 추론
1909	미군, 니카라과 주둔
1913	헌법 수정 조항 제17조(상원 의원 직선제) 비준
1915	미군, 아이티 주둔 / 루시타니아호 격침
1916	미군, 멕시코 주둔
1917	치머만 전보 사건 / 독일의 무제한 전쟁 / 미국, 제1차 세계대전 참전 / 선발 징병법 제정 / 방첩법 제정
1918	보안법 / 윌슨 대통령의 14개조 평화 원칙
1919	파리평화회의 / 미국 상원, 베르사유조약 거부
1920	헌법 수정 조항 제19조 비준
1927	사코와 반제티 사형 집행
1924	국적 기원법 제정 / 도스 안(案)
1928	켈로그-브리앙 조약
1932	워싱턴의 보너스 군대
1933	프랭클린 루스벨트, 뉴딜 정책 시행 / 미국, 소련 승인 / 선린정책
1935	대법원, 전국 부흥법 무효화 선언 / 코플린, 사회 정의를 위한 전국 연합 설립 / 중립법 제정

사회/문화

1903	라이트 형제의 비행기 발명 / 최초의 월드시리즈 / 윌리엄 두 보이스, 《흑인의 영혼》 출간
1906	샌프란시스코 지진 및 화재 / 싱클레어, 《정글》 출간 / 정육 검사법 제정
1909	전국 유색인 지위 향상 협회
1911	트라이앵글 셔츠 회사 화재
1914~1920	'대이주'
1915	영화 〈국가의 탄생〉 상영
1919	헌법 수정 조항 제18조(금주법) 비준 / 시카고 인종 폭동
1920	적색공포
1921	셰퍼드-타우너법
1924	KKK 가입 최고조
1925	스콥스 재판
1927	린드버그, 대서양 단독 횡단 비행 / 영화 〈재즈 싱어〉 상영
1930	미국 가정에 라디오 보급
1931	'스카츠보로 소년들' 체포
1933	금주법 폐지
1934	남부 소작농 조합 / 휴이 롱, '부의 공유를 위한 모임' 조직 / 인디언 재조직법

경제

1900	남부 농민의 70퍼센트가 소작농 / 금본위제법
1901	모건, 유에스 철강 회사 설립
1906	최초의 포드 자동차 제조 / 헵번 철도 규제법
1909	페인-올드리치 관세법
1913	헌법 수정 조항 제16조(소득세) 비준 / 연방 지불 준비법
1914	포드 자동차의 조립 라인 도입 / 연방 통상 위원회법 / 파나마운하 개통
1917	전시 산업 위원회 창설
1919	철강 파업
1929	대공항 시작 / 농작물 판매법
1930	홀리-스무트 관세법 / 황진지대 가뭄 시작
1932	재건 금융 공사 설립 / 농민 휴업 협회 결성
1933	은행 휴업 / 긴급 은행법 / 글래스-스티걸법 / 증권 거래 위원회 설립 / 농업 조정법 / 전국 산업 부흥법 / 테네시 계곡 개발 공사 / 연방 긴급 구호청 / 토목 사업청 설립

1937	루스벨트의 법원 개편안 / 스페인 내전에 '에이브러햄 링컨 여단' 참전	1944	노르망디 침공 / 미군, 필리핀 점령
1938	공정 노동 기준법 / 뮌헨회담	1945	얄타회담과 포츠담회담 / 루스벨트 사망 / 트루먼, 대통령직 승계 / 국제연합(UN) 설립 / 제2차 세계대전 종전
1939	나치-소련 불가침조약 / 제2차 세계대전 발발		
1940	삼국동맹 / 미국 우선 위원회 창설 / 노후 구축함 거래	1947	트루먼 독트린 / 마셜플랜 제안
1941	무기 대여안 / 대서양헌장 / 일본, 진주만 공습 / 미국, 제2차 세계대전 참전 / 공정 고용 위원회 설립	1948	베를린 봉쇄 / 히스 재판 시작 / 트루먼, 이스라엘 승인
		1949	나토(NATO) 창설 / 소련의 원폭 실험 / 마오쩌둥의 승리
1942	미드웨이 해전 / 북아프리카에서의 군사행동	1950	NSC-68 / 한국전쟁 발발 / 매카시, 반공주의 선전 / 매캐런 국내 보안법
1943	과달카날 점령 / 연합군, 이탈리아 침공 / 소련, 스탈린그라드 전투 승리 / 스미스-코넬리법		
		1951	트루먼, 맥아더 해임

정치

1935	루이스, 미국노동총동맹 탈퇴	1943	로스앤젤레스의 주트수트 폭동
1936	미첼, 《바람과 함께 사라지다》 출간	1946	연합 광산 노조 파업
1937	'현충일의 대학살'	1947	레빗타운 건설 시작
1938	공정 노동 기준법	1950s	교외 주택 호황 / 텔레비전 보급
1939	스타인벡, 《분노의 포도》 출간 / 메리언 앤더슨, 링컨 기념관 공연 / 세인트루이스호 입항 거부	1952	유니벡, 대통령 선거 결과 예측 / 수소폭탄 폭발 실험 성공
		1953	인디언 부족 동화정책
1940	라이트, 《토착인 아들》 출간	1954	브라운 대 교육 위원회 사건 / 소크, 소아마비 백신 개발
1942	인종 평등 회의 창설 / 일본계 미국인 강제수용 / 맨해튼 프로젝트 시작		
		1955	몽고메리 버스 승차 거부 / 미국노동총동맹과 산업 조직 회의 통합
		1957	캐루악, 《길 위에서》 출간 / 리틀록의 센트럴 고등학교, 흑인 입교 허가

사회·문화

1935	사회보장법 / 재정착청 · 농촌 전력화청 · 사업 추진청 설립	1946	원자력 위원회 설립
		1956	연방 고속도로법
1936	대법원, 농업 조정법 무효화	1960	빈곤선 이하 인구, 50퍼센트 이상
1937	불황의 심화 / 농장 안정청 신설	1964	존슨 대통령, 빈곤과의 전쟁 선포
1941	일본 자산 동결	1965	노인 의료보험 도입
1942	전시 생산 위원회 설립 / 소득세법 통과	1966	빈민 의료 보조 프로그램
1944	군인 재정착법	1969	빈곤선 이하 인구, 12퍼센트로 감소
1945	연간 물가 상승률, 14~15퍼센트		

경제

1900

정치

- 1953　한국 정전협정 서명 / CIA의 사주로 이란 쿠데타 발생
- 1954　육군-매카시 청문회 / 프랑스, 디엔 비엔 푸 방어 붕괴 / 제네바 회담 / 과테말라에서 CIA의 사주로 쿠데타 발생
- 1956　수에즈 위기
- 1957　스푸트니크 발사
- 1959　쿠바, 카스트로 집권 / 베트남, 민족 해방 전선 창설
- 1961　쿠바 피그스 만 침공 / 베를린 장벽 설치
- 1962　쿠바, 미사일 위기
- 1963　존 케네디 암살
- 1964　통킹 만 결의안 채택
- 1965　미군 베트남 파병 / 미국, 도미니카 공화국 내전 개입
- 1968　베트남 구정 공세 / 로버트 케네디 암살 / 시카고 민주당 전당대회 폭동
- 1969　U2기 사건
- 1971　펜타곤 문서의 언론 유출 사건 / 윌리엄 캘리, 미라이 학살 유죄판결
- 1972　닉슨 대통령, 중국 방문 / 제1차 전략무기제한 협정 / 워터게이트
- 1973　미국의 베트남 철수 / 애그뉴 부통령 사임
- 1974　닉슨 대통령 사임 / 포드 대통령, 닉슨 사면
- 1975　남베트남 공산화
- 1977　파나마운하 조약 서명
- 1979　캠프 데이비드 협정 / 소련, 아프가니스탄 침공
- 1980　미국, 모스크바 올림픽 불참
- 1981　이란, 미국 인질 석방 / 미군 군사력 증강

사회·문화

- 1960　학생 비폭력 조정 위원회 설립
- 1961　최초의 미국 우주인 / '자유를 위한 승차'
- 1962　해링턴, 《또 다른 미국》 출간 / 민주 사회 학생 연합 결성 / 카슨, 《침묵의 봄》 출간
- 1963　워싱턴 행진 / 버밍엄 인권 시위 / 프리던, 《여성의 신비》 출간
- 1963~1366　존슨 대통령, '위대한 사회' 프로그램
- 1964　민권법 제정 / '자유를 위한 여름' / 자유 연설 운동 추진
- 1965　말콤 엑스 암살 / 투표권법 제정 / 와츠 폭동 / 초·중등 교육법 / 이민법 제정
- 1966　전국 여성 협회 설립 / 농장 노동자 연합 결성
- 1968　킹 목사 암살 / 아메리카 원주민 운동 창설 / 인디언 민권법 제정
- 1969　미국인 달 착륙 / 우드스톡 페스티벌 / 알카트래즈 점령 / 스톤월 폭동 / 프린스턴·예일 대학교, 여성 입교 허가 / 켄트 주립대학교 총격 사건
- 1970　제1회 지구의 날 / 전국 환경보호법 / 대기 청정법
- 1971　차별시정조치 대상에 여성 포함
- 1972　평등권 수정 조항의 비준을 위해 주에 송부 / 수질 청정법 통과

경제

- 1970s　미국 산업 경제, 일본과의 경쟁으로 약화 / 표적 마케팅 개시
- 1973　아랍 국가의 석유 금수 조치
- 1974　스태그플레이션
- 1976　미국 예산 적자, 사상 최고 기록(660억 달러)
- 1977　애플사, 최초의 개인용 컴퓨터 출시
- 1980s　빈곤선 이하 인구, 15퍼센트로 증가 / 인터넷 확산 / 레이거노믹스
- 1980　재정 적자 9,070억 달러
- 1981　레이건 대통령, 세금 감면 및 예산 삭감

2000

정치

1983	미국, 그레나다 침공
1985	레이건·고르바초프 정상회담
1986	미국의 리비아 폭격 / 이란-콘트라 사건
1989	베를린 장벽 철거 / 공산주의 체제 붕괴 / 미군의 파나마 주둔 / 톈안먼 사건
1990	이라크, 쿠웨이트 침공
1991	소련 붕괴 / 걸프 전쟁 발발
1998	클린턴 탄핵
1999	클린턴 탄핵 기각

2000	대통령 선거 앨 고어 패배, 부시 승리
2001	세계무역센터 테러 공격 / 미국, '테러와의 전쟁' 개시
2003	미국, 이라크 침공
2004	부시, 대통령 재선
2008	버락 오바마, 미국 최초 흑인 대통령 당선

사회/문화

1973	로 대 웨이드 판결 / 운디드니 점령 사건
1979	스리마일 섬 방사능 누출 사고
1981	미국 최초의 에이즈 환자 발생
1992	로스앤젤레스 인종 폭동
1998	모니카 르윈스키 추문

2005	허리케인 카트리나
2006	미국 역사상 외국 태생 인구 수 최고 수준

경제

1982	극심한 불황
1987	주식시장 폭락
1990	불황
1991	재정 적자 2,680억 달러 / 총채무액 3조 5,000억 달러
1993	북미 자유무역 협정 비준
1996	사회복지 개혁

2002	기업 부정으로 인한 경기 침체

★ 미국 독립선언서

13개 아메리카 국가 연합의 만장일치 선언
The Unanimous Declaration of the Thirteen United States of America

　인류 역사의 흐름 속에서, 인민(people)이 다른 인민과 맺은 정치적 결합을 해체하고 세계 강대국 사이에서 자연법과 신의 섭리가 부여한 독립과 평등의 지위를 차지할 필요가 발생하면, 인류의 신념에 대한 합당한 존경으로 독립을 요청하는 여러 대의(大義)를 선언하지 않을 수 없게 된다.

　우리는 다음을 자명한 진리라고 생각한다. 모든 사람은 평등하게 태어났으며, 조물주는 양도할 수 없는 권리를 부여했는데, 그중에는 생명과 자유와 행복 추구권이 있다. 이 권리를 확보하기 위해 인민은 정부를 조직하며, 정부의 정당한 권력은 피치자(被治者)의 동의로부터 나온다. 또한 어떠한 형태의 정부라도 이 목적을 파기할 때는, 인민은 언제든지 정부를 바꾸거나 폐지할 권리가 있으며, 가장 효과적으로 인민의 안전과 행복을 가져다줄 수 있는 원칙에 기초를 두고, 그 형태의 권력 기구를 갖춘 새로운 정부를 조직할 권리를 가진다. 심사숙고해서, 경미하고 일시적인 이유로 오랜 역사를 가진 정부를 변경하려고 해서는 안 된다. 따라서 인류의 경험을 살펴보면, 사람들은 그들에게 친숙한 형식을 폐지함으로써 악폐를 시정하기보다는 오히려 참을 수 있을 때까지 참으려고 한다. 그러나 오랜 시간 계속된 학대와 착취가 변함없이 동일한 목적을 추구하면서 인민을 절대전제정치에 예속시키려는 계획을 분명히 하게 되면, 이러한 정부를 타도하고 미래의 안전을 위해서 새로운 보호자를 마련하는 것이 인민의 권리이자 의무다. 이것이 지금까지 식민지가 견뎌온 고통이었기에, 이제 기존 정부 체제를 변혁하지 않으면 안 될 필요성이 바로 여기에 있다. 영국의 현 국왕의 역사는 폐악과 착취를 되풀이한 역사이며, 그 직접적인 목적은 아메리카 국가들 위에 절대전제정치를 세우려는 데 있었다. 이를 증명하기 위해, 다음의 사실을 공정하게 사리를 판단하는 세계에 밝히는 바이다.

국왕은 공공선을 위해 매우 유익하고 필요한 법률을 허가하지 않았다.

국왕은 긴급이 요구되는 중요한 법률이라 할지라도 자신이 동의하지 않으면 시행을 정지할 것을 식민지 총독에게 명령했다. 그리고 이렇게 시행이 정지된 법률을 국왕은 전혀 고려하지 않았다.

국왕은, 인민에게는 더할 나위 없는 권리이지만 오직 전제 군주에게만은 두려운 권리인 입법부의 대의권(代議權)을 아메리카 인민이 포기하지 않는다면, 광대한 선거구를 조정하는 법률을 허가할 수 없다고 했다.

국왕은 우리를 괴롭혀 결국은 자신의 정책에 복종시키기 위해 입법기관의 양원을 공문서 보관소에서 멀리 떨어진 유별나고 불편한 장소에서 동시에 소집했다.

국왕은 국왕이 인민의 권리를 침해한 것에 하원이 단호하게 반발한다는 이유로 거듭해서 하원을 해산했다.

국왕은 하원을 이렇게 해산한 뒤 오랫동안 대의원 선출을 허가하지 않았다. 그러나 입법권은 완전히 폐지할 수는 없는 것으로, 결국 전체 인민에게 돌아와 다시 행사하게 되었지만, 그동안에 각 아메리카 국가는 내우외환의 온갖 위험에 당면하지 않을 수 없었다.

국왕은 이들 아메리카 국가의 인구를 억제하는 데에도 노력했다. 이를 위해 외국인의 귀화를 위한 법률 제정을 방해했고, 외국인의 이주를 장려하는 법률도 허가하지 않았으며, 새로운 토지 취득도 여러 가지 조건을 붙여 까다롭게 했다.

국왕은 사법권의 수립에 관계되는 법률을 허가하지 않음으로써 사법행정을 방해했다.

국왕은 재판관의 임기, 봉급의 액수와 지불 문제를 통해 오로지 국왕의 의사에만 복종하는 재판관을 임용했다.

국왕은 우리 인민을 괴롭히고 인민의 재산을 낭비토록 하기 위해 수많은 새로운 관직을 만들고 수많은 관리를 파송했다.

국왕은 평화 시에도 우리 입법부의 동의 없이 상비군을 주둔시켰다.

국왕은 군부를 문민의 통제에서 독립시켜 우위에 놓으려고 했다.

국왕은, 다른 이들과 결탁해, 우리 헌정에 생소하고 우리 법률이 승인하지 않는 사법권에 우리를 예속시키려 했고, 아메리카 국가들에 대해 입법권을 소유하고 있다고 자칭하는 영국 의회의 여러 법률을 승인했다. 즉,
대규모의 군대를 우리 속에 주둔시키고,
군대가 우리 주민을 살해해도 기만적 재판으로 이들이 처벌받지 않도록 하고,
우리와 전 세계 간의 무역을 차단하고,
우리의 동의 없이 우리에게 세금을 부과하고,

많은 사건에서 배심재판을 받을 특전을 박탈하고,

허구적인 범죄를 재판하기 위해 우리를 본국으로 소환하고,

이웃 식민지에서 영국의 자유로운 법률제도를 철폐하고 전제적 정부를 수립한 뒤 그 영역을 넓히고, 지체 없이 이 정부를 모범으로 삼아 아메리카 식민지에도 동일한 절대적 통치를 도입하려 하고,

우리의 특허장을 박탈하고, 우리의 귀중한 법률을 철폐하며, 우리의 정부 권력 형태를 근본적으로 변경하고, 우리의 입법부를 정지시키고, 어떠한 경우에도 우리를 대신하여 법률을 제정할 수 있는 권한이 자신들에게 있다고 선언하는 법률을 승인했다.

국왕은 우리를 자신의 보호 밖에 둔다고 선언하고 우리와 전쟁을 벌임으로써 이곳의 통치를 포기했다.

국왕은 우리 바다에서 약탈을 자행하고 우리 해안을 습격하며 우리 도시를 불태우고 우리 인민의 생명을 빼앗았다.

국왕은 가장 야만적인 시대에도 그 유례가 없으며 문명국의 수장으로는 도저히 어울리지 않는 잔학과 배신의 상황을 만들고, 이와 더불어 이미 착수한 죽음과 황폐와 포학의 과업을 완수하기 위해 바로 이때에 대규모 외국 용병 부대를 이곳으로 파송하고 있다.

국왕은 공해상에서 포로가 된 우리 동포 시민으로 하여금 자신들이 살고 있는 나라에 대항해 무기를 들거나, 우리의 친구와 형제의 사형을 집행하거나, 그렇지 않으면 스스로 죽기를 강요했다.

국왕은 우리 사이에서 내란을 선동했고, 변경지의 주민, 즉 연령·남녀·신분 여하를 막론하고 무차별하게 살해하는 것을 전쟁의 규칙으로 삼고 있는 무자비한 인디언을 동원하려고 노력했다.

이러한 탄압을 받을 때마다 그때그때 우리는 가장 겸손한 언어로 시정(是正)을 탄원했다. 그러나 여러 차례 계속된 탄원에 돌아온 것은 연속된 박해뿐이었다. 따라서 모든 행위에서 폭군으로 규정할 수밖에 없는 국왕은 자유로운 인민의 통치자로 적합하지 않다.

또한 우리는 영국 형제의 주의를 환기시키는 일도 소홀히 하지 않았다. 우리는 영국 의회가 부당한 사법권을 확대하려고 할 때마다 수시로 그들에게 경고했다. 우리는 우리가 이곳으로 이주하여 정착하게 된 제반 사정을 그들에게 상기시켰다. 그들의 타고난 정의감과 아량에도 호소한 바 있다. 우리는 공통의 혈연관계에 호소하여, 결국에는 우리와의 연결과 결합을 단절시키는 탄압을 거부해줄 것을 그들에게 탄원하기도 했다. 그러나 그들 역시 정의와 혈연의 소리에 귀를 기울이지 않았다. 그러므로 우리는 우리가 영국에서 독립해야 하는 사정을 고발할 필요성을 묵묵히 받아들이면서, 세계의 다른 국민을 대하듯이 영국인도 전시에는 적으로, 평시에는 친구로 대할 것을 주장한다.

이에 우리, 연합한 아메리카 국가 대표들은 전체 회의에 모여서 우리의 올곧은 의도를 세계의 최고 심판자에게 호소하며, 식민지의 선량한 인민의 이름과 권능으로 엄숙히 공포하고 선언한다. 이들 연합한 식민지는 자유롭고 독립된 국가이며 당연한 권리로서 자유롭고 독립된 국가여야 한다. 이들 국가는 영국의 왕에 대한 모든 충성의 의무를 벗으며, 영국과의 모든 정치적 관계는 완전히 해소되고 또 해소되어야 한다. 따라서 이들 국가는 자유롭고 독립된 국가로서 전쟁을 개시하고 평화를 체결하고 동맹 관계를 맺고 통상 관계를 수립하는, 그리고 독립국가가 당연히 할 수 있는 모든 행동과 일을 할 완전한 권리를 가지고 있다. 우리는 신의 가호를 굳게 믿으면서 우리의 생명과 재산과 신성한 명예를 걸고 이 선언을 지지할 것을 서로 굳게 맹세한다.

★ 미국 헌법

미국 헌법*
The Constitution of the United States

전문

우리 미국의 국민은, 더욱 완전한 연방을 형성하고 정의를 확립하고 국내의 안녕을 보장하고 공동의 방위를 도모하고 국민의 복지를 증진하고 우리와 우리의 후손에게 자유의 축복을 확보할 목적으로, 미국(the United States of America)을 위하여 이 헌법을 제정한다.

제 1 조(입법부)
제 1 절

이 헌법에 의하여 부여되는 모든 입법권은 미국 연방의회에 속하며, 연방의회는 상원과 하원으로 구성한다.

---

* 미국 헌법은 1787년 5월 25일부터 9월 17일까지 펜실베이니아 주의 필라델피아에서 열린 제헌 회의에서 제안되었다. 미국 헌법 원문에 조(條, article)와 절(節, section) 표시는 있으나 절 안의 항(項, paragraph) 표시는 없다. 항 표시는 관행적으로 편의상 기입한 것이며, 괄호로 묶은 조 설명도 편의상 붙인 것이다. 헌법 전문 중 〔 〕속의 글은 수정 조항의 제정으로 효력이 상실된 부분을 지시하여 독자의 이해를 높이기 위해 넣었음을 밝힌다. 미국 헌법은 수정 조항의 제정에도 불구하고 효력이 상실된 해당 부분을 삭제하지 않고 헌법 전문에 그대로 유지하는 전통을 가지고 있다. ― 옮긴이

제 2 절

(1) 하원은 각 주의 주민이 2년마다 선출하는 의원으로 구성하며, 각 주의 선거인은 주 입법부 중 다수의 의원을 가진 원의 선거인에게 요구되는 자격을 구비해야 한다.

(2) 누구든지 연령이 만 25세에 미달한 자, 미국 시민으로서의 기간이 7년이 못 되는 자, 그리고 선거 당시에 선출되는 주의 주민이 아닌 자는 하원 의원이 될 수 없다.

(3) 〔하원 의원의 수와 직접세[1]는 연방에 가입한 각 주의 인구수에 비례하여 각 주에 배정한다. 각 주의 인구수는 연기계약 노동자를 포함한 자유인의 총수에, 과세되지 아니하는 인디언을 제외하고, 그 밖의 인구* 총수의 5분의 3을 가산하여 결정한다. 〕[2] 인구수의 산정은 제1차 연방의회를 개최한 후 3년 이내에 행하며, 그 후는 10년마다 법률이 정하는 바에 따라 행한다. 하원 의원의 수는 인구 3만 명당 1인의 비율을 초과하지 못한다.

다만, 각 주는 적어도 1인의 하원 의원을 두어야 한다. 위의 인구수의 산정이 있을 때까지 뉴햄프셔 주는 3인, 매사추세츠 주는 8인, 로드아일랜드 주와 프로비던스 플랜테이션은 1인, 코네티컷 주는 5인, 뉴욕 주는 6인, 뉴저지 주는 4인, 펜실베이니아 주는 8인, 델라웨어 주는 1인, 메릴랜드 주는 6인, 버지니아 주는 10인, 노스캐롤라이나 주는 5인, 사우스캐롤라이나 주는 5인, 그리고 조지아 주는 3인의 의원을 각각 선출할 수 있다.

(4) 어떤 주에서든 그 주의 하원 의원에 결원이 생긴 경우에는 그 주의 행정부가 결원을 채우기 위한 보궐선거의 명령을 내려야 한다.

(5) 하원은 하원 의장과 그 밖의 임원을 선출하며 탄핵의 전권을 가진다.

제 3 절

(1) 상원은 각 주의 주 의회에서 2인씩 선출한 6년 임기의 상원 의원으

---

1 수정 조항 제16조에 의해 변경됨
* 흑인 노예를 지칭함—옮긴이
2 수정 조항 제14조에 의해 무효화됨

로 구성되며 각 상원 의원은 1표의 투표권을 가진다.

(2) 최초의 선거 결과 소집된 때에는 즉시 상원은 의원총수를 동수의 3개 부류로 나누어야 한다. 제1 부류 의원의 임기는 2년, 제2부류 의원의 임기는 4년, 제3 부류 의원의 임기는 6년으로 하고 만료 시에 그 의석을 비워야 한다. 이렇게 하여 상원 의원 총수의 3분의 1은 2년마다 개선한다. 만일 어떤 주에서든 주 입법부의 개회 중, 사직 또는 그 밖의 원인으로 결원이 생긴 경우, 그 주의 행정부는 주 의회의 다음 회기에서 결원을 선출할 때까지 임시로 의원을 임명할 수 있다.

(3) 누구든지 연령이 30세에 미달한 자, 미국 시민으로서 9년이 경과되지 아니한 자, 선거 당시 선출되는 주의 주민이 아닌 자는 상원 의원이 될 수 없다.

(4) 미국의 부통령은 상원의 의장이 된다. 다만, 표결에서 가부 동수일 경우를 제외하고는 투표할 수 없다.

(5) 상원은 의장 이외의 임원들을 선출하며, 부통령이 결원일 경우나 부통령이 대통령의 직무를 대행하는 때에는 임시의장을 선출한다.

(6) 상원은 모든 탄핵을 심판하는 전권을 가진다. 이 목적을 위하여 상원이 개회될 때, 의원들은 선서 또는 확약을 해야 한다. 미국 대통령을 심판할 경우에는 연방 대법원장을 의장으로 한다. 누구라도 출석 의원 3분의 2 이상의 찬성 없이는 유죄 판결을 받지 아니한다.

(7) 탄핵 심판의 판결은 면직이나 명예·위임 또는 보수를 수반하는 미국의 공직 취임·재직 자격을 박탈하는 것 이상이 될 수 없다. 다만, 이같이 유죄판결을 받은 자일지라도 법률이 정하는 바에 따라 기소, 재판, 판결 및 처벌을 면할 수 없다.

제 4 절

(1) 상원 의원과 하원 의원 선거의 일시, 장소, 방법은 각 주에서 주 입법부가 정한다. 그러나 연방의회는 언제든지 법률에 의하여 선거에 관한 규칙을 제정 또는 변경할 수 있다. 다만, 상원 의원의 선거 장소에 관해서는 예외로 한다.

(2) 연방의회는 매년 적어도 1회 집회해야 한다. 그 집회의 시기는 법률에 의하여 다른 날짜를 지정하지 아니하면 12월 첫 번째 월요일로 한다.

제 5 절
(1) 각 원은 소속 의원의 선거, 당선 및 자격을 판정한다. 각 원은 소속 의원 과반수가 출석함으로써 의사를 개시할 수 있고, 정족수에 미달하는 경우에는 출석한 소수의 의원이 연일 휴회할 수 있으며, 각 원에서 정하는 방법과 벌칙에 따라 결석 의원의 출석을 강요할 수 있다.
(2) 각 원은 의사규칙을 정하며, 원내의 질서를 문란케 한 의원을 징계하며, 의원 3분의 2 이상의 찬성을 얻어 의원을 제명할 수 있다.
(3) 각 원은 의사록을 작성하고, 각 원에서 비밀을 요한다고 인정한 부분을 제외하고는 수시로 공표해야 한다. 각 원은 출석 의원 5분의 1이상이 요구할 경우에는 어떠한 의제에 대하여도 소속 의원의 찬반 투표를 의사록에 기재해야 한다.
(4) 연방의회의 회기 중에는 어느 원도 다른 원의 동의 없이 3일 이상 휴회하거나, 회의장을 양원이 개최한 장소 이외의 장소로 이전할 수 없다.

제 6 절
(1) 상원 의원과 하원 의원은 그 직무에 대하여 법률이 정하고 미국 국고로부터 지급되는 보수를 받는다. 양원의 의원은 반역죄, 중죄 및 치안 방해죄를 제외하고 어떠한 경우에도 그 원의 회의 출석 중에 그리고 그 왕복 중에 체포되지 아니할 특권이 있다. 양원의 의원은 원내에서 행한 발언이나 토론에 관하여 원외에서 문책받지 아니한다.
(2) 상원 의원 또는 하원 의원은 재임 중 신설되거나 봉급이 증액된 어떠한 연방 공직에도 임명될 수 없다. 연방 공직에 있는 자는 누구든지 재직 중에 양원 중 어느 한 원의 의원이 될 수 없다.

제 7 절
(1) 세입 징수에 관한 모든 법률안은 먼저 하원에서 제안되어야 한다. 다

만, 상원은 다른 법률안과 마찬가지로 수정안을 발의하거나 수정안에 동의할 수 있다.

(2) 하원과 상원을 통과한 모든 법률안은 법률로 확정되기에 앞서 대통령에게 이송되어야 한다. 대통령은 이를 승인하는 경우에는 이에 서명하며, 승인하지 아니하는 경우에는 이의서를 첨부하여 이 법률안을 발의한 원으로 환부해야 한다. 법률안을 환부받은 원은 이의의 대략을 의사록에 기록한 후 이를 다시 심의해야 한다. 다시 심의한 결과, 그 원 의원 3분의 2 이상의 찬성으로 가결한 경우에는 그 원은 법률안을 대통령의 이의서와 함께 다른 원으로 송부해야 한다. 다른 원에서 이 법률안을 다시 심의하여 의원 3분의 2 이상의 찬성으로 가결할 경우에는 이 법률안은 법률로 확정된다. 이 모든 경우에서 양원은 호명, 구두표결로 결정하며, 그 법률안에 대한 찬성자와 반대자의 성명을 각 원의 의사록에 기재해야 한다. 만일 법률안이 대통령에게 이송된 후 10일 이내(일요일은 제외함)에 의회로 환부되지 아니한 때에는 그 법률안은 대통령이 이에 서명한 경우와 마찬가지로 법률로서 확정된다. 다만, 연방의회가 휴회하여 이 법률안을 환부할 수 없는 경우에는 법률로 확정되지 아니한다.

(3) 상하 양원의 의결을 필요로 하는 모든 명령·결의 또는 표결(휴회에 관한 결의는 제외함)은 이를 대통령에게 이송해야 하며, 대통령이 이를 승인해야 효력이 발생한다. 대통령이 이를 승인하지 아니하는 경우에는 법률안에서와 동일한 규칙 및 제한에 따라 상원과 하원에서 3분의 2이상의 의원의 찬성으로 다시 가결해야 한다.

제 8 절

(1) 연방의회는 다음의 권한을 가진다.

미국의 채무를 지불하고, 공동 방위와 일반 복지를 위하여 조세·관세·간접세 및 소비세를 부과, 징수한다. 다만, 관세·부과금 및 소비세는 미국 전역에 걸쳐 균일해야 한다.

(2) 미국의 신용으로 금전을 차입한다.

(3) 외국과 주 상호 간 그리고 인디언 부족과의 통상을 규율한다.

(4) 미국 전체에 공통되는 균일한 귀화 규정과 파산에 대한 균일한 법률을 제정한다.

(5) 화폐를 주조하고 그 화폐 및 외국 화폐의 가치를 규율하며, 도량형의 기준을 정한다.

(6) 미국의 유가 증권 및 통화의 위조에 관한 벌칙을 정한다.

(7) 우체국과 우편 도로를 건설한다.

(8) 저작자와 발명자에게 그들의 저술과 발명에 대한 독점권을 일정 기간 보유하게 함으로써 과학과 유용한 기술의 발달을 촉진한다.

(9) 연방 대법원 아래에 하급 법원을 조직한다.

(10) 공해에서 범한 해적 행위 및 그 밖의 중죄 그리고 국제법에 위배되는 범죄를 정의하고 이를 처벌한다.

(11) 전쟁을 포고하고 나포 허가장을 수여하고 지상 및 해상에서의 나포에 관한 규칙을 정한다.

(12) 육군을 편성하고 이를 지원한다. 다만, 이 목적에 대한 예산의 지출은 2년을 초과하지 못한다.

(13) 해군을 창설하고 이를 유지한다.

(14) 육·해군의 통수 및 규율에 관한 규칙을 정한다.

(15) 연방의 법률을 집행하고 반란을 진압하고 침략을 격퇴하기 위하여 민병대의 소집에 관한 규칙을 정한다.

(16) 민병대의 조직·무장 및 훈련에 관한 규칙과, 민병 가운데 연방 군무에 복무하는 자들을 다스리는 규칙을 정한다. 다만, 민병대의 장교를 임명하고 연방의회가 정한 규율에 따라 민병대를 훈련시키는 권한을 각 주에 유보한다.

(17) 특정한 주가 미국에 양도하고, 연방의회가 이를 수령함으로써 미국 정부의 소재지가 되는 지역(1평방 마일을 초과하지 못함)에 대해서는 어떠한 사항을 막론하고 독점적인 입법권을 행사하며, 요새·무기고·조병창·조선소 및 기타 필요한 구조물을 건설하기 위하여 주 의회의 승인을 얻어 구입한 모든 장소에 대해서도 이와 똑같은 권한을 행사한다.

(18) 위에 기술한 권한들과 이 헌법에 의해 미국 정부 또는 그 부처 또는

그 공무원에게 부여한 모든 기타 권한을 행사하는 데 필요하고 적절한 모든 법률을 제정한다.

제 9 절

(1) 연방의회는 기존의 각 주 중 어떤 주가 허용함이 적당하다고 인정하는 사람*의 이주 또는 입국을 1808년 이전에는 금지하지 못한다. 다만, 이러한 사람들의 입국에 대해서는 1인당 10달러를 초과하지 아니하는 한도 내에서 입국세를 부과할 수 있다.

(2) 인신 보호 영장에 관한 특권은 반란 또는 침략의 경우에 있어서 공공의 안전이 요구되는 때를 제외하고는 정지할 수 없다.

(3) 재판에 의하지 않는 처벌법(Bill of Attainder) 또는 소급법을 통과시킬 수 없다.

(4) 인두세 혹은 그 밖의 직접세는 앞서 규정한 인구 조사 또는 산정에 비례하지 아니하는 한 부과하지 못한다.

(5) 어떠한 주든 그 주가 수출하는 물품에 조세 또는 관세를 부과하지 못한다.

(6) 어떠한 통상 또는 징세에 관한 규칙도 다른 주의 항구보다 어떤 주의 항구에 대해 특혜 대우를 해줄 수 없다. 또한 어떤 주에 도착 예정이거나 어떤 주를 출항한 선박을 다른 주에서 강제로 입항하게 하거나 관세를 지불하게 할 수 없다.

(7) 어떠한 국고금도 법률로 정한 세출 승인에 의하지 않고는 지출할 수 없으며 법이 정한 세출의 결과로 지출한다. 모든 공금의 수납 및 지출에 관한 정식의 결산서는 수시로 공표해야 한다.

(8) 미국은 어떠한 귀족의 칭호도 수여하지 아니한다. 미국 정부에서 유급 또는 위임에 의한 관직에 있는 자는 누구라도 연방의회의 승인 없이는 어떠한 국왕·왕족 또는 외국으로부터 종류 여하를 막론하고 선물·보

---

* 흑인 노예를 말함—옮긴이

수·관직 또는 칭호를 받을 수 없다.

제 10 절

(1) 어떠한 주라도 조약·동맹 또는 연합을 체결하거나 나포 허가장을 수여하거나 화폐를 주조하거나 신용증권을 발행하거나 금화 및 은화 이외의 것으로써 채무 지불의 법정 수단으로 삼거나 재판에 의하지 않는 처벌법, 소급법 또는 계약상의 채무를 침해하는 법률 등을 제정하거나 또는 귀족의 칭호를 수여할 수 없다.

(2) 어떠한 주라도 연방의회의 동의 없이는 수입품 또는 수출품에 대하여 검사법의 집행상 절대 필요한 경우를 제외하고는 간접세 또는 관세를 부과하지 못한다. 어느 주에서도 수입품 또는 수출품에 부과하는 모든 간접세나 관세의 순 수입은 미국 국고의 용도에 적합해야 하며, 이런 종류의 모든 법률은 연방의회의 수정과 통제를 받아야 한다.

(3) 어떠한 주라도 연방의회의 동의 없이는 선박에 톤세를 부과할 수 없고 평시에 군대나 군함을 보유할 수도 없고 다른 주나 외국과 협정이나 협약을 체결할 수 없으며, 실제로 침공당하고 있거나 지체할 수 없을 만큼 급박한 위험에 처해 있지 아니하고는 전쟁 행위를 할 수 없다.

제 2 조(행정부)

제 1 절

(1) 행정권은 미국 대통령에게 속한다. 대통령의 임기는 4년으로 하며 동일한 임기의 부통령과 함께 다음과 같은 방법에 의하여 선출된다.

(2) 각 주는 주 입법부가 정하는 바에 따라 그 주가 연방의회에 보낼 수 있는 상원 의원과 하원 의원의 총수와 같은 수의 선거인을 임명한다. 다만, 상원 의원이나 하원 의원, 또는 미국에서 위임에 의한 또는 유급 관직에 있는 자는 선거인이 될 수 없다.

(3) 〔선거인은 각각 자기 주에서 회합하여 비밀투표에 의하여 2인을 선거하되, 그 중 1인은 선거인과 동일한 주의 주민이 아니어야 한다. 선거인

은 모든 득표자의 명부와 각 득표자의 득표수를 기재한 표를 작성하여 이에 서명하고 증명한 다음 봉함하여 상원의장 앞으로 미국 정부 소재지로 송부한다. 상원 의장은 상원 의원 및 하원 의원이 참석한 가운데 모든 증명서를 개봉한 후 투표를 계산한다. 최고 득표자의 득표수가 선임된 선거인 총수의 과반수가 되었을 때에는 그가 대통령으로 당선된다. 만일 2인 이상이 동수의 투표를 획득하고 또 과반수에 달한 때에는 하원은 즉시 그 중의 1인을 대통령으로 비밀투표로써 선출해야 한다. 과반수 득표자가 없을 경우에는 하원은 동일한 방법으로 최다득표자 5인 중에서 1인을 대통령으로 선출한다. 다만, 이러한 방법으로 대통령을 선거할 때에는 주를 단위로 하고 각 주의 하원 의원은 1표의 투표권을 가지며, 그 선거에 필요한 정족수는 각 주의 하원 의원의 3분의 2로부터 1인 또는 그 이상의 의원의 출석으로 성립되며, 선거는 전체 주의 과반수의 찬성이 있어야 한다. 어느 경우에 있어서도, 대통령을 선출한 후 최다수의 득표를 한 자를 부통령으로 한다. 다만, 동수의 득표자가 2인 이상 있을 때에는 상원이 그중에서 부통령을 비밀 투표로써 선출한다.]³

(4) 연방의회는 선거인의 선출일자와 이들이 투표해야 할 날짜를 결정할 수 있으며, 이 투표일은 전국적으로 동일해야 한다.

(5) 누구든지 출생에 의한 미국 시민이 아닌 자 또는 본 헌법의 제정 시에 미국 시민이 아닌 자는 대통령직에 선임될 자격이 없다. 연령이 35세에 미달한 자 또는 14년간 미국 내에 거주하지 아니 한 자는 대통령직에 선임될 자격이 없다.

(6) 대통령이 면직되거나 사망하거나 사직하거나 또는 그 권한 및 직무를 수행할 능력을 상실할 경우에, 대통령직은 부통령에게 귀속된다. 연방의회는 법률에 의하여 대통령과 부통령이 면직·사망·사직 또는 직무수행불능이 된 경우 어느 공무원이 대통령으로서 직무를 수행할 것인가를 정할 수 있다. 이 공무원은 직무수행불능이 제거되거나 대통령이 새로 선임

---

3 수정 조항 제12조에 의해 변경됨

될 때까지 대통령의 직무를 대행한다.

(7) 대통령은 그 직무 집행에 대해 정기적으로 보수를 받으며, 그 보수는 임기 중에 증액 또는 감액되지 아니한다. 또 대통령은 임기 중에 미국 또는 어느 주로부터 그 밖의 어떠한 보수도 받지 못한다.

(8) 대통령은 그 직무 집행을 개시하기 전에 다음과 같은 선서 또는 확약을 해야 한다. "나는 미국 대통령의 직무를 성실히 수행하며 최선을 다하여 미국 헌법을 보전하고 보호하고 수호할 것을 엄숙히 선서(또는 확약)한다."

제 2 절

(1) 대통령은 미국 육·해군 및 현재 미국의 현역에 복무하는 각 주의 민병대의 통수권자가 된다. 대통령은 각 행정 부처의 소관 직무 사항에 관하여 각 부처의 장관으로부터 문서에 의한 의견을 요구할 수 있다. 대통령은 미국에 대한 범죄에 관하여 탄핵의 경우를 제외하고 형의 집행 정지 및 사면을 명할 수 있는 권한을 가진다.

(2) 대통령은 상원의 조언과 동의를 얻어 조약을 체결하는 권한을 가진다. 다만, 그 조언과 동의는 상원의 출석 의원 3분의 2 이상의 찬성을 얻어야 한다. 대통령은 대사, 그 밖의 외교 사절 및 영사, 연방 대법원 판사 그리고 그 임명에 관하여 이 헌법에 특별 규정이 없으나 이후에 법률로써 정할 그 밖의 모든 미국 관리를 지명하여 상원의 권고와 동의를 얻어 임명한다. 다만, 연방의회는 적당하다고 인정되는 하급 관리 임명권을 법률에 의하여 대통령에게만 또는 법원에게 또는 각 부처 장관에게 부여할 수 있다.

(3) 대통령은 상원의 휴회 중 생기는 모든 결원을 임명에 의하여 충원할 권한을 가진다. 다만, 그 임명은 다음 회기가 만료될 때 효력을 상실한다.

제 3 절

대통령은 연방의 상황에 관하여 수시로 연방의회에 보고하고, 필요하고도 유용하다고 판단되는 조치의 심의를 연방의회에 권고해야 한다. 비상사태 시, 대통령은 상하 양원 또는 그중의 한 원을 소집할 수 있으며, 휴회의 시기에 관하여 양원 간 의견이 일치되지 아니하는 경우에는 대통령이 적당하다고 인정할 시기까지 양원의 정회를 명할 수 있다. 대통령은 대사와 그 밖의 외교 사절을 접수하며, 법률이 충실하게 집행되도록 유의하며 미국의 모든 관리에게 그 직무를 위임한다.

제 4 절
미국의 대통령, 부통령, 모든 민간 공무원은 반역죄, 수뢰죄, 또는 그 밖의 중대한 범죄 및 비행으로 탄핵받고 유죄판결을 받음으로써 면직된다.

제 3 조(사법부)
제 1 절
미국의 사법권은 하나의 연방 대법원에, 그리고 연방의회가 수시로 제정·설치하는 하급 연방 법원에 속한다. 연방 대법원 및 하급 법원의 판사는 성실히 직무를 이행하는 한 그 직을 보유하고 그 직무에 대하여 정기적으로 보수를 받으며 그 보수는 재임 중에 감액되지 아니한다.

제 2 절
(1) 사법권은 이 헌법과 미국 법률과 그리고 미국의 권한에 의하여 체결되었거나 체결된 조약으로 하여 발생하는 모든 보통법상 및 형평법상의 사건, 대사와 그 밖의 외교 사절 및 영사에 관한 모든 사건, 해상 재판 및 해상 관할에 관한 모든 사건, 미국이 한 편의 당사자가 되는 분쟁, 2개의 주 및 그 이상의 주 사이에 발생하는 분쟁, 한 주와 다른 주의 시민 사이의 분쟁,[4] 상이한 주의 시민들 사이의 분쟁, 다른 주로부터 부여받은 토지의 권리에 관하여 같은 주의 시민들 사이에 발생하는 분쟁, 그리고 어떤 주나 또는 그 주의 시민과 외국, 외국 시민 또는 외국 신민 사이에 발생하는 분쟁

---
4 수정 조항 제11조에 의해 변경됨

에 미친다.

(2) 대사와 그 밖의 외교 사절 및 영사에 관계되는 사건과, 주가 당사자인 사건은 연방 대법원이 제1심의 재판 관할권을 가진다. 그 밖의 모든 사건에서는 연방의회가 정하는 예외의 경우를 두되, 연방의회가 정하는 규칙에 따라 법률 문제와 사실 문제에 관하여 상소심 재판 관할권을 가진다.

(3) 탄핵 사건을 제외한 모든 범죄의 심리는 배심제로 한다. 그 심리는 범죄가 일어난 주에서 해야 한다. 다만, 그 범죄자가 어느 주에도 속하지 아니할 경우에는 연방의회가 법률에 의하여 정하는 장소에서 심리한다.

제 3 절

(1) 미국에 대한 반역죄는 미국에 대하여 전쟁을 일으키거나 또는 적에게 가담하여 이에 원조 및 편의를 제공할 경우에만 성립한다. 누구든지 명백한 상기 행동에 대하여 2명의 증인의 증언이 있거나, 또는 공개 법정에서 자백하는 경우 이외에는 반역죄의 판결을 받지 아니한다.

(2) 연방의회는 반역죄의 형벌을 선고하는 권한을 가진다. 다만, 반역죄의 선고로 인한 권리 박탈 선고는 그 선고를 받은 자의 생존 기간을 제외하고 혈통을 모독하거나 재산의 몰수를 초래하지 아니한다.

제 4 조(주와 주 및 연방과의 관계)

제 1 절

각 주는 다른 주의 법령, 기록 및 사법 절차에 대하여 충분한 신뢰와 신용을 가져야 한다. 연방의회는 이러한 법령, 기록 및 사법 절차를 증명하는 방법과 그것의 효력을 일반 법률로써 규정할 수 있다.

제 2 절

(1) 각 주의 시민은 다른 어느 주에서도 그 주의 시민이 향유하는 모든 특권 및 면책권을 가진다.

(2) 어느 주에서 반역죄, 중죄 또는 그 밖의 범죄로 인하여 고발된 자가

도피하여 재판을 면하고 다른 주에서 발견된 경우, 범인이 도피해 나온 주의 행정 당국의 요구에 의하여, 그 범인은 그 범죄에 대한 재판 관할권이 있는 주로 이송하기 위하여 인도되어야 한다.

(3) 어느 주에서 그 주의 법률에 의하여 사역 또는 노역을 당하도록 되어 있는 자*가 다른 주로 도피한 경우에, 다른 주의 어떠한 법률 또는 규칙에 의해서도 그 사역 또는 노역의 의무는 해제되지 아니하며, 그는 그 사역 또는 노역을 요구할 권리를 가진 당사자의 청구에 따라 인도되어야 한다.

제3절

(1) 새로운 주는 연방의회의 결정에 의해 연방에 가입할 수 있다. 다만, 어떠한 주의 관할 구역에서도 새로운 주를 형성하거나 설치할 수 없다. 또 관계되는 각 주의 주 의회와 연방의회의 동의 없이는 2개 이상의 주 또는 주의 일부를 합병하여 새로운 주를 구성할 수 없다.

(2) 연방의회는 미국에 속하는 영토 또는 그 밖의 재산을 처분하고 이에 관한 모든 필요한 규칙 및 규정을 제정하는 권한을 가진다. 다만, 이 헌법의 어떠한 조항도 미국 또는 어느 주의 권리를 훼손하는 것으로 해석할 수 없다.

제4절

미국은 연방 내의 모든 주의 공화정체를 보장하고, 각 주를 침략으로부터 보호하며, 또 각 주의 주 의회 또는 (주 의회를 소집할 수 없을 때는) 행정부의 요구가 있을 때에는 주 내의 폭동으로부터 각 주를 보호한다.

제5조(헌법 수정 절차)

연방의회는 상하 양원의 3분의 2가 이 헌법에 대한 수정의 필요성을 인

---

* 흑인 노예를 말함―옮긴이

정할 때에는 헌법 수정을 발의할 수 있으며, 또는 3분의 2 이상의 주 의회가 요청할 때에는 수정 발의를 위한 제헌 회의를 소집해야 한다. 어느 경우에나 수정은 연방의회가 제의하는 비준의 두 방법 중의 어느 하나에 따라, 4분의 3의 주 의회에 의하여 비준되거나, 또는 4분의 3의 주 헌법 비준 회의에 의하여 비준되는 때에 모든 의미와 목적이 확정되고 이 헌법의 일부로서 효력이 발생한다. 다만, 1808년 이전에 이루어질 수정에 의해서는 어떠한 방법으로도 제1조 제9절 제1항에 변경을 가져올 수 없다. 어느 주도 그 주의 동의 없이는 상원에서의 균등한 투표권을 박탈당하지 아니한다.

제 6 조(국가 최고 법)
(1) 헌법이 제정되기 전에 계약된 모든 채무와 체결된 모든 조약은 이 헌법에서도 미국 연합 헌장에서와 같이 미국에 대하여 효력을 가진다.

(2) 이 헌법에 의거하여 제정되는 미국의 법률 그리고 미국의 권한에 의하여 체결된 모든 조약은 이 나라의 최고법이며, 모든 주의 법관은, 어느 주의 헌법이나 법률 중에 이에 배치되는 규정이 있을지라도, 이 헌법에 구속을 받는다.

(3) 앞에서 기술한 상원 의원 및 하원 의원, 각 주의 주 의회 의원, 미국 및 각 주의 행정관 및 사법관은 선서 또는 확약에 의하여 이 헌법을 지지할 의무가 있다. 다만, 미국의 어떠한 관직 또는 위임에 의한 공직에도 자격 요건으로서 어떠한 종교상의 자격도 요구되지 아니한다.

제 7 조(헌법 비준)
9개 주 헌법 회의가 비준하면, 이를 비준한 각 주 간에 이 헌법은 효력을 발생하는 데 충분하다.

1787년, 미국 독립 12년, 9월 17일, 헌법 회의에 참석한 각 주의 전원 일치의 동의를 얻어 이 헌법을 제정한다. 이를 증명하기 위하여 우리들은 이에 서명한다. (서명 생략)

헌법 수정 조항*

본래의 미국 헌법 제5조에 따라 연방의회가 제안하고 여러 주 의회가 비준한 미국 헌법 수정 조항 및 추가 조항[5]

수정 조항 제1조(종교, 언론 및 출판의 자유, 집회 및 청원의 권리)

연방의회는 국교를 정하거나 또는 자유로운 신앙 행위를 금지하는 법률을 제정할 수 없다. 또한 연방의회는 언론 또는 출판의 자유나 국민이 평온하게 집회할 수 있는 권리 및 불만 사항의 구제를 위하여 정부에 청원할 수 있는 권리를 제한하는 법률을 제정할 수 없다.

수정 조항 제2조(무기 휴대의 권리)

규율 정연한 민병은 자유로운 주의 안보에 필요하며, 무기를 소장하고 휴대하는 인민의 권리를 침해할 수 없다.

수정 조항 제3조(군인의 숙영)

평시에는 어떠한 군인도 소유자의 동의 없이는 어떠한 가택에도 숙영할 수 없다. 전시에도 법률이 정하는 방법에 의하지 아니하고는 숙영할 수 없다.

---

* 수정 조항 제1조부터 제10조까지는 흔히 권리장전이라고 불리며, 제1차 연방의회의 첫 회기에 발의되고 각 주에 보내져 1791년 12월 15일에 비준이 완료되었다. 수정 조항 내용 가운데, ( )로 묶은 조항 설명과 〔 〕로 묶은 발의일·비준일은 독자의 이해를 돕기 위해 첨가하였다. ─옮긴이

5 이 표제는 최초의 10개 수정 조항이 제출된 상하 양원 결의안에만 수록되어 있다.

수정 조항 제4조(수색 및 체포 영장)

부당한 수색과 압수로부터 신체, 가택, 서류 및 재산의 안전을 보장받는 국민의 권리는 침해할 수 없다. 체포·수색·압수영장은 믿을만한 원인에 의거하고, 선서 또는 확약에 의하여 뒷받침되고, 특히 수색할 장소, 체포할 사람 또는 압수할 물품을 기재하지 아니하고는 이를 발급할 수 없다.

수정 조항 제5조(형사 사건에서의 권리)

누구든지 대배심에 의한 고발 또는 기소에 의하지 아니하는 한 사형에 해당하는 죄 또는 그 밖의 파렴치죄에 의한 처벌을 받지 아니한다. 다만, 육군이나 해군에서 일어난 사건 또는 전쟁이나 공공의 위난 시 현재 복무 중인 민병 간에 발생한 사건에 관해서는 예외로 한다. 누구든지 동일 범행에 대하여 생명이나 신체에 대한 위협을 재차 받지 아니하며, 누구든지 어떠한 형사사건에 있어서도 자기에게 불리한 증언을 강요당하지 아니한다. 누구든지 적법절차에 의하지 아니하고는 생명, 자유 또는 재산을 박탈당하지 아니한다. 정당한 보상 없이는 사유재산이 공적 사용을 위하여 수용당하지 아니한다.

수정 조항 제6조(공정한 재판을 받을 권리)

모든 형사소추에서 피고인은 범죄가 일어난 주 및 법률이 미리 정하는 지역의 공정한 배심에 의한 신속하고 공개적인 재판을 받을 권리가 있고, 피고사건의 성질과 원인에 관한 통고를 받을 권리가 있으며, 자기에게 불리한 증인과 대질심문을 받을 권리, 자기에게 유리한 증인을 얻기 위하여 강제절차를 취할 권리, 자신의 변호를 위하여 변호인의 도움을 받을 권리가 있다.

수정 조항 제7조(민사사건에서의 권리)

보통법상의 소송에서, 소송에 걸린 액수가 20달러를 초과하는 경우에는 배심에 의한 심리를 받을 권리가 보장된다. 배심에 의하여 심리된 사실은 보통법의 규정에 의하는 것 외에 미국의 어느 법원에서도 재심되지 아니한다.

수정 조항 제8조(보석금, 벌금 및 형벌)

과다한 보석금을 요구하거나, 과다한 벌금을 부과하거나, 잔혹하고 이상한 형벌을 과하지 못한다.

수정 조항 제9조(인민이 보유하는 권리)

이 헌법에 특정 권리가 열거되어 있다는 사실이 인민이 보유하는 그 밖의 여러 권리를 부인하거나 경시하는 것으로 해석되어서는 아니 된다.

수정 조항 제10조(주와 인민의 유보 권한)

이 헌법에 의하여 미국 연방에 위임되지 아니하였거나, 각 주에게 금지되지 아니한 권한은 각 주나 인민에 유보(留保)된다.

수정 조항 제11조(주를 상대로 하는 소송)

〔1794년 3월 5일 발의, 1795년 2월 7일 비준〕

미국의 사법권은 미국의 한 주에 대하여 다른 주의 시민 또는 외국의 시민이나 신민에 의하여 개시되거나 제기된 보통법 또는 형평법상의 소송에 미치는 것으로 해석하지 아니한다.

수정 조항 제12조(대통령 및 부통령의 선거)
〔1803년 12월 12일 발의, 1804년 9월 27일 비준〕

선거인은 각 주에서 집회하여 대통령과 부통령을 비밀투표로 선거한다. 양인 중 적어도 1인은 선거인과 동일한 주의 주민이 아니어야 한다. 선거인은 대통령으로 투표하려는 사람의 이름을 투표용지에서 지정하고, 부통령으로 투표하려는 사람의 이름을 별개의 투표용지에서 지정해야 한다. 선거인은 대통령으로 투표하려는 모든 사람의 명부와 부통령으로 투표하려는 모든 사람의 명부, 그리고 각 득표자의 득표수를 기재한 표를 별개로 작성하여 선거인이 이에 서명하고 증명한 다음, 봉합하여 상원 의장 앞으로 미국 정부 소재지로 송부한다. 상원 의장은 상원 의원과 하원 의원이 참석한 가운데 모든 증명서를 개봉하고 개표한다. 가장 많이 득표한 사람이 대통령이 된다. 다만, 득표수가 선임된 선거인의 총수의 과반수가 되어야 한다. 이와 같은 과반수 득표자가 없을 경우 하원은 즉시 대통령으로 투표된 사람의 명단 중 3인을 초과하지 아니하는 최다 득표자 중에서 대통령을 비밀투표로 선거하여야 한다. 다만, 이러한 방법으로 대통령을 선거할 때에는 선거를 주 단위로 하고, 각 주는 1표의 투표권을 가지며, 그 선거에 필요한 정족수는 각 주의 하원 의원 3분의 2로부터 1명 또는 그 이상의 의원의 출석으로써 성립하며, 전체 주의 과반수가 찬성해야 선출될 수 있다. 대통령 선정권이 하원에 위임되었음에도 하원이 다음 3월 4일까지 대통령을 선정하지 않을 때에는 부통령이 대통령의 직무를 수행한다. 부통령으로서의 최고득표자가 부통령이 된다. 다만, 그 득표수는 선임된 선거인 총수의 과반수가 되어야 한다. 과반수 득표자가 없을 경우에는 상원의 득표자 명부 중 최다 득표자 2인 중에서 부통령을 선정한다. 이 목적을 위한 정족수는 상원 의원 총수의 3분의 2로써 성립하며, 선정에는 의원 총수의 과반수가 필요하다. 다만, 헌법상의 대통령직에 취임할 자격이 없는 자는 미국 부통령의 직에 취임할 자격도 없다.

수정 조항 제13조(노예제도 폐지)
〔1865년 2월 1일 발의, 1865년 12월 18일 비준〕

제1절
노예 또는 강제적 노역은 당사자가 정당하게 유죄판결을 받은 범죄에 대한 처벌이 아니면 미국 또는 그 관할 하에 속하는 어느 장소에서도 존재할 수 없다.

제2절
연방의회는 적당한 입법에 의하여 본 조항을 시행할 권한을 가진다.

수정 조항 제14조(공민권)
〔1866년 6월 16일 발의, 1868년 7월 28일 비준〕

제1절
미국에서 출생 또는 미국에 귀화해 미국의 관할권에 속하는 모든 사람은 미국 및 그 거주하는 주의 시민이다. 어떠한 주도 미국 시민의 특권과 면책권을 박탈하는 법률을 제정하거나 강행할 수 없다. 어떠한 주도 적법절차에 의하지 아니하고는 어떠한 사람으로부터도 생명, 자유, 재산을 박탈할 수 없으며, 그 관할권 내에 있는 어떠한 사람에 대하여도 법률에 의한 평등한 보호를 거부하지 못한다.

제2절
하원 의원은 각 주의 인구수에 비례하여 각 주에 할당한다. 각 주의 인구수는 과세되지 아니하는 인디언을 제외한 각 주의 총인구수이다. 다만, 미국 대통령 및 부통령의 선거인, 사법관 또는 각 주 의회의 인원을 선출하는 어떠한 선거에서도, 반란이나 그 밖의 범죄에 가담한 경우를 제외하고, 21세에 달하고* 미국 시민인 해당 주의 남성 주민 중 어느 누구에게 투표권이 거부되거나, 어떠한 방법으로든지 제한되어 있을 때에는 그 주의 하원 의원 할당수의 기준을 그러한 남성 주민의 수가 그 주의 21세에 달한**

남성 주민의 총수에 대하여 가지는 비율에 따라 감소된다.

제3절

과거에 연방의회 의원, 미국 관리, 주 의회 의원, 또는 주의 행정관이나 사법관으로서 미국 헌법을 지지할 것을 선언한 후에 폭동이나 반란에 가담한 자, 적에게 원조 또는 편의를 제공한 자는 누구든지 연방의회의 상원 의원이나 하원 의원, 대통령 및 부통령의 선거인, 미국이나 각 주 민간 공무원의 관직에 취임할 수 없다. 다만, 연방의회는 각 원의 3분의 2의 투표로써 그 실격을 해제할 수 있다.

제4절

폭동이나 반란을 진압한 공헌에 대한 은급 및 하사금을 지불하기 위하여 기채(起債)한 부채를 포함하여 법률로 인정한 국채는 그 효력이 문제되지 않는다. 그러나 미국 또는 어느 주도 미국에 대한 폭동이나 반란을 원조하기 위하여 기채한 부채, 또는 노예의 상실이나 해방으로 인한 청구에 대하여는 채무를 부담하거나 지불하지 아니한다. 이 모든 부채, 채무, 청구는 위법이고 무효이다.

제5절

연방의회는 적당한 입법에 의하여 본 조항의 규정을 시행할 권한을 가진다.

수정 조항 제15조(흑인의 참정권)

〔1869년 2월 27일 발의, 1870년 3월 30일 비준〕

제1절

미국 시민의 투표권은 인종, 피부색, 과거의 예속 상태를 이유로 미국이

★ 21세 이상을 의미함―옮긴이
★★ 21세 이상을 의미함―옮긴이

나 어떠한 주에 의해서도 거부되거나 제한되지 아니한다.

제2절
연방의회는 적당한 입법에 의하여 본 조항의 규정을 시행할 권한을 가진다.

수정 조항 제16조(소득세)
〔1909년 7월 12일 발의, 1913년 2월 25일 비준〕
연방의회는 소득원의 여하를 불문하고 각 주에 배당하지 아니하고 국세 조사나 인구수에 관계없이 소득에 대한 세금을 부과·징수할 권한을 가진다.

수정 조항 제17조(연방 상원 의원의 직접 선거)
〔1912년 5월 16일 발의, 1913년 5월 31일 비준〕
제1절
미국의 상원은 각 주 2인씩의 상원 의원으로 구성된다. 상원 의원은 그 주의 주민에 의하여 선출되고 6년의 임기를 가진다. 각 상원 의원은 1표의 투표권을 가진다. 각 주의 선거인은 주 입법부 중 의원수가 많은 한 원의 선거인에 요구되는 자격을 가져야 한다.

제2절
상원에서 어느 주의 의원에 결원이 생긴 때에는 그 주의 행정부는 결원을 보충하기 위하여 선거 명령을 내려야 한다. 다만, 주민이 주 의회가 정하는 바에 따른 선거에 의하여 결원을 보충할 때까지 주 의회는 그 주의 행정부에게 임시로 상원 의원을 임명하는 권한을 부여할 수 있다.

제3절

본 수정 조항은 본 헌법의 일부로서 효력을 발생하기 이전에 선출된 상원 의원의 선거 또는 임기에 영향을 주는 것으로 해석하지 못한다.

수정 조항 제18조 (금주법)
〔1917년 12월 18일 발의, 1919년 1월 29일 비준, 수정 조항 제21조로 폐기〕

제1절

본 조의 비준으로부터 1년을 경과한 후에는 미국 내와 그 관할에 속하는 모든 영토 내에서 마실 목적으로 주류를 양조, 판매, 운송하거나 미국에서 이를 수입, 수출하는 것을 금지한다.

제2절

미국과 각 주는 적당한 입법에 의하여 본 조를 시행할 경합적 권한을 가진다.

제3절

본 조항은 연방의회로부터 이를 각 주에 회부한 날부터 7년 이내에 각 주의 주 입법부가 이 헌법에 규정된 바와 같이 헌법 수정으로써 비준하지 아니하면 그 효력이 발생하지 아니한다.

수정 조항 제19조 (여성의 참정권)
〔1919년 6월 4일 발의, 1920년 8월 26일 비준〕

제1절

미국 시민의 투표권은 성별을 이유로 미국이나 어느 주에 의해서도 거부 또는 제한되지 아니한다.

제2절

연방의회는 적당한 입법에 의하여 본 조항을 시행할 권한을 가진다.

수정 조항 제20조 (대통령과 연방의회 의원의 임기)

〔1932년 3월 2일 발의, 1933년 2월 6일 비준〕

제1절

대통령과 부통령의 임기는 본 조가 비준되지 아니하였더라면 임기가 만료하였을 해의 1월 20일 정오에 종료하며, 상원 의원과 하원 의원의 임기는 본 조가 비준되지 아니하였더라면 임기가 만료하였을 해의 1월 3일 정오에 종료한다. 그 후임자의 임기는 그때부터 시작된다.

제2절

연방의회는 매년 적어도 1회 집회한다. 집회는 의회가 법률로 다른 날을 정하지 아니하는 한 1월 3일 정오부터 시작된다.

제3절

대통령의 임기 개시일로 정해 놓은 시일에 대통령 당선자가 사망하면 부통령 당선자가 대통령이 된다. 대통령의 임기 개시일까지 대통령이 선정되지 아니하였거나, 대통령 당선자가 자격을 구비하지 못했을 때에는 부통령 당선자가 대통령이 자격을 구비할 때까지 대통령의 직무를 대행한다. 연방의회는 법률로써 대통령 당선자와 부통령 당선자가 다 자격을 구비하지 못하는 경우에 대통령의 직무를 대행해야 할 자 또는 대통령의 직무를 대행할 자의 선정 방법을 규정할 수 있다. 이러한 경우에 선임된 자는 대통령 또는 부통령이 자격을 구비할 때까지 대통령의 직무를 대행한다.

제4절

연방의회는 하원이 대통령의 선정권을 갖게 되었을 때에 하원이 대통령으로 선정한 사람 중 사망자가 생긴 경우와, 상원이 부통령의 선정권을 갖게 되었을 때에 상원이 부통령으로 선정한 사람 중 사망자가 생긴 경우를 대비하는 법률을 규정할 수 있다.

제5절
제1절 및 제2절은 본 조의 비준 후 최초의 10월 15일부터 효력을 발생한다.

제6절
본 조항은 회부된 날로부터 7년 이내에 주 의회 4분의 3에 의하여 헌법 수정 조항으로 비준되지 아니하면 효력을 발생하지 아니한다.

수정 조항 제21조 (금주법의 폐기)
〔1933년 2월 2일 발의, 1933년 12월 5일 비준〕

제1절
연방헌법 수정 조항 제18조는 이에 폐기한다.

제2절
미국의 주, 준주(準州), 속령의 법률에 위반하여 이들 지역 내에서 주류를 양도 또는 사용할 목적으로 이들 지역으로 수송 또는 수입하는 것을 금지한다.

제3절
본 조는 연방의회가 이를 각 주에 회부한 날로부터 7년 이내에 헌법 규정에 따라서 각 주의 헌법 회의에 의하여 헌법 수정 조항으로 비준되지 아니하면 효력이 발생하지 아니한다.

수정 조항 제22조(대통령의 임기 제한)

〔1947년 3월 21일 발의, 1951년 2월 26일 비준〕

제1절

누구라도 2회를 초과하여 대통령직에 선출될 수 없으며, 누구라도 타인이 대통령으로 당선된 임기 중 2년 이상 대통령직에 있었거나 대통령 직무를 대행한 자는 1회를 초과하여 대통령직에 당선될 수 없다. 다만, 본 조는 연방의회가 이를 발의하였을 때에 대통령직에 있는 자에게 적용되지 아니하며, 또 본 조가 효력을 발생하게 될 때에 대통령직에 있거나 대통령의 직무를 대행하고 있는 자가 잔여 임기 중 대통령직에 있거나 대통령 직무를 대행하는 것을 방해하지 아니한다.

제2절 본 조는 연방의회가 각 주에 회부한 날로부터 7년 이내에 주 의회의 4분의 3에 의하여 헌법 수정 조항으로서 비준되지 아니하면 효력을 발생하지 아니한다.

수정 조항 제23조(컬럼비아 특별구에서의 선거권)

〔1960년 6월 16일 발의, 1961년 4월 3일 비준〕

제1절

미국 정부 소재지를 구성하고 있는 특별구는 연방의회가 다음과 같이 정한 방식에 따라 대통령 및 부통령의 선거인을 선임한다. 선거인의 수는 특별구가 주라면 배당받을 수 있는 연방의회 내의 상원 의원 및 하원 의원의 수와 동일한 수이다. 그러나 어떠한 경우에도 최소의 인구를 가진 주보다 그 수가 더 많을 수 없다. 그 선거인은 각 주가 임명한 선거인에 첨가되지만, 대통령 및 부통령의 선거를 위하여 주가 선정한 선거인으로 간주된다. 그들은 특별구에서 집회하여, 헌법 수정 조항 제12조가 규정하고 있는 바와 같이 그 의무를 수행한다.

제2절

연방의회는 적당한 입법에 의하여 본 조항을 시행할 권한을 가진다.

수정 조항 제24조(인두세)

〔1962년 8월 27일 발의, 1964년 1월 23일 비준〕

제1절

대통령 또는 부통령, 대통령 또는 부통령 선거인, 또는 연방의회 상원 의원, 하원 의원을 위한 예비선거 또는 그 밖의 선거에서 미국시민의 투표권은 인두세나 기타 조세를 납부하지 아니했다는 이유로 미국 또는 어떤 주에 의해서도 거부되거나 제한되지 아니한다.

제2절

연방의회는 적당한 입법에 의하여 본 조를 시행할 권한을 가진다.

수정 조항 제25조(대통령의 직무 수행 불능과 승계)

〔1965년 7월 6일 발의, 1967년 2월 10일 비준〕

제1절
대통령이 면직되거나 사망 또는 사임한 때에는 부통령이 대통령이 된다.

제2절

부통령직이 궐위된 때에는 대통령은 부통령을 지명하고 부통령은 양원의 과반수 득표에 의하여 승인을 받아 그 직위에 취임한다.

제3절

대통령이 상원의 임시 의장과 하원 의장에게 그가 대통령직의 권한과 직무를 수행할 수 없다는 서면 성명서를 제출한 때에는 이와 반대되는 서면 성명서가 제출될 때까지 부통령이 대통령 직무 대행으로 대통령직의 권한과 직무를 수행한다.

제4절

부통령과 행정부처의 주요 공무원의 과반수 또는 연방의회가 법률로써 정하는 다른 기관의 과반수가 상원 임시 의장과 하원 의장에게 대통령이 대통령직의 권한과 의무를 수행할 수 없다는 서명 성명서를 제출한 때에는 부통령은 즉시 대통령 직무 대행으로서 대통령직의 권한과 의무를 가진다.

그 후에 대통령이 상원 임시 의장과 하원 의장에게 능력이 없는 것이 아니라는 서면 성명서를 제출하는 경우에는 대통령직의 권한과 직무를 되찾는다. 다만, 이 경우에 부통령과 행정부처의 주요 공무원의 과반수 또는 연방의회가 법률로써 정한 다른 기관의 과반수가 4일 이내에 대통령이 대통령직의 권한과 직무를 수행할 수 없다는 서면 성명서를 제출하는 경우에는 예외로 한다. 이러한 경우에는 연방의회가 이 문제를 결정한다. 다만, 개회 중이 아닐 경우에는 이 목적을 위하여 48시간 이내에 집회한다. 만일 연방의회가 후자의 성명서를 접수하고 21일 이내에, 혹은 연방의회가 개회 중이 아닐 경우에는 연방의회의 소집이 요구된 후 21일 이내에, 양원의 각각 3분의 2 이상의 찬성으로 대통령이 대통령직의 권한과 직무를 수행할 수 없다고 결정하면, 부통령은 계속하여 대통령 직무 대행으로 직무를 수행한다. 그렇지 않으면 대통령은 그 직위의 권한과 직무를 되찾는다.

수정 조항 제26조(18세 이상 시민의 참정권)
〔1971년 3월 23일 발의, 1971년 7월 1일 비준〕

제1절
18세 이상 미국 시민의 투표권은 연령을 이유로 미국 또는 어떤 주에 의해서도 부인되거나 박탈되지 아니한다.

제2절
연방의회는 적당한 입법에 의하여 본 조항을 시행할 권한을 갖는다.

수정 조항 제27조(연방의원의 보수 변경)

〔1789년 9월 25일 발의, 1992년 5월 7일 비준〕

하원 의원 선거를 치르기 전에는 상원 의원과 하원 의원의 직무에 대한 보수를 변경하는 어떠한 법률도 효력이 발생되지 아니한다.

★ 미국 역대 대통령 선거자료

연도	후보(선거 당시 주거지)	정당	일반투표	득표율	선거인단 투표	득표율
1789	조지 워싱턴(버지니아)	-	-	-	69	-
	존 애덤스	-	-	-	34	-
	기타 후보자	-	-	-	35	-
1792	조지 워싱턴(버지니아)	-	-	-	132	-
	존 애덤스	-	-	-	77	-
	조지 클린턴	-	-	-	50	-
	기타 후보자	-	-	-	5	-
1796	존 애덤스(매사추세츠)	연방파	-	-	71	-
	토머스 제퍼슨	공화파	-	-	68	-
	토머스 핑크니	연방파	-	-	59	-
	아론 버어	공화파	-	-	30	-
	기타 후보자	-	-	-	48	-
1800	토머스 제퍼슨(버지니아)	공화파	-	-	73	-
	아론 버어	공화파	-	-	73	-
	존 애덤스	연방파	-	-	65	-
	찰스 C. 핑크니	연방파	-	-	64	-
	존 제이	연방파	-	-	1	-
1804	토머스 제퍼슨(버지니아)	공화파	-	-	162	-
	찰스 C. 핑크니	연방파	-	-	14	-
1808	제임스 매디슨(버지니아)	공화파	-	-	122	-
	찰스 C. 핑크니	연방파	-	-	47	-
	조지 클린턴	공화파	-	-	6	-
1812	제임스 매디슨(버지니아)	공화파	-	-	128	-
	드 위트 클린턴	연방파	-	-	89	-

연도	후보 (주)	정당	득표수	%	선거인단	투표율
1816	제임스 먼로(버지니아)	공화파	-	-	183	-
	루퍼스 킹	연방파	-	-	34	-
1820	제임스 먼로(버지니아)	공화파	-	-	231	-
	존 퀸시 애덤스	공화파	-	-	1	-
1824	존 퀸시 애덤스(매사추세츠)	공화파	108,740	30.5	84	26.9
	앤드루 잭슨	공화파	153,544	43.1	99	-
	윌리엄 H. 크로퍼드	공화파	46,618	13.1	41	-
	헨리 클레이	공화파	47,136	13.2	37	-
1828	앤드루 잭슨(테네시)	민주공화파	647,286	56.0	178	57.6
	존 퀸시 애덤스	국민공화파	508,064	44.0	83	-
1832	앤드루 잭슨(테네시)	민주공화파	687,502	55.0	219	55.4
	헨리 클레이	국민공화파	530,189	42.4	49	-
	윌리엄 워트	반메이슨파	33,108	2.6	7	-
	존 플로이드	무소속	-	-	11	-
1836	마틴 밴 뷰런(뉴욕)	민주당	765,483	50.9	170	57.8
	윌리엄 H. 해리슨	휘그당	-	-	73	-
	휴 L. 화이트	휘그당	739,795	49.1	26	-
	대니얼 웹스터	휘그당	-	-	14	-
	W.P. 매그넘	무소속	-	-	11	-
1840	윌리엄 H. 해리슨(오하이오)	휘그당	1,274,624	53.1	234	80.2
	마틴 밴 뷰런	민주당	1,127,781	46.9	60	-
	제임스 G. 버니	자유당	7,069	-	0	-
1844	제임스 K. 포크(테네시)	민주당	1,338,464	49.6	170	78.9
	헨리 클레이	휘그당	1,300,097	48.1	105	-
	제임스 G. 버니	자유당	62,300	2.3	0	-

연도	후보 (출신주)	정당	득표수	득표율	선거인단	투표율
1848	재커리 테일러(루이지애나)	휘그당	1,360,967	47.4	163	72.7
	루이스 카스	민주당	1,222,342	42.5	127	-
	마틴 밴 뷰런	자유토지당	291,263	10.1	0	-
1852	프랭클린 피어스(뉴햄프셔)	민주당	1,601,117	50.9	254	69.6
	윈필드 스콧	휘그당	1,385,453	44.1	42	-
	존 P. 헤일	자유토지당	155,825	5.0	0	-
1856	제임스 뷰캐넌(펜실베이니아)	민주당	1,832,955	45.3	174	78.9
	존 C. 프레몽	공화당	1,339,932	33.1	114	-
	밀라드 필모어	아메리카당	871,731	21.6	8	-
1860	에이브러햄 링컨(일리노이)	공화당	1,865,593	39.9	180	81.2
	스티븐 A. 더글라스	북부민주당	1,382,713	29.4	12	-
	존 C. 브레킨리지	남부민주당	848,356	18.1	72	-
	존 벨	제헌연방당	592,906	12.6	39	-
1864	에이브러햄 링컨(일리노이)	공화당	2,213,655	55.0	212	73.8
	조지 B. 매클렐런	민주당	1,805,237	45.0	21	-
1868	율리시스 S. 그랜트(일리노이)	공화당	3,012,833	52.7	214	78.1
	호레이쇼 시모어	민주당	2,834,125	43.9	66	-
1872	율리시스 S. 그랜트(일리노이)	공화당	3,597,132	55.6	286	71.3
	호러스 그릴리	민주당	2,703,249	47.3	80	-
1876	러더퍼드 B. 헤이스(오하이오)	공화당	4,036,298	48.0	185	81.8
	새뮤얼 J. 틸던	민주당	4,300,590	51.0	184	-
1880	제임스 A. 가필드(오하이오)	공화당	4,454,416	48.5	214	79.4
	윈필드 S. 핸콕	민주당	4,444,952	48.1	155	-

연도	후보 (주)	정당	득표수	%	선거인단	투표율
1884	그로버 클리블랜드(뉴욕)	민주당	4,874,986	48.5	219	77.5
	제임스 G. 블레인	공화당	4,851,981	48.2	182	-
1888	벤저민 해리슨(인디아나)	공화당	5,439,853	47.9	233	79.3
	그로버 클리블랜드	민주당	5,540,309	48.6	168	-
1892	그로버 클리블랜드(뉴욕)	민주당	5,556,918	46.1	277	74.7
	벤저민 해리슨	공화당	5,176,108	43.0	145	-
	제임스 B. 위버	인민당	1,041,028	8.5	22	-
1896	윌리엄 매킨리(오하이오)	공화당	7,104,779	51.1	271	79.3
	윌리엄 J. 브라이언	민주당	6,502,925	47.7	176	-
1900	윌리엄 매킨리(오하이오)	공화당	7,207,923	51.7	292	73.2
	윌리엄 J. 브라이언	민주당	6,358,133	45.5	155	-
1904	시어도어 루스벨트(뉴욕)	공화당	7,623,486	57.9	336	65.2
	알튼 B. 파커	민주당	5,077,911	37.6	140	-
	유진 V. 데브스	사회당	402,283	3.0	0	-
1908	윌리엄 H. 태프트(오하이오)	공화당	7,678,908	51.6	321	65.4
	윌리엄 J. 브라이언	민주당	6,409,104	43.1	162	-
	유진 V. 데브스	사회당	420,793	2.8	0	-
1912	우드로 윌슨(뉴저지)	민주당	6,293,454	41.9	435	58.8
	시어도어 루스벨트	혁신당	4,119,538	27.4	88	-
	윌리엄 H. 태프트	공화당	3,484,980	23.2	8	-
	유진 V. 데브스	사회당	900,672	6.0	0	-
1916	우드로 윌슨(뉴저지)	민주당	9,129,606	49.4	277	61.6
	찰스 E. 휴즈	공화당	8,538,221	46.2	254	-
	A. L. 벤슨	사회당	585,113	3.2	0	-

1920	워렌 G. 하딩(오하이오)	공화당	16,152,200	60.4	404	49.2
	제임스 M. 콕스	민주당	9,147,353	34.2	127	-
	유진 V. 데브스	사회당	919,799	3.4	0	-
1924	캘빈 쿨리지(매사추세츠)	공화당	15,725,016	54.0	382	48.9
	존 W. 데이비스	민주당	8,386,503	28.8	136	-
	로버트 M. 라폴레트	진보당	4,822,856	16.6	13	-
1928	허버트 후버(캘리포니아)	공화당	21,391,381	58.2	444	56.9
	알프레드 E. 스미스	민주당	15,016,443	40.9	87	-
	노먼 토머스	사회당	267,835	0.7	0	-
1932	프랭클린 D. 루스벨트(뉴욕)	민주당	22,821,857	57.4	472	56.9
	허버트 후버	공화당	15,761,841	39.7	59	-
	노먼 토머스	사회당	881,951	2.2	0	-
1936	프랭클린 D. 루스벨트(뉴욕)	민주당	27,751,597	60.8	523	61.0
	앨프 M. 랜든	공화당	16,679,583	36.5	8	-
	윌리엄 렘키	통일당	882,479	1.9	0	-
1940	프랭클린 D. 루스벨트(뉴욕)	민주당	27,244,160	54.8	449	62.5
	웬들 L. 윌키	공화당	22,305,198	44.8	82	-
1944	프랭클린 D. 루스벨트(뉴욕)	민주당	25,602,504	53.5	432	55.9
	토머스 E. 듀이	공화당	22,006,285	46.0	99	-
1948	해리 S. 트루먼(미주리)	민주당	24,105,695	49.5	303	53.0
	토머스 E. 듀이	공화당	21,969,170	45.1	189	-
	J. 스트롬 서먼드	주권당	1,169,021	2.4	39	-
	헨리 A. 월리스	혁신당	1,156,103	2.4	0	-

연도	후보 (주)	정당	득표수	득표율	선거인단	투표율
1952	드와이트 D. 아이젠하워(뉴욕)	공화당	33,936,252	55.1	442	63.3
	아들라이 E. 스티븐슨	민주당	27,314,992	44.4	89	-
1956	드와이트 D. 아이젠하워(뉴욕)	공화당	35,575,420	57.6	457	60.6
	아들라이 E. 스티븐슨	민주당	26,033,066	42.1	73	-
	기타 후보자	-	-	-	1	-
1960	존 F. 케네디(매사추세츠)	민주당	34,227,096	49.7	303	64.0
	리처드 M. 닉슨	공화당	34,108,546	49.6	219	-
	해리 버드	-	501,643	0.7	15	-
1964	린든 B. 존슨(텍사스)	민주당	43,126,506	61.1	486	61.7
	배리 M. 골드워터	공화당	27,176,799	38.5	52	-
1968	리처드 M. 닉슨(뉴욕)	공화당	31,770,237	43.4	301	60.6
	휴버트 H. 험프리	민주당	31,270,533	42.3	191	-
	조지 C. 월리스	미국 독립당	9,906,141	12.9	46	-
1972	리처드 M. 닉슨(뉴욕)	공화당	47,169,911	60.7	520	55.2
	조지 S. 맥거번	민주당	29,170,383	37.5	17	-
	기타 후보자	-	-	-	1	-
1976	지미 카터(조지아)	민주당	440,828,587	50.0	297	53.5
	제럴드 R. 포드	공화당	39,147,613	47.9	240	-
	기타 후보자	-	1,575,459	2.1	1	-
1980	로널드 레이건(캘리포니아)	공화당	43,901,812	50.7	489	52.6
	지미 카터	민주당	35,483,820	41.0	49	-
	존 B. 앤더슨	무소속	5,719,722	6.6	0	-
	기타 후보자	리버테리언	921,188	1.1	0	-

1984	로널드 레이건(캘리포니아)	공화당	54,455,075	59.0	525	53.3
	월터 먼데일	민주당	37,577,185	41.0	13	-
1988	조지 부시(텍사스)	공화당	47,946,422	54.0	426	50.0
	마이클 C. 듀카키스	민주당	41,016,429	46.0	112	-
1992	빌 클린턴(아칸소)	민주당	44,909,889	43.0	370	55.2
	조지 부시	공화당	39,104,545	38.0	168	-
	로스 페로	무소속	19,742,267	19.0	0	-
1996	빌 클린턴(아칸소)	민주당	47,401,185	49.3	379	49.0
	로버트 돌	공화당	39,197,469	40.7	159	-
	로스 페로	개혁당	8,085,294	8.4	0	-
2000	조지 W. 부시(텍사스)	공화당	50,459,211	47.89	271	51.0
	앨 고어	민주당	51,003,894	48.41	266	-
	랄프 네이더	녹색당	2,834,410	2.69	0	-
2004	조지 W. 부시(텍사스)	공화당	62,028,285	50.73	286	60.0
	존 케리	민주당	59,028,109	48.27	251	-
	랄프 네이더	무소속	463,647	0.38	0	-
2008	버락 오바마(일리노이)	민주당	65,070,489	53	364	61.7
	존 매케인	공화당	57,154,810	46	174	-

★ 찾아보기

ㄱ

가나 왕국 48
《가난한 리처드의 연감》 169
가내 노예 531, 540
가내수공업 147, 204
가부장제 231
가증스러운 관세 405, 421
갈레노스(Galenos) 132
감정 융화의 시대 387, 406
강압적인 법 213, 215, 216
갤러틴(Albert Gallatin) 336, 367
거물 증진 회의 402
건국의 아버지 278
게이지(Thomas Gage) 217, 218
게이츠(Horatio Gates) 236, 241
겐트 조약 367
견제와 균형 284, 415
경제공황 390, 444, 449
경제 귀족층 405
강제 시행법 425
경화 435
계몽사상 53, 54, 133, 164, 167, 168, 171, 174, 246, 313
계약 하인 48, 75, 80, 108, 129, 130, 134, 137, 138, 155
계약 하인 제도 129

고상한 야만인 253, 315, 427
공공의 선 435
공유지 선매 446
여성 공장 노동자 연합 483
공적 세계 495, 497, 522
공제단체 485
공채 투자 법안 293
공화당 295, 366, 385, 395
공화주의적인 덕성을 가진 어머니 314
공화파 290, 294~296, 298, 302, 304~308, 313, 335, 336, 338, 340, 366, 402
관세법 294, 374, 422, 425, 426, 444
관세청 197, 203, 204
관(棺) 전단 405
국내 교통망 개발 375
국민 공화당 405, 436
굶주림의 시기 72
굿이어(Charles Goodyear) 479
권력 분립 284, 309
'권리장전' 288, 299
귀족주의적 이상 520
그라스(Admiral de Grasse) 242
그렌빌(George Grenville) 194, 198, 200

찾아보기 | 607

그렌빌(Sir Richard Grenville) 62
그리스월드(Roger Griswold) 306
그린(Nathanael Greene) 241
그린빌 조약 268
급진적 사상 207
기번스(Thomas Gibbons) 397
기번스 대 오그던 사건 396
기사당 97
기사도 정신 520
긴 섬유 면화 325, 512
길버트(Sir Humphrey Gilvert) 61, 64

ㄴ

나폴레옹 보나파르트(Napoleon Bonaparte) 247, 304, 341, 343, 344, 349, 350, 353, 360, 362, 367
남부 숙녀 520, 522
남부의 교육제도 523
남부 저지대 380
낭트 칙령 139
내러갠시트 인디언 91
내트 터너의 반란 533
네덜란드 개혁 종교 164
네덜란드 서인도회사 60, 101
노스(Lord North) 204, 211, 216, 239, 244

노예 47, 48, 50, 80, 83, 99, 100, 101, 108~110, 113, 115, 124, 130, 135~138, 142, 143, 145, 151, 155~157, 162, 171, 231, 240, 247, 250~252, 261, 263, 281, 282, 391, 414, 419, 432, 451, 452, 459, 491, 512, 514, 518~521, 523, 524, 527~537, 540~547
노예 가족 515, 530, 545
노예 문화 109, 541
노예법 138, 527, 528
노예 수입 261, 457, 531
노예 순찰대 537
노예의 결혼 528, 545
노예의 종교 541
노예 저항 534, 537
노예제도 53, 100, 108, 135, 138, 142~144, 171, 248, 250~252, 260, 261, 267, 273, 325, 372, 391~393, 407, 451, 460, 500, 513, 523, 526, 527, 529, 532~535, 538~541, 546
녹스(Henry Knox) 289
농본주의적 공화국 295
농업 기술 31, 47, 76, 77
눈물의 길 430
뉴암스테르담(New Amsterdam) 61, 101

《뉴욕 헤럴드》 473
뉴잉글랜드령 120~122
뉴저지 대학 172
뉴저지안 280
뉴턴 물리학 174
뉴헤이븐 기본법 89
니콜스(Richard Nicolls) 101
니콜슨(Francis Nicholson) 122

ㄷ

다트머스 대학 대 우드워드 사건 395
담배 경작 511
대각성 운동 53, 164, 166, 167, 172, 177, 319~321
대륙군 228, 271
대륙 수입관세 269
대륙 체제 349
대륙 통용 지폐 228
대륙 협회 216
대륙 회의 214~217, 225~228, 234, 236, 241, 262, 266
대위원회 282
대의제 의회 80, 101, 104, 116, 121
대타협 282
"대표 없는 과세 없다" 208

데일(Sir Thomas Dale) 75
데카르트(René Descartes) 168
도스(Willam Dowes) 218, 219
도시의 성장 459, 460
도어(Thomas L. Door) 412, 413
도어 반란 412, 413
'독립선언서' 227, 257
독립 재무원 446
동업 조합 485, 487
들라와 경(Lord De La Warr) 72, 73, 75
드래깅 카누(Dragging Canoe) 253
《디 보우 상업 평론》 516, 517
디아스(Bartolomeu Dias) 34
디어(John Deere) 503
디킨슨(John Dickinson) 225
〈떠오르는 미국의 영광을 노래한 시〉 317

ㄹ

라이슬러(Jacob Leisler) 122
라이슬러파 123
라이언(Mary Lyon) 496
라이언(Matthew Lyon) 306
라파예트(Marquis de Lafayette) 229, 242
랑팡(Pierre L'Enfant) 333

랜돌프(Edmund Randolph) 280, 289, 293, 300
랜돌프(John Randolph) 533
러시-배것 368
런던 회사 72, 85
레이크(Handsome Lake) 322
로버트-헤인 논쟁 423
로샹보(Count de Rochambeau) 242
로어노크 섬 63, 68
로웰(Francis Cabot Lowell) 374, 375
로웰 방식 482
《로웰 봉헌》 482
로코포코스 440
로크(John Locke) 53, 99, 168, 207, 227, 246, 305
로킹엄 후작(Marquis de Rockingham) 202
롤리(Sir Walter Raleigh) 61~64
롤프(John Rolfe) 73~76
롱(Stephen H. Long) 384
루이스(Meriwether Lewis) 345
루이지애나(Louisiana) 112, 113, 341~346, 348, 358, 369, 393, 512, 514
루터(Martin Luther) 57
리(Richard Henry Lee) 225
리비어(Paul Revere) 205, 218
리빙스턴(Robert R. Livingston) 327, 342, 343, 396, 397
립 밴 윙클(Rip Van Winkle) 318
링컨(Mary Todd Lincoln) 533

ㅁ

마녀 사냥 160~162
마녀 재판 160
마르코 폴로(Marco Polo) 34
마리온(Francis Marion) 241
마버리(William Marbury) 339
마버리 대 매디슨 사건 338
마셜(John Marshall) 308, 339, 340, 348, 393, 394, 396~399, 411, 429, 437
마시(William L. Marcy) 417
마야인 27, 29
마운틴 홀리요크 학교 496
마이애미 인디언 268
마젤란(Ferdinand Magellan) 37, 38
마추픽추(Machu Picchu) 29
말리 제국 48
매디슨(James Madison) 168, 269, 278, 280, 282, 283, 290, 292~295, 305, 339, 351~353, 358, 359, 377, 385, 387, 422

매사추세츠 만 회사 87, 121
매사추세츠 주 대 헌트 사건 487
매서(Cotton Mather) 174
매코믹(Cyrus H. McCormick) 504, 505
매크리디(Charles Mcready) 499
머리(Judith Sargent Murray) 255, 314
먼로(James Monroe) 343, 351, 385~387, 400
먼로 독트린 399~401
메노나이트파 139
메리 공주 122
메리 여왕 58
메스티소 47
메이플라워 서약 85
메이플라워호 85
메타코메트(Metacomet) 93, 94
면화 왕 511
명목상의 대표 이론 209
명예혁명 121~123, 181
모건(William Morgan) 441
모라비아파 139
모리스(Robert Morris) 269
모스(Samuel F. B. Morse) 471, 472
모호크 부족 94, 186, 238, 253
모호크-허드슨 회사 467
몬테수마(Montezuma) 황제 38
몰이꾼 529, 530
몽고메리(Richard Montgomery) 234
몽칼름(Marquis de Montcalm) 189
몽테스키외(Montesquieu) 283
무스코기안 부족 31
무지자 462
문명화된 다섯 인디언 부족 429
미국 은행 293, 373, 374, 390, 396, 434, 436, 437, 439, 442, 449, 453
미국 은행 전쟁 434, 436, 437
미국의 노예제도 138, 527
미국인당 462
미국 헌법 276, 282, 283, 285~290, 293, 294, 297, 299, 300, 305, 309, 344, 377, 393, 395, 396, 399, 406
미주리 타협 391~393, 407
미헌법 수정 조항 제12조 403
민주당 415, 439~442, 444, 445, 447, 449, 451, 453

ㅂ

바넘(P. T. Barnum) 500
바론(James Barron) 351
바스코 다 가마(Vasco da Gama) 34

바자 칼리포르니아(Baja California) 111
반(反)가톨릭주의 165
반(反)라이슬러파 122, 123
반란법 197, 203
반(反)메이슨주의 440
반(反)유대인 정서 165
밴 뷰런(Martin Van Buren) 415, 422~424, 436, 441~447, 449, 451, 453
밴 뷰런 행정부 446
발보아(Vasco de Balboa) 37
밴조 543, 544
버고인(John Burgoyne) 235, 236
버어(Aaron Burr) 307, 308, 345, 347, 348
'버지니아 결의' 200, 201
버지니아안 280~282
버지니아 왕조 385, 387
버지니아-켄터키 결의안 305
버지니아 하원 74, 81, 200
버지니아 회사 72, 74, 76, 85
버클리(Sir John Berkeley) 102
버클리(Sir William Berkeley) 81, 82
법원조직법 289, 308, 339
벙커힐 전투 232
베글리(Sarah Bagley) 484
베르젠(Count de Vergennes) 239, 244
베스푸치(Amerigo Vespucci) 37
베시(Denmark Vesey) 535
베이컨(Francis Bacon) 168
베이컨(Nathaniel Bacon) 81, 82
베이컨 반란 81~83
베이컨의 법안 제2조항 353
베크넬(William Becknell) 381
병영 보조원 254
보스턴 거리에서 신에게 호소하는 무고한 피의 외침 205
보스턴 차 사건 212, 215
보스턴 학살 204, 205, 207
보통 사람 민주주의 447
보통 사람의 시대 411
보편 구원주의 318
볼리바르(Simón Bolívar) 247, 248, 404
부두교 160, 541
부몰이꾼 529
부채 인수 법안 293
북부 연합 347
북서부 영토령 267
북서부 조례 264
북서부 준주 267, 344, 354
브라운(Charles Brockden Brown) 318
브라운(Moses Brown) 323
브란트(Joseph Brant) 238

브란트(Mary Brant) 238
브래드퍼드(William Bradford) 86
블랙 호크 전쟁 428
비들(Nicholas Biddle) 434~437

ㅅ

사법 심사 338
사적 세계 495
사회적 유동성 155, 492, 547
산 일데폰소 341
삼보 534, 535, 539
상무성 121
《상식》 226
새로운 빛 167
생물학적 재앙 46
《선》 447, 448, 473
선동 방지법 304, 305
선언법 202
설리번(John Sullivan) 238
설탕법 197, 200, 202
섬터(Thomas Sumter) 241
성약서 157
성조기 결사단 462
〈성조기여 영원하라〉 362
세미놀 전쟁 388, 389
세미놀 부족 432
세일럼(Salem) 89, 160

센트럴 파크 490
셰이스(Daniel Shays) 269~271
셰이스 반란 271, 276, 278, 284, 298
셰익스피어(William Shakespeare) 498, 499
셸번(Lord Shelburne) 244
소거스 제철소 148
소크 부족 428
쇼니 부족 356
쇼쇼니 부족 345
헌법 수정 조항 제10조 289, 305, 422
추수감사절 86
수확기 504, 505, 529
숙박법 203
순례자 85, 86, 90
순회극 499
슈토이벤(Baron von Steuben) 229
스토이베산트(Petrus Stuyvesant) 101
스미스(John Smith) 71, 76, 79, 84, 85
스코틀랜드 장로교도 139
스콧(Winfield Scott) 430
스탠디시(Myles Standish) 94
스토노 반란 157
스톡턴-달링턴 철도 회사 467
스튜어트 가문 58

스티븐스(John Stevens) 467
스피노자(Baruch Spinoza) 168
슬레이터(Samuel Slater) 323
시민적 도덕 257
식민지 상업 150, 152
식민지 간 통신 위원회 214
신세계의 스페인 제국 110
신정 사회 88
신정 정부 89
실질적인 대표 209
심야의 피임명자 308
싱어(Isaac Singer) 478, 479

ㅇ

아놀드(Benedict Arnold) 234, 236, 240, 241
아메리카 시스템 403, 404, 442
아스텍인 28
아프리카인 노예제도 108
안드로스(Sir Edmund Andros) 121, 122
안티노미안 91
애국주의 228, 497
애국파 206, 228, 232, 234~236, 238, 240, 241, 249, 250, 253, 254
애나폴리스 회의 278
애덤스(Abigail Adams) 254, 255
애덤스(John Adams) 225, 227, 244, 254, 264, 288, 302~305, 307, 308, 333, 336, 338, 339
애덤스(John Quincy Adams) 367, 386, 387, 400, 403~406
애덤스(Samuel Adams) 205, 225, 286
애덤스-오니스 조약 389
애슐리(Andrew Ashley) 382
애슐리(William Ashley) 382
애슈버턴(Lord Ashburton) 452
애스터(John Jacob Astor) 381
앤 여왕 전쟁 186
앰허스트(Jeffrey Amherst) 189
어루스턱 전쟁 451
어빙(Washington Irving) 318
언덕 위의 도시 88
에드워즈(Jonathan Edwards) 167, 172
에식스 결사 347
XYZ 사건 303
여자 대학 496
연감 169, 170
연방법 무효화 위기 425, 453
연방법 무효화 이론 421, 422, 424, 426
연방주의자 285, 286, 288, 289, 294
《연방주의자 논고》 285, 286

연방파 286, 290, 292, 294~298,
   300, 302~308, 333, 336, 338,
   339, 347, 352, 366, 367, 387,
   402, 405
연합정부 262~264, 267, 269, 276,
   277, 280, 299
연합 통신 473
'연합 헌장' 227, 262, 263, 277,
   285
연화 435
엽관제도 417
영가 543
영국 국교회 58, 91, 98, 123, 164,
   172, 250
영국 내전 97
영국 상품 불매운동 202, 204, 213,
   216
영국 왕립 아프리카 회사 137
영국 왕립 학술원 174
예일(Elihu Yale) 172
예일 대학 172
오그던(Aaron Ogden) 397
오글소프(James Oglethorpe)
   114~116
오냐테(Juan de Oñate) 41
오니스(Luis de Onís) 389
오닐(Peggy O'Neill) 423
오래된 빛 167
오렌지공 윌리엄 122

오티스(James Otis) 201
오페칸카누(Opechancanough) 75
온정주의 546
올버니 섭정 415
올버니 안 182, 183
올버니 회합 182
왐파노아그 인디언 93
왕정 복고 97, 98, 307
왕하 조약 452
외국인법 304, 305
우드랜드 인디언 31
우스터 대 조지아 주 사건 398, 429
우정회 102
운명 예정설 57
운하 444, 445, 463~467, 484
울프(James Wolfe) 189
워싱턴(George Washington) 153,
   187, 228, 229, 235, 236, 241,
   242, 247, 261, 278, 279, 285,
   288~290, 293, 296, 297, 300,
   302, 317
워싱턴(Martha Washington) 153
원두당 97
원주민 말살 정책 46
월섬 방식 482
웨스턴 유니언 전신 회사 472
웨슬리(Charles Wesley) 167
웨슬리(John Wesley) 167
웨인(Anthony Wayne) 268, 354

찾아보기 | 615

웹스터(Daniel Webster) 366, 395, 396, 424, 435, 442, 449
웹스터(Noah Webster) 317
웹스터-애슈버턴 조약 452
위그노 57, 139
위스키 반란 297, 298
위트레흐트 조약 186
윈스롭(John Winthrop) 87, 88
윌리엄스(Roger Williams) 89, 91
윌리엄앤메리 대학 172
윌리엄 왕 전쟁 186
윌킨슨(James Wilkinson) 344, 348
유니테리언주의 319
유료도로의 시대 328, 463
의학 28, 132, 133, 169, 316
이로쿼이 연맹 31, 184, 186~188, 192, 238, 268
이로쿼이 인디언 186~188, 192, 238, 253, 267, 382
이리 운하 464, 465, 469
이민 53, 87, 129, 130, 138, 305, 323, 331, 441, 458, 459, 491
이사벨(Isabel) 여왕 35
이튼(John H. Eaton) 423
인두권 74
인두권 제도 74, 80, 98
인디언 26, 28, 31, 35, 39, 41, 42, 44, 47~49, 60, 62, 63, 65, 68, 69, 71~73, 75~77, 79, 81, 82, 85, 86, 91~96, 101, 104, 111, 113~119, 124, 129, 131, 171, 182, 184~188, 192, 195, 198, 212, 226, 236, 238, 240, 252, 253, 267, 268, 273, 299~301, 315, 316, 322, 344, 345, 349, 353~357, 360~362, 367, 368, 378, 381~383, 388, 389, 397~399, 427~434, 489, 502, 503
인민당 412
인지세법 169, 198, 200~203
인지세법 철회 203
인지세법 회의 201
일리노이 부족 398
잉카인 27, 29

ㅈ

자유 소년 204
자유의 딸 212
자유의 아들 201, 227
자유헌장 104
작은 거북 268
재무원 지부 체제 446
잭슨(Andrew Jackson) 361, 364, 367, 389, 403~406, 411, 412, 415~425, 427~432, 434~437, 439, 441, 442, 444, 445, 447,

451, 453
잭슨주의적 민주당원 439
저남부 514
전 세계에 울려 퍼진 총성 218
전국 동업조합 487
전신 471~473
정화 회람 445
제1차 대륙회의 215, 216
제1차 정당 체제 295, 385, 402
제2차 대각성 운동 319, 320
제2차 대륙회의 225
제레미아(Thomas Jeremiah) 251
제이(John Jay) 244, 286, 300, 301
제이 조약 301, 303, 353
제임스 1세 58, 64, 69, 76, 86
제임스 2세 102, 121~123
제임스타운(Jamestown) 59~61, 69, 71~73, 76, 77, 82, 84, 113
제조업 분야 보고서 292
제철법 148
제퍼슨(Thomas Jefferson) 168, 227, 253, 261, 264, 289, 290, 293, 295, 296, 298, 302, 303, 305, 307~309, 312, 315, 318, 329, 333~339, 341~345, 348, 349, 351, 352, 354, 368, 372, 376, 385, 387, 406, 422, 424, 427
제헌 회의 260, 278~280, 282, 285, 288, 309
젱어(John Peter Zenger) 175
조면기 325, 326, 514, 525
조지 1세 181
조지 2세 115, 181
조지 3세 194, 201
조지 왕 전쟁 187
존슨 대 매킨토시 사건 398
종교에 관한 법령 80
종교 자유법 261
종교적 관용 정책 80
주전론자 358
주 주권주의자 396
《줄리어스 스니저》 499
중간 지역 106, 112, 116, 118
중간 항로 135, 151
중산층 332, 492~498, 504, 520, 522
중상주의 56, 59, 230
중앙은행 291, 293, 403, 442
지리적 유동성 492
지방 해사 법원 197
지방 휘그파 207
지하 철도 535
짧은 섬유 면화 324, 326, 512

ㅊ

차 세법 211
찰스 강 교량 회사 대 워렌 교량 회사 사건 437
찰스 1세 86, 97
참을 수 없는 법 213, 214
채텀(Lord Chatham) 202
1789년 법원조직법 289, 339
1800년 대통령 선거 307, 308, 403
1800년 혁명 307, 309, 368
1812년 미영 전쟁 349, 360, 364, 365, 368, 369, 372~374, 377, 378, 381, 385, 386, 399, 405, 406, 415, 456, 476
천연두 예방접종 174
청교주의 135
청교도 57~59, 86~88, 91, 93, 103, 157, 158, 160, 162, 164, 166, 167, 207
청교도 분리주의자 84, 85
철도 331, 434, 444, 445, 466~473, 478, 484, 494, 516
체로키 인디언 195, 253, 267, 430
체로키 부족 대 조지아 주 사건 429
체액 병리학 132
촉토 인디언 267, 429, 430
충성파 206, 234, 240, 249, 250
치카소 인디언 267, 429, 430
7년 전쟁 114, 184, 188, 197

ㅋ

카리브 해 노예 108
카터레트(Sir George Carteret) 102
칼뱅(John Calvin) 57
칼훈(John C. Calhoun) 358, 377, 389, 421~426, 442, 449
캐롤라이나 기본법 99
캐벗(John Cabot) 55
캘버트(George Calvert) 79
캘버트(Leonard Calvert) 79
《컬럼비안 센티넬》 387
케클리(Elizabeth Keckley) 533
코네티컷 기본법 89
코르테스(Hernán Cortés) 38, 40
코튼 진 324~326
코페르니쿠스 천문학 174
코헨 가문 대 버지니아 주 사건 396
콘월리스(Lord Cornwallis) 241, 242, 244
콜럼버스(Christopher Columbus) 26, 27, 34, 35, 37, 43~47, 55, 64, 73, 107
쿠드(John Coode) 123

쿠퍼(Anthony Ashley Cooper) 99
퀘벡 법 213
퀘이커 교도 102, 103, 171, 250~252, 261, 323
크레올 185, 247
크레인(Ichabod Crane) 318
크로퍼드(William H. Crawford) 402, 403
크롬웰(Oliver Cromwell) 97
클라크(George Rogers Clark) 240
클라크(William Clark) 345
클레이(Henry Clay) 358, 367, 387, 393, 403, 404, 425, 435, 436, 442, 447, 449
클레이 타협안 425
클린턴(De Witt Clinton) 415
클린턴(Sir Henry Clinton) 240~242
키(Francis Scott Key) 362
키친 내각 422
킹(Rufus King) 385
킹스칼리지 172

ㅌ

타운 회의 158, 209, 227
타운센드(Charles Townshend) 202~204
타운센드 관세 203, 204, 211
타일러(John Tyler) 413, 449, 451
탈곡기 504
탈레랑(Prince Talleyrand) 303
토니(Roger B. Taney) 436~438
태머니 협회 307
터너(Nat Turner) 533, 535
테노크티틀란(Tenochtitlan) 39
테컴서(Tecumseh) 354~357
테컴서 연합 361, 368
텐스콰타와(Tenskwatawa) 355
템스 강 전투 361
토리파 206, 236, 241
토머스(Jesse B. Thomas) 393
토머스 수정 조항 393
토식가 525
토착 미국인당 462
토착 미국인 협회 462
토착주의 461
통상 금지법 352, 353
통신 위원회 205, 214
튜더 가문 58
트라팔가 해전 349
특별한 제도 527, 538, 539

ㅍ

파리 강화 회담 190

파이크(Zebulon Montgomery Pike) 345, 346, 384
패터슨(William Paterson) 280, 281
팩스턴 보이스 198
《퍼블릭 오커런시스》 169
퍼시픽 전신 회사 472
페르난도(Fernando) 112
페리(Oliver Hazard Perry) 361
페인(Thomas Paine) 54, 168, 226
펜(William Penn) 103
펜실베이니아 대학교 172, 316
펠(Margaret Fell) 103
펠리페 2세(Felipe II) 61
평화로운 강제 352
포고령 195, 197, 349, 350
포레스트(Edwin Forrest) 499
포우하탄(Powhatan) 75
포카혼타스(Pocahontas) 75
포크(James K. Polk) 472
포페(Pope) 41
폭스(George Fox) 102, 103
폭스족 428
폰티악(Pontiac) 195
폴른 팀버스 전투 268
푸블리우스 286
푸에블로 인디언 41, 42
풀턴(Robert Fulton) 327, 376, 396, 397
프랑스-인디언 동맹 전쟁 114, 183, 184, 188, 190, 191, 193, 220
프랭클린(Benjamin Francklin) 168, 169, 172~174, 182, 227, 238, 239, 244, 281, 285, 318, 335
프레스턴(Thomas Preston) 204
프로비던스(Providence) 91, 92
프로서(Gabriel Prosser) 321, 535
프리메이슨단 441
프린스턴 대학 172
플래츠버그 전투 364
플랜테이션 안주인 522, 531
플랜테이션 체제 155, 525
플레처 대 펙 사건 395
플리머스 회사 84
플리머스(Plymouth) 60, 64, 84~86, 88, 122
피사로(Francisco Pizarro) 40
피츠휴(George Fitzhugh) 522
피켄스(Andrew Pickens) 241
피쿼트 인디언 93
피쿼트 전쟁 93, 95
피트(William Pitt) 188, 189, 193, 202
필라델피아 대륙회의 226
필라델피아 대학 172
필립 왕 전쟁 93, 94, 96
필요하고도 적절한 조항 396
핏케언(Thomas Pitcairn) 218
핑크니(Charles Cotesworth Pinck-

ney) 303, 336, 352
핑크니(Thomas Pinckney) 301

ㅎ

하남부 512, 514, 519, 546
하버드(John Harvard) 172
하버드 대학 171, 172
하우(William Howe) 234~237, 240
하젠클레버(Peter Hasenclever) 148
하트퍼드 회의 366, 367
《하퍼스 위클리》 516
합자회사 64, 475
항의 집단 198
항해왕 헨리 34
해도면 512
해리슨(William Henry Harrison) 354~357, 361, 447~449, 450
해리슨 토지법 354
해밀턴(Alexander Hamilton) 269, 277, 278, 286, 287, 290~294, 296, 297, 300, 302, 347, 368
핸콕(John Hancock) 218
《햄릿과 에글릿》 499
허드슨(Henry Hudson) 60
허친슨(Anne Hutchinson) 91, 92
허친슨(Thomas Hutchinson) 201, 202
헤인(Robert Y. Hayne) 423~425
헨리(Patrick Henry) 200, 286
헨리 8세 57
호국경 97
호(Richard Hoe) 473
혼성어 543
화이트(John White) 62
화이트필드(George Whitefield) 53, 167
화폐법 197
환금작물 경제 147
회유 사항 216
회중교도 167, 172
후커(Thomas Hooker) 89
휘그당 415, 439~443, 447~453
휘그주의 440
휘그파 194, 442, 453, 504
휘트니(Eli Whitney) 324~327
휠라이트(John Wheelwright) 92
흑인 노예 문화 156
흑인의 법적・사회적 지위 138

있는 그대로의 미국사 1

1판 1쇄 발행일 2005년 3월 14일
2판 5쇄 발행일 2023년 9월 18일

지은이 앨런 브링클리
옮긴이 황혜성 조지형 이영효 손세호 김연진 김덕호

발행인 김학원
발행처 (주)휴머니스트출판그룹
출판등록 제313-2007-000007호(2007년 1월 5일)
주소 (03991) 서울시 마포구 동교로23길 76(연남동)
전화 02-335-4422 **팩스** 02-334-3427
저자·독자 서비스 humanist@humanistbooks.com
홈페이지 www.humanistbooks.com
유튜브 youtube.com/user/humanistma
페이스북 facebook.com/hmcv2001 **인스타그램** @humanist_insta
편집주간 황서현 **편집** 이재민 신영숙 박환일 김혜경 신현경 최규승 **디자인** 이준용 김태형 유주현
종이 화인페이퍼 **인쇄** 청아디앤피 **제본** 민성사

ⓒ 휴머니스트·황혜성 외, 2005

ISBN 978-89-5862-029-7 03940
ISBN 978-89-5862-032-7 (세트)

- 이 책은 저작권법에 따라 보호받는 저작물이므로 무단 전재와 무단 복제를 금합니다.
- 이 책의 전부 또는 일부를 이용하려면 반드시 저자와 (주)휴머니스트출판그룹의 동의를 받아야 합니다.

The Unfinished Nation